Dr. Bianca Kellner-Zotz

Happy Family

W0190283

GOLDMANN

Lesen erleben

DR. BIANCA KELLNER-ZOTZ

Happy Family

Warum die Sucht nach Aufmerksamkeit
Familien unter Druck setzt und wie
wir uns davon befreien können

GOLDMANN

Penguin Random House Verlagsgruppe FSC® N001967

1. Auflage
Originalausgabe März 2022
Copyright © 2022: Wilhelm Goldmann Verlag, München,
in der Penguin Random House Verlagsgruppe GmbH,
Neumarkter Str. 28, 81673 München
Umschlag: Uno Werbeagentur, München
Umschlagmotiv: FinePic®, München
Redaktion: Birthe Vogelmann
Satz: Satzwerk Huber, Germering
Druck und Bindung: GGP Media GmbH, Pößneck
Printed in Germany
KW · IH
ISBN 978-3-442-17928-2

Besuchen Sie den Goldmann Verlag im Netz

Inhalt

Vorwort

Paare feiern Mottohochzeiten, Schwangere fordern WLAN im Kreißsaal, Eltern verschicken Save-the-Date-Karten zum ersten Schultag ihrer Kinder. Schon Zweijährige bekommen zum Geburtstag aufwändige Einhornkuchen, die in stundenlanger Arbeit ebenso akribisch vorbereitet werden wie die dazugehörige Party – inklusive eines zum Thema passenden Bespaßungsprogramms. Das Pensum an Aktivitäten setzt sich während des Urlaubs im Kinderhotel fort, damit nur ja keine Langeweile aufkommt. Warum ist das so? Warum glauben wir, ständig etwas Besonderes oder Aufregendes erleben oder organisieren zu müssen? Und noch viel wichtiger: Geht es uns dabei wirklich gut?

Familien lieben, heiraten, erziehen, reisen, feiern und wohnen heute anders als vor 40 Jahren – und sind dabei furchtbar gestresst. Das trifft vor allem auf die Mütter zu, denn sie sind die Trägerinnen des sozialen Wandels. Der (mediale) Mütterdiskurs vermittelt ihnen, dass sie einen schönen Körper, eine erfüllte Beziehung, eine tolle Karriere, kluge Kinder und eine abwechslungsreiche Freizeit haben können – und müssen. Die Realität sieht freilich anders aus und kostet viel Kraft.

Mütter wünschen sich deshalb Aufmerksamkeit und Wertschätzung für ihr tägliches Multitasking. Um diese Aufmerksamkeit zu bekommen, nutzen sie – in der Regel unbewusst – die Strategien moderner Massenmedien. Sie inszenieren sich und ihr Familienleben auf Instagram, Facebook und WhatsApp und tun so, als wäre ihr durchgetakteter Alltag ein einziger vergnüglicher Liebesreigen. Das Gegenteil ist der Fall: Die Sehnsucht nach

Aufmerksamkeit setzt die Mütter unter Druck, das ständige Vergleichen steigert ihre Unzufriedenheit und lenkt sie vom Wesentlichen ab: dem gemeinsamen ziellosen Zusammensein, das Familie zum letzten verbliebenen Rückzugsort in dieser hektischen Welt macht.

»Genauso ist es!« Das habe ich in den vergangenen fünf Jahren während der Arbeit an meiner Dissertation *Das Aufmerksamkeitsregime – Wenn Liebe Zuschauer braucht* und nach ihrem Erscheinen immer wieder gehört. Von Freunden und Bekannten (in der Regel Mütter), Kollegen (in der Regel Mütter), Journalisten (in der Regel Mütter), Vortragsbesuchern (in der Regel Mütter) und Lesern meiner Dissertation[1] (in der Regel Mütter). Der große Zuspruch hat mich sehr gefreut. Und zu diesem neuen Buchprojekt motiviert. Denn so sehr sich viele (Mütter) für das Thema und die Befunde begeistern konnten, so schwer taten sie sich mit der Form der Dissertation. Nun: Eine Doktorarbeit ist meist eine trockene Angelegenheit. Sie braucht ein tragfähiges Theoriegerüst, ein durchdachtes Methodendesign und viele Hundert Seiten Platz, um die Argumentation nachvollziehbar entwickeln zu können.

Die Zielgruppe dieses Buches sind Familien, deren Interesse sich auf etwas anderes richtet: Alltagsbeispiele, Erfahrungsberichte, Einblicke, in denen sie sich wiederfinden und selbst entlarven, über die sie schmunzeln können. Vielleicht öffnet ihnen das Buch die Augen. Vielleicht ermöglicht es ihnen, sich abzugrenzen, um ein stressfreieres, gelasseneres, bewussteres – also weniger medialisiertes – Leben zu führen. Denn das ist die zentrale Botschaft: Die Medialisierung der Familie setzt Mütter, Väter und Kinder unter Stress. Der Imperativ der Aufmerksamkeit kostet wertvolle Lebenszeit und befeuert sogar in vergleichsweise banalen Lebensbereichen einen ungesunden interfamiliären Wettbewerb, etwa wenn es um die Organisation von Kindergeburtstagen oder die Auswahl des Urlaubsortes geht. Ja, selbst bei der Gestaltung unserer Küche denken wir mehr an ihre Funktion als Eventlocation denn an das alltägliche Kochen. Wir leben im Außen. Das stresst.

Vielleicht fragen sich manche, warum hier mit Partnerwahl, Heiratsantrag, Hochzeit und Schwangerschaft Stationen im Lebenslauf auftauchen, die oftmals vor der eigentlichen Familiengründung liegen. Zum einen spiegelt sich darin das immer noch recht dominante Leitbild der Mittelschichtfamilie und deren Normalbiografie. Zum anderen prägen die Erfahrungen, die wir in jungen Jahren gemacht haben, die Erwartungen, die wir später an unser Familienleben haben. Wenn die Paarliebe auf öffentlich gezeigte Symbole setzt und auf Instagram dokumentiert ist, wird die Elternliebe ähnliche Ausdrucksformen brauchen. Wer Heiratsantrag und Hochzeit zum Event stilisiert, wird später höhere Ansprüche an einen gelungenen Kindergeburtstag haben. Dieser Prozess setzt sich natürlich fort und verstärkt sich: Unsere Kinder werden sich Partys ohne Mottos, Farbkonzepte und Fotoreportagen gar nicht mehr vorstellen können – und folgerichtig bei ihrem Tinder-Account oder beim »Engagement Shooting« vor der Hochzeit auf ein außergewöhnliches Setting setzen.

In den vergangenen Jahren konnte ich beobachten, wie die zunehmende Nutzung der Social-Media-Plattformen den Wettstreit um die emotionalsten Hochzeitsfotos, den schönsten Babybauch und die originellste Geburtstagstorte anheizte. Corona hat daran nichts geändert, in einigen Bereichen wirkte die pandemiebedingte Zwangspause sogar als Beschleuniger. Aus Mangel an Alternativen mussten oftmals die Kinder dafür herhalten, die Aufmerksamkeitssucht der Eltern zu bedienen.

Man sah viele Posts wie diese bei Instagram: Tochter mit Geige
(»Leider gibt es keine Aufführung in der Musikschule, aber sie
übt trotzdem fleißig«), Tochter küsst Mutter, die in Lektüre ver-
tieft auf der Couch liegt (der Blick der beiden geht natürlich
Richtung Kamera), Tochter posiert in Faschingsoutfit vor dem
Spiegel (»Sie hätte ihr Kostüm so gerne allen gezeigt!«). Freundinnen und Bekannte fühlen sich bemüßigt zu kommentieren
(»Oh, wie süß!«, »Genauso schön wie die Mama!«) und überle-
gen ihrerseits fieberhaft, mit welchem Motiv sie mehr Niedlich-
keitspunkte sammeln können. Das geschieht vielfach unbewusst,
weil wir diese Praktiken gar nicht mehr hinterfragen. Wir hängen
am Aufmerksamkeitstropf und merken es gar nicht.

Vieles deutet darauf hin, dass im Zuge von Corona ein enor-
mer Nachholbedarf an »normalem« Leben besteht. Manche
Soziologen ziehen einen Vergleich zum Vorabend der Wilden
1920er Jahre[2,3], die auf die Verheerungen des Ersten Weltkriegs
folgten. Die Menschen lechzen nach Erlebnissen, Unterhaltung,
Spaß. Es steht zu befürchten, dass damit ein weiterer Medialisie-
rungsschub einhergeht, schlichtweg deshalb, weil wir gar nicht
anders können. Wir halten es für selbstverständlich, unsere Lebensweise auszustellen, zu bewerben, zu dokumentieren. So haben wir es aus den Medien gelernt, so wird es uns in Politik, Wirtschaft und Gesellschaft vorgelebt, so machen es unsere Idole und
die unserer Kinder, unsere Kollegen, Nachbarn und Lieblings-
feinde. Und jetzt ergeben sich endlich wieder Gelegenheiten, Besonderes, Außergewöhnliches, Originelles zu tun. Lange konnte
man nicht wirklich zeigen, wie erfolgreich das eigene Bilderbuch-
dasein ist, das dürfte eine zusätzliche Quelle für Unzufriedenheit
und Frust gewesen sein.

Dieses Buch will kein Spaßverderber sein. Familie soll Spaß
machen, sie soll das pure Leben sein. Aber sie braucht keine Zu-

schauer, um uns glücklich zu machen. Im Gegenteil: Der Druck, Familie stetig neu inszenieren zu müssen, setzt uns unter ungesunden Stress. Dieses Buch will einen Weg weisen: raus aus der Stressfalle.

Wir sitzen fest –
in der Stressfalle

Ein modernes Mittelschicht-Frauenleben ist ein einziger Sprint. Schule (möglichst Abitur), Ausbildung (möglichst Studium inklusive diverser Auslandsaufenthalte, Dutzender Praktika und Einserdurchschnitt), verantwortungsvoller Job, um den 30. Geburtstag dann ein vielversprechender Partner (sowohl in sexueller als auch karrieretechnischer Hinsicht), Wohneigentum, ein Hund und schließlich ein oder zwei Kinder. Das liest sich nicht nur anstrengend. Dazu kommt der Fluch der »Multioptionsgesellschaft«[1]: Es ist ja so viel möglich, und man will alles machen. Bloß nicht zu früh auf irgendetwas festlegen.

Unser atemloses Leben hat viel mit den medialen Vorbildern zu tun, denen wir nacheifern (während wir uns einbilden, gänzlich selbstbestimmt zu agieren). Ich kann mich noch gut erinnern, wie ich nach einer Alptraumschwangerschaft mit mehreren stationären Aufenthalten im Geburtsvorbereitungskurs saß und der Hebamme und den anderen Teilnehmerinnen todernst erklärte, dass ich die Niederkunft nicht zuletzt deshalb herbeisehnen würde, weil ich dann wieder mobil sei (wegen vaginaler Blutungen hatte ich mehrere Monate auf der Couch bzw. vor dem Fernseher gelegen). Dann könne ich wieder zur Uni gehen, zum Sport, ins Einkaufszentrum, ins Theater. Die Hebamme enthielt sich jeden Kommentars. Sie muss mich für völlig verrückt gehalten haben. Die anderen werdenden Mütter, alles Erstgebärende, nickten dagegen zustimmend. Sie waren demselben Irrglauben aufgesessen.

Schließlich lief Heidi Klum schon acht Wochen nach der Entbindung wieder für Victoria's Secret und beeindruckte mit ihrem »Hammer-Body«[2]. Ursula von der Leyen hat sieben Kinder, war Ärztin und Ministerin. Das toppten nur Brangelina. Dazu kommt: Ich glaubte tatsächlich, Säuglinge würden 16 bis 20 Stunden am Tag schlafen (auch im Hörsaal), nach dem Trinken sofort wieder einschlummern, und das Stillen käme einem sinnlichen Akt gleich, der um zwei Uhr morgens eine innige Verbindung zwischen Mutter und Kind initiiert (An alle Schwangeren: Werfen Sie die *Hebammen-Sprechstunde* aus dem Fenster!).

Frauen an die Front

Wenn man den Diskurs zum Fachkräftemangel verfolgt, fällt auf, dass in jüngster Zeit immer wieder ein Lösungsansatz genannt wird: Teilzeitkräfte – damit sind meist Frauen gemeint – sollen auf Vollzeit aufstocken. Entweder gelten weibliche Teilzeitangestellte als Opfer, die wegen der Erziehung ihrer Kinder ihre Arbeitszeit reduziert und damit unwiderruflich in der Teilzeitfalle respektive schlecht bezahlten B-Jobs ohne Karriereaussichten gelandet sind. Oder es wird ihnen (meist implizit) vorgeworfen, aus Egoismus oder Bequemlichkeit (zu) wenig zu arbeiten.

Meine eigenen Erfahrungen passen nicht zu diesen Diskurslinien. Vielmehr treffe ich immer mehr in Teilzeit arbeitende Mütter, die ausgebrannt und überfordert sind. Frauen, die mit Ende 30, Anfang 40 das Gefühl haben, sich ständig zerreißen und aufopfern zu müssen, um Familie, Job und Haushalt unter einen Hut zu bekommen. Viele können sich schlichtweg nicht vorstellen, noch mehr Erwerbsarbeit zu leisten, ohne dabei einen anderen Lebensbereich zu vernachlässigen.

Dazu ein Einblick in meinen eigenen Alltag: Damit ich am Montag um 08.45 Uhr ein Seminar geben darf, stehe ich um 05.30 Uhr auf (man will ja in Ruhe duschen). Ich sortiere Wäsche, programmiere die Maschine für einen ersten Waschgang, räume den Geschirrspüler aus und wieder ein, räume auf, füttere den Kater (und die Nachbarskatze), bereite meinen Kindern ihre Brotzeit vor, wecke sie auf, frage Englisch- und Lateinvokabeln ab. Um 07.15 Uhr verlasse ich mit meinen Kindern das Haus, um meinen Beitrag zum Gelingen des morgendlichen Berufsverkehrschaos zu leisten. Um 13 Uhr bin ich wieder zu Hause. Ich ent- und belade die Waschmaschine, bevor ich schnell einen Pfannkuchenteig zusammenrühre. Um 13.20 Uhr steht Tochter Nummer 1 vor der Haustür, um 14 Uhr Tochter Nummer 2. Essen, Hausaufgaben. Dazwischen immer wieder Wäsche, Geschirr spülen, aufräumen, Termine koordinieren (Schule, Zahnarzt, Geburtstage, Telefonkonferenz), einkaufen, E-Mails checken und beantworten. Dann wieder kochen. Wenn mein Mann – der immer vor mir zur Arbeit geht – nach Hause kommt, ist es in der Regel nach 19 Uhr. Mit den Kindern lesen, den kommenden Tag planen. Gegen 21.30 Uhr sitze ich auf der Couch. Ich bin seit 16 Stunden auf den Beinen.

Sorry, aber das ist ein völlig egoismusfreier Vollzeitjob. Und doch mag ich es so. Denn ich habe Zeit mit meinen Kindern verbracht, für meine Familie gesorgt und trotzdem mit einer sinnvollen Tätigkeit Geld verdient. Das ist nicht bequem, aber erfüllend.

Die Mitglieder der Bundesregierung – und eigentlich auch alle anderen Politiker – werden nicht müde zu erklären, Frauen (von Männern war wenig die Rede) aus der »Teilzeitfalle« befreien zu wollen. Mittlerweile haben Arbeitnehmer(innen) das Recht, von einer Teilzeit- auf eine Vollzeitstelle zurückzukehren. Es mag Angestellte geben, die das freut, zum Beispiel Mütter und Väter, deren Kinder aus dem Haus sind. Ich habe jedoch ganz andere Erfahrungen gemacht. Ich kenne keine einzige Mutter mit Kindern im schulpflichtigen Alter, die freiwillig von einer Teilzeit- auf eine Vollzeitstelle aufstocken möchte.

Dafür kenne ich Mütter, die das tun müssen, weil sie das Geld brauchen. Ich kenne Mütter, die nach der Geburt des ersten Kindes mit 20 Stunden wieder eingestiegen sind, dann aber reduziert haben, weil das Kind mehr Fürsorge nötig hatte und sich der Haushalt auch nicht von selbst machte. Ich kenne Mütter, die verzweifelt sind, weil sie keine gute Teilzeitstelle finden, denen aber ständig angeboten wird, Vollzeit zu arbeiten. Ich kenne Mütter, die sich dafür entschuldigen, »nur« 30 Stunden arbeiten zu gehen. Ich kenne Mütter, die Vollzeitstellen annehmen und oft fehlen, weil die Kinder krank sind. Ich kenne in Teilzeit beschäftigte Mütter, die dann für die eigentlich Vollzeit beschäftigten Mütter einspringen müssen und sich ärgern, dass sie schlechter bezahlt werden, obwohl sie wohlweislich einen Vertrag mit weniger Stunden unterschrieben haben.

Ich kenne junge Frauen, die Lehramt studieren, weil sie in diesem Beruf die Chance haben, nach der Geburt eines Kindes mit ganz wenigen Stunden wieder einzusteigen. Und ich kenne Mütter mit pubertierenden Kindern, die regelmäßig von ihrem Chef gefragt werden, wann sie denn endlich aufstocken, die Kinder bräuchten sie jetzt doch nicht mehr. Eine meiner Interviewpartnerinnen sagte: »Entscheidend ist doch, dass man einen Arbeitgeber findet, der es einem ermöglicht, flexibel zu sein und nur an bestimmten Tagen oder eine bestimmte Anzahl von Stunden zu arbeiten.« Keine der von mir befragten Mütter fühlte sich in der Teilzeitfalle gefangen, sondern von Politik, Wirtschaft und Gesellschaft unter Druck gesetzt, immer mehr zu arbeiten.

Medien konstruieren Wirklichkeit

Medienrealität ist eine Realität erster Ordnung.[3] Sie überformt unser Bild von der Welt selbst dann, wenn wir zu wissen glauben, dass die Hochglanzbilder ein Photoshop-Produkt sind (im Gegensatz zur Nachbarin, der armen Kreatur). Unser Unterbewusstsein trickst uns aus. Wir integrieren die Blaupausen – das kann der inszenierte Baby-Bauch von Beyoncé oder die Ostergrußkarte der Arbeitskollegin samt Hasenohrenfoto der lieben Kleinen sein – in unsere Denk- und Handlungsmuster. Und das hat Folgen. Wie weitreichend diese sind, ist mir erst bewusst geworden, als ich mich mit den Erscheinungsformen unserer medialisierten Gesellschaft beschäftigt habe. Plötzlich war mir klar, warum ich tue, was ich tue. Warum ich mit meinen Kindern von Termin zu Termin hechle. Warum ich ständig unter Strom stehe. Ich saß in der Stressfalle – und ich war nicht allein.

Beispiel eins: Während eines Mittagessens erzählte ich einer Kollegin von Müttern, die die extrem aufwändigen Fußball-, Piraten- und Elfenkuchen für die Geburtstagsfeier ihrer Kinder auf Facebook posten. Eine mir unbekannte Frau am Nebentisch schaltete sich in das Gespräch ein und bekannte, wie genervt sie von diesem Kindergeburtstagswettbewerb sei. Das koste sie einen Haufen Geld und noch mehr Zeit, aber schließlich machten das alle so.

Beispiel zwei: Im Urlaub lernten mein Mann und ich ein älteres Ehepaar kennen, das uns berichtete, für den ersten Schultag des Enkelsohns eine Einladung bekommen zu haben. Die Schwiegertochter erwarte, dass Oma und Opa mit zur Schule kämen. Anschließend sei ein Tisch in einem guten Restaurant reserviert, am Nachmittag werde zu Hause weiter gefeiert. Die irritierte Großmutter gestand, wie übertrieben sie diese Veranstaltung finde: »Früher haben die Mütter die Kinder am ersten Schultag zum Unterricht gebracht und nach ein paar Stunden wieder abgeholt. Was soll denn der ganze Zirkus?« Gute Frage. Was soll der ganze Zirkus? Warum feiern deutsche Hochzeitspaare ihren Start ins Eheleben mit 100 Gästen in einer spanischen Finca? Warum braucht es durchgestylte Mottoschwimmkurse, um Babys an das Element Wasser zu gewöhnen? Und warum buchen Eltern für ihre Kinder im gemeinsamen Urlaub einen Kochkurs auf Italienisch?

Diese Fragen habe ich nicht nur mir selbst gestellt, sondern auch über 40 Experten aus den unterschiedlichsten Bereichen, darunter eine Familienanwältin, ein Paartherapeut, eine Frauenärztin, eine Hebamme, zwei Erzieherinnen, drei Lehrer, zwei Familienforscher, zwei Sozialpädagoginnen, zwei Hochzeitsplanerinnen und zwei Architekten. Sie alle kommen in diesem Buch zu Wort. Ebenso wie die Mütter selbst – und deren Mütter. Drei Mütter-Großmütter-Tandems haben sich lange mit mir unterhalten und mir einen Einblick in ihr Familienleben gegeben. Die Auswahl ist natürlich nicht repräsentativ, schon allein aufgrund der Anzahl. Tatsächlich war es nicht einfach, Mütter zu finden, die zu einem Interview bereit waren (Großmütter waren wesentlich aufgeschlossener – ein interessanter Befund). Zu groß war ihre Angst, es könnte sich rausstellen, dass sie etwas falsch machen (wieder ein Befund). Während meiner Recherchen ist mir aufgefallen, dass viele Stadt-Mütter verkopfter und gestresster wirken als die Land-Mütter. Deshalb habe ich die drei Tandems nach Wohnort ausgesucht: Krankenschwester Katrin lebt in einem kleinen niederbayerischen Dorf, Forstwissenschaftlerin Saskia im Münchner Umland und Sportwissenschaftlerin Sabine im Stadtgebiet München. Der unterschiedliche formale Bildungsgrad (Katrin hat Hauptschulabschluss, Saskia und Sabine

haben studiert) ist eher Zufall bzw. korreliert mit dem bekannten Stadt-Land-Gefälle in den Bildungsabschlüssen.[4] Da Studien
zu dem Schluss kamen, dass Akademiker-Mütter unzufriedener
sind als Mütter mit formal niedrigeren Qualifikationen, konnte
ich diesen Aspekt bei der Auswertung mit berücksichtigen. In
den Interviews zeigten sich die vermuteten Unterschiede, aber es
gab vor allem zahlreiche Parallelen, auch im Hinblick auf die Lebenswelt der Großmütter. Besonders beeindruckend waren die
Diskrepanzen zwischen dem Familienalltag heute und dem vor
40 Jahren: Das hat mir zu denken gegeben.

Das gilt gleichermaßen für die umfangreiche Ratgeberliteratur, die vielen Zeitungs- und Zeitschriftenartikel sowie Fernsehsendungen, die sich mit Partnerschaft, Familie und Erziehung
beschäftigen. Wie gut gemeint all diese Formate sein mögen, sie
orientieren sich zwangsläufig an den Gesetzen der Mediengesellschaft, müssen also schon im Titel Neues, Außergewöhnliches,
Einzigartiges, Unterhaltsames liefern. Wenn sie uns dann noch
versprechen, unser Leben leichter und schöner zu machen – etwa,
weil wir nach der Lektüre von Pamela Druckermans Bestseller[5]
die Erziehungsgeheimnisse französischer Mütter kennen –, dann
sehen wir in der medial konstruierten Realität plötzlich eine Art
Bedienungsanleitung für gelingendes Familienglück. Beim Ver-
such, der Anleitung zu folg , geraten wir schnell unter Druck
und leiden schließlich ähnlich wie beim Aufbauen eines Billy-Re-
gals.

Corona ändert alles? Fehlanzeige

Als im Frühjahr 2020 die Coronakrise sämtliche Lebensbereiche
der deutschen Gesellschaft erfasste, sah es kurzzeitig so aus, als

ob sich auch die Routinen in den Familien verändern würden. Kindergärten und Schulen waren geschlossen, viele Mütter und Väter arbeiteten im Homeoffice und kümmerten sich parallel dazu um ihre Kinder. Die meisten Inszenierungsanlässe – Ballettaufführungen, Schulfeste, Urlaubsreisen – fielen aus, der Blick war auf die Infektionszahlen gerichtet. Darüber hinaus spürte man bei vielen Eltern eine Form des Durchatmens. Die Zwangspause war willkommen. Nicht vom Musikgarten zur Nachhilfe oder ins Fußballtraining rennen zu müssen, mal Zeit für Aktivitäten innerhalb der Familie zu haben (zum Beispiel Kartenspielen), empfanden nicht wenige als Erleichterung.

Aber schon nach wenigen Wochen gab es Anzeichen dafür, dass die erlernten Praktiken zurückkehrten. Über WhatsApp wurden Fotos aus dem Lockdown verschickt – Bilder der Harmonie, Solidarität, Kreativität. Kaum stieg das Thermometer über 20 Grad, waren auf Facebook Posts von Kleinkindmüttern mit Sonnenbrille, Louis-Vuitton-Handtasche und Bugaboo-Kinderwagen zu sehen. Und zwangsausgeladene Geburtstagsgäste pflasterten die Garagentore und Hofeinfahrten der Jubilare mit überdimensionierten Glückwunschschildern, wahlweise zum 18., 30. oder 80. Wiegenfest.

Passend zu Ostern versteckten Freunde und Bekannte zum »Runden« 60 Bierflaschen im Garten eines schwäbischen Geburtstagskindes. Ein oberbayerischer Jubilar fand am Morgen eine mehrere Meter lange Erdbeersahne-Rolle in seinem Vorgarten. Gefreut haben sich beide weniger – der eine hat die Ostereiersuche noch nie gemocht, und der andere konnte schon nach zwei Tagen keine Erdbeersahne mehr sehen. Natürlich waren und sind alle diese Gesten gut gemeint und in vielen Bereichen wirklich gelungene, liebevolle Überraschungen. Aber sie zeigen, wie stark unser Wunsch ist, etwas Originelles, Plakatives auf die Beine zu stellen. Eine einfache Geburtstagskarte reicht nicht, es muss schon etwas Besonderes sein, selbst unter widrigen Bedingungen.

Kollektiver Selbstverwirklichungsdruck

Familien stehen heute unter gewaltigem Druck. Egal, für welches Lebensmodell sich Eltern entscheiden – mit oder ohne Trauschein, ein Kind oder vier Kinder, die Mutter Hausfrau oder Alleinverdienerin –, sie können es nicht »richtig« machen. Politik und Wirtschaft träumen von Vollzeit arbeitenden Müttern und Vätern, die die Sozialkassen füllen und gleichzeitig den Nachwuchs fördern, um ihn auf die Herausforderungen der globalisierten Welt vorzubereiten. Dazu kommt, dass die Gründung einer Familie nur eine von vielen Möglichkeiten ist. Man könnte sich auch als Vorstandsvorsitzende eines Elektronikkonzerns oder/und beim Töpfern im Himalaja selbst verwirklichen.

Wer trotzdem Kinder hat, steht unter »Selbstverwirklichungsdruck«[6], muss sich selbst und anderen beweisen, dass man ein erfülltes Leben führt und glücklich ist. Vor allem die bildungsorientierte Mittelschicht spürt diesen Druck und arbeitet sich an den gesellschaftlichen Erwartungen ab. Familie mutiert zum Mammutprojekt, Erschöpfung ist vorprogrammiert. Doch warum machen es sich Mütter (und manche Väter) zusätzlich schwer, indem sie etwa extrem aufwändige Geburtstagstorten für ihre Kinder backen und diese fürs Netz ablichten?

Wenn von überforderten Eltern die Rede ist, wird in der Regel der Wirtschaft (familienfeindliche Arbeitsbedingungen, 24/7-Smartphone-Erreichbarkeit, Mietenwahnsinn usw.) der schwarze Peter zugeschoben. Oder der Politik, die es versäumt, genügend Betreuungsplätze zu schaffen. Von den Massenmedien ist selten die Rede, obwohl wir uns vor den psychologischen Folgen einer exzessiven Smartphone-Nutzung unserer Kinder fürchten, Magermodels in Frauenzeitschriften für die Bulimie weiblicher Teenager verantwortlich machen. Wir vergessen, dass wir selbst Akteure einer Mediengesellschaft sind, der die Selbstinszenierung zur neuen Natur geworden ist. Wir fotografieren unser Essen und posten es auf Instagram; wir drehen ständig neue Snapchat-Videos, weil die »alten« nach 24 Stunden gelöscht werden; wir bauen Hochglanz-Designerküchen in unsere Wohnungen, obwohl wir keine Zeit zum Kochen haben; wir feiern Strandhochzeiten wie Model Shanina Shaik und pflastern die Wände mit Profiaufnahmen von uns und unseren Lieben.

Im Sog der Aufmerksamkeitsspirale

Wir tun all diese Dinge, weil wir uns an der Logik der Massenmedien orientieren. Nicht nur, aber auch, weil wir uns davon Aufmerksamkeit versprechen – die Währung der Massenmedien und die Währung einer auf Erfolg getrimmten Gesellschaft. Familie wird heute nicht zuletzt deshalb anders gelebt als vor 30, 40 Jahren, weil uns die Medien beeinflussen – direkt, in Form neuer digitaler Kommunikationsformen, und indirekt.

Medienformate, Darstellungsformen, Berichterstattungsmuster, die einer spezifischen Medienlogik folgen – immer reißerischere Überschriften, immer schnellere Aktualisierung von Online-Artikeln, immer intimere Einblicke in das Leben von Prominenten, immer schnellere Schnitte in YouTube-Videos –, konstruieren eine Wirklichkeit, die wir in unsere Einschätzungen, Bewertungen und Verhaltensoptionen einfließen lassen. Mit weitreichenden Folgen. Wenn wir plötzlich glauben, dass ein gelungenes Familienleben nur möglich ist, wenn eine originelle Freizeitbeschäftigung die nächste jagt, dann bleibt kaum Zeit, um die Familie als Rückzugsort zu erhalten.

Moderner Familienstress hat viel mit neuen Programmen zu tun, die wir aus den Massenmedien übernommen haben. So musste sich der öffentlich-rechtliche Rundfunk beispielsweise den unterhaltungsorientierten Formaten der Privatsender annähern, um höhere Einschaltquoten zu erzielen. Damit einher gingen Strategien der Aufmerksamkeitsmaximierung. Noch schönere Moderatorinnen, noch streitlustigere Talkrunden, mehr Silbereisen, weniger Report aus Mainz. Diese Inhalte leben von Ungewöhnlichem, Spannendem, Aufregendem – und wir saugen sie auf. Der Wunsch, ein besonderes Leben zu führen und den eintönigen Alltag zu verknappen, setzt uns unter einen Inszenierungsdruck, der eine Aufmerksamkeitsspirale auslöst und Familien in Konkurrenz zueinander bringt. Das ist mehr als kontraproduktiv. Wo gegenseitiges Verständnis herrschen und Solidarität gelebt werden sollte, achtet man plötzlich darauf, die Nachbarn zu übertrumpfen. Aber je mehr Energie wir auf die Organisation des abwechslungsreichen Schaufensterlebens investieren, desto weniger bleibt für das, was Familie ausmacht: Liebe, Intimität, Gemeinsamkeit, Vertrauen. Das bedeutet aber erfreulicherweise im Umkehrschluss, dass diese Prozesse reflektiert und eventuell sogar aufgehalten werden können.

Kind mit Schultüte, Kind auf Fahrrad, Kind im Planschbecken: Täglich posten Tausende Eltern Fotos ihrer Sprösslinge auf Facebook und Instagram. In einer (nicht repräsentativen, aber dennoch aufschlussreichen) Umfrage unter mehr als 6 000 Müttern aus zehn Ländern gaben über zwei Drittel (67 Prozent) der befragten deutschen Mütter an, schon einmal ein Foto vom Nachwuchs ins Internet gestellt zu haben.[7]

Die meisten Bilder sind süß, ja, aber sind sie harmlos? Der Cyberkriminologe Thomas-Gabriel Rüdiger spricht von elterlichem »digitalen Narzissmus«, der zur Gefahr für Kinder werden könnte, etwa wenn Pädophile explizit nach solchen Motiven suchen, »um sich daran zu ergötzen«[8]. Der Medienethiker Oliver Zöllner wünscht sich mehr Privatsphäre für Kinder[9] und stellt eine zentrale Frage: »Wo ist der große Gewinn dabei, Bilder von seinen Kindern zu posten?«

Ich bin überzeugt davon: Der Gewinn heißt Aufmerksamkeit. In der modernen Mediengesellschaft hat sich Aufmerksamkeit zu einer zentralen Ressource entwickelt, bezahlt wird mit Klicks und Likes. Wie wir die bekommen, das zeigen uns die Massenmedien Tag für Tag, live und in Farbe. Wir haben gelernt, dass es gerade die originellen, ausgefallenen, spektakulären Inhalte sind, die Beachtung finden. Darüber hinaus – und hier kommt ein zweiter Gedanke ins Spiel – haben wir die massenmedialen Selektions-, Präsentations- und Interpretationsmuster unbewusst in unser Denken und Handeln integriert. Ausgewählt, hochgeladen und kommentiert werden nur Inhalte, die für Aufmerksamkeit sorgen. Wen interessiert schon, dass die Gorillas im städtischen Zoo zehn Stunden am Tag schlafen. Aber »Oralsex im Affenhaus«[10] sorgt für Millionen Klicks. Das wissen wir, deshalb orientieren wir uns an Superlativen.

Auch die eigentlich durch Privatheit und Intimität gekennzeichnete Familie kann sich diesem Trend nicht entziehen. Sie transformiert ihre Leitbilder, ihre Lebensweise und damit sich selbst. Es mag zunächst absurd erscheinen, einen Zusammenhang zwischen der Logik der Massenmedien und einem Kindergeburtstag im Kletterpark herzustellen. Unter den Bedingungen der Medialisierung ist es jedoch wahrscheinlich, dass Eltern – und im Nachgang die Kinder – bei der Planung dieses »Events« kaum mer an Topfschlagen und Sackhüpfen denken.

Natürlich ist es ein uraltes menschliches Grundbedürfnis, wahrgenommen und geschätzt zu werden. Der Stellenwert, den wir der Anerkennung durch unsere Mitmenschen zuschreiben, hat sich in den vergangenen Jahrzehnten jedoch stark erhöht. Aufmerksamke:t hat sich zu einem Selbstzweck entwickelt, zu einer neuen »Währung«[11]. Denn wir leben heute nicht nur in einer Überfluss-, sonderr. auch in einer Mediengesellschaft. Und der geht Aufmerksamkeit über alles.

Familie braucht keine Zuschauer? Von wegen!

Die Idee einer zunehmenden Medialisierung der Gesellschaft geht auf einen relativ einfachen Gedanken zurück: Wir alle sind mit Massenmedien aufgewachsen. Wir haben gelernt, wie sie »ticken«. Und wir haben die Erfahrung gemacht, dass die Medien etwas können, das hilfreich sein kann: Sie stellen Öffentlichkeit her, sie generieren Aufmerksamkeit. Wer etwas verkaufen will, wer etwas bekannt machen will, wer Unterstützung haben will, braucht mediale Aufmerksamkeit, um Breitenwirkung zu erzielen. Sonst weiß keiner, dass es ein neues iPhone gibt, dass am Dienstag der Gemeinderat tagt oder dass Freiwillige für ein Benefizkonzert gesucht werden.

Die Medien haben ganz eigene Regeln, die darüber entscheiden, ob etwas berichtenswert ist oder nicht[1]. Diese Regeln, diese Logik, haben wir verinnerlicht. Wir wissen (oder zumindest erahnen wir), dass es einzigartige, exklusive, originelle, dramatische Ereignisse öfter in die Medien schaffen. Dass es hilft, wenn ein Promi vorkommt oder alles schön bebildert ist. Wenn wir also selbst Aufmerksamkeit erzielen wollen, orientieren wir uns an dieser Logik, wir passen uns an die Bedingungen der Mediengesellschaft an. Das kann völlig unbewusst geschehen, denn die Medienlogik hat sich zum Betriebsmodus einer auf Sichtbarkeit fixierten Gesellschaft entwickelt.

Wirtschaft und Politik unterhalten hochprofessionelle Presseabteilungen, deren Aufgabe es ist, auf die Vermittlungsleistung der Massenmedien zuzugreifen und – das versteht sich – die öffentliche Meinung auf diese Weise zu beeinflussen. Problematisch ist, dass dabei das Kräfteverhältnis immer ungleicher wird. Auf einen Journalisten kommen mittlerweile sechs PR-Profis[2], während die Redaktionen weiter schrumpfen, rüstet die Öffentlichkeitsarbeit auf. Sie wissen, dass die Chance auf Berichterstattung ihrer Themen umso größer ist, desto mehr sie sich an die Mediengesetze halten.

Beispiel Wirtschaft: Ein Bestattungsunternehmen schafft es in der Regel nicht in die Zeitung, das Geschäft mit dem Tod ist wenig attraktiv. Es sei denn, man passt sich an die Medienlogik an und macht etwas Spektakuläres. Ein Bestatter aus Hamm ließ deshalb Plakate mit dem Appell »Probeliegen. Denn es betrifft jeden« kleben. Die Werbung zeigte Wirkung: Die *Süddeutsche Zeitung* (und nicht nur die) brachte die Geschichte.[3] Beispiel Politik: Hessens FDP-Vorsitzender Jörg-Uwe Hahn lädt Zeitungen und Fernsehstationen ein, die ihm zum Auftakt des Wahlkampfs beim Plakatieren zusehen sollen. Beispiel Wissenschaft: »Universitäten umwerben gezielt mediengewandte Wissenschaftler, denn nichts steigert den Bekanntheitsgrad mehr als häufige Präsenz in der Öffentlichkeit«. (An dieser Stelle sei erwähnt, dass der Virologe Christian Drosten für seinen *NDR*-Podcast zu Corona den Grimme-Preis bekommen hat.) Beispiel Bildung: Lehrer beklagen sich einhellig darüber, dass Schulleiter immer mehr Veranstaltungen anregen, damit ihre Schule regelmäßig in der Presse erwähnt wird. Positiv natürlich.

In komplexen, ausdifferenzierten Gesellschaften bemühen sich andere Funktionssysteme also um mediale Aufmerksamkeit, während die Massenmedien selbst am »Aufmerksamkeitstropf« hängen. Ohne Leser, Zuschauer, User, Follower fällt ihr Erlösmodell in sich zusammen. Als Koppelprodukt richten sich Zeitungen, Fernsehsender und soziale Netzwerke gleichermaßen an Rezipienten und werbetreibende Wirtschaft. Letztere interessiert sich in erster Linie für Kontakte. Je mehr potenzielle Kunden sie über ein Medium erreichen können, desto mehr sind Unternehmen bereit, für Anzeigen zu bezahlen.

Dazu kommt: Mit der Ausdifferenzierung des Mediensystems in den vergangenen 40 Jahren – Einführung des Privatrundfunks, Siegeszug des Internets, Etablierung sozialer Netzwerke – haben sich seine Strukturen verändert. Es sind neue Akteure aufgetaucht (zum Beispiel Google), die die etablierten Medien (zum Beispiel den öffentlich-rechtlichen Rundfunk) dazu zwangen, ihre Ressourcen umzuschichten (zum Beispiel Online-Redaktionen aufzustocken, Print-Redaktionen zu verkleinern), neue Strategien (zum Beispiel suchmaschinenoptimierte Überschriften) zu entwickeln[4] und Aufmerksamkeitsmaximierung zu betreiben.[5]

Je stärker eine Gesellschaft von konkurrierenden Medien durchdrungen ist, je stärker sich also das Aufmerksamkeitsregime festsetzt, desto lauter (und provokanter) muss man sein, um eine Talkshoweinladung zu bekommen. Der krakeelende Thilo Sarrazin und Peer Steinbrück als SPD-Kanzlerkandidat mit ausgestrecktem Mittelfinger haben sich vielleicht nicht beliebt gemacht – aber sie haben sich ins Gespräch gebracht, denn Skandalberichterstattung, das hat ein Team von Kommunikationswissenschaftlern um Volker Gehrau herausgefunden,[6] erreicht praktisch jeden.

Ein Quotenhit waren 2020 Fotos von Influencern, die »einen ungewöhnlichen Blick hinter die Kulissen ihrer Bilder« gaben. Ohne Photoshop etc., quasi ganz authentisch. Eine Gegenbewegung zum durchgestylten Perfektionismus? Wohl kaum. Denn auch dieses Setting folgt nur dem Anspruch der Medienlogik:

immer hübsch außergewöhnlich, mal was Neues. Und selbst auf diesen Fotos, die ja angeblich so naturnah und völlig ungestellt daherkommen, kann zumindest ich nur schöne Menschen erkennen.[7]

Was hat die Medialisierung der Gesellschaft mit Familie zu tun?

Schön und gut, könnte man sagen, das mag ja alles sein. Aber Familien schreiben keine Pressemitteilungen, sie wollen nichts verkaufen und nicht gewählt werden. Richtig. Und dennoch wissen Mütter, Väter und Kinder um die Medienlogik, weil sie durch das massenmediale Dauerfeuerwerk ununterbrochen auf Unterhaltung und Selbstinszenierung getrimmt werden, seit frühester Kindheit, bis zu zehn Stunden am Tag. Darüber hinaus – und das scheint mir ein ganz wesentlicher Gedanke zu sein – ist Familie als Lebensmodell heutzutage erklärungsbedürftig.

2010 lebte in Deutschland zum ersten Mal weniger als die Hälfte der Bevölkerung in einer Familie.[8] 2019 gab es in Deutschland 11,6 Millionen Familien, 1996 waren es noch 13,2 Millionen.[9] Nur noch in knapp 28 Prozent der deutschen Haushalte leben Eltern mit ihren minderjährigen Kindern (1996 waren es noch 35,3 Prozent),[10] in München sind bereits mehr als die Hälfte Ein-Personen-Haushalte[11]. Will heißen: Familie ist nicht mehr selbstverständlich, sie wird nur mehr von einer Minderheit gelebt und gerät damit ins Hintertreffen (das haben nicht zuletzt die wenig frauen-, kinder- und familienfreundlichen Maßnahmen der Coronapolitik offenbart).

Kinder erscheinen zunehmend als Luxus, da sie ausschließlich einen emotionalen Wert haben (Lebensrisiken sichern wir

mit Kranken- und Rentenversicherung ab) und extrem teuer
sind. Eltern, die für Kinder zumindest vorübergehend aus dem
Erwerbsleben ausscheiden oder keiner Vollzeitbeschäftigung
nachgehen, verzichten auf Einkommen und bekommen später
ein niedrigeres Altersruhegeld. Aber: Kinder verheißen eine lebenslange tiefe Bindung, die keine andere Person garantieren
kann, und steigern über ihren Statusnutzen (wir denken an das
geigende Kind auf Instagram) und ihren emotionalen Nutzen
die soziale Anerkennung.[12]

Wobei der Statusnutzen an Bedeutung verliert und kinderreiche Familien sogar zunehmend stigmatisiert werden. Die
Familienleitbild-Studie des Bundesinstituts für Bevölkerungsforschung kam zu dem Schluss, dass kinderreiche Familien aus
Sicht der Allgemeinheit in Deutschland als »asozial« gelten.
Diese Einschätzung nahm innerhalb von nur vier Jahren von
72 auf 82 Prozent zu. »Das negative Image kinderreicher Familien ist in Deutschland sehr verbreitet.«[13] So geht die Mehrheit
der Bevölkerung davon aus, dass Paare ohne Kinder moderner
und gebildeter, aktiver und unternehmungslustiger und außerdem finanziell bessergestellt sind als eine Familie mit vier Kindern[14]. Die Ergebnisse zeigen aber auch, dass 45 Prozent der
Befragten glauben, dass das kinderreiche Paar glücklich ist,
während nur 26 Prozent der Meinung sind, dass das auf das
kinderlose Paar zutrifft.

Das Image von kinderreichen/kinderlosen Paaren
(Anteil der Befragten in Prozent)

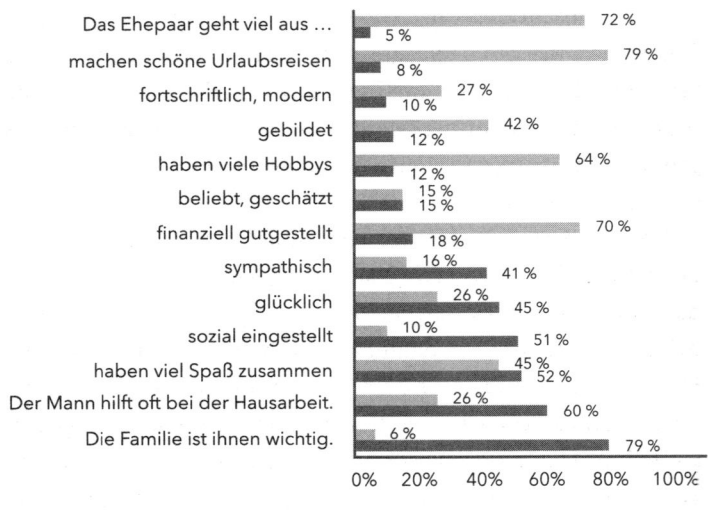

Das Ehepaar geht viel aus …	72 % / 5 %
machen schöne Urlaubsreisen	79 % / 8 %
fortschriftlich, modern	27 % / 10 %
gebildet	42 % / 12 %
haben viele Hobbys	64 % / 12 %
beliebt, geschätzt	15 % / 15 %
finanziell gutgestellt	70 % / 18 %
sympathisch	16 % / 41 %
glücklich	26 % / 45 %
sozial eingestellt	10 % / 51 %
haben viel Spaß zusammen	45 % / 52 %
Der Mann hilft oft bei der Hausarbeit.	26 % / 60 %
Die Familie ist ihnen wichtig.	6 % / 79 %

0%   20%   40%   60%   80%   100%

▨ trifft auf Ehepaar ohne Kinder zu   ■ trifft auf Ehepaar mit vier Kindern zu

(eigene Darstellung; Quelle: *Bild am Sonntag* 2011; Frage: »Welche von diesen Eigen-schaften treffen wahrscheinlich auf ein Ehepaar mit vier Kindern (ohne Kinder) zu?« Datenbasis: repräsentative Befragung der deutschen Bevölkerung ab 16 Jahre, Institut für Demoskopie Allensbach)

Verdammt zum Glücklichsein

In einer auf Arbeit und Leistung ausgerichteten Gesellschaft wird die Entscheidung für ein Kind zu einer folgenreichen. Weniger Geld, geringerer Status, eingeschränkte Freiheit. Wer all das weiß und trotzdem eine Familie gründet, muss sich dafür rechtferti-gen. Die Multioptions- und Entscheidungsgesellschaft verlangt von ihren Mitgliedern, sich jeden Schritt sorgfältig zu überle-gen – wer mit den Widrigkeiten der Elternschaft überfordert oder unglücklich ist, hat sich das selbst zuzuschreiben. Wer unglücklich ist und nicht zeigen kann, wie viel Liebe Partner und Kinder ihm schenken, hat versagt. Der Wert von Kindern und Familie bemisst sich danach, wie stark das zweite oben genannte Grundbedürfnis gestillt werden kann: Anerkennung. Und die bekommt in einer medialisierten Gesellschaft nur der, dem es gelingt, Aufmerksamkeit auf sich zu ziehen. Der es schafft, sein Glück, die Liebe in Szene zu setzen.

Dafür liefern uns die Medien Leitbilder. Forscher des Bundesinstituts für Bevölkerungsforschung haben herausgefunden, dass Menschen dazu neigen, sich ihre Zukunft in der Familie in »Skript-artigen Vorstellungen« als »Szenen« auszumalen[15]. Das ist kein Wunder. Wie etwa eine Traumhochzeit choreografiert sein muss, erklären uns Hollywood (siehe Jennifer Lopez in »Wedding Planner«) oder der deutsche Hochzeitsplaner Frank »Froonck« Matthée auf Vox. Ein Motto muss die Feier haben, eine originelle Location und ein minutiös geplantes Programm. Alles muss stimmen.

Die Soziologin Arlie Russell Hochschild versucht in ihrem Buch *The Outsourced Self*[16], herauszufinden, warum rund 10 Prozent der amerikanischen Brautpaare einen professionellen Dienstleister beauftragen, um ihre Hochzeit zu planen. Eine von Hochschild befragte junge Frau – Akademikerin, karriereorientiert, gut situiert – legte die komplette Organisation in die Hände eines Wedding Planers und feierte schließlich mit 150 geladenen Gästen in einem angemieteten Herrenhaus. Neben Blumenarrangements, einer Salsa-Band und einem Fotografen sorgte der Hochzeitsplaner für ein »unique theme«, das sich konsequent durchzog. Die Trauung der Mutter 50 Jahre zuvor hatte dagegen einen wesentlich einfacheren Rahmen: selbst gemachter Kuchen und Punsch im Eingangsbereich der Kirche.

Das Dilemma moderner Elternschaft: Anything goes

Moderne Paare haben den Anspruch, alles unter einen Hut zu bringen: erfüllende Liebesbeziehung, zwei tolle Jobs, Urlaub, Freizeit, Kind. Die Soziologin Michaela Kreyenfeld geht davon aus, dass ein Kind in der Vorstellung junger Akademiker zum perfekten Lebenslauf gehört[17]. In der Regel folgt die Familiengründung auf einen erfolgreichen Berufseinstieg und ein paar Jahre Partnerschaft ohne Trauschein (aber voller Wellness-Wochenenden und exotischer Urlaubsreisen). Damit rundet das Kind das Bild von der gelungenen »Normalbiografie« ab. Gelingt es nicht, dieses Drehbuch zu leben, etwa aufgrund eines unerfüllten Kinderwunsches, geraten viele Paare in eine Krise.[18] Im Extremfall haben sie bereits ein Haus mit zwei Kinderzimmern gebaut und müssen feststellen, dass diese ungenutzt bleiben werden. Dann platzt der Mittelschichttraum.

Alles haben wollen – das könnte ein Symptom der medialisierten Gesellschaft sein. Gerade die junge Generation leidet unter dem Gefühl, alles gleichzeitig machen zu müssen. In einem Beitrag der *Süddeutschen Zeitung* beschreibt eine Studentin Anfang 20 ihre Erwartungen an Familie und Glück:

Auch mir würde es nicht reichen, irgendwann nur zu Hause bei meinen Kindern zu sein. Ich will beides haben, Familie und Arbeit. Mein Mann und ich müssten uns die Arbeit im Haushalt auf jeden Fall teilen – und er seinen Job so flexibel gestalten können, dass das auch wirklich funktioniert. [...] Generell hat es unsere Generation einfach schwer, sich festzulegen. [...] Es gibt so viele Möglichkeiten. Genau das ist das Problem: Uns steht die Welt offen. Ich kann eigentlich tun und lassen, was ich will, und doch gibt es diesen Druck, möglichst jung möglichst viel möglichst Außergewöhnliches zu machen.[19]

Nur wer durch seine besonderen Leistungen auffällt, bekommt Anerkennung. Eine Familie zu gründen und durch Partnerschaft und Kinder daran gehindert zu werden, sämtliche Optionen auszutesten, erscheint weniger erstrebenswert. Wenn man sich für eine Familie entscheidet, muss sichergestellt sein, dass nur wenige Abstriche zu machen sind. In der Konsequenz verzichtet man lieber auf ein (weiteres) Kind.

So wie Lisa Rüffer, eine freie Journalistin aus München. Sie und ihr Mann durchlebten nach der Geburt ihrer Tochter eine anstrengende Babyzeit. Das Leben in München ist teuer, beide mussten und wollten weiterhin arbeiten, das Kind schrie ganze Nächte durch. Rüffer wünschte sich ein zweites Kind, allein der Gedanke daran stürzte sie jedoch in eine »Existenzkrise«. Sie glaubt, dass ihre Partnerschaft daran zerbrochen wäre. Sie glaubt auch, dass sie sich vielleicht für ein zweites Kind entschieden hätte, wenn

die Rahmenbedingungen andere gewesen wären. Wenn wir in einer Gesellschaft leben würden, in der Kinder zum Beispiel ein Grundeinkommen erhalten, das alle als eine sinnvolle Investition verstehen. In der Vollzeit arbeiten für Mütter und Väter bedeutet, nicht mehr als 30 Stunden pro Woche im Büro zu sitzen, und zwar gänzlich vom schlechten Gewissen entkoppelt. [...] Ich werde nicht mehr erleben, dass es zu solchen Veränderungen kommen wird, zumindest nicht als Mutter eines kleinen Kindes. Was mir bleibt, ist jedoch die Liebe, die man nur mit Kind erfährt. Und dafür reicht auch eins.[20]

Den höheren Preis für den Traum von der familiären Work-Life-Balance müssen immer noch die Mütter zahlen. Dennoch haben sich auch die Ansprüche an den »guten« Vater geändert. Rund drei Viertel der Deutschen sind der Ansicht, er solle in der Lage sein, eine Familie zu ernähren, sich aber gleichzeitig in die Erziehung einbringen.[21] Von den Vätern selbst geben 52 Prozent an, die Hälfte der Kinderbetreuung übernehmen zu wollen, aber Nachteile bei Einkommen und Karriere zu fürchten.[22] Junge Männer verstehen sich als »moderne Ernährer«. Sie wollen ihrer Familie ein Heim bieten und für den Lebensunterhalt sorgen, sich aber zugleich Zeit für die Kinder nehmen. Die »neuen« Väter schreiben Bücher über die lebensverändernde Erfahrung, ein Neugeborenes zu versorgen (zum Beispiel Stefan Maiwald, *Wir sind Papa! Was Väter wirklich wissen müssen)*, und freuen sich, als »leicht übergewichtiger Typ in kurzen Hosen« zum Inhalt von Dad-Witzen zu werden. Denn sie vermitteln ihren Kindern »heitere Gelassenheit«[23].

Paradox: Wenn sich Väter um ihre Kinder kümmern, bekommen sie dafür Aufmerksamkeit und im Zweifelsfall einen Pulitzer-Preis. Wenn Mütter das tun, fragt man sie im selben Atemzug, wie viele Stunden sie »wirklich« arbeiten. Damit kein falscher Eindruck entsteht – auch Väter mühen sich ab, den Spagat zwischen Beruf und Familie zu bewältigen. Und sie ernten böse Blicke, wenn sie zu spät zur Ballettaufführung ihrer Jüngsten kommen. Denn schließlich verlangt das Leitbild einen präsenten Vater. Aber sie verzichten wesentlich seltener als die Mütter zugunsten der Familie auf berufliche Aufstiegsmöglichkeiten. Sie hungern deshalb möglicherweise nicht so sehr nach Anerkennung.

Im Kontext der Medialisierung könnte das bedeuten: Mütter orientieren sich stärker an der massenmedialen Handlungslogik, weil sie einen größeren Bedarf an Aufmerksamkeit haben. Die Bestätigung des eigenen Selbstbilds – zum Beispiel durch viele Likes für eine tolle Geburtstagsparty – wirkt identitätsbildend.

Was wir sein wollen

Familiäre Identität zeigt sich im Außen. Das beginnt bei der Kleidung (Mütter früherer Generationen trugen im Haus oftmals eine Schürze, heute bringt der »Casual Look« zum Ausdruck, dass man sportlich, modisch up to date und aktiv ist.), manifestiert sich im Familien-Van mit Dachbox für die Skiausrüstung (Botschaft: Wir pflegen trotz Kindern einen kosmopolitischen Lifestyle.) und treibt Familien dazu, im Umland großer Städte zu horrenden Preisen Häuser zu bauen.

Die Hochglanz-Designer-Küche ist eine Art von gegenständlich gewordener Selbstbestätigung: We did it. Das Leitbild der aktiven Mittelschichtfamilie, die am Wochenende gemeinsame Fahrradtouren unternimmt, zeigt sich in Gestalt von Fahrradanhängern für Babys und Kleinkinder, Mountainbikes für alle älteren Familienmitglieder und dem Fahrradträger für den Kombi – Produkte, die es vor 40 Jahren nicht gab. Die hippe Großstadtmama »walkt« in Funktionsklamotten und mit dem im »Jogger« festgeschnallten Kind durch den Englischen Garten.

Ein Beispiel: Bis in die 1970er Jahre war Umstandskleidung dazu gedacht, den Babybauch zu kaschieren. Heute betonen werdende Mütter ihren gesegneten Zustand mit enganliegender Schwangerschaftsmode, tragen Shirts mit Schriftzügen, die zum bevorstehenden Ereignis passen (»sweet litte Baby loading«, »little wonder inside«, »Mama 2022«) und lassen sich leicht bekleidet von professionellen Fotografen ablichten. Prominente

Schwangere setzen immer wieder Trends: Alessandra Meyer-Wölden (Ex-Freundin von Boris Becker und Ex-Frau von Oliver Pocher) trug während ihrer zweiten Zwillingsschwangerschaft ein T-Shirt mit dem Aufdruck »Oops, I did it again«. US-Sängerin Beyoncé stilisierte sich auf Instagram als verschleierte Madonna und lädt Mutterschaft auf diese Weise religiös auf. Mit mehr als sieben Millionen Likes eine geglückte Selbstinszenierung von Familie.

Immer bedeutender für familiäre Identitätsbildung sind die alltäglichen Praktiken. Eltern sehnen sich nach »qualitativ hochwertiger« Familienzeit.[24] (Ich kenne einige Mütter, die von »quality time« sprechen, wenn sie mit ihren Kindern ins Freibad fahren.) Allein das ist schon ein gewaltiger Anspruch. Einfach nur zusammen zu sein erscheint kaum als Option. Man muss schon was machen. Denn die Anforderungen an »gute« Eltern sind stark gestiegen, die Ausgestaltung der Elternrolle ist »umfangreicher, anspruchsvoller und schwieriger geworden«[25].

Eltern sind ab dem Zeitpunkt der Empfängnis dafür verantwortlich, dass ihre Kinder gesund, wohlerzogen und gebildet sind. Schon während der Schwangerschaft sollen die Eltern eine Beziehung zu ihrem Kind aufbauen. Von Vätern wird erwartet, an Säuglingspflegekursen teilzunehmen und die Geburt aktiv mitzuerleben. Sobald das Kind geboren ist, sind die Eltern dazu aufgerufen, sich zu professionalisieren. Sie lesen Ratgeberbücher zu Frühförderung und Persönlichkeitsentwicklung, unterstützen den Nachwuchs auf seinem Weg zum Abitur und kümmern sich um die Organisation diverser Freizeitaktivitäten, vom Klavierunterricht bis zum Theaterworkshop.

Es fällt auf, dass sich Akademikermütter intensiver um ihre Kinder kümmern als Frauen mit einem niedrigeren formalen Bildungsabschluss. Sie lesen häufiger vor, singen öfter mit den Kindern, besuchen mit dem Nachwuchs PEKiP-Kurse und kaufen pädagogisch wertvolles Spielzeug und Lernsoftware.[26] Und sie planen den Familienalltag generalstabsmäßig. Die Mehrheit der Kinder aus Mittelschichtfamilien hat feste Terminpläne.

Dabei werden die Kinder immer früher an institutionalisierte Angebote herangeführt, zwei Drittel der Kindergartenkinder gehen bereits regelmäßig zum Sport, in den Musikgarten oder zum Basteln. In der Regel übernehmen die Mütter den Chauffeurdienst. Der Bildungsforscher Klaus Hurrelmann stellt fest, dass Eltern und Kinder steigende Erwartungen an den Erlebnischarakter ihrer Freizeit haben, die Medien haben seiner Ansicht nach einen entscheidenden Anteil an dieser Entwicklung, betonen sie doch das Sensationelle und »Außernormale«.[27] Das erklärt, warum es selbst im Urlaub schwieriger wird, einfach im Pool zu plantschen. Zumindest eine Kräuterwanderung muss schon ins Programm integriert sein. Stichwort Eventisierung.

Wir bauen immer mehr Höhepunkte in unser Leben ein, wir überhöhen festliche Anlässe und »machen« Events,[28] wo immer sich die Gelegenheit bietet. Die Goldene Hochzeit feiert man nicht mehr in der ortsansässigen Gastwirtschaft, sondern im Eishotel am Nordkap, und die Grundschule ruft ein Buchstabenfest ins Leben, zu dem jedes Kind (bzw. die Mutter) ein Gericht mitbringt, das mit dem zuvor zugelosten Anfangsbuchstaben beginnt. Die Schule feiert damit den Umstand, dass die Kinder das Alphabet gelernt haben. Und die Mütter haben Stress, weil sie eine passende, schmackhafte und optisch ansprechende (!) Speise zubereiten müssen.

Die Moral von der Geschichte: Wir arbeiten uns Tag für Tag am Anspruch der Selbstinszenierung ab und klagen über Stress,

Zeitmangel und Überforderung. Niemand hat es gewollt, das Aufmerksamkeitsregime. Und doch regiert es uns.

Immer auf die Mütter:
Warum sie nach
Aufmerksamkeit gieren

Ich habe es bereits angedeutet: Es sind vor allem die Mütter, die die Medialisierung der Familie vorantreiben. Dafür haben sie sehr nachvollziehbare Gründe. Egal, was sie tun, egal, ob sie ein, zwei, drei Jahre beim Kind zu Hause bleiben (ein längerer Zeitraum ist gar nicht mehr denkbar, geschweige denn öffentlich vertretbar) oder nach acht Wochen Mutterschutz wieder Vollzeit arbeiten gehen, egal, ob sie Biogläschen füttern oder selbst kochen, egal, ob sie eher streng sind oder ihren Kindern viel Freiraum lassen, sie können es nicht richtig machen. An jeder Ecke wartet ein Kritiker – öfter noch: eine Kritikerin –, die die Nase über die (nicht) stillende, (nicht) arbeitende, (nicht) sportelnde, (nicht) geschminkte, (nicht) verheiratete, (nicht) unabhängige, (nicht) erotische, (nicht) geduldige, (nicht) mahnende Mutter rümpft. Mütter sollen weich und liebevoll, hart und selbstbestimmt gleichzeitig sein. Wie soll das gehen?

Und weil trotz all der begrüßenswerten Emanzipationsbewegungen Mutterschaft immer noch mit Einschränkungen (Überraschung: Kinder kosten Zeit) und einer deutlichen Verschiebung der Prioritäten einhergeht – ich gestehe hiermit, dass mir meine Kinder von der ersten Sekunde an wichtiger waren als ein Vorstandsposten, ein Sportwagen oder ein Intim-Waxing –, wird es für moderne Frauen schwieriger, sich zum Muttersein zu bekennen. Sie müssen immer noch etwas anderes sein (am besten:

beruflich erfolgreich UND sozial engagiert UND begehrenswert), sonst werden sie im besten Fall belächelt und im schlechtesten verachtet.

Mutter – ein Kampfbegriff

Ich persönlich kenne trotz all der unerfüllbaren Anforderungen keine einzige Mutter, die nicht mehr Mutter sein möchte. Vielmehr besteht der Wunsch nach ehrlicher Anerkennung, nach einer positiven Konnotation dieser Rolle. Letztlich zeigen die beschriebenen Entwicklungen nur, dass Mutter ein Kampfbegriff ist. Daran hat sich in den vergangenen 80 Jahren nichts geändert. Im Nationalsozialismus erzog die Mutter die tapferen Söhne und tüchtigen Töchter der »Herrenrasse«, in den 1950er und 1960er Jahren bereitete sie Mann und Kindern ein schönes Heim (und schuftete nebenbei in der Landwirtschaft oder übernahm Heimarbeitsaufträge; in der DDR war sie integraler Teil des Arbeiter- und Bauernstaates).

Seit den 1970er Jahren hat sich die weibliche Erwerbsbeteiligung deutlich erhöht; meist war es jedoch üblich, dass Mütter ihre Berufstätigkeit für einige Jahre unterbrachen und erst wieder einer Erwerbsarbeit nachgingen, wenn die Kinder aus dem Gröbsten raus waren. Sie sollten ihren Männern den Rücken freihalten und sich vorrangig dem Kindeswohl widmen – dafür bezahlten sie mit verpassten Karrierechancen und Abschlägen bei der Rente. Mittlerweile sind drei von vier Müttern (74,7 Prozent) mit mindestens einem Kind unter 18 Jahren erwerbstätig,[1] Vollzeitmütter stellen eine schrumpfende Minderheit dar.

Darüber hinaus ist dieses Lebensmodell »in vielen Milieus begründungsbedürftig«, wie die Soziologin Sarah Speck feststellt.

Hausfrau will keine (gut ausgebildete) Mutter mehr sein. Das riecht nach den drei »K« (Kinder, Küche, Kirche), nach dem Mief der Adenauer-Ära, nach Benachteiligung, Patriarchat und Altersarmut. Hausfrauen (respektive nicht karriereorientierte Frauen) gelten wahlweise als faul, feige (vgl. Bascha Mika, *Die Feigheit der Frauen: Rollenfallen und Geiselmentalität – Eine Streitschrift wider den Selbstbetrug*) oder dumm. Daran hat auch die 2005 vom Hausgerätehersteller Vorwerk lancierte erfolgreiche Imagekampagne zugunsten der »Familien-Managerin« nichts geändert.

Verändert hat sich dagegen der Blick auf die Mutter. Die wird kategorisiert und mit immer neuen Labels versehen. »Rabenmutter«, »Helikopter-Mutter«, »Latte-macchiato-Mutter«, »Burnout-Mutter«. Mutterschaft ist heutzutage hoch kontrovers – und hoch politisch. Der Mutter-Diskurs der deutschen Medienlandschaft ist dabei bestimmt von drei zentralen Positionen: 1. Jede Mutter kann alles haben (»Kind und Karriere«). 2. Keine Mutter kann alles haben (»Vereinbarkeitslüge«). 3. Vollzeit arbeitende Eltern liefern sich den Marktgesetzen aus und stellen das Wohl von Kindern und alten Menschen hintenan (»Betreuungsgesellschaft«).

Die Argumente sind mit den immer gleichen Begriffen verknüpft, darunter »Karriere«, »Vereinbarkeit von Familie und Beruf«, »Teilzeitfalle«, »Herdprämie«, »Gleichstellung«, »Fremdbetreuung«, »Qualitätszeit«, »Bindung« oder »Unabhängigkeit«. Das Sprecherfeld wird von Wissenschaftlern (Soziologen, Medizinern, Psychologen, Pädagogen), Wirtschaftsvertretern (zum Beispiel dem Institut der deutschen Wirtschaft) und Politikern (zum Beispiel der jeweiligen Familienministerin) dominiert. Darüber hinaus kommen prominente Mütter und Otto-Normal-Mütter zu Wort (in der Regel aber mit akademischem Hintergrund), die ihr jeweiliges Lebensmodell darstellen.

Es besteht eine deutliche Dominanz eines Leitbildes, das die berufstätige Mutter propagiert. Visualisiert wird dieses Leitbild sehr oft durch eine gepflegte Mittdreißigerin, die ein braves Baby auf dem Schoß hält, während sie hochkonzentriert am Laptop arbeitet. Die Kind-und-Karriere-Mutter taucht überall auf, sowohl in deutschen Tageszeitungen als auch in Werbespots, Anzeigen oder Elternzeitschriften. In Letzteren existieren mittlerweile eigene Rubriken wie »Job und Geld« (*Eltern*) oder »Arbeiten« (*mum*).

Darüber hinaus spielen andere Facetten der modernen Mutter eine Rolle, darunter »Schönheit«, »Erziehung« (die Klassiker: Stillen, frühkindliche Förderung, Schulerfolg) oder »Freizeit«. Die Metabotschaft: Die moderne Mutter ist keine altbackene Mutti, sondern eine taffe Multitaskerin.

Kaum etwas lässt junge Mütter mehr leiden, als wenn ihre Babys ihnen einen Strich durch die Rechnung machen. Ich weiß das. Meine ältere Tochter war noch gar nicht geboren, da hat sie mir eine Lektion erteilt. Ich wollte im Sommer, so circa vier Wochen vor Geburtstermin, meine Bachelor-Prüfung machen. Dazu kam es nicht, denn ich lag schon in der zwölften Schwangerschaftswoche mit Blutungen im Krankenhaus. Mittlerweile ist meine ältere Tochter 14 Jahre alt, meine Pläne durchkreuzt sie immer noch gelegentlich, aber ich habe mich daran gewöhnt. Es bringt mich kaum noch aus der Ruhe.

Junge Mütter dagegen laufen fast Amok, wenn das Baby nicht so will wie sie. Ein Beispiel aus dem Bekanntenkreis: Der elterliche Plan besagte, dass der Vater pünktlich zum Sommer – das Kind war zu dem Zeitpunkt zehn Monate alt – zwei Monate Elternzeit nimmt, damit die junge Familie das schöne Wetter nach Lust und Laune genießen kann. Ein paar Ausflüge, eine kleine Urlaubsreise. Zudem sah der Plan vor, dass die Mutter ein bis zwei Tage pro Woche freiberuflich zu arbeiten anfängt. Der Plan war gut, allein das Baby konnte ihm nichts abgewinnen. Sobald die Mutter sich entfernte, fing es zu schreien an. Den bis dahin vor allem am Wochenende anwesenden (und natürlich nicht stillenden) Vater lehnte es kategorisch ab. Die Fremdelphase dauerte länger als gedacht, die Elternzeit endete im Krampf, was die Mutter an den Rand einer Depression brachte. Warum, so fragte sie sich, gelinge es anderen Frauen, Beruf, Haushalt, Freizeit und Kind unter einen Hut zu bringen?

Hier die schonungslose Wahrheit: Niemand schafft das. Aber jene auf Perfektionismus und Leistungsgesellschaft getrimmten Mütter wollen uns das glauben machen. Und weil wir uns alle an der Medienlogik orientieren und unser ach so tolles Leben für uns selbst und die anderen inszenieren, machen wir uns und den anderen etwas vor. Besser wäre es, zumindest für das erste Lebensjahr gar keine Pläne zu machen, sondern von Tag zu Tag zu leben. Passt nicht in unsere medialisierte Zeit, wäre aber gesünder.

Bloß keine Hausfrau!

Die Tagesmutter Antje Walker hat die Einführung des Elterngeldes als gravierenden Einschnitt wahrgenommen. Die Mütter empfänden einen ungeheuren Druck, nach einem Jahr wieder arbeiten zu gehen, also müssten die Kinder in irgendeine Betreuung. Das führe dazu, dass die Kinder »zu funktionieren hätten«. Eine Grippe wirklich auszukurieren sei praktisch nicht möglich.

Früher durften die Kinder auch mal eine Woche zu Hause bleiben und gesund werden. Heute ist es schon viel wenn die Eltern zwei Tage zu Hause bleiben. Es muss alles schnell gehen. Das geht schon morgens beim Abliefern der Kinder los. Schnell rein, schnell drei Sätze austauschen – die Nacht war gut, gestern waren wir beim Impfen – schnell raus. Nachmittags läuft das genauso. Die Eltern kommen von der Arbeit und haben noch was vor. Früher war das gelöster, man hatte mehr Zeit.

Walker stört, dass das Gefühlsleben der Kinder kaum mehr eine Rolle spiele:

Die Kinder spüren, wenn sich in ihrem Alltag etwas verändert. Und natürlich merken die Kinder, ob die Mama da ist oder jemand anders. Ich glaube auch, dass den Kindern eine Fremdbetreuung nicht schadet, wenn es ein strukturierter Ablauf ist, sprich, wenn das Kind hier um 15 Uhr abgeholt wird und den Rest des Tages in Ruhe zu Hause bei Mama oder Papa verbringen darf. Aber die meisten Eltern haben nachmittags was vor oder müssen den kompletten Haushalt schmeißen.

Walkers Eindruck ist, dass die Eltern sich nicht eingestehen wollen, dass sie Schuldgefühle haben, wenn sie ihr Kind in fremde Hände geben. Vor allem die gebildeten Mütter erklärten immer wieder, dass sie es sich nicht leisten könnten, zwei oder drei Jahre zu Hause zu bleiben, weil sie sonst ihren Arbeitsplatz verlieren. Eigentlich haben Mütter bzw. Väter das Recht, drei Jahre Elternzeit zu nehmen; während dieser Zeit besteht Kündigungsschutz. Der Arbeitgeber muss ihnen nach Ablauf der Elternzeit eine vergleichbare Tätigkeit anbieten. Dazu kommt, dass die Lebenserwartung ständig steigt und wir von der Politik regelmäßig darauf vorbereitet werden, mindestens bis zu unserem 70. Lebensjahr arbeiten zu müssen.

Angesichts des Fachkräftemangels tun Firmen darüber hinaus gut daran, ihre Mitarbeiter an sich zu binden, statt sie im Anschluss an die Elternzeit auszusortieren. Es muss deshalb über die Angst vor dem Arbeitsplatzverlust hinaus Gründe dafür geben, dass Mütter heutzutage nur eine kurze Auszeit nehmen. Natürlich spielen finanzielle Erwägungen eine Rolle. Gerade in Ballungsräumen sind die Lebenshaltungskosten so hoch, dass Mittelschichtfamilien nur auf eines der zwei Einkommen verzichten können, wenn sie sich einschränken. Und selbstverständlich lieben viele Frauen ihren Beruf und fühlen sich im Alltag mit dem Baby intellektuell unterfordert. Aber in allen Interviews, die ich geführt habe, war ein subtileres Motiv zu spüren: die Angst, »nur« als Mutter wahrgenommen zu werden.

Die Identität moderner Frauen ist in erster Linie bestimmt durch ihren Beruf, nicht durch die Familie. Die Frauenärztin Justine Börzsönyi-Dilenge erlebt, dass es den Frauen nicht mehr reicht, Hausfrau und Mutter zu sein. Das liege unter anderem an der Reaktion des Umfeldes. Wenn eine Frau einer anderen erzähle, dass sie Hausfrau sei, komme das sehr negativ an. Gleichzeitig seien die Vollzeitmütter sehr unzufrieden und beschwerten sich über fehlende Wertschätzung. Ein bisschen Job muss also sein, und wenn es »nur« eine »kleine« Teilzeit ist.

In meinem eigenen Bekanntenkreis habe ich die Erfahrung gemacht, dass man lieber verschweigt, dass sich die Frau ausschließlich um Kind und Haushalt kümmert. Eine Mutter von zwei Söhnen erzählte mir, dass ihr Mann sich vor seinen Arbeitskollegen dafür schäme, dass sie nicht erwerbstätig sei – obwohl er es gar nicht anders haben wolle. Und dann war da noch ein ehemaliger Schulfreund, den ich einige Jahre nicht gesehen hatte.

Ich erkundigte mich nach seiner Frau und fragte, was sie denn so mache. Er rang sichtlich mit sich, bevor er antwortete: »Sie ist zu Hause bei den Kindern. Aber wir stehen dazu.«

Während sich Frauen vor 40 Jahren dafür rechtfertigen mussten, dass sie ihre Kinder nicht rund um die Uhr selbst betreuten, müssen sie heute »dazu stehen«, dass sie genau das tun.

Die neuen Heldinnen der Nation: Karrierefrauen

Das Elterngeld hat nach Ansicht von Politikern und Journalisten Väter vermehrt dazu bewogen, eine berufliche Auszeit zu nehmen, um das Kind zu betreuen. Das Elterngeld, so der Tenor, helfe, alte Rollenbilder aufzubrechen. Das können meine Experten nicht bestätigen. Sowohl die Hebamme als auch die Frauenärztin stellen fest, dass Elterngeld und Vätermonate in der Regel dafür genutzt werden, eine gemeinsame Urlaubsreise zu unternehmen oder etwas am Haus zu machen. Die Mütter würden weiterhin die Hauptlast der Fürsorgearbeit tragen.

Diese Tendenz zeigte sich auch in den von mir geführten Mütterinterviews. So blieb der Mann von Krankenschwester Katrin beispielsweise zwei Monate zu Hause, brachte seine Tochter aber während der Dienstzeiten seiner Frau zur Oma, damit er aufgeschobene Reparaturarbeiten erledigen konnte. Aber die Statistik sagt: Die Männer kümmern sich um ihre Kinder. Dafür werden sie gefeiert, während die Mütter einen Grund weniger haben, Anerkennung einzufordern. Man mag mich korrigieren, aber in der Regel sind es trotz der Vätermonate die Mütter, die nachts mehrmals aufstehen, mit Stilleinlagen und Milchpumpe kämpfen, die Impftermine koordinieren, den Beißring ins Gefrierfach legen oder den Einstieg in die Beikostphase planen. Wenn sie dann schnell wieder in den Beruf »zurückdürfen«, sollen sie sich freuen und nicht über die Dreifachbelastung jammern, schließlich ist die Gleichberechtigung greifbar nahe.

Der Maßstab dafür ist die Karriere. Je verantwortungsvoller der Job, desto besser hat Frau sich gemacht. Die weibliche Führungskraft, die alle Herausforderungen in Job und Familie meistert, ist deshalb ein beliebtes Berichterstattungsobjekt. Die von der *Süddeutschen Zeitung* porträtierten Karrierefrauen nehmen im Business-Outfit ihre Kinder auf den Schoß, um ihnen vorzulesen, oder hängen schnell noch die Wäsche auf. Die Chefin der Berliner Verkehrsbetriebe erklärt: »Meine Kinder sind mein Hobby«, und die klavierspielende Herzchirurgin Eva Maria Delmo Walter meint: »Deutsche Frauen könnten produktiver sein.« »Vollzeitmami, Hausfrau, Gartenfee und Waschweib« sind die abgelichteten Damen nicht, dafür »Abteilungsleiterin, Autoboss, Vorstandsvorsitzende und Aufsichtsrätin«[2]. Unschwer zu erkennen, was die wertvolleren, weil anerkannteren Jobs sind.

Was in der Diskussion ausgeblendet wird: Die meisten dieser gut verdienenden Managerinnen (und ihrer gut verdienenden Partner) kaufen sich ein Bündel an Dienstleistungen ein, von der Kinderfrau (24-Stunden-Service statt feste Öffnungszeiten in der Kita) über die Haushälterin bis zum Gärtner.[3] Diese Tätigkeiten sind schlecht bezahlt, dafür werden hohe Anforderungen an die Flexibilität gestellt. Da es oft Frauen sind, die diese haushaltsnahen Dienstleistungen übernehmen, entsteht im Zuge der allseits beschworenen Gleichberechtigung eine neue Form der Ungleichheit: Auf der einen Seite die gut ausgebildeten, einkommensstarken Führungsfrauen, auf der anderen die schlechter ausgebildeten, einkommensschwachen Dienstleisterinnen.

Diese Entwicklung verstärkt paradoxerweise das Ungleichgewicht zwischen Reproduktionsaufgaben und Marktorientierung: Haushalt und Erziehung werden weiter abgewertet, ausgelagert und schlecht entlohnt, die Erwerbstätigkeit außer Haus wird aufgewertet.[4]

Viele berufstätige Mütter arbeiten freitags nicht. Am Freitag muss nämlich alles das passieren, was an den anderen Tagen nicht geklappt hat: einkaufen, putzen, waschen, bügeln, Post erledigen, die Steuer machen. Ich weiß, wovon ich rede. Allerdings stelle ich fest, dass viele Frauen ungern zugeben, diesen Frei-Tag zu brauchen (der nicht frei ist, sondern extrem anstrengend). So stand in einer Bewerbung der schöne Satz: »Ich möchte insgesamt 30 Stunden arbeiten, von Montag bis Donnerstag, denn am Freitag schließt die Kita früher, da habe ich nachmittags keine Betreuung.« 30 Stunden mit zwei kleinen Kindern sind viel, diese Mutter hat Respekt verdient.

Wäre das anders, wenn sie angeben würde, dass der Freitag für Haushalt und Familie reserviert sein soll? Ich finde es schade, dass die Kita als Ausrede herhalten muss. Schöner wäre es, wenn die Frau nicht das Gefühl hätte, sich rechtfertigen zu müssen, sondern davon ausgehen könnte, dass die am Freitag verrichtete Arbeit auch als solche anerkannt wird. So aber prägt das »Die Kita ist schuld«-Argument den Diskurs. Die Mütter würden ja gerne Vollzeit arbeiten, heißt es, wenn die Betreuung die ganze Woche über sichergestellt wäre. Wenn es wirklich so ist, in Ordnung. Wenn nicht, erweisen sich die Mütter, die sich hinter den Kita-Öffnungszeiten verstecken, einen Bärendienst. Denn irgendwann haben alle Kitas rund um die Uhr auf, dann gibt es keinen Grund mehr, am Freitag nicht erwerbstätig zu sein. In der Konsequenz wird die Zeit für Haushalt und Familie immer knapper. Und der Stress größer.

Mittlerweile gibt es einige 24-Stunden-Kitas. Damit Mütter und Väter mit 24-Stunden-Berufen in Zukunft Früh-, Spät- und Nachtschichten übernehmen können. Für Ärzte, Krankenschwestern, Fließbandarbeiter und Busfahrer kann das durchaus eine gute Nachricht sein. Ob Kinder es schön finden, nun nicht mehr nur ganze Tage, sondern auch ganze Nächte nicht zu Hause bei den Eltern verbringen zu dürfen, kann ich mir nicht vorstellen. Es drängt sich der Eindruck auf, dass uns Kinder nur noch stören. Vor allem beim Arbeiten.

Vergessen wird, dass die Flexibilisierung von Kita-Öffnungszeiten eine weitere Dynamik für die Flexibilisierung von Arbeitszeiten bedeuten dürfte. Es wird einer Mutter (erst recht einem Vater) immer öfter schwerfallen, eine Nachtschicht abzulehnen, wenn der Arbeitgeber weiß, dass die Krippe das Kind auch nachts aufnimmt. Dass die Mutter das Kind gerne selbst zu Bett bringen, ihm eine Geschichte vorlesen oder ein Schlaflied vorsingen würde, wird wohl kaum zählen. Zumal der Diskurs sich dahingehend entwickelt, die Außer-Haus-Betreuung als wertvollere Erziehung zu betrachten. Was ist ein Memory-Spiel im heimischen Wohnzimmer schon gegen kompetenzfördernde frühkindliche Bildung? Die erscheint der durchökonomisierten Arbeitsgesellschaft wichtiger als eine liebevolle Eltern-Kind-Beziehung. Für die Liebe reicht die viel beschworene Qualitätszeit, egal, wie kurz bemessen die sein mag. Dann ab zur Nachtschicht.

Vor einiger Zeit habe ich einen Radiobeitrag gehört der mir zweierlei vor Augen geführt hat. Erstens: Selbst der öffentlich-rechtliche Rundfunk nimmt es im Umgang mit Quellen nicht immer so genau, wie er sollte. Und zweitens: Politik und Wirtschaft haben längst die Deutungshoheit im Familiendiskurs inne. So hieß es in besagtem Nachrichtenbeitrag, die Kinderfreundlichkeit in Deutschland habe signifikant zugenommen. Begründung: Mütter würden sehr viel früher an ihren Arbeitsplatz zurückkehren als noch vor einigen Jahren. Quelle: eine der Wirtschaft sehr nahestehende Stiftung.

Die im Beitrag aufgestellte Behauptung ist ein klassischer Fall für gesellschaftspolitischen Irrsinn. Und nebenbei auch unter wissenschaftlichen Gesichtspunkten Humbug. Wer das Konstrukt Kinderfreundlichkeit untersuchen will und dafür ausschließlich den Indikator der Mütter-Erwerbstätigkeit heranzieht, ist entweder ignorant oder will seinem Auftraggeber einen Gefallen tun. Kinderfreundlichkeit hat für mich in erster Linie etwas mit der Einstellung gegenüber Kindern zu tun. Sind sie willkommen, oder werden sie als Störfaktor empfunden? Ist ihr Wohl der Gesellschaft etwas wert? Wollen wir sie in unserer Mitte haben, oder sehen wir in ihnen lediglich künftige Rentenbeitragszahler (oder Superspreader)?

Kinderfreundlich ist es, Schwangeren einen Sitzplatz in der U-Bahn anzubieten. Kinderfreundlich ist es, Eltern-Kind-Parkplätze auch wirklich Eltern mit Kindern zu überlassen. Kinderfreundlich ist es, sich über einen Kindergarten in der Nachbarschaft zu freuen. Kinderfreundlich ist es, Mütter mit kleinen Kindern am öffentlichen Leben teilnehmen zu lassen und sie nicht aus Egoismus zu vertreiben. Ich kann mich meines Eindrucks nicht erwehren, dass die Kinderfreundlichkeit in diesem Land nicht besonders ausgeprägt ist. Daran werden Tausende Krippenplätze und der Ausbau der Ganztagsschulen gar nichts ändern. Beide Maßnahmen erfreuen allerdings Politik und Wirtschaft. Die halten nichts davon, dass Mütter und Väter ihre Kinder selbst aufziehen. Die brauchen die Fachkräfte und die Sozialabgaben. Mit Kinderfreundlichkeit hat das meiner Ansicht nach nicht das Geringste zu tun.

Dass Mütter möglichst viel arbeiten sollen, gilt mittlerweile weitgehend als alternativlos. Allein schon deshalb, weil sie andernfalls riskieren, im Alter zu verarmen. Wer selbst nicht in die Rentenkasse einzahlt, hat im Falle einer Scheidung angesichts des aktuellen Unterhaltsrechts kaum mehr was vom Altersruhegeld des Ex-Mannes.

Bemerkenswert ist, dass ein angemessener finanzieller Ausgleich für die durch die Mutterschaft entstandenen Einkommensverluste bzw. die im Haushalt erbrachte Leistung – zumindest in der deutschen Öffentlichkeit – überhaupt nicht diskutiert wird. Die Anthropologin und Autorin Wednesday Martin hat sich beispielsweise von ihrem Mann eine bestimmte Summe auf ihr Rentenkonto einzahlen lassen – als »Strategie, um die Ressourcen gerechter zu verteilen«[5]. Ein solcher »wife bonus« erregt allerdings die Gemüter, zementiert er doch klassische Rollenmodelle. Dabei wäre es ein Weg, die gering geschätzten familiären Fürsorgeaufgaben mit einem Preis zu versehen und so zu einem knappen Gut zu machen.

Denn was nichts kostet, scheint frei verfügbar und wertlos zu sein. Eine Internalisierung der Erziehungs- und Fürsorgekosten in die Kalkulation von Mann und Gesellschaft tut also Not (das sollte vice versa natürlich für Männer gelten, die zu Hause bleiben oder Teilzeit arbeiten, um ihrer erfolgreichen Frau den Rücken frei zu halten). Das amerikanische Internetportal Salary.com geht davon aus, dass eine Vollzeitmutter mit mindestens einem Kind unter 15 Jahren ein Jahresgehalt von über 134 000 Dollar beziehen müsste – umgerechnet rund 97 000 Euro. Das Online-Portal Star Of Service kommt auf ein Monatsgehalt von 6 000 Euro (ohne Weihnachtsgeld) bei einer Wochenarbeitszeit von 38,5 Stunden.[6] Die Hamburger Autorin Catharina Aanderud hat deshalb in ihrem Buch *Schatz, wie war dein Tag auf dem Sofa?* ein Haus-

frauengehalt vom Staat gefordert. Das wird von der Journalistin Heike Gätjen aber als »naiv« bezeichnet. Schließlich könne
der Staat doch nicht für die private Lebensplanung des Einzelnen
aufkommen. Warum dann das Elterngeld?

Mütter am Rande des
Nervenzusammenbruchs

Die Ergebnisse einer nicht repräsentativen, aber doch recht inte-
ressanten Befragung auf der Internetseite der Frauenzeitschrift
Brigitte zeigen, wie groß der Wunsch der Mütter nach Wertschätzung ist. Auf die Frage »Sollte ›Mutter‹ ein anerkannter Beruf
sein?« antworteten bis dato 75 Prozent mit ja (bei über 4 500 Vo-
tings).[7] In der Politik dürfte eine solche Forderung allerdings auf
wenig Gegenliebe stoßen. Und auch in den Medien trauen sich
nur wenige, die allseits beschworene und selig machende Vereinbarkeit von Familie und Beruf in Frage zu stellen. Die *SZ*-Journa-
listin Alexandra Borchardt etwa spricht von der »Krippen-Lüge«
und stellt fest: »Die Kita- und Krippenfans werden auch noch
entdecken: Man kann nicht alles haben.«[8]

Tobias Haberl kritisiert, dass der Anspruch, auf nichts verzichten zu wollen, auf dem Rücken der Kinder ausgetragen werde,
dabei sei es gar nicht möglich, Familie, Karriere und Selbstverwirklichung unter einen Hut zu bringen.[9] Das glaubt auch Anne-
Marie Slaughter. Die Amerikanerin kündigte ihren Job im Stab
von Hillary Clinton, als ihre Teenager-Söhne eine schwierige Zeit
durchlebten, und wurde mit ihrem Aufsatz »Why women still
can't have it all« international bekannt. Slaughter stellt klar, dass
sich Kapitalismus und Familienleben nicht vereinbaren lassen
(den eklatanten Widerspruch zwischen Arbeitsmarkt und Fami-

lie haben Ulrich Beck und Elisabeth Beck-Gernsheim schon 1990 thematisiert[10]). Jahrelang hatte ihr Mann den Großteil der Familienarbeit übernommen, und Slaughter musste einsehen: »Wenn ich die bessere Karriere habe, kann ich nicht der wichtigste Elternteil sein.«[11]

Frauen, die dennoch nach Perfektion streben, geraten an ihre Grenzen. *Der Spiegel* spricht von der »großen Erschöpfung«[12], das Müttergenesungswerk gibt an, die Zahl der ausgebrannten Mütter sei zwischen 2003 und 2013 um über 30 Prozent gestiegen[13], im Zuge der Coronamaßnahmen erreichte die Zahl der kurbedürftigen Mütter 2,1 Millionen.[14] Vielen Frauen dämmert schon kurz nach der Entbindung, dass sie entgegen den Verheißungen einer bereichernden Work-Life-Balance ihr altes Leben vergessen können. Auf Basis einer israelischen Studie über Frauen, die bereuten, Kinder bekommen zu haben, entzündete sich 2015 eine Debatte zum Thema »Regretting Motherhood«[15], die bis heute andauert, nicht zuletzt in den sozialen Medien.[16]

Die Soziologin Christina Mundlos führt die negativen Empfindungen dieser Mütter auf eine strukturelle Überforderung zurück: »Es sind die gesellschaftlichen Anforderungen, die die Frauen unter Druck setzen und den Leidensdruck auslösen.«[17] Da verwundert es nicht, dass manche Frauen sich gar nicht mehr trauen, Kinder zu bekommen, oder Lebensentwürfe ohne Kind an Attraktivität gewinnen.[18] Die Journalistin Antonia Baum glaubt: »Man muss wahnsinnig sein, heute ein Kind zu kriegen.«[19] In einem der reichsten Länder der Welt. Verrückt.

Das Ideal: Eine gelungene
Work-Life-Balance

1985 hieß es im *Ärztlichen Ratgeber*: »Ihr Leben wird wertvoller, erfüllter, glücklicher werden. Denn ein Kind zu bekommen, ja zu sagen zu Mutterschaft und Familiengründung, ist eine der schönsten Sinnerfüllungen im Leben einer Frau.« Diesen Eindruck gewinnt man in aktuellen Elternzeitschriften eher weniger. Dafür ist das moderne Mutterleben viel zu kompliziert. Der erworbene Lebensstil will weiterhin gepflegt werden. So richtet sich *mum*, »the first magazine for modern mums«, etwa an die gut situierte Mutter, die es sich leisten kann, für ein Schwangerschaftsoutfit 600 Euro auszugeben, und sich für elegante Stillmode aus Dänemark interessiert. Im Interview erklärt Schauspielerin Christiane Paul, »wie Kind und Karriere problemlos unter einen Hut passen« (Frau Paul beschäftigt eine Kinderfrau), und dass es besser sei, Spaghetti bolognese aus der Tüte zu kochen als »richtige«, weil die Kinder das Gemüse eh nicht mögen. Ein paar Seiten weiter erzählen drei Frauen, wie sie den Wiedereinstieg in den Job gemeistert haben und »wie ihre Vorstellungen von einer guten Work-Life-Balance sind«. Das Heft ist voller Werbung für allerlei Hochpreisiges, das schöne Modelmütter noch schöner macht, aber: Auf den beiden Anzeigen, die zwei Hersteller von Nobel-Kinderwagen geschaltet haben, ist kein Kind zu sehen. Die Bildsprache schließt Mütterlichkeit komplett aus, dafür wird der Kinderwagen als Statussymbol inszeniert, ähnlich wie Handtasche oder Flugreise.

Weitere Beiträge: Die Anleitung für ein »Fit-dank-Baby«-Work-out, Anregungen zur Einrichtung des Babyzimmers (»Eine Frage des Stils«) und eine Reportage vom Skiurlaub mit zwei Kindern. Abgesehen von den Hochglanzfotos, der betuchteren Klientel und der unterschiedlichen Akzentuierung der Sujets ähneln die Artikel denen in *Eltern*, *Eltern family*, *Baby und Familie* oder *Brigitte Mom*. *Mom* präsentiert schon mal einen Leitartikel zum Thema Sex – und alle wollen Mütter möglichst schnell wieder in Form bringen (wahlweise mit Yoga, gesunden »Ruckzuck-Rezepten«, Pilates, Buggyfit oder Kanga-Training), ihnen die Rückkehr in den Job erleichtern (beliebt sind Reportagen über Frauen, die das geschafft haben, und Statistiken, die beweisen, dass Fremdbetreuung keinem Kind schadet), Vorschläge zum Outsourcing machen (eine Putzfrau gilt als »Notwendigkeit«) und Impulse für ein abwechslungsreiches Familienleben liefern (in jedem Heft gibt es Reisetipps, meist für Baby- oder Kinderhotels oder einen Wellnessurlaub).

Brigitte Mom (»Das Magazin mit starken Nerven«) will anders sein als andere Elternzeitschriften. Bloß kein erhobener Zeigefinger. Das Blatt propagiert den »Mut zur Lücke« und gesteht der Mutter zu, sich den Frust von der Seele zu heulen. Das gedruckte Heft spricht eine andere Sprache: Auf dem Cover finden sich nur schlanke und schöne Frauen (sind laut Impressum alles Mütter, aber das sieht man ihnen nicht an). Um die Kräfte des Kokoswassers für Haut und Haare zu visualisieren, räkelt sich eine 20-Jährige auf dem Boden – von Dehnungsstreifen oder Kaiserschnittnarbe keine Spur. Die Modestrecken könnten auch aus der *Elle* oder der *Vogue* sein, mit dem Unterschied, dass neben top gestylten Frauen auch top gestylte Kinder zu sehen sind. Und die Titelgeschichte in der ersten Ausgabe des Jahres 2017 lautete »Das wird schon! Kind, Job, Chaos – und plötzlich war klar: Ich schaff das«.

Also doch: Man kann alles haben, wenn man es nur gut genug organisiert. Man hat es selbst in der Hand, Beruf und Familie in Einklang zu bringen. Der Familientherapeut Ingo Wölfl glaubt, dass dieser Anspruch schuld ist am Stress in den Familien:

Mir kommt das oft wie eine Performance vor. Man lehnt sich an Vorbildern an und versucht, alles in den Alltag zu integrieren, was schön wäre. Früher waren die Probleme spezifizierbarer. Heute ist der Leistungsstress in den Familien per se ein Problem. Die gesellschaftlichen Erwartungen führen zu einer ungeheuren Alltagsgeschwindigkeit in den Familien. Ich glaube, dass es früher leichter war, zufrieden zu sein.

An diesem Punkt muss noch einmal von den Vätern die Rede sein. Die haben es nämlich auch mit einem Bündel an neuen Rollenerwartungen zu tun. Ein schönes Beispiel dafür ist ein Werbespot von MediaMarkt. Vater Jochen spielt Golf (weil sein Chef das macht). Er engagiert sich im Elternbeirat. Er geht mit seiner Frau zum Tantra-Sex-Kurs. Und er kümmert sich um die Trikots für das Fußballteam seines Sohnes. Und wenn er nicht alles auf die Reihe bekommt, gibt es tadelnde Blicke und ein vorwurfsvolles »Jochen!«.[20] In einem Spot für die Hustenbonbons Wick Blau opfert sich ein Vater auf, um sein Baby zum Schlafen zu bringen, während seine Frau mal Pause hat. In einem Prospekt des Discounters Aldi sieht man einen durchtrainierten Enddreißiger, der in Schürze mit seinem Sohn am Herd steht. Der Junge erklärt: »Heute ist Kochen Männersache.« In einem anderen Prospekt mähen Vater und Sohn den Rasen, während die Mutter in der Sonne sitzt und einen Cocktail schlürft. Anschließend – so will es die Dramaturgie des Werbeblatts – liegen die Eltern gemeinsam im Gras und halten Händchen. Liebevoller Partner, aktiver Vater, fantasievoller Koch. Alles ganz einfach, oder?

Über 94 Prozent der deutschen Väter arbeiten Vollzeit.[21] Laut einer Studie aus dem Jahr 2014 wollen zwei Drittel das so. Gleichzeitig sagen 39 Prozent, sie hätten kaum mehr Zeit für sich, und

43 Prozent, sie hätten gern mehr Zeit für die Familie.[22] Es sind eben nicht nur die modernen Mütter, die zerrissen sind, sondern auch die Väter. Aber im Zweifel entscheiden sich die Väter für Beruf, Karriere, Einkommen. Keine schlechte Wahl: Auf diese Weise bekommen sie mehr Aufmerksamkeit als ihre Frauen.

Watch us – wir sind glücklich!

Fassen wir kurz zusammen: Das Familienleben hat sich in den vergangenen 30, 40 Jahren stark verändert. Das liegt nicht zuletzt an den medialen Vorbildern, mit denen wir Tag für Tag versorgt werden und an denen wir uns orientieren. Zudem haben wir gelernt, dass man in der globalisierten Leistungsgesellschaft vor allem eine Ressource braucht, um seine Ziele zu erreichen: Aufmerksamkeit. Die hat sich zu einem Selbstzweck entwickelt. Die Helden der Mediengesellschaft sind nicht unbedingt klug, begabt oder reich, sie haben viele Follower auf Facebook, Instagram oder Twitter und versorgen uns immer öfter mit immer überraschenderen Highlights aus ihrem aufregenden Leben.

Dieses Verhalten entspricht dem Geschäftsmodell der Massenmedien schlechthin, ihrer ganz eigenen Logik, und beeinflusst – meist ohne, dass wir das merken – unsere Erwartungs- und Bewertungsmuster. Wir wissen gar nicht mehr, warum wir für unsere Geburtstagsfeier nach einer originellen Location suchen oder warum wir jede Woche unser Profilbild auf WhatsApp ändern. Wir glauben einfach, dass das so sein muss, oder reden uns damit heraus, dass die anderen das auch so machen.

Die Medienlogik hat sich in den vergangenen Jahrzehnten in unseren Alltag geschlichen. Das hat natürlich mit der gestiegenen Mediennutzung zu tun – wie könnte es folgenlos bleiben, wenn man mehr als neun Stunden am Tag liest, fernsieht, surft, wischt, postet –, aber nicht nur. Das Konzept der Medienlogik impliziert mehr als quantitativ messbares Medienverhalten. Es geht darum, dass das Skript und das Format massenmedialer Inhalte unsere Art zu denken verändern. Wir erwarten jetzt überall Zuspitzungen, Höhepunkte, Spannung und Inszenierung. So wie sich die Medienlogik gewandelt hat – weniger harte Fakten, mehr Unterhaltung, weniger Text, mehr Bilder, weniger Sachthemen, mehr Personalisierung –, so haben sich unsere Bewertungsmuster gewandelt.

Wie uns die Medien die Welt erklären und uns bespaßen, ist heute die »normale Form« der Kommunikation.[23] Die Medienlogik hat sich zu einer Blaupause entwickelt für ein gelingendes Familienleben und für unsere Selbstinszenierung. Wenn sich die Effenbergs auf Instagram ständig ihrer großen Liebe versichern, geben sie eine Handlungsanweisung für große – weil öffentlich gelebte – Gefühle. Und wenn Heidi Klum trotz eines ganzen Hasenstalls voller Kinder schlank und schön durch die Welt jettet, ist das eine Kampfansage an die Otto-Normal-Mutter (die natürlich behauptet, dass sie schon weiß, dass Heidi Klum kein Maßstab ist, und sich dennoch im Mummy-Fitness-Kurs anmeldet).

Mit dem Siegeszug der Multioptionsgesellschaft – Glück kann man überall haben, dafür braucht es keinen Partner und keine Kinder – liegt es vor allem im Interesse der Mütter, sich Aufmerksamkeit und Anerkennung zu sichern. Denn sie sind es, die immer noch auf der Verliererseite unserer durchgetakteten Leistungsgesellschaft stehen. Aber anstatt den mehr als wertvollen Beruf der Mutter aufzuwerten, soll der Begriff »Mutter« auf Wunsch besonders hartgesottener Gleichberechtigungskriegerinnen lieber gleich ganz aus unserem Sprachgebrauch verschwinden.

Vorschläge wie der von Eva Corino, die in ihrem Buch *Das Nacheinander-Prinzip*[24] dafür plädiert, Müttern erst Zeit für die Kinder und dann Zeit für die Erwerbstätigkeit zuzugestehen, haben im Mainstream wenig Chance: Corino liefere einen »antifeministischen Entwurf« oder wolle Vätern ihr lockeres Leben erhalten.[25] Ich muss mir ähnliche Vorwürfe gefallen lassen. Vor einiger Zeit hat mir ein Unternehmensberater erklärt, dass meine Sicht auf den sozialen Wandel in der Familie viel zu gefühlsbetont sei. Für eine makrotheoretische Betrachtung (das ist die sozialwissenschaftliche Formulierung für eine Vogelperspektive, die versucht, das große Ganze zu erfassen) sei es völlig unerheblich, ob Mütter sich gerne um ihre Kinder kümmerten oder nicht. Es schade zu finden, dass Eltern zugunsten der Berufstätigkeit die Kinderbetreuung auslagern, sei hoffnungslos konservativ und – ja, das müsse er leider sagen – auch ein bisschen naiv. Vermutlich hat er Recht. Es ist konservativ (lat. conservare: bewahren).

Tatsächlich bin ich zutiefst überzeugt davon, dass Kinder zu ihren Eltern gehören. Dass die ersten Lebensjahre wertvoll sind – und dass sie eh so schnell vorübergehen. Ich kann nicht verstehen, warum wir immer länger leben und diese gewonnenen Jahre nicht dafür nutzen, Zeit mit den Menschen zu verbringen, die wir lieben.

Job, Erziehung, Haushalt, erfülltes Liebesleben, Selbstoptimierung – das alles sollen moderne Mütter gleichzeitig und perfekt organisieren. Respekt dürfen sie dafür aber nicht erwarten. Was bleibt ihnen anderes übrig, als sich die ersehnte Anerkennung selbst zu holen, indem sie die Prinzipien der Medienlogik in ihren Alltag integrieren: ständig etwas Neues, Besonderes, Aufregendes machen, Fotomotive produzieren und stetig aktualisieren. Und auf viele Likes hoffen.

Faktisch trainieren wir die Anpassung an die Gesetze der Inszenierungsgesellschaft schon seit vielen Jahren. Die Einführung des Privatfernsehens 1984 war ein entscheidender Motor, der Siegeszug des Internets respektive der sozialen Medien im zweiten Jahrtausend haben zu einer gewaltigen Beschleunigung geführt. Das Netz gibt uns die Möglichkeiten, unser Bedürfnis nach Anerkennung auszuleben, und setzt uns zeitgleich unter Druck, genau das zu tun. Selbst junge Menschen spüren, dass ihnen das nicht guttut. Im Rahmen einer Einführungsvorlesung im Fach Kommunikationswissenschaft an der LMU München schlugen über 50 Prozent der Studentinnen und Studenten vor (rund 100), die negativen Auswirkungen der Instagram-Nutzung in den Mittelpunkt der Forschung zu rücken. Sie taten das völlig unabhängig voneinander, weil sie an sich selbst oder an ihren Bekannten und Freunden feststellen mussten, wie sehr Menschen unter der Vermarktungslogik dieser medialen Scheinwelt leiden.

Aber zurück zu den Familien: In den kommenden Kapiteln sollen Beispiele aus dem Leben der durchschnittlichen deutschen Mittelschichtfamilie zeigen, wie stark unsere Beziehungen, unser Alltag, die Erziehung unserer Kinder, unsere Feierkultur und unser Freizeitverhalten bereits medialisiert sind: Der Partner muss beim Liebeswerben Kreativität beweisen und den Heiratsantrag an einen möglichst originellen Schauplatz verlegen. Der Vater tätowiert sich die Namen seiner Kinder auf den Oberarm, damit alle sehen können, wie sehr er sie liebt. Die Erziehung muss abwechslungsreich gestaltet sein, das Kind zu etwas Besonderem stilisiert werden. Der Kindergeburtstag findet jedes Jahr woanders statt, und auch die Urlaubsziele wechseln sich ab. Man probiert viele Hobbys aus und wünscht sich regelmäßig ein Fest, egal ob im Kindergarten, in der Schule oder zu Hause. Die Küche wird zur Bühne, die Hochzeit zum Event, die farblich aufeinander abgestimmte Sippe zum Postermotiv.

Die einzelnen Beispiele folgen in Ausschnitten der »Normalbiografie« der deutschen Mittelschicht: Schule, Ausbildung, Beruf, passender Partner, Heirat, Kinder (die letzten beiden Stationen können durchaus den Platz tauschen). Irgendwo dazwischen muss eine größere Wohnung oder ein Haus mit Garten her.

Diese Vorstellungen haben sich in den Mütterinterviews deutlich abgezeichnet. Die Krankenschwester Katrin, die Sportwissenschaftlerin Sabine und die Forstwissenschaftlerin Saskia waren um die 30, als sie geheiratet haben. Die Ausbildung sollte unbedingt beendet, die Karriere geebnet sein. Erst in der Ehe waren Kinder ein Thema. Die Großmütter waren bei der Heirat zwischen fünf und zehn Jahre jünger, das erste Kind ist bei allen dreien ungeplant gekommen. Zwei der Großelternpaare mussten einige Zeit bei den eigenen Eltern bzw. Schwiegereltern wohnen, weil das Geld knapp war. Natürlich waren die Rahmenbedingungen andere – Lebensstandard, Verhütungsmöglichkeiten, Rolle der Frau, Versorgungsehe –, aber die Erwartungen waren spürbar niedriger.

Bei den heutigen Müttern zeigt sich, dass moderne Frauen einen definierten Fahrplan im Kopf haben, an dem sie sich auf ihrem Lebensweg orientieren. Gleichzeitig wollen sie ihre ganz eigene, individuelle Geschichte schreiben. Im Hinblick auf die Familie startet die ganz klassisch: Boy meets girl.

Verliebt, verlobt, verheiratet:
Echte Liebe muss man sehen

Schritt 1: Perfect Match

Die Deutschen glauben an die große Liebe. Laut einer Allensbach-Studie sind zwei Drittel der Meinung, dass man den einen Partner finden kann, mit dem man für den Rest des Lebens glücklich ist. Allerdings sind sich auch diejenigen, die mit ihrer gegenwärtigen Beziehung zufrieden sind, nicht sicher, ob sie die/ den Richtige/n schon gefunden haben. »Immerhin jeder Vierte beziehungsweise jede Vierte fragt sich, ob es nicht doch noch eine passendere Wahl gibt.«[1] Es treibt uns die Sorge um, dass wir das absolut Beste noch nicht bekommen haben, dass es irgendwo einen noch schöneren, schlaueren, reicheren Prinzen gibt. Also bloß nicht zu früh auf das falsche Pferd setzen und erst mal abwarten, ob der nächste Bewerber seine Liebe nicht origineller und spektakulärer unter Beweis stellt.

Diese Suche nach dem absoluten Optimum kann natürlich etwas dauern. Möglicherweise braucht es ein paar Versuche. Der Paar- und Familientherapeut Ingo Wölfl stellt fest, dass sich Paare heute leichter trennen als früher. Männer und Frauen glauben gleichermaßen, dass sie sich den falschen Partner ausgesucht haben. Dahinter stünden Idealbilder, die schlichtweg nicht erfüllbar seien.

Früher konnten sich die Partner eher miteinander abfinden. Heute suchen sie sich einen Sportwagen aus und ärgern sich dann, dass man da keine Waschmaschine reinbekommt. Die Leute gehen auch von einem völlig unrealistischen Liebesideal aus. Sie erwarten, dass das Begehren und Begehrtwerden über 10, 20 oder 30 Jahre konstant bleibt. Da erleben sie dann eine Enttäuschung, weil es gar nicht so ist.

Wölfl arbeitet seit über 20 Jahren als Familientherapeut und hat erlebt, dass die Erwartungen an lebenslange Liebe und Leidenschaft gestiegen sind. Vielleicht auch, weil die eine erfüllende Liebe ein tragendes Motiv in Hollywood ist. Kate Beckinsale und John Cusack lassen nach dem ersten Treffen das Schicksal entscheiden und sinken sich nach 10 Jahren der Trennung in die Arme, weil sie ein Geldschein zusammengeführt hat. (Die letzte Szene von *Weil es dich gibt* zeigt die beiden an ihrem ersten Hochzeitstag.) Und wer zweifelt daran, dass Meg Ryan und Tom Hanks vor den Traualtar treten, sobald sie die Plattform des Empire State Building verlassen haben (*Schlaflos in Seattle*)? Am Schluss sollen sie sich kriegen und bis ans Ende ihrer Tage glücklich sein. Auch wenn die Story schlichtweg hanebüchen ist.

Eva Illouz hat in ihrer Untersuchung zum *Konsum der Romantik* festgestellt, dass Befragte vor allem diejenigen Liebesgeschichten »interessant«, »originell« und »faszinierend« finden, die an ein Filmdrehbuch erinnern.[2] Auch wenn sie »Märchenbuchromanzen« oder die »Liebe auf den ersten Blick« für realitätsfern halten, sehnen sie sich nach fantasievollen, spontanen Geschichten voller Leidenschaft. Die Wissenschaftlerin Mary-Lou Galician kommt zu dem Schluss, dass wir aus der massenmedialen Darstellung der Liebe Mythen konstruieren, die unsere Erwartungen prägen. Etwa: Wenn dein Partner für dich bestimmt ist,

ist der Sex immer super. Oder: Wenn wir uns wirklich lieben, kann uns gar nichts trennen.

Da ist der Frust vorprogrammiert, wie der Paar- und Familientherapeut Ingo Wölfl weiß. Das Versagen in einer Partnerschaft werde in erster Linie dem anderen zugerechnet: »Es gilt die Devise: Da ist ein Fehler. Der Partner ist kaputt, ich bin kaputt, die Beziehung ist kaputt.« Deshalb tausche man den Partner aus. »Ich spüre deutlich, dass alle alles wollen. Das ist stärker geworden und damit auch der Druck und die erlebte Unzufriedenheit.«

Was ist Liebe? Der Ratgeber weiß es

Moderne Männer und Frauen wollen also alles, wissen aber nicht, wie man das bekommt. Sie sehnen sich nach Orientierung. Nach Hilfe bei der Suche nach dem großen Glück. Nur so lässt sich der Erfolg der Partnerschaftsratgeber erklären. Die Auflagen sind in den letzten Jahrzehnten stark gestiegen, der Markt ist heiß umkämpft. Die Ratgeberliteratur gibt Tipps für die Partnerwahl sowie die Kommunikation in der Partnerschaft oder will das Leben zu zweit unter dem Motto »simplify your love«[3] schlichtweg leichter machen. Obwohl viele dieser Ratgeber lebensnahe Hilfestellung verheißen, klingen sie bei der Beschreibung der »Flamme der Liebe« (der Begriff stammt aus Gary Chapmans *Die 5 Sprachen der Liebe*, einem absoluten Longseller) allesamt pathetisch. Nicht nur für Richard David Precht ist das Thema Liebe »gewaltig«[4].

Nicht selten steht neuerdings jedoch die Ich-Liebe über allem. Eva-Maria Zurhorst etwa glaubt: *Liebe dich selbst und es ist egal, wen du heiratest.*[5] Mehr ich, weniger wir. Ich bin perfekt, einzigartig. Also kann es eigentlich nur am Partner liegen, wenn eine Beziehung scheitert. Dann hat er mich nicht geschätzt, dann war er meiner Aufmerksamkeit und Liebe nicht wert. Aber, so die

Autorin Paula Lambert, das ist nicht so schlimm: »Manche Beziehungen sind nur für eine bestimmte Zeit bestimmt und bringen uns an den Punkt, von dem aus wir uns weiterentwickeln können.«[6] Wenn der andere das nicht ganz so sieht, hat er wohl Pech gehabt.

Die Idee des gemeinsamen Wachsens gerät ins Hintertreffen. 1967 hieß es noch: »Es gehört zum Wissen um das eheliche Zusammenleben, daß bei beiden Ehepartnern ›Ecken abgeschliffen‹ und Zugeständnisse gemacht werden müssen und daß über allem die wirkliche gütige Liebe stehen muß, die dulden und verzeihen kann.«[7] In den aktuellen Ratgebern gilt die eigene Persönlichkeit als Schlüssel zur Erfüllung. Erst muss man an sich selbst, am eigenen Selbstwertgefühl arbeiten, dann kann man sich einen ebenbürtigen Partner suchen. Aber Vorsicht: »Du liebst dich nicht genug, wenn du den Erstbesten für den Besten hältst.«[8]

Wie eine ideale Partnerschaft aussieht, erklären einem die Ratgeber auch. Man muss ganz viel gemeinsam unternehmen und regelmäßig multiple Orgasmen produzieren. Spätestens an diesem Punkt erleben die Leser/innen einen Realitätsschock. Die Psychotherapeutin Kirsten von Sydow von der Psychologischen Hochschule Berlin betont, dass viele Elternpaare nur ein- bis zweimal im Monat miteinander schlafen. Das sei völlig normal und oft Zeichen einer stabilen Beziehung. Die Erwartungshaltung der Partner sei das Problem – und die sei auch auf die Medien zurückzuführen. Wie dort über Sexualität berichtet werde, habe meist nichts mit dem echten Leben zu tun.[9] Die Leitbilder strahlen jedoch auf unser Leben ab. Ist ja auch schön anzusehen, wenn sich schöne Menschen die Kleider vom Leib reißen. Diese Ekstase würde man selbst gerne fühlen.

Leider setzt der in Massenmedien und Ratgeberliteratur geführte Liebesdiskurs Männer und Frauen unter Druck. Liebe

kann nicht mehr einfach geschehen, langsam wachsen oder
auch erdulden. Sie muss optimiert werden, sie muss großartig
sein und für regelmäßige sexuelle Ekstase sorgen. Wenn das im
Alltag nicht gelingt, kommt es nach der Erfahrung von Ingo
Wölfl zu »Defizitinterpretationen«. Warum begehrt mich mein
Mann nicht? Warum kommt er nicht auf mich zu? Das Defizit soll vom Partner ausgeglichen werden. Wenn er das nicht
schafft, »bricht man die Beziehung ab, weil man sich nicht er-
füllt wahrnimmt«. Wölfl stellt fest, dass Männer und Frauen immer weniger akzeptieren können, dass es Dinge gibt, die nicht
lösbar sind. Er spürt eine gewisse Naivität. Alle wollen alles.
Wenn das nicht klappt, machen sie den Partner dafür verantwortlich. Und hoffen, dass sie beim nächsten Mal alles bekommen. Sie wollen keine Kompromisse mehr machen, sie wollen
das Gesamtpaket.

Partnerwahl – die Suche nach dem Gesamtpaket
Für Frauen bedeutet das: Sie wünschen sich die »Eier legende
Wollmilchsau«[10]. Der Traumpartner ist sympathisch, treu, fürsorglich, charmant, humorvoll, gebildet, klug, seriös, romantisch,
unternehmungslustig, sinnlich, leidenschaftlich sowie familien-
orientiert und kinderlieb. Darüber hinaus sollte er gut aussehen,
beruflich erfolgreich sein und finanziell abgesichert. Diplom-
Psychologin und Single-Coach Lisa Fischbach resümiert: »Der
heutige Traummann muss so viele Erwartungen erfüllen wie
nie.« Das neue Ideal sei der »Alpha-Softie«. Frau sehne sich zwar
nach einem starken, karriereorientierten Typen mit Versorger-
qualitäten, allerdings müsse er einfühlsam sein und sich in Haushalt und Erziehung einbringen. Das erinnert an Ingo Wölfls Beispiel von dem Sportwagen, in den keine Waschmaschine passt.
Die Enttäuschung ist vorprogrammiert, sobald den Frauen klar

wird, dass sie doch nicht alles haben können. Dann verlangen sie von ihrem Mann, weniger zu arbeiten, um zu Hause mitzuhelfen:

»Wenn der weniger arbeiten würde, dann könnte ich ...« Wenn ich in der Beratung aber nachfrage, ob sie bereit wäre, im Gegenzug vom neuen Passat auf einen gebrauchten Ford umzusteigen oder anders zu wohnen, damit mehr Familienzeit entsteht, dann kommt es oft zu betretenem Schweigen.

Damit kein falsches Bild entsteht: Es sind nicht nur die Frauen, die auf nichts verzichten wollen, sondern auch die Männer. Deren Traumpartnerin ist Superwoman, sprich sympathisch, charmant, gebildet, klug, fürsorglich, niveauvoll, seriös, zärtlich, sinnlich und leidenschaftlich. Familienorientierung ist Männern nicht so wichtig wie Frauen, dafür legen sie mehr Wert auf Äußerlichkeiten. Die Partnerin sollte eine gute Figur, ein schönes Gesicht und Sex-Appeal haben[11].

Eine Karrierefrau muss sie nicht unbedingt sein, allerdings wünschen sich Akademiker häufiger beruflich erfolgreiche Frauen als Nicht-Akademiker. Die promovierte Juristin als Statussymbol zum Herzeigen für den Diplom-Kaufmann in Führungsposition? Die Ergebnisse einer Studie, die die Präsidentin des Wissenschaftszentrums Berlin für Sozialforschung, Jutta Allmendiger, geleitet hat, kommt genau zu diesem Schluss: »Der Mann will heute eine Frau, die er gesellschaftlich vorzeigen kann. Schlau ist das neue Sexy.«[12]

76 Prozent der Männer können sich laut dieser Erhebung eine Frau ohne Beruf gar nicht mehr vorstellen. Lieber verzichten sie auf Kinder. Aber nicht auf den Sex, denn 98 Prozent wollen, dass die Partnerin eine gute Liebhaberin ist. Die sinnliche, unabhän-

gige, berufstätige Lifestyle-Managerin soll an der Seite des Mannes glänzen. Ein Forscherteam der Fernuniversität Hagen ist im Rahmen einer quantitativen Befragung von über 500 Männern und Frauen unterschiedlicher Altersgruppen zu dem Ergebnis gekommen, dass bei der Partnerwahl jüngerer Menschen postmaterialistische Bedürfnisse (»Zugehörigkeit und Achtung« sowie »ästhetisch und intellektuell«) wichtiger sind als materialistische Bedürfnisse (»wirtschaftliche Sicherheit« sowie »physische Sicherheit«); frühere Generationen hätten materialistische Präferenzen stärker berücksichtigt.[13] Der Partner soll einen nicht mehr versorgen, sondern für Selbstverwirklichung und Lebensqualität sorgen. Und das geht eben besser mit einem Partner, der durch seine Bildung und seinen anspruchsvollen Beruf den eigenen Status aufwertet und für Aufmerksamkeit sorgt.

Der Münchner Paartherapeut Wolfgang Schmidbauer hat dazu ein hübsches Beispiel aus dem Medizinermilieu parat. Früher habe es vor allem in kleinen Krankenhäusern auf dem Land wenige Ärztinnen gegeben, dafür viele Krankenschwestern. Dann habe der Arzt eben häufiger eine Krankenschwester geheiratet. Heute studieren sehr viel mehr Frauen Medizin. »Jetzt scannt der Arzt im Turbodating drei Ärztinnen und eine Krankenschwester und nimmt dann eine Ärztin.«[14]

Bei Nichtgefallen: Wegzappen

Zwei Entwicklungen neueren Datums zeigen, dass es offensichtlich nicht so leicht ist, den Traumpartner zu finden. Trend eins: Die Partnersuche dauert deutlich länger. Einer langfristigen und stabilen Partnerschaft gehen immer mehr kurze Beziehungen voraus.[15] Diese »Ausprobierzeit« zeichnet sich laut der Rechtsanwältin und Mediatorin Heike Kainz durch eine »fehlende Frustrationstoleranz, eine Wegzapp-Mentalität« aus. Der geringste

Zweifel an Partner und Beziehung führe zum Bruch. Selbst bei verheirateten Paaren oder Paaren mit Kindern beobachte sie dieses Verhalten.

Kainz führt das vor allem auf den gestiegenen Außendruck zurück. Alles müsse immer schneller gehen, dabei immer schöner und besser werden – im Büro genauso wie in der Beziehung. Die jungen Leute müssten nicht mehr zusammenbleiben, jeder habe sein eigenes Geld und könne jederzeit gehen. Längerfristige Partnerschaften zu führen sei schwieriger geworden. »Die Jungen sind extrem busy« und kämen nicht mehr dazu, eine Beziehung wirklich auszuprobieren. Wenn es nicht passt, gibt es bestimmt etwas Besseres.

Bei der Suche nach dem Gesamtpaket geht man eben keine Kompromisse ein. Partnerwahl scheint fast wie eine Castingshow zu funktionieren: Auch bei *DSDS* gewinnt nicht unbedingt die beste Stimme, es zählen auch Aussehen, Figur, Originalität, Kult-Faktor. Casting-Show-Zuschauer wissen das und agieren selbst ähnlich. So geben 48 Prozent der deutschen Single-Frauen an, deshalb in keiner Beziehung zu sein, weil sie sehr hohe Ansprüche hätten und keine Abstriche machen wollten.[16]

Trend zwei: Nichts dem Zufall überlassen. Im Internet fahnden deutsche Männer und Frauen gezielt nach Mrs oder Mr Right. 41 Prozent der 16- bis 29-Jährigen und 36 Prozent der 30- bis 49-Jährigen suchen im Netz nach einem Partner.[17] Tendenz steigend, Statista frohlockt: »Das Online-Geschäft mit einsamen Herzen boomt.«[18] Lag der Umsatz von Online-Singlebörsen 2017 noch bei 54,6 Millionen Euro, sind für 2024 knapp 80 Millionen prognostiziert.[19] Die Entwicklung dürfte die Medialisierung der Partnerwahl weiter beschleunigen. Denn die Auswahl ist derart groß, dass nur derjenige User Aufmerksamkeit in der gewünschten Zielgruppe erzeugt, der seine Vorzüge besonders gekonnt in Szene setzt. Andernfalls geht er oder sie ganz schnell unter.

Auffallen heißt die Devise

Immer häufiger holen sich Singles deshalb Unterstützung von Profis. Saskia Nelson hat sich auf Porträtfotos für die Online-Partnersuche spezialisiert. Sie will den Menschen helfen, indem sie »starke Bilder« von ihnen macht.

> Wir leben in einer visuellen Welt. Die Leute, die online unterwegs sind, wollen was sehen. Spätestens seit Tinder geht es ums Profilbild – nicht so sehr darum, was die Leute schreiben. Das klingt oberflächlich, aber so läuft das heute.[20]

Ein erfolgreiches Bild müsse hell sein, lebhaft und nicht verpixelt. Es solle außerdem etwas darauf passieren, »das Foto muss deinen Lifestyle verkaufen«. Zudem sollten Fotos »eine Geschichte über die Person erzählen«. Kein Wunder, dass eine Google-Abfrage zu »Das perfekte Bild für Online-Dating« schlappe 29 Millionen Treffer ausspuckt.

Selbstinszenierung und Narrativität – willkommen bei der medialisierten Partnerwahl. Wer die entsprechenden Regeln nicht beherrscht, kann sich Hilfe bei einer Ghostwriting-Agentur wie suredate.de holen. Das Premiumpaket ist für 990 Euro zu haben, Fotoshooting, Profilerstellung, Mailing mit den ausgewählten Favoriten und individuelles Pre-Date-Coaching inklusive. Die Profis empfehlen, sich ein Motto für das eigene Profil auszudenken und »frech, witzig, selbstironisch, sarkastisch bzw. grenzwertig« zu schreiben. Auffallen heißt die Devise. Damit ist der Wettlauf um das spannendste und originellste Profil eröffnet.

Zum Beispiel auf ElitePartner: Sales Managerin Lisa sucht das Abenteuer, denn »Hamsterrad finde ich langweilig«. Controllerin Laura liebt Oldtimer und pflegt einen sportlichen Fahrstil. Consulting Account Manager Christian genießt es, sich »beim Segeln zu reduzieren und die Natur zu genießen«. Menschen verdichtet auf ein Motto, ein Bild, einen Slogan. Die Dating-Profis raten, Klischees zu vermeiden und stattdessen ein lebendiges Bild zu zeichnen, zum Beispiel: »Ich probiere für meine beiden besten Freunde ständig neue Rezepte aus, aktuell gerade ein Kürbis-Risotto, und wir hören dazu Frank Sinatra.«

Prima sind auch ausgefallene Hobbys: Meditieren im tibetischen Kloster oder Wild-West-Touren in einem Ford Mustang. Ein amerikanischer »Love Coach« textete für einen kahlköpfigen Kunden, der zudem sehr klein war: »Are you afraid of spilling things on me? Don't answer my email. Worried about falling objects? Look for a taller person. A man you can look up to.« Der Trainer behauptet, der selbstironische Aufhänger hätte dem Mann bis zu 60 Klicks und bis zu zwölf E-Mails pro Woche beschert. Offensichtlich ist die Anpassung an die Medienlogik von Erfolg gekrönt.

Schritt 2: Perfekter Antrag

Wenn sich Prinz und Prinzessin dann gefunden haben, zelebrieren sie das gemeinsame Glück. Was für ein Paar Glück bedeutet, welche Symbole, Gesten, Praktiken sie damit verbinden, ist aber nicht nur eine Frage der Charaktere bzw. der individuellen Vorlieben. Der Soziologe Niklas Luhmann hat darauf hingewiesen, dass die »Semantik der Liebe« gesellschaftlichen Veränderungen unterworfen ist. Medien haben bei der Ausgestaltung des Liebes-

Codes früh eine Rolle gespielt. »Schon im 17. Jahrhundert weiß man: Die Dame hat Romane gelesen und kennt den Code.«[21] Medien transportieren demnach die Idee, die die jeweilige Zeit von der Liebe hat. Sie visualisieren das Liebeshandeln, an dem der Liebende gemessen wird.

Seit den 1930er Jahren gehört es zum Liebeshandeln, die Angebetete zum Essen oder ins Kino auszuführen.[22] Die »neuen Regeln des romantischen Spiels« veränderten die Liebessemantik. Das »Bild der idealen Liebesbeziehung« schlug sich in den Werbefotos der Zeit nieder. Das dürfte die Geburtsstunde des Candle-Light-Dinners gewesen sein. Heute genügt es meist nicht mehr, in ein gutes Restaurant zu gehen. Ausgefallene gemeinsame Erlebnisse müssen es sein, vom Städtetrip über den Relax-Urlaub bis hin zum Dinner unter Wasser für zwei. Letzteres ist bei Jochen Schweizer von 1600 Kunden bewertet worden – es gibt also einen Markt für diese Angebote.

Laurence Langenbrink, bis März 2015 Leiterin Produkt- und Projektmanagement bei Jochen Schweizer, bestätigt, dass Paare sich immer öfter mit romantischen oder außergewöhnlichen Wochenendausflügen überraschen. Gefragt sind Übernachtungen in einer Berghütte oder in einem Zelt direkt am Felsen. Laut einer Erhebung aus dem Jahr 2016 glauben 50 Prozent der Frauen und 46 Prozent der Männer, dass ein gemeinsamer Kurztrip die beste Möglichkeit ist, um für Abwechslung im Beziehungsalltag zu sorgen und dem Partner seine Liebe zu zeigen.[23] Die Tourismus- und Erlebnisbranche freut sich.

Wer seine Liebe in der Mediengesellschaft unter Beweis stellen will, muss das darüber hinaus sichtbar machen. Zum Beispiel, indem er/sie sich den Namen der/des Angebeteten in die Haut stechen lässt. (Wenn die Beziehung schiefgeht, lässt man das Tattoo wieder weglasern, hat Angelina Jolie beim ersten Ehemann so gemacht.) Solche Tätowierungen sind Vergegenständlichungen, die sich aus dem Leitbild der expressiven Liebe ergeben. Liebe muss heutzutage laut sein, jeder muss sie sehen können, seine Gefühle für sich zu behalten ist dagegen *old fashioned*. Wenn selbst Fußballer ständig Tränen (wahlweise der Rührung oder der Enttäuschung) vergießen, hat Introvertiertheit endgültig ausgedient. Ein weiterer Trend kommt aus Japan. Dort schweißt der Künstler Haruhiko Kawaguchi Paare ein, das gebe ihnen die Möglichkeit, gleichsam miteinander zu verschmelzen. Das Ganze ist nicht ungefährlich, man kann im Vakuum schnell ersticken, aber die dabei entstehenden Bilder sind extrem aufmerksamkeitsstark.[24]

Öffentliche Liebe funktioniert zudem via Instagram. Barack Obama gratuliert seiner Michelle dort zum Valentinstag: »Beinahe 28 Jahre zusammen. Es fühlt sich immer wieder an wie neu.« David Beckham übermittelt seiner Frau Victoria über das soziale Netzwerk eine handgeschriebene Karte, Veronica Ferres und Carsten Maschmeyer knuddeln sich fürs Foto. Die *Süddeutsche Zeitung* titelt: »Was sich liebt, das taggt sich.« Im Umkehrschluss heißt das: Wer seine Liebeserklärungen lieber daheim in den eigenen vier Wänden macht, kann es mit der Liebe nicht so ernst meinen. Und wer anlässlich des Kennenlernjubiläums eine Instagram-Story postet (ja, das tun viele), muss sich für die Frage aller Fragen noch was Besseres einfallen lassen. Denn das Aufmerksamkeitsregime ist ein einziger Überbietungswettbewerb. Nur was noch besser, heißer, emotionaler ist, wird noch wahrgenommen.

Inszenierter Heiratsantrag = Liebesbeweis

Eine einfache Angelegenheit ist der Heiratsantrag nicht mehr. Dafür sorgen die massenmedial verbreiteten Vorbilder. Spektakulär inszenierte Anträge werden ins Netz gestellt und tausendfach angeklickt. Der Videoproduzent Justin Stuart etwa organisierte für seine Auserwählte einen Flashmob in der Fußgängerzone. Und Spencer Stout, ein bis dato völlig unbekannter US-Boy aus Salt Lake City, überraschte seinen Liebsten mit einer Tanzeinlage im Baumarkt. Der König aller Bräutigame aber dürfte der amerikanische Schauspieler Isaac Lamb sein. Er organisierte 2012 für seine Verlobte eine Fahrt im offenen Kofferraum, die sie durch das ganze Dorf führte und aus ihrer Perspektive gefilmt wurde, eskortiert von Verwandten, Freunden und einer Marschkapelle. 30 Millionen Menschen haben Lambs Heiratsantrag bisher gesehen. Das Paar war natürlich zu Gast im amerikanischen Fernsehen. Kein Wunder: Die gefilmte Liebeserklärung war emotional, überraschend und perfekt visualisiert. Mehr Medienlogik geht kaum. Welch größeren Liebesbeweis kann es geben, als alle Welt zusehen zu lassen?

Lamb hat in Deutschland bereits viele Nachahmer gefunden. Eine junge Frau aus Düsseldorf wurde im offenen Kofferraum durch den Wald gefahren, während Familie und Freunde ihr Herzchen-Luftballons in die Hand drückten und Fotos des verliebten Paares präsentierten. Auf YouTube sind sowohl die Einlagen der Begleiter als auch die Reaktionen der gerührten Braut zu sehen (dafür war im Wagen eine weitere Kamera installiert worden). Zum Schluss kommt der zukünftige Bräutigam auf einem weißen Pferd angeritten.

Wer bei YouTube »Heiratsantrag Deutschland« eingibt, findet Clips von Anträgen in Einkaufszentren, in den Altstädten von Deggendorf, Neuburg und Rostock, in Fußballstadien und im Flugzeug. Ein Heiratsantrag während einer TV-Sendung mit dem Sänger Sasha hat es auf fast drei Millionen Aufrufe gebracht. In der Regel sind es immer noch die Männer (89 Prozent[25]), die den Antrag machen. Sie wissen, dass ihre Angebeteten hohe Erwartungen haben. Laut einer Erhebung aus dem Jahr 2018 würde 18 Prozent der deutschen Frauen »ein besonderer Ort« verzücken, etwa der Eiffelturm. 15 Prozent brauchen Glamour, schlichtweg »ein bisschen Hollywood«, für 5 Prozent muss es »individuell und außergewöhnlich« sein. Nur 14 Prozent wären mit einem spontanen Antrag in den eigenen vier Wänden zufrieden.[26]

Das Spektakel steht im Vordergrund

Die Philologin Vanessa Mangione hat sich mit dem Phänomen des öffentlich inszenierten Heiratsantrags beschäftigt. Sie beschreibt, dass es sich um ein »immer beliebter werdendes Repräsentationsphänomen« handelt: »Ein ursprünglich intimer Akt findet nun als Schauspiel in der Öffentlichkeit statt.«[27] Als »wesentliche Komponenten« eines modernen Antrags führt sie auf: eine Kulisse in der Öffentlichkeit – ein Sportstadion, ein Einkaufszentrum, ein Vergnügungspark –, ein Publikum und einen Überraschungseffekt. Es geht um das Spektakel. Die Inszenierung bzw. das Ausmaß ihrer Originalität wird zum Gradmesser für die Größe der Gefühle. Es kann nur Liebe sein, wenn der Antrag den Erwartungen einer medialisierten Gesellschaft entspricht, das heißt, wenn er ausgefallen ist, vor aller Augen inbrünstig vorgetragen wird und mit Aufwand verbunden ist.

Die Massenmedien diktieren die Bedingungen, unter denen eine Inszenierung öffentliche Aufmerksamkeit erzeugen kann. Hat man diese Aufmerksamkeit erreicht, ist sie ein Wert an sich – die Liebe spielt nur noch die zweite Geige. Siehe Isaac Lamb. Während der Fahrt seiner Braut im offenen Kofferraum läuft der Titel »Marry You« von Bruno Mars. Der Sänger beglückwünscht den Bräutigam später zu seinem genialen Heiratsantrag. Lamb meint daraufhin, dass Bruno Mars das Video gefalle, sei für ihn das Aufregendste an der ganzen Sache. Sprich, nicht das Ja seiner Partnerin.

Um Aufmerksamkeit zu erregen, kommen die Amerikaner (die dank des schon immer überwiegend privat organisierten Mediensystems sehr viel länger mit Medialisierungstendenzen konfrontiert sind) auf immer skurrilere Ideen. So engagierte ein 33-jähriger Mann zwei Schauspieler, die ihn als Polizisten verkleidet mit der Waffe bedrohten und aufforderten, sich hinzuknien. Die Freundin des Mannes stellte sich vor ihn und versuchte, die Polizisten zu beschwichtigen, als ihr Liebster einen Ring aus seiner Jackentasche holte. In den sozialen Medien fanden das nicht alle lustig, aber alle haben darüber gesprochen. Ziel erreicht. Zumal viele die Idee durchaus originell, witzig und unterhaltsam fanden. Der lokale Polizeichef meinte sogar, der Antrag sei nun einmal herrlich ungewöhnlich gewesen.[28] Ein solches Kompliment bringt nur die medialisierte Gesellschaft hervor.

Je außergewöhnlicher der Antrag, desto größer die Gefühle

Wie ein gelungener Heiratsantrag gestaltet sein muss, weiß der deutsche Fernsehzuschauer seit 1992. Damals startete *RTL* die Sendung »Traumhochzeit«. Dabei überraschte ein Partner den anderen mit einem Antrag, es folgten verschiedene Spiele, bei denen drei Paare gegeneinander antraten. Als Preis winkte eine »Showhochzeit« vor laufenden Kameras. Das Format, moderiert von Linda de Mol, erreichte bis zu elf Millionen Fernsehzuschauer.

Die Sozialwissenschaftlerin und Kommunikationsberaterin Nathalie Iványi hat den Einfluss der Gestaltungslogik der Sendung auf die Inszenierung von Liebe bzw. die Praxis des Heiratsantrags analysiert. Sie stellt deutliche Einflüsse der medialen Vorbilder fest,[29] die vorgelebte »Theatralisierung von Liebe« schüre einen »Inszenierungsdruck«.

Im Internet gibt es mittlerweile viele Seiten, die einen mit Ratschlägen für unvergessliche Heiratsanträge versorgen. Weddix.de empfiehlt, sich etwas Originelles auszudenken, etwa einen Heißluftballon mit der Aufschrift »Gemeinsam in den siebten Himmel?« über die Wohnung des Wunsch-Ehepartners fliegen zu lassen. Überzeugend seien zudem Auftritte eines A-cappella-Chors oder eines Rappers. Das sorge für Aufsehen und erfreue zudem die Nachbarn. Alternativ könne man den Antrag aus einem Liebesfilm nachstellen oder ein Feuerwerk organisieren.[30]

Die Seite veröffentlicht die romantischsten Anträge ihrer Nutzer, weil »jeder einzelne eine einzigartige Geschichte erzählt«. Beschrieben sind unter anderem ein Heiratsantrag während eines Popkonzerts, einer während einer Pferdegala und einer auf der Kölner Domplatte. Letzterer wurde von einer Tanz-Performance eingeleitet, die ein junger Mann mit den Freundinnen seiner Zukünftigen einstudiert hatte, und endete mit einem »Kniefall vor 200 bis 300 Augenpaaren«. Aber selbst die Anträge, die nicht in der Öffentlichkeit stattfanden, bestechen durch ihren Einfallsreichtum und das Überraschungsmoment für die Braut. Sehr beliebt: der spontane Kurzurlaub, von dem die Braut bis zur Abreise nichts ahnt. Es gibt Geschichten über einen Heiratsantrag unter den Polarlichtern Islands, auf dem Kilimandscharo, am heimischen Strand oder im Disneyland Paris. Ein besonders findiger zukünftiger Bräutigam organisierte für seine Freundin eine Schnitzeljagd, für die er eigens eine App zusammenstellte. Diese App befand sich auf einem neuen Smartphone, das er ihr morgens in einem Paket vor die Haustür legen ließ:

Das Überraschendste war, dass die App mich mittels einer integrierten Karte und GPS an entscheidende Orte unserer Beziehung führte. So ging ich [...] auf eine interaktive Schnitzeljagd, in der ich die wichtigsten Momente unserer Beziehung nochmals erlebte. Wir fuhren an den Ort, an dem ich meinem Verlobten das erste Mal begegnete, erlebte unser erstes Date aufs Neue, saß auf derselben Bank, auf der wir uns das erste Mal küssten, und wurde stets von der App mit Fotos, Musik und Videos begleitet. [...] Am Nachmittag erreichten wir die letzte Station der App. Am Rande des Schönbuches mit einem traumhaften Ausblick über das Ammertal überraschte mich mein Verlobter, der sich eigentlich aus beruflicher Gründen in einem anderen Land befinden sollte. Er stellte sich vor mich, nahm mir das Smartphone kurz aus der Hand und ging vor mir auf die Knie.[31]

Die Hochzeitsplanerin Christina Möllenbeck verspricht ihren Kunden einen »Heiratsantrag wie im Film, individuell, kreativ, gerne auch verrückt, geplant und inszeniert«[32]. Auf Instagram haben »Die Hochzeitsdamen« den perfekten Antrag als Video hochgeladen. Edles Ambiente (Schloss, alles in Creme und Pastell, natürlich auch die Kleidung des Paares), erlesene Speisen, romantisches Bad zu zweit, Verlobungsnacht. Geht alles auch im Boho-Stil, der ist zurzeit recht angesagt.[33]

Es gäbe noch unzählige weitere Beispiele, die zeigen: Der amouröse Exhibitionismus definiert neue Standards und verändert die Art und Weise, wie Liebe sein muss. Letztlich setzt er Männer wie Frauen immer mehr unter Druck. Wenn die Stärke der Liebe daran zu messen ist, wie ausgefallen und spektakulär der Heiratsantrag ist, kann es derjenige, der die Frage zu Hause beim Abendessen stellt, ja nicht so ernst meinen.

Schritt 3: Perfekte Hochzeit

Klingt nach einem Wettrüsten. Und das geht mit den Hochzeitsvorbereitungen in eine neue Runde. Wie eine Studie der britischen Hochzeitsagentur TK Wedding ergab, ist es vor allem den Bräuten immer wichtiger, Verwandte und Freunde mit einer perfekt organisierten Hochzeit zu beeindrucken. 59 Prozent der Befragten wünschen sich demnach, dass die Gäste das Fest zur besten Hochzeit erklären, auf der sie jemals gewesen sind. Dieser Anspruch hat dazu geführt, dass sich die Durchschnittskosten zwischen 1997 und 2007 auf rund 20 000 Pfund – umgerechnet mehr als 23 000 Euro – verdoppelten. Damit herrschen auf der Insel fast schon amerikanische Verhältnisse: Eine US-Hochzeit verschlingt im Schnitt 29 000 Dollar, also knapp 25 000 Euro.[34]

Auch in Deutschland planen Paare ein immer größeres Budget für den vermeintlich schönsten Tag ihres Lebens ein: Branchenexperten gehen davon aus, dass eine Hochzeit in Deutschland zwischen 10 000 und 15 000 Euro kostet. Die Augsburger Hochzeitsplanerin Bettina Ponzio setzt bei einer Hochzeit mit 70 Gästen mindestens 14 000 Euro an.[35] Laut einer Befragung aus dem Jahr 2021 planen rund 14 Prozent der Paare mit einem Budget unter 5 000, 23 Prozent veranschlagen zwischen 5 000 und 10 000 Euro, rund 43 Prozent lassen sich das Fest zwischen 10 000 und 20 000 Euro kosten und etwas über 20 Prozent ist auch das noch zu wenig (immerhin 4,3 Prozent bezahlen 30 000 Euro und mehr).[36]

Brautkleid, Ring, Location, Blumenschmuck, Catering und Profifotograf – die Ansprüche deutscher Paare sind deutlich gestiegen. Der Bund der Hochzeitsplaner (der vergibt im Übrigen den Wedding Award Germany, unter anderem in den Kategorien

Brautstyling, Innovation und Kinderanimation), stellt fest, dass die Feiern aufwändiger werden. Candy Bar und Fotobox sind beispielsweise ein Muss.

Jutta Ingala, Sprecherin der Schmuckmanufaktur Niessing in Hamburg, bemerkt, dass der Stellenwert einer Hochzeit kontinuierlich zunehme. Verstärkt würden für die Verlobungs- und Eheringe besondere Designs verlangt. Die Brautkleider würden hochwertiger, üppiger und teurer, weil »die Braut heute romantischer und luxuriöser wirken will«. Corona hat diesen Trend – dafür gibt es Anzeichen – verstärkt. So erzählt Braut Katja (37), dass sie eigentlich nur aufs Standesamt gehen wollte, 60 Leute sollten dabei sein. Als die Hochzeit im Zuge der Pandemie-Maßnahmen nur mit den Trauzeugen stattfinden konnte, stand ihr Entschluss fest: Wenn der ganze Spuk vorbei ist, gibt es eine große Märchensause, auf einem Schloss mit über 100 Leuten und einem extravaganten und pompösen Prinzessinnen-Kleid (die ursprünglich anvisierte schlichte A-Linie genügte nicht mehr).

Der Fernsehsender *Vox* ist am Puls der Zeit und begleitet Bräute in *Zwischen Tüll & Tränen* bei der Suche nach dem Traumkleid. Unter 1000 Euro – das lernt der Zuschauer sehr schnell – ist da kaum etwas zu machen. Für *das* Kleid überziehen die Frauen regelmäßig ihr Budget. Die 24-jährige Vivi beispielsweise kauft sich ein Kleid für die Kirche und eines für das Standesamt. Letzteres ersteht sie in einem extravaganten Laden in München, obwohl sie in Bayreuth wohnt, weil es etwas »Außergewöhnliches« sein muss. Damit das Modell zum Unikat wird, lässt sie es zusätzlich mit Spitze besetzen und bezahlt über 2800 Euro – 800 Euro mehr, als sie eigentlich eingeplant hatte. Für ihren großen Auftritt ist ihr nichts zu teuer. Die Fashion-Bloggerin sammelt seit Monaten Ideen für Blumenarrangements, Tischkarten und Gastgeschenke und klebt alles in ein Album ein, das sie immer dabeihat. Ihr Ziel: die perfekte, weil unvergleichliche Hochzeit.

Damit ihnen das ebenfalls gelingt, nehmen immer mehr Paare den Service eines professionellen Hochzeitsplaners in Anspruch. Wie viele es davon in Deutschland gibt, weiß niemand so genau. Die Berufsbezeichnung ist nicht geschützt, das Segment wird von den Industrie- und Handelskammern bislang nicht separat erfasst. Allerdings ergibt eine einfache Google-Recherche für das Stadtgebiet München auf Anhieb über 20 Treffer. Im Bund deutscher Hochzeitplaner haben sich 23 Anbieter aus dem Bundesgebiet zusammengeschlossen sowie Dienstleister mit Sitz in Österreich, Italien, Thailand und Mauritius. Kein Wunder: Auslandslocations haben Konjunktur.

Deutschlands bekanntester Hochzeitsplaner dürfte Frank »Froonck« Matthée sein. (Matthée hat 2005 die Fernsehhochzeit von Sängerin Sarah Connor organisiert; Frau Connor ist mittlerweile geschieden, ihr Ex Marc Terenzi Dschungelkönig.) Auf Vox erklärt er in »Vier Hochzeiten und eine Traumreise« fünfmal die Woche, wie eine perfekte Hochzeit auszusehen hat. Sein Credo: Individuell, originell und persönlich muss es sein. Zudem komme es darauf an, das Motto durchzuziehen, von der Einladung über die Tischdekoration bis hin zur Musik. Nach der Kirche zum Feiern ins ortsansässige Wirtshaus wie vor 30 Jahren? Viel zu banal. Lieber eine freie Trauung am Strand von Thailand unter dem Motto »Sonne, Strand und Meer«.

Ein entsprechender Lerneffekt ist bereits festzustellen: Mehr als die Hälfte der Deutschen kann sich eine Motto-Hochzeit vorstellen[37]. Keine Überraschung: Pinterest und Instagram sind für Ehewillige heute die Inspirationsquelle Nummer eins.[38] Die Brautpaare selbst verstärken diesen Trend, eine Insta-Story zum großen Tag gehört für die meisten dazu. Der Bund deutscher

Hochzeitsplaner hilft dabei: mit Storystickern, die kostenfrei für die Hochzeits-Posts verwendet werden können.

Warmlaufen: Die Events vor dem Event

Der Besuch einer Hochzeitsmesse gehört mittlerweile zum Basispaket. Dort erfahren Paare, welche und wie viele Einlagen eine gute Hochzeit braucht – ganz oben auf der Hitliste: eine Feuershow –, wie die Kinderbetreuung während des Festes zu organisieren ist und was ein SloMo-Booth ist (»Durch einen SloMo-Booth bietet Ihr auf Eurer Hochzeit garantiert ein besonderes Highlight für Eure Gäste, bei welchem sich Eure Freunde und Familie frei austoben können. Das Ergebnis ist ein Zusammenschnitt aus witzigen Clips, der Euch auch nach dem Fest noch unterhalten wird.«) Anregungen gibt es darüber hinaus für »einen individuellen, einzigartigen und spannenden Junggesellenabschied«.

Mit den Freunden in der Kneipe um die Ecke ein paar Bier zu trinken genügt da nicht mehr. Agenturen und Internetportale wie junggesellenabschied.com, pissup.de oder chamica.eu (»Junggesellinnenabschied mal ganz anders!«) geben Tipps für die Organisation von Ausflügen nach London, Prag, Barcelona, Augsburg oder Regensburg. Dort tauchen in der Hochsaison von Mai bis Juli jedes Wochenende mehrere Frauen- und Männergruppen auf, um den Abschied vom Junggesellendasein zu feiern. Sie tragen eigens für diesen Anlass produzierte T-Shirts und versuchen, Passanten zu überreden, ihnen kleine Schnapsflaschen oder Kondome abzukaufen.

Die Kulturwissenschaftlerin Andrea Graf beschäftigt sich mit diesem Phänomen. Sie hat festgestellt, dass sich seit Mitte der 1990er Jahre mit dem Junggesellen- und Junggesellinnenabschied (die Bräute streben seit etwa 20 Jahren nach Gleichberechtigung) eine neue Feierform als Abschluss des Ledigseins etabliert hat.[39] Graf beobachtet, dass es derzeit wieder einen Wandel gibt, weg von den Umzügen durch die Fußgängerzone hin zu stark individualisierten Partys in Paintballhallen, Tonstudios oder auf Kartbahnen. Die Kulturanthropologin sieht hier eine Angleichung an englische und amerikanische Feierformen (bekannt aus dem Film *Hangover*) und spricht von einem Übergangsritual.

Ich würde sagen: Der Junggesellenabschied bietet Braut und Bräutigam eine Gelegenheit, dem Event Hochzeit einen weiteren Höhepunkt hinzuzufügen, tolle Fotos für Facebook und unvergessliche Momente zu produzieren. Und wenn alle anderen schon in der Altstadt waren, dann ist das eben nicht mehr originell genug. Eine neue Feierlocation tut deshalb not – und wenn dafür die gesamte Mannschaft auf einem Bierbike durch Amsterdam radeln muss, in einer Hummer-Limousine zu »Steak and Strip« tingelt (auf pissup.de räkelt sich eine Schöne mit zwei Stück Fleisch auf den Brüsten) oder nach Barcelona fliegen muss. Letzteres berichtete mir ein Kollege, der sichtlich genervt ein ganzes Wochenende und rund 1000 Euro für den Junggesellenabschied eines guten Freundes investieren musste. »Warum«, fragte er mich, »können wir nicht in München bleiben?« Antwort: Weil das nichts Besonderes ist.

Dieses Beispiel zeigt, wie der Drang, rund um die Hochzeit etwas Außergewöhnliches unternehmen zu wollen, nicht nur das Brautpaar, sondern auch sein Umfeld unter Stress setzt. Warum tun wir unseren Freunden das an?

Eine weitere Möglichkeit, sich Aufmerksamkeit zu verschaffen: An einem Hochzeitswettbewerb teilnehmen. Das Anzeigenblatt *Forum* veranstaltet in einem Landkreis im Umland von München seit sechs Jahren die Abstimmung zum »Brautpaar des Jahres«. In einem redaktionellen Beitrag erzählen die Bewerberpaare ihre Liebesgeschichte – vom Kennenlernen über gemeinsame Erlebnisse bis hin zum Heiratsantrag. Das *Forum* ist mit einer Auflage von rund 57 000 Exemplaren ein weit verbreitetes Medium in der Region. Ähnliche Wettbewerbe gibt es im gesamten Bundesgebiet, zum Beispiel in Bitterfeld, Hameln und Amberg oder Osnabrück.

Weit mehr Aufmerksamkeit bekommen natürlich die US-amerikanischen Paare, die es in die Hochzeitsbeilage der *New York Times* schaffen. 200 Paare bewerben sich jede Woche (!) auf 40 Plätze in der Beilage. Einige heiraten lieber im Winter, weil damit die Chance steigt, reinzukommen. Ganz wichtig: die richtigen Fotos. Die Verlobungsbilder werden extra für die Bewerbung konzipiert. Eindimensional dürfen die nicht sein, Originalität ist ein Muss. Auch von Vorteil: Wenn man berühmte Eltern hat, einen Star kennt oder den Abschluss an einer Elite-Uni vorweisen kann.

Engagement-Shootings sind mittlerweile auch in Deutschland verbreitet. Schon anlässlich der Verlobung gehen die Paare zu einem professionellen Fotografen und lassen sich beispielsweise an dem Ort ablichten, an dem sie sich kennengelernt haben. Die Hochzeitsfotografin Barbara Meyer-Selinger spürt den Wunsch nach ausgefalleren Motiven – so wollen sich die Kunden in der U-Bahn fotografieren lassen, im Flieger nach Florenz oder im Schnee. Die Location soll etwas Besonderes sein.

Die passende Bühne für den großen Auftritt

Apropos Location. Die spielt bei der Planung des eigentlichen Festes eine wichtige Rolle, wie die Hochzeitsplanerin Franziska Schmidt weiß. Da die repräsentativen Hochzeitslocations schnell ausgebucht seien, gelte es, frühzeitig ein Datum zu fixieren und ein »Save-the-Date« an Verwandte und Freunde zu verschicken, damit die einen Flug buchen und Urlaub beantragen können. In der Regel beginnen die Brautpaare ein Dreivierteljahr vor dem Hochzeitstermin mit den Planungen, zum Teil früher. Ausgangspunkt sämtlicher Überlegungen: das Szenario.

Das Wirtshaus im Ort hat ausgedient. Passt meist nicht in die Inszenierung einer »Vintage«- oder »Blütenzauber«-Hochzeit. Im mondänen München sind das Botanikum (Saalmiete: 1500 bis 4000 Euro) oder die alte Gärtnerei in Taufkirchen (die weniger alt als romantisch-gediegen aussieht und zum Beispiel über Kristallleuchter verfügt) bekannte Top-Locations. Immer beliebter werden renovierte Scheunen, Weingüter oder Eventhangars.

In Nordrhein-Westfalen ist die Henrichshütte in Hattingen, eine stillgelegte Kohlegrube, eine gern genommene Kulisse. Das Brautpaar lässt sich trauen, im Hintergrund ragen die alten Zechengebäude in die Höhe. Bis zu 2000 Gäste haben dort Platz. Das Ganze läuft unter dem Label »Industriestil«. Den findet man ebenfalls in der alten Schmiede in Unna oder im Lokschuppen in Bottrop. Auch hier ist ein üppiges Hochzeitsbudget von Vorteil.

Die Internetseite mein-traumtag.de hat insgesamt knapp 1100 Hochzeitslocations in ganz Deutschland aufgelistet und rät, den Veranstaltungsort mit Bedacht auszuwählen, »da alles andere darauf abgestimmt wird«. Hochzeitsplanerin Franziska Schmidt bestätigt, dass die Auswahl der Location an Bedeutung gewonnen hat:

Heute gehen die Leute auch weiter weg. Wichtig ist ihnen vor allem, dass es eine schöne Location ist. Dafür nehmen sie gerne eine Anfahrt von zwei, drei Stunden in Kauf. Was früher nicht so verbreitet war. Die, die nicht in einer anderen Stadt gelebt haben, feierten eh in ihrer kleinen Heimatgemeinde. Heute ist es ganz normal, dass die Hochzeitsgesellschaft nach Österreich fährt.

Besonders gefragt sind Schlösser oder herrschaftliche Gutshäuser. Die fügen sich in das Bild von der Märchenhochzeit ein und liefern schöne Motivhintergründe. Schloss Igls in Tirol oder das Hotel Schloss Leonstain in Kärnten haben sich auf ihre Klientel eingestellt. Angeboten werden ganze Hochzeitswochenenden voller »Exklusivität«, von der Get-together-Party vor der Hochzeit über das rauschende Fest bis zum Brunch am Tag danach.

Beliebt sind Hochzeiten auf Mallorca oder Teneriffa. Auch hier ist es mit einem Tag natürlich nicht getan. Anreise und Unterkunft müssen die Gäste meist selbst bezahlen. Dass es Verwandte oder Freunde teuer zu stehen kommt, zu ihrer Hochzeit zu kommen, oder für Familien mit Kindern ein ganzes Hochzeitswochenende mit Strapazen verbunden ist, hält viele Paare jedoch nicht von ihrem Vorhaben ab. Sie wünschen sich eine Finca-Hochzeit. Punkt. Hochzeitsplanerin Andrea Hinterberger: »Paare, die Gäste aus aller Herren Länder haben, sagen, dass es eigentlich egal ist, ob sie die jetzt nach München oder gleich nach Mallorca fliegen lassen.«

Originelle Veranstaltungsorte haben Konjunktur. Trauungen finden im Zoo statt (Leipzig verfügt über die Kiwara-Lodge im afrikanischen Stil, eine asiatische Pagode und ein Urwalddorf), im Salzbergwerk, im Museum oder auf einem Ammersee-Dampfer. Auf dem Leuchtturm der Nordseeinsel Pellworm haben schon mehr als 3500 Paare geheiratet – obwohl sie 140 Stufen erklimmen müssen und nur sechs Gäste mit nach oben nehmen können. Aber dafür ist eine Kapitänszeremonie inklusive, und der Hochzeitsgesellschaft zu Ehren wird die jeweils passende Flagge gehisst, wahlweise die bayerische, chinesische oder chilenische. Bei der ortsansässigen Goldschmiedin können Trauringe mit eingraviertem Leuchtturm bestellt werden. So etwas hat nicht jeder. Die Nachfrage ist so groß, dass das Pellwormer Standesamt mittlerweile mit einer Hochzeitsagentur zusammenarbeitet, die »13 außergewöhnliche Orte« auf der Insel bewirbt.

Den Münchner Standesbeamten Peter Trunk stellen die wachsenden Ansprüche seiner Kunden vor neue Herausforderungen. Die Paare wollen sich vielfach nicht mehr in den offiziellen Trausälen das Jawort geben, sondern in der Allianz Arena oder auf dem Olympiaturm. Das könne eine Stadt wie München mit 4 200 Eheschließungen pro Jahr und 40 Standesbeamten jedoch nicht leisten. Deshalb steigen die Ermächtigungen an Standesämter außerhalb Münchens, die mit besonderen Locations aufwarten können. Das Standesamt Garmisch-Partenkirchen bietet seit 1998 Eheschließungen auf der Zugspitze an, das Standesamt Breitbrunn am Chiemsee lockt mit Trauungen auf der Fraueninsel – eine wunderbare Kulisse für eine romantische »Rosen«- oder eine rustikale Trachtenhochzeit. Schließlich muss die Location zum Motto der Hochzeit passen.

Das Motto führt Regie

Hochzeitsplaner lieben Mottohochzeiten. Sie investieren viel Zeit in die Entwicklung eines passenden Leitmotivs. Einer der Wedding Planner, die Arlie Russell Hochschild für ihr Buch *The Outsourced Self* befragt hat, überlegt sich jeweils ein einzigartiges Motto, das die Liebe des Paares repräsentieren soll: »I always try to find a theme. I ask the couple to think about how they fell in love. They give me a casual story and I give it back as a theme.«[40] Bei einem der Paare rankte sich die Geschichte um einen Zitronenbaum – die Braut wünschte sich einen, um sich wie eine Kalifornierin zu fühlen, und ihr Bräutigam schenkte ihr einen zum

Valentinstag. Um diese Episode herum verfasste die Hochzeitsplanerin »The Legend of the Lemon Tree«, die anschließend auf
der Innenseite der Einladung abgedruckt wurde. Der Text ist relativ lang, deshalb hier im Telegrammstil: Bräutigam sucht tagelang
nach Baum – Bräutigam fährt meilenweit für Baum – Braut ist
ob der Kreativität und Einfühlsamkeit ihres Bräutigams gerührt –
Braut hegt und pflegt Baum – Baum wird wachsen und gedeihen.
Konsequenterweise waren auf der Einladung Zitronen abgebildet;
der Blumenschmuck war in Gelb und Weiß gehalten, und auf den
Tischen standen Glasgefäße mit arrangierten Zitronen.

Ganz so weit sind wir in Deutschland vielleicht noch nicht.
Aber Mottohochzeiten sind auch hierzulande »in«. Ob »Zwan-
zigerjahre« oder »Black 'n' White« oder »etwas Blaues« – Internetseiten wie themenhochzeiten.de oder weddyplace.com liefern
unzählige Tipps für »Hochzeitsstorys«. Ein stimmiges Gesamt-
konzept muss her. Die Gestaltung der Einladung sollte etwa bereits den »Charakter des Festes« unterstreichen, nur so bekommt
der Empfänger nach Ansicht von Designerin Johanna Huber
einen Eindruck vom »Look & Feel« der Feier. Sie rät, ein Foto
des Paares aufzudrucken und ein eigenes Logo zu entwerfen. Das
habe sie bei ihrer eigenen Hochzeit so gemacht:

> Wir haben alles Mögliche designt, gestempelt und be-
> schriftet und mit unserem Logo versehen – von der Einla-
> dung, der Menükarte, dem Liegestuhl im Garten und den
> Taschentuchpackungen, die in der Kirche auslagen. Es war
> sehr aufwändig, aber wunderschön. Jedes Detail war un-
> verwechselbar unser Stil und ganz wir.[41]

Huber hat an sich selbst festgestellt, dass sie angesichts der Flut
von Gedrucktem, die sie jeden Tag bekommt, nur die Einladun-

gen aufhebt, die etwas Besonderes sind – für sie eine ewig während
rende Liebeserklärung. 08/15 landet also im Papierkorb.

Die Hamburger Hochzeitsplanerin Anna Brinkmann versucht, den »Geschmack und Stil des Paares zu verstehen und für
die Feier umzusetzen«. Dazu gehört ein roter Faden, der sich
durchzieht: »Die Flipflops der Braut, die zu einem Thema ausgewählt sind, das Etikett der Weinflasche, auf dem das Logo des
Paares auftaucht.« Es soll ja später bei Instagram oder Facebook
gut rüberkommen.

Die Hochzeitsfotografin Barbara Meyer-Selinger stellt fest,
dass Blumen und Dekoration heute viel ausgefallener sind als vor
10 oder 15 Jahren. Früher seien die Sträuße sehr ähnlich gewesen.
Heute nehme man nicht immer Rosen, sondern gerne kräftige
Farben oder außergewöhnliche Blumen. Selbst Brautkleid, Fri-
sur und Make-up sollen auf Location, Dekokonzept und Motto
abgestimmt sein.

Der ausgewählte Farbcode diktiert oftmals nicht nur die Gestaltung von Programmheften, Tischkarten und Blumenarrangements, sondern auch die Garderobe der Gäste. In der Einladung
ist dann zu lesen: »Want to see the bride and be part of the night,
then wear a pink highlight.«

Viele dieser Ideen stammen aus Hochzeitszeitschriften, die
in Deutschland seit etwa 20 Jahren auf dem Markt sind. Darüber hinaus gibt es unzählige Ratgeber in Buchform (*Wer Ja sagt,
darf auch Tante Inge ausladen. Tipps vom Profi für die perfekte
Hochzeitsfeier* ist 2013 auf der *Spiegel*-Bestsellerliste gelandet.)
und noch mehr Internetseiten, die für garantierte Reizüberflutung sorgen (unter anderem hochzeit.com, hochzeit-perfekt-ge-
plant.de, weddix.de). Weddix.de beschäftigt über 35 Mitarbeiter
und betreibt einen Hochzeitsshop mit mehr als 4 000 Produkten.
Das Geschäft mit dem Heiraten ist ein durchaus einträgliches,

sofern die Paare den jeweiligen Trends folgen und dafür richtig Geld ausgeben.

Das Mantra lautet deshalb: Die Planung muss aus einem Guss, individuell und voller Alleinstellungsmerkmale sein. Nur dann wird es ein einzigartiges, herausragendes Fest. Dieser Anspruch setzt vor allem die Bräute unter Druck. Sie verbringen Wochen damit, den nach der eigenen Bildvorlage gestalteten »Wedding Cake Topper« in Auftrag zu geben oder kleine Do-it-yourself-Dekorationen herzustellen. Sie basteln an Brautsträußen aus Papier (»Der ganz große Wurf. Ein selbst gemachter Brautstrauß für den großen Tag«) oder einem *Love*-Schriftzug für die Tischdekoration.

Besonders beliebt sind Accessoires, die die Persönlichkeit des Paares widerspiegeln. So hat ein Malermeister Hunderte Pinsel lila lackiert und mit den Namen der Gäste beschriftet. Selbst die Gastgeschenke müssen zum roten Faden der Hochzeit passen. Die traditionellen gebrannten Mandeln bietet Hochzeitsplanerin Andrea Hinterberger gar nicht mehr an. Zu langweilig. »Wir hatten zum Beispiel bei einer Oldtimer-Hochzeit Oldtimer-Glasflaschen als Gastgeschenke, in denen verschiedenfarbige Schnäpse waren.«

Abwechslung, Abwechslung, Abwechslung

Ein zentrales Anliegen von Hochzeitsplanern und modernen Brautpaaren ist es, keine Langeweile aufkommen zu lassen. Deshalb jagt eine Aktion die nächste. Gern genommen, um die Gäste zu beschäftigen und einzigartige, bleibende Erinnerungen für das Brautpaar zu produzieren: Bastelaufgaben. Mal sollen Verwandte und Freunde eine Leinwand bedrucken (zum Beispiel mit den eigenen Fingern), mal gilt es, Mosaiksteine zu bemalen, die am Ende der Feier zu einem Gesamtbild komponiert werden.

Die moderne und besonders originelle Variante des Gästebuchs: Videobotschaften. Beliebt ist es, Postkarten mit der Adresse des Brautpaares zu verteilen, auf die Verwandte und Freunde Wünsche für das frisch gebackene Ehepaar schreiben. Die Karten werden entweder an Luftballons gehängt, die unter dem Beifall der Anwesenden in Richtung Himmel schweben, oder verteilt über die folgenden zwölf Monate an das Brautpaar geschickt (zu diesem Zweck bekommt jeder Gast eine Kalenderwoche zugeteilt).

Showeinlagen kommen wahlweise von professionellen Tanzgruppen, Feuerkünstlern oder Helene-Fischer-Doubles. »Eine Photobox oder zumindest eine für spaßige Bilder extra eingerichtete Ecke ist mittlerweile ein Muss für jede Hochzeit«, sagt das Internet[42]. Damit ganz unterschiedliche Fotomotive entstehen und man hinterher sieht, was für unglaublichen Spaß die Feiernden hatten, müssen Accessoires zur Verfügung gestellt werden, von Schnurrbärten, Brillen und Zylindern bis hin zu Totenköpfen, Wrestling-Masken oder Hasenohren. Selbst bei der Musik setzen viele Paare auf Abwechslung. In der Kirche singt eine Solokünstlerin das Ave Maria, oder ein Gospelchor sorgt für Stimmung, am Nachmittag darf es ein Streichquartett sein, und am Abend heizt ein DJ ein.

Sollten die Gäste ihren Nachwuchs im Gepäck haben, ist für den einiges geboten. Immer öfter dürfen sich die Kleinen über eine Hüpfburg oder eine Malstation freuen. Hochzeitsplanerin Franziska Schmidt stellt fest, dass heutzutage mehr Wert auf professionelle Kinderbetreuung gelegt wird als vor zehn Jahren. Sie beschäftigt deshalb ein eigenes Kinderbetreuungsteam. Die Kinderpädagogen bringen Bastel- und Spielsachen mit und gestalten mit den Kindern kleine Andenken, die sie mit nach Hause nehmen können. Jede Altersgruppe wird abgedeckt:

Wenn zum Beispie ein Baby dabei ist, dann haben die eine Krabbeldecke und ein Zelt dabei. Natürlich auch einen Fußball für die größeren Kinder. Wenn ein paar Jungs dabei sind, achten wir darauf, dass ein männlicher Kinderbetreuer dabei ist. Das Kinderessen wird an einem extra Kindertisch serviert.

Um 21 Uhr endet die Hochzeit für die Kleinen mit einem Matratzenlager. Das Betreuungsteam singt Schlaflieder und liest vor, während die Eltern ungestört feiern können. Etwas paradox: Die Eltern staffieren ihre Kinder oftmals sehr kostspielig aus, damit sie hübsch adrett aussehen. Aber wirklich um sich haben wollen sie sie anscheinend nicht. Vielleicht ist es gerade dieser Widerspruch, der kennzeichnend ist für die medialisierte Gesellschaft: Wir wollen Kinder, weil wir uns Liebe von ihnen versprechen. Wir instrumentalisieren sie, um uns als erfolgreiche Mittelschichtfamilien zu präsentieren. Doch eigentlich stören sie uns bei der Umsetzung unseres Lifestyles. Aber davon später mehr.

Kamera ab

Moderne Brautpaare wollen sich in Szene setzen. Wünschen sich emotionale Fotos, die ihre einzigartige Liebesgeschichte erzählen. In der Nachkriegszeit musste sich die Mittelschicht in der Regel mit einem im Atelier aufgenommenen Bild zufriedengeben. Einen Fotoapparat konnten sich viele nicht leisten. »Oft war das Hochzeitsporträt das einzige Bild überhaupt, das ein Paar von sich besaß.«[43] Noch in den 1980er Jahren war es durchaus üblich, die Aufnahmen vor Fototapeten im Studio zu machen. Die Paare wollten einfach ein paar professionelle Bilder von sich, zum Beispiel, um sie den Dankeskarten an die Gäste beizulegen.

Gestellte Atelierfotos will heute aber keiner mehr, wie die Bildereinrahmerin Alice Rabe bemerkt:

> Während Hochzeitsfotos früher mit einem einfachen, unifarbenen Hintergrund ausschließlich im Studio gemacht worden sind, werden heute Kulissen gewählt, zum Beispiel ein Schloss oder ein Park. Zudem hat sich die Art und Weise geändert, wie sich das Hochzeitspaar präsentiert. Vor 30 Jahren standen Mann und Frau brav nebeneinander, die haben oft nicht einmal Händchen gehalten. Heute werden die Hochzeitsfotos bzw. das Brautpaar in Szene gesetzt.

Storytelling ist angesagt. Der ganze Tag soll dokumentiert, die Stimmung transportiert, jeder unverwechselbare Moment eingefangen werden. Der Profifotograf begleitet das Paar deshalb während der gesamten Hochzeit. Es entstehen 18-Stunden-Fotoreportagen. Man sieht die Braut morgens beim Ankleiden, oder wie sie versonnen durch das Fenster in den Schlosspark blickt, während die Friseurin ihr die Haare hochsteckt. Meine zum Beispiel, die mittlerweile von dem ganzen Hype total genervt ist. Sie erzählte mir, dass die Braut früher in der Regel alleine und voller Vorfreude in den Laden gekommen sei, jetzt hätte sie einen ganzen Tross von Brautjungfern sowie Fotografen und Kameraleuten im Schlepptau. Letztere wuseln überall herum, stellen Scheinwerfer für die perfekte Beleuchtung auf und fordern Posen ein. Die Braut ihrerseits ist total gestresst und einfach nur noch froh, wenn nach Monaten des Planungsirrsinns endlich alles vorüber ist. Schade um das schöne Fest.

Der Fotograf begleitet natürlich auch den Bräutigam auf seinem Weg zum Oldtimer, in dem er zur Kirche fährt. Es gibt Großaufnahmen vom Blumenschmuck oder dem noch leeren

Festsaal. Dann kommen die Gäste, die Musiker, das Essen, das Werfen des Brautstraußes. Auf diese Weise entstehen sehr persönliche Fotostrecken, die im Nachgang der Hochzeit ins Netz gestellt, auf CD an alle Gäste verschickt oder in Auszügen auf Facebook oder Instagram gepostet werden.

By the way: Auf Facebook ist deutlich zu sehen, wie verbreitet die Idee von der durchkomponierten Märchenhochzeit bereits ist. Da stehen Brautpaar und Trauzeugen vor der Schlosstreppe, im Brautstrauß sind lila Freesien zu sehen, die weiblichen Gäste tragen lila Kleider und lila Blumengebinde, die Männer lila Krawatten und Ansteckersträußchen. Auf einem anderen Bild stehen die vier in Blau gewandeten Brautjungfern (ein amerikanischer Kulturimport) vor dem Brautpaar, das sich innig küsst. Brautpaare sind im Wald, am See oder auf Brücken und Stegen zu sehen, sie lehnt ihren Kopf an seine Schulter, er schließt gerührt die Augen. Intime Augenblicke, gemacht für die Öffentlichkeit.

Die Rund-um-die-Uhr-Betreuung hat ihren Preis. Ein Bekannter hat mir erzählt, dass er 2 000 Euro dafür bezahlt, dass der Fotograf den ganzen Tag vor Ort ist. Er und seine Verlobte erhoffen sich berührende Bilder, die man nur bekomme, wenn die kleinen, aber besonderen Momente eingefangen werden. Die Frage ist nur, was man später mit den 500 Fotos macht, die diese vielen besonderen Momente wiedergeben. Ein Arbeitskollege meines Mannes hat sämtliche Motive ins Netz gestellt und den Link an alle Gäste verschickt. In diesem Fall begann die Fotostory mit einem Bild vom Brautkleid, das auf einem Bügel an der Gardinenstange des geöffneten Fensters hing. Der Rock bauschte sich im Luftzug. Nach 50 Fotos war die Braut noch nicht angezogen. Da habe ich die Session abgebrochen und mich nur noch gewundert.

Einer Fotografin, die ich seit vielen Jahren kenne und schätze, geht es genauso, aber sie kann die Brautpaare in der Regel nicht davon überzeugen, einen Gang zurückzuschalten. Als sie vor 20 Jahren mit Hochzeitsfotografie angefangen hat, waren die meisten mit 20 ausgewählten Aufnahmen zufrieden. Heute entstehen zwischen dem »getting ready« der Braut und der großen Sause am Abend im Schnitt 100 Bilder pro Stunde, alles mit Boho-Filter für den natürlichen Märchen-Look.

»Wer soll sich das anschauen? Aber ich werde an der Masse gemessen. Wichtig ist es, die Deko mit zu fotografieren, weil die alle so einen großen Aufwand treiben. Blumenbogen, in Holz gelaserte Namensschilder, verzierte Bullis, Makramee. Das hat früher keinen interessiert.« Kann man den aktuellen Trend auf einen Nenner bringen? »Die Idee ist: Alles muss so natürlich aussehen wie möglich. Man darf die Arbeit, den Stress, das Bemühte nicht sehen. Elfentanz auf der Blumenwiese. Leichtigkeit, schwerelose Liebe. Dabei haben die meisten einen Gewaltakt hinter sich.«

Hochzeitsfotografin Barbara Meyer-Selinger stellt seit zehn Jahren einen deutlichen Wandel fest. Vor allem der Bildaufbau habe sich verändert. Weg von statischen Motiven, hin zu Dynamik und Einzigartigkeit.

Die Bilder müssen mehr transportieren als früher, es geht nicht mehr nur um das Ablichten von Gesichtern. Man kann die Paare auch mal hüpfen lassen oder in der Bewegung ablichten.

Dabei soll der Lifestyle des Brautpaares zum Ausdruck kommen. Das geht natürlich auch mit Hilfe von Videos. Nicht selten werden professionelle Videofilmer gebucht, die den ganzen Tag über drehen und einen Clip zusammenschneiden, der MTV-Qualität hat. Die Generation Selfie zieht alle Register. Kein Wunder also, dass die neueste Technik herhalten muss, um immer neue Liebesinszenierungen hervorzubringen. So geschehen an einem See im Alpenraum. Während der Zeremonie kreiste eine Drohne über dem Brautpaar, um die vielen besonderen Momente der Glückseligkeit auch aus der Luft festzuhalten. Kleiner Nachteil: Das Dröhnen des Motors war lauter als die mit Inbrunst vorgetragenen Treueschwüre, so dass von den Gästen kaum jemand verstehen konnte, was sich Braut und Bräutigam versprachen. Das schien die Neuvermählten aber nicht zu stören. Zu sehr freuten sie sich auf die einzigartigen Bilder, die exklusiven Luftaufnahmen. Der Drohne sei Dank.

Das Bridezilla-Phänomen

Regelmäßig mutieren vor allem die Bräute angesichts des Planungswahnsinns zu regelrechten Hochzeitsmonstern. Der *Boston Globe* erfand für diese Spezies bereits im Jahr 1995 den Ausdruck »Bridezilla«[44]. Letztlich sind diese Frauen Opfer einer zunehmenden Medialisierung. Sie wollen ein perfektes Setup kreieren, das außergewöhnlich, originell, unterhaltsam, voller Highlights, persönlich und fotogen ist. Und setzen damit sich und ihr gesamtes Umfeld unter Stress. Das Zukunftsinstitut erkennt eine Tendenz zur »Big Fat Wedding« und resümiert: »Der Hochzeitsmarkt boomt, der Aufwand für Hochzeiten wird immer größer. Der Trend geht zur individuellen Eventhochzeit. [...] Die Eventisierung des Liebesschwurs fördert den Wettbewerbscharakter.«[45] Der Druck steigt – für alle. Hochzeitsplanerin Franziska Schmidt bemerkt:

> Auf der Hochzeit hört man die Gäste sagen, dass sie das jetzt nicht mehr toppen können. Die Gäste denken schon

darüber nach, was sie, falls sie noch heiraten werden, bei ihrer eigenen Hochzeit übernehmen oder besser machen könnten.

Besser machen. Geht es darum? Mit Liebe hat das nichts mehr zu tun. Sondern mit Performance. Der evangelische Pfarrer Christian Zeiske beobachtet, »dass es beim Heiraten immer mehr um das Fest geht als um die Ehe, die danach folgt«[46]. In den 70er Jahren sei alles schlicht gewesen, dann habe die Zahl der Video- und Fotoaufnahmen zugenommen, ständig wollten die Menschen Reis werfen, wie in amerikanischen Spielfilmen. »Das ist dann mehr ein Theaterstück, das fürs Video aufgeführt wird, als eine Trauung.« Zeiske wüsste gerne, warum die Menschen heute anders heiraten.

Vielleicht steckt die Illusion dahinter, eine einzigartige Hochzeit könne die Liebe bewahren, die Ehe stärker machen. Je öffentlicher Liebe gezeigt wird, desto tiefer und echter scheint sie empfunden zu werden. Dabei ist genau das Gegenteil der Fall – die neuen Praktiken werten den Kern der Liebe ab, machen sie bestellbar, gestaltbar, konsumierbar. In jedem Fall verspricht das Event Hochzeit aber einen Höhepunkt im Leben. Das ist die Chance, im Mittelpunkt zu stehen und die eigene Lebens- und Liebesgeschichte Hollywood-like in Szene zu setzen. Umso schwerer ist es zu ertragen, danach wieder in den Alltag zurückzukehren. Eine Bekannte schwelgte ein paar Wochen nach ihrer Hochzeit in Erinnerungen und fügte dann frustriert hinzu: »Jetzt ist wieder alles so normal.« Das Normalsein halten wir fast nicht mehr aus. Also schaffen wir uns ständig neue Höhepunkte. The show must go on.

Einzigartig, unvergesslich, öffentlich: Das Projekt Mutterschaft

Die oben erwähnte Bekannte, die nach ihrem großen Hochzeitsfest in ein emotionales Tief gefallen ist, hat sich schnell ein neues Projekt gesucht. Schon während der Flitterwochen wurde sie schwanger. Das war so geplant. Erst im figurbetonten Traumkleid zum Traualtar, dann ein Kind. Die für dieses Buch von mir befragten Mütter hatten ebenfalls genaue Vorstellungen davon, wann und wie viele Kinder sie haben wollten. Die Forstwissenschaftlerin Saskia etwa hat rund ein Jahr nach der Heirat angefangen, an Kinder zu denken. Da war sie Anfang 30 und fühlte sich bereit, eine Familie zu gründen. Sie wünschte sich zwei Kinder – ein Einzelkind konnte sie sich ebenso wenig vorstellen wie drei oder mehr Kinder, auch weil die meisten ihrer Bekannten zwei Kinder hatten. Vor ihrem 35. Geburtstag sollte das erste Baby kommen. Ähnlich strukturiert gehen viele Akademikerinnen an die Familienplanung heran.

Die Heilpraktikerin Christine Zinsler arbeitet seit 25 Jahren mit Schwangeren und jungen Müttern. Sie glaubt, dass zu einem durchgeplanten Frauenleben heute ab 30 ein Kind mit dazugehört. Oder zwei, manchmal drei. Das sehe man ja auf Facebook bei den anderen so. Auch in der Praxis der Frauenärztin Justine Börzsönyi-Dilenge sind die meisten Schwangeren über 30. »Weil dann alles geregelt ist.« Ungeplante Schwangerschaften gebe es kaum mehr. »In der Regel arbeiten die Frauen auf die Schwangerschaft hin, haben alles geplant und freuen sich, dass es geklappt hat. Dass sie auch diesen Schritt geschafft haben, nach Ausbildung, Mann und Haus.« Dieses Ideal der lückenlosen Normalbiografie setzt die Frauen nach Erfahrung von Börzsönyi-Dilenge stark unter Stress.

> Oft höre ich: Ich heirate im August, im Dezember möchte ich bitte schwanger werden. Manchmal klappt das natürlich nicht. Es geht eben nicht alles auf Knopfdruck. Aber die Frauen können nicht glauben, dass das nicht nach ihrem Willen geht. Das muss funktionieren. Dann sitzen sie hier und sagen: Ich warte jetzt schon zwei Monate, warum bin ich nicht schwanger? Das höre ich immer häufiger.

Programme im Internet helfen bei der Berechnung der fruchtbaren Tage, in Apotheken gibt es Ovulationstests zu kaufen. Wenn es nicht gleich klappt mit dem Kindersegen, werden die Frauen ungeduldig. In schwierigen Fällen hilft einem die Reproduktionsmedizin auf die Sprünge (und zwar immer öfter, was man unter anderem an der Zunahme von Zwillings- und Drillingsschwangerschaften ablesen kann[1]).

Aber selbst Hormonspritzen, Eizellspende oder In-vitro-Fertilisation helfen nicht immer. Viele Paare geraten dann in einen Strudel aus Wut, Trauer und Neid, wie die Paartherapeutin Elvira Holl weiß. Sie berät Männer und Frauen mit unerfülltem Kinderwunsch und spürt eine große Ohnmacht. Den meisten Menschen Ende 30 fehle heute die Erfahrung, dass sich ein Thema nicht allein durch eigene Anstrengung lösen lasse. Das »passt eigentlich auch nicht mehr in unsere Zeit«. Die meisten Verheißungen sind nur einen Mausklick entfernt, dann soll es auch zum passenden Zeitpunkt mit der Familienplanung klappen. Die Frauen verschieben das Kinderkriegen nach hinten und verdrängen, dass sie damit riskieren, keine Kinder mehr bekommen zu können. Mediale Vorbilder wie die Sängerin Gianna Nannini oder die Moderatorin Caroline Beil suggerieren darüber hinaus, dass es selbst mit 50 problemlos gelingt, Mutter zu werden.

Der Reproduktionsmediziner Mark Sauer zweifelt zwar daran, »ob Eltern, die bei der Einschulung ihrer Kinder schon einen Seniorenpass haben, wirklich das Fundament für eine glückliche Familie bilden«, aber er hat die Erfahrung gemacht, dass der Mensch ein »enormes Bedürfnis« hat, »eigenen Nachwuchs hervorzubringen«. Allerdings regt sich dieses Bedürfnis gerade bei Akademikern oft erst, wenn die biologische Uhr kurz vor dem Ablaufen ist. Etwas paradox ist, dass das Verschieben der Familiengründung als persönliche Entscheidung betrachtet wird, die zu kritisieren niemandem zusteht. Dass die möglicherweise notwendige Kinderwunschbehandlung nur zu einem Teil von den (solidarisch finanzierten) Krankenkassen übernommen wird, stößt aber auf Unverständnis. Reproduktionsmediziner halten es für unklug, ausgerechnet an dieser Stelle zu sparen – einer Brustkrebspatientin versage man die Kostenübernahme der Behandlung ja auch nicht.[2]

Der Autor Malte Welding will nicht länger akzeptieren, dass es als privates Problem angesehen wird, wenn man die Familienplanung verpasst. Er ist der Meinung, der Staat müsse dafür sorgen, dass jeder dann in der Lage ist, Kinder zu bekommen, wenn er sie will.[3] Damit beschreibt er letztlich den Anspruch einer Generation zwischen Freiheitsideologie und Versorgungshaltung: Die Eltern sollen alle Entscheidungen, die ihr Kind betreffen, autonom treffen können – aber der Staat soll die Rahmenbedingungen liefern, damit das gelingt. Indem er Wochenarbeitszeiten reduziert, Kitaplätze schafft und Alleinerziehenden mehr Geld gibt.

Das Problem mit dem verpassten Zeitpunkt hat derweil nicht die Politik, sondern die Medizin respektive die Pharmaindustrie auf den Plan gerufen. »Egg Freezing« gilt als große Revolution. Eine Frau kann sich jetzt – gegen Bezahlung natürlich – mit Anfang 20 ein paar Dutzend Eizellen einfrieren lassen und mit Anfang 40, wenn die wichtigsten Karriereschritte gemacht sind, mit dem Samen eines Partners oder eines Spenders befruchten lassen. Facebook und Apple zahlen ihren Mitarbeiterinnen bis zu 20 000 Dollar, wenn sie von der neuen Methode Gebrauch machen und die Familiengründung auf später verschieben.[4] Viele junge ambitionierte Frauen dürften diese Option als entlastend empfinden, nimmt sie ihnen doch den Zeitdruck. Die Angst vor den mit der Mutterschaft verbundenen Nachteilen dürfte dadurch aber nicht gänzlich aus der Welt geschafft sein.

Denn mit dem Kinderwunsch verbinden gerade gut ausgebildete Frauen Einschränkungen. Sie »verzichten« bewusst – zumindest für die Zeit des Mutterschutzes – auf ihren Beruf, geben ihre Selbstbestimmtheit auf. Umso gezielter bereiten sie sich auf Schwangerschaft und Geburt vor. Sie erstellen Listen zur Planung ihrer schmerzfreien Geburt à la Hypnobirthing (manche Hebammen sprechen deshalb schon von »Listen-Frauen«), hetzen vom Schwangerenyoga zum Kurs für pränatalen Gesang und zur Kreißsaalbesichtigung und absolvieren ein Babybauch-Fotoshooting. Noch schnell eine letzte ausgedehnte Urlaubsreise terminieren und die Ultraschallbilder auf Facebook posten, bevor es Zeit wird, die Freundinnen zur Baby Shower einzuladen und einen Krippenplatz zu buchen. Die Frauen sind nicht mehr einfach guter Hoffnung, sie sprinten von Höhepunkt zu Höhepunkt und wollen nichts dem Zufall überlassen, wie die Frauenärztin Justine Börzsönyi-Dilenge beobachtet:

Die Frauen können sich auf das freudige Ereignis nicht mehr einlassen, sie haben das Spontansein verloren. Es ist keine Zeit mehr für die Natur. Nicht im Hinblick auf die Schwangerschaft und nicht im Hinblick auf die Geburt. Es wird alles auf den einen Termin hin geplant, da hat dann der Mann Urlaub und die Schwiegermutter kommt und die Babymöbel sind angeliefert. Die Lehrerinnen wollen alle in den Ferien entbinden. Ein Abweichen vom Plan wird als Katastrophe wahrgenommen und stürzt die Frauen in persönliche Krisen. Das ist schlimm. Auch aus medizinischer Sicht. Wir verlernen das Menschsein und gleichen uns den Maschinen an. Immer alles schön getaktet. Und immer schneller.

Nach der Geburt (des ersten Kindes) läuft es ganz ähnlich: Fotos machen (noch im Wochenbett am besten), PEKiP-Kurs, Musikgarten, Babymassage, Mütterfitness und Krippeneingewöhnung. Natürlich klingen hier Ökonomisierungstendenzen an. Die Frauen sind es aus dem Berufsleben gewöhnt, dass sie die Dinge zu kontrollieren haben. Und sie wissen (das sagen ihnen Politiker, Journalisten, Chefs und besorgte Freundinnen), dass sie schnell wieder an den Arbeitsplatz zurückkehren müssen, wenn sie nicht abgeschrieben werden wollen.

Darüber hinaus verlieren Schwangerschaft und Geburt aber auch den Nimbus des Privaten, Intimen. Eine Familie zu gründen ist eine bewusste Entscheidung, die eine Glücksoption zu Lasten vieler anderer favorisiert. Diese Entscheidung müssen sich gerade die Akademikerinnen aus der Mittelschicht zurechnen lassen. Also lassen sie ihr Umfeld daran teilhaben und versichern via Facebook top gestylt, wie glücklich sie sind und wie gut sie alles im Griff haben. Aufmerksamkeit als Entlohnung für den durch die Familiengründung erwarteten Prestigeverlust?

Oder ein Mittel zur Selbstbestätigung? Oder ein Weg, prominenten Vorbildern nachzueifern? Beyoncé, Heidi Klum und die Herzogin von Cambridge haben es schließlich vorgemacht: Die moderne Mutterschaft ist eine öffentliche.

Der öffentliche Bauch

Der Ratgeber *Ich bekomme ein Kind* aus dem Jahr 1969 empfiehlt, mit »Verzierungen, Rüschen, Schleifen am Ausschnitt« optisch vom Bauch abzulenken[5]; damals galt eine Schwangerschaft noch als Privatsache, die man nicht aggressiv nach außen trug, die sexuelle Befreiung erfasste weite Teile der Mittelschicht erst später (meine Mutter erzählte mir, dass ihr Chef stets errötete, wenn er sie »in anderen Umständen« sah). 1985 waren weite Schnitte, »lose Kleider« und locker fallende Oberteile angesagt. Bequemlichkeit stand im Vordergrund, nicht die Figur.[6]

Heute designen Modelabels wie Seraphine körpernahe Hosen, Röcke, Shirts und Kleider – und geben den Hinweis, dass schwarze »Skinny Maternity«-Jeans- eine »slimming option« darstellen. Die Beine sollen schlank aussehen, weil die Babykugel so besser zur Geltung kommt. Allerdings gilt es laut der Zeitschrift *Eltern* zu beachten, dass man den Bauch erst betonen sollte, »wenn er nicht mehr mit einer Speckrolle verwechselt werden kann«.

Die Kleidung ist ein Spiegel des jeweiligen Leitbildes. In den 1960er Jahren war Mütterlichkeit positiv besetzt, noch 1975 identifizierte eine Studie der Soziologin Helge Pross das Ideal der mütterlichen Frau[7]. Sie durfte weich, anschmiegsam sein. Heute muss alles straff und fest wirken. Die schwangere Frau optimiert sich selbst und ihren Leib.

Versandhändler Vertbaudet hat eine Schwangerenkollektion auf den Markt gebracht, die verspricht, weiterhin den ganz eigenen Stil leben zu können. Zu dem gehören enge Hosen, Miniröcke und »das kleine Schwarze«. Die Schwangeren im Katalog sind Models: strahlend schön und bis auf den Babybauch weiterhin eine Kleidergröße 36 (maximal). Vertbaudet ruft den Frauen zu: »Freuen Sie sich auf die schönste Zeit Ihres Lebens mit herrlich bequemer Mode, die Sie stets bezaubernd aussehen lässt.« Gnade Gott derjenigen Schwangeren, die im Zuge des Hormonschubs Pickel und fettige Haare bekommt oder mit Wassereinlagerungen zu kämpfen hat. Würde so gar nicht zum Leitbild passen. Und vermutlich den einen oder anderen Selbstzweifel auslösen. Eine werdende Mutter darf einen kleinen Bauch haben. Ansonsten soll sie bitte genauso sein wie vorher. Und bloß nicht weich oder anschmiegsam.

Um eine bleibende Erinnerung an die Schwangerschaft zu haben, fertigen viele Frauen Gipsabdrücke ihrer Babybäuche an. Diese zieren als Kunstwerke die Wände in Wohn-, Schlaf- oder Kinderzimmer. Immer öfter absolvieren Schwangere darüber hinaus ein professionelles Fotoshooting. Dabei fallen viele Hüllen, um die erotische Seite der werdenden Mutter einzufangen. Manchmal posieren auch die werdenden Väter. Oder die Frauen lassen sich am Strand von Teneriffa ablichten, braungebrannt, mit Minirock und verspiegelter Sonnenbrille. Im Profil natürlich, damit man den Bauch gut sehen kann. Die Bilder posten sie in den sozialen Medien. Die Botschaft: »Seht her, wir haben uns entschieden, eine Familie zu gründen. Wir trauen uns.« Und: »Ich bin schön, aktiv, hip und bis auf den Bauch herrlich schlank. Schwanger sein ist einfach toll.« Vermutlich weiß die Absenderin, dass ihr durch den Post nicht nur Herzen zufliegen, sondern so manche Dame auch einen Neidanfall bekommt.

Das dürfte auch auf Yvonne di Lauro zutreffen, eine sehr agile Influencerin mit mittlerweile über 1,7 Millionen TikTok-Followern, die regelmäßig ihren Babybauch präsentierte (natürlich in ganz unterschiedlichen Settings[8]) oder ihren Freund mit einem Baby-Simulator auf TikTok trainierte (»Er hat es letztlich ganz gut gemacht.«). Wer jetzt glaubt, das sei doch alles nur Unterhaltung: Natürlich ist es unterhaltsam zuzusehen. Aber die medialen Vorbilder lösen etwas in uns aus. Wenn es anders wäre, hätten Politik und Wirtschaft nicht so ein großes Interesse an medialer Berichterstattung. Wir wissen, dass Fernsehduelle Präsidentschaftswahlen beeinflussen können. Warum sollten YouTuber dann nicht unsere Art zu leben überformen?

Bauch rund, Rest schlank

Die Frauenärztin Justine Börzsönyi-Dilenge bestätigt, dass die Frauen ihren Bauch gerne zeigen – solange sie schwanger sind. Nachher sollen die Pfunde schnell wieder purzeln. Britische Wissenschaftlerinnen haben festgestellt, dass es Frauen gibt, die während der Schwangerschaft Essstörungen entwickeln, weil sie Angst davor haben, so viel zuzunehmen, dass sie ihre alte Figur nicht zurückbekommen. Das Forscherteam um Nadia Micali kommt zu dem Schluss, »dass die vielen Unzufriedenheiten der Frauen mit dem öffentlichen Bild der schwangeren Frau zusammenhängen«[9]. Die Schwangerschaft sei heute sehr viel öffentlicher. Frauen tragen enge Kleidung, betonen ihren Bauch.

Prominente zeigen heute ihre Babybäuche und sehen wenige Tage nach der Geburt wieder superschlank aus. An all dem haben wir teil durch Fernsehen, Zeitschriften, Internet. Diese Bilder erzeugen bei vielen Frauen unrealistische Erwartungen an ihren Körper.

Heidi Klum modelte fünf Wochen nach der Geburt ihres Sohnes Henry wieder in Unterwäsche. Michelle Hunziker stand vier Tage nach der Geburt ihrer Tochter Sole gertenschlank und strahlend schön vor der Kamera, um eine TV-Sendung zu moderieren. Barbara Meier (wurde 2007 zu Germany's Next Topmodel gekürt, falls das jemand vergessen hat) zeigte im Juni 2020 in der *Gala* ihren Babybauch, von dem acht Wochen später nichts mehr zu sehen war. Der entsprechende Instagram-Post (Meier posiert im Bikini an der Reling einer Segelyacht) brachte ihr viele Likes und bewundernde Kommentare. Ein Fan fragte, wie sie denn in so kurzer Zeit wieder so in Form gekommen sei. Antwort: »Ich hatte nicht so viel zugenommen während der Schwangerschaft. Und durch das Stillen ging schon viel wieder weg.«

Ja, genau, so einfach ist das. Der alte Hebammenspruch, wonach der Bauch in neun Monaten kommt und weiteren neun Monaten wieder geht, ist eben nur eine Ausrede für weniger disziplinierte Damen. Die kriegen dann halt einen Heulkrampf, wenn sie Frau Meier an der Reling stehen sehen. Was mir unklar ist: Wissen die Meiers dieser Welt denn nicht, was sie ihren Geschlechtsgenossinnen antun? Aber das ist eben das Mediengeschäft.

Victoria Beckham passte bereits eine Woche, nachdem sie ihr viertes Kind entbunden hatte, wieder in Kleidergröße 34. Das Kind von Scarlett Gartmann, der Freundin von Fußballprofi Marco Reus (ist Spielerfrau eigentlich ein Beruf?), erblickte Ende März 2019 das Licht der Welt. Im Juni folgten auf Instagram »heiße Bikini-Fotos«, 17 000 Likes und überschwängliche Lobeshymnen für die schöne Figur, auch von Herrn Reus himself. Scarletts Geheimnis: Reiten.[10]

Sowohl Hebammen als auch Ärzte mutmaßen, dass das nicht mit rechten Dingen zugehen kann, und glauben, dass viele Prominente ihre Kinder einige Wochen vor dem errechneten Termin per Kaiserschnitt holen lassen – denn in diesen letzten Wochen legen Mutter und Kind einiges an Gewicht zu. »Wer sich die letzten fünf Wochen spart, spart sich gleich einige Kilos.« Die Hebamme Doris Stickel stellt fest, dass Schauspielerinnen und Models für schwangere Frauen Vorbilder sind, an denen sie sich orientieren.

> Heidi Klum setzt Frauen nach der Geburt wahnsinnig unter Druck. Solche Ideale sind das, was ihnen vorschwebt. [...] Möglichst schnell wieder schlank und attraktiv zu sein. [...] Das sehe ich auch in der Rückbildungsgymnastik. Da gehen die hin, damit der Bauch weggeht. Ich sage dann immer: Erst straffen wir den Beckenboden. Dann sind sie schon enttäuscht, wenn der Bauch an zweiter Stelle steht. Dann muss ich ihnen das mit der Inkontinenz erklären.

Mütterlichkeit hat nach Ansicht von Stickel ausgedient. Nach der Babypause wieder schnell fit zu sein ist vielen Schwangeren wichtig. Manche buchen schon vor der Geburt einen Rückbildungs- oder »Back to Shape«-Kurs in ihrer Entbindungsklinik. Gymnastikstudios und Trainerinnen bieten »Mama Fitness« an, zum Beispiel »Babylates«. Pamela Druckerman beschreibt in ihrem Buch *Warum französische Kinder keine Nervensägen sind* den vermeintlichen Traum jeder deutschen Mutter. Demnach gelinge es den Französinnen, weder in der Schwangerschaft noch danach »auf Genuss und auf ihr Frausein [zu] verzichten«[11]. Sie lassen sich mit Babybauch nackt fotografieren und »sehen den VIPs auf den roten Teppichen ähnlich [...]. Von hinten merkt man meist gar nicht, dass sie ein Kind erwarten.« Sie würden einfach besser auf sich achten als amerikanische und deutsche

Mütter, sprich nicht so viel essen. »Französinnen aller Altersgruppen erzählen, dass sie drei Monate nach der Geburt ihre alte *ligne* wiedergehabt hätten.« Das größte Kompliment, das man einer schwangeren Frau demnach machen kann, ist, dass sie bis auf den süßen kleinen Babybauch total »unschwanger« aussieht. Deshalb heißt es: auf die Kalorien achten und Sport treiben. Bloß kein Kontrollverlust.

Der Wunsch: Die Schwangerschaft zelebrieren

Die Frauenärztin Justine Börzsönyi-Dilenge hat das Gefühl, dass die Frauen die Schwangerschaft in vollen Zügen genießen wollen. Sie stellt aber auch fest, dass die Angst immer größer wird. Die Angst, das Baby zu verlieren. Die Angst vor den Schmerzen bei der Geburt. Die Angst, dass etwas mit dem Kind nicht stimmen könnte. Die Frauen würden deshalb dem Arzt gegenüber immer fordernder, auch in puncto pränataler Diagnostik, und suchten im Internet gezielt nach einer Praxis, die das komplette Leistungsspektrum und die modernsten Verfahren anbiete. Börzsönyi-Dilenge hat folgerichtig einiges in die Gestaltung der Praxis-Homepage und die Ausstattung der modernen Praxisräume investiert. Sie weiß, dass gerade gebildete Frauen Wert darauf legen, dass das Ambiente stimmt. Es sei wichtig, immer wieder neue Fotos einzustellen.

Aber bleiben wir bei den werdenden Müttern. Die wünschen sich unter anderem mehr als die drei von der Krankenkasse bezahlten Ultraschalluntersuchungen. Sehr gefragt sind ein 3D- oder ein 4D-Ultraschall. Der 3D-Ultraschall ermöglicht die räumliche Darstellung des Babys bzw. einzelner Organe und

Körperteile. Beim 4D-Ultraschall werden die Bilder so schnell aufgebaut, dass sie sich zu einem Film mit mehreren Bildern pro Sekunde aneinanderreihen lassen. Neben vielen Gynäkologen haben private Firmen einen entsprechenden Service angeboten. Medizinisch sind diese Aufnahmen keinesfalls notwendig; die US-Gesundheitsbehörde FDA sah sich sogar genötigt, darauf hinzuweisen, dass die Geräusche des Ultraschallgerätes für das Ungeborene auf Dauer unangenehm sein können.[12]

Auf Facebook finden sich Frauen, die mehrmals Hunderte von Kilometern Anfahrt auf sich genommen haben, um ihr Kind 60 Minuten am Bildschirm beobachten zu können. Kostenpunkt pro »Baby-Fernsehen«: rund 150 Euro. Allerdings sind Ultraschalluntersuchungen, die nicht medizinisch begründet sind, seit dem 1. Januar 2021 verboten, der Gesetzgeber möchte Embryos vor einer unnötigen Strahlendosis schützen.[13] Dann müssen in Zukunft wohl die »einfachen« Bilder reichen. Die können ebenso via WhatsApp verschickt oder auf der Babyparty präsentiert werden.

Zu diesem Event bringen Freundinnen der werdenden Mutter Geschenke mit und bereiten Spiele vor. In Internetforen suchen Schwangere nach ausgefallenen Ideen für ihre Baby Shower. Vorgeschlagen werden ein Wetttrinken aus Nuckelflaschen, das Bemalen von Lätzchen und Stramplern oder ein »Baby-Stadt-Land-Fluss«-Spiel. In Onlineshops kann man alles bestellen, was zu einem solchen Fest dazugehört, von der Dekoration über Cupcake-Rezepte bis hin zu personalisierten Geschenken für das ungeborene Kind. Sogar bei Aldi gibt es Geschenke für die Baby-Party zu kaufen. Neuester Trend: eine Gender Reveal Party. Böse Zungen könnten von einem politisch völlig unkorrekten Hype sprechen, zumindest habe ich bis dato keine Partyutensilien für diverse andere Geschlechter gefunden. Es gibt nur Junge oder Mädchen.

Haben die Frauen diesen Punkt abgehakt, stehen viele weitere abwechslungsreiche Aktivitäten zur Auswahl. Von der klassischen Schwangerschaftsgymnastik, die schon in den 1960er Jahren empfohlen wurde, über die Geburtsvorbereitung bis hin zu Yoga in der Schwangerschaft. Alle drei von mir befragten Mütter haben beim ersten Kind Kurse absolviert, darunter einen Schwangerschaftsworkshop für Paare und einen Kinderpflegekurs. Selbst die aufgeklärte Frauenärztin Börzsönyi-Dilenge konnte sich dem Hype nicht entziehen:

> Man lässt sich da anstecken. Als ich das erste Mal schwanger war, habe ich auch Schwangerschaftsyoga und Säuglingspflegekurs gemacht. Ich wollte dabei sein und erzählen können, was man da so Tolles macht.

Die von mir befragten Großmütter haben während ihrer Schwangerschaft an keinerlei Kursen teilgenommen. Im Umfeld von Bäuerin Zenta war es nicht einmal üblich, Vorsorgetermine beim Gynäkologen wahrzunehmen: »Irgendwann hat die Hebamme mal draufgeschaut, und als es so weit war, sind wir ins Krankenhaus gefahren.« Das hat bei allen fünf Kindern geklappt. So einfach geht das heute nicht mehr, zumindest nicht bei Erstgebärenden. Wenn man vielleicht nur ein Kind bekommt, dann soll diese Geburt etwas ganz Besonderes sein.

Die Geburt als unvergessliches Erlebnis

Um sich auf die Entbindung vorzubereiten, haben Schwangere die Qual der Wahl: Die Elternschule Mannheim hat beispielsweise pränatalen Gesang, Kinesiotaping und Hypnobirthing im

Angebot. Letzteres soll mit Entspannungsübungen, Atemtechniken und der Hilfe des Partners eine schmerzfreie Geburt ermöglichen. Deshalb spricht eine Hypnobirthing-geschulte Schwangere nicht von Wehen (das hört sich unangenehm an), sondern von Wellen. Frauenärztin Börzsönyi-Dilenge hatte bereits eine Patientin, die nach dieser Methode entbinden wollte und von der Realität eingeholt wurde:

> Sie wollte, dass die Geburt sanft vonstattengeht. Zum Schluss hatte sie einen Notkaiserschnitt, weil so ziemlich alles schiefgegangen ist, was schiefgehen konnte. Sie war fürchterlich verzweifelt, weil sie sich doch so perfekt vorbereitet hatte, alles gemacht hatte, und trotzdem hat es nicht geklappt. Aber so ist eben das Leben, das ist kein Bilderbuch und kein Wunschkonzert.

Das Blogger-Ehepaar Jenny und Marco freilich sieht das ganz anders. Die beiden haben Schwangerschaft und Geburt via YouTube (»Wir bekommen ein Baby«, »Unsere traumhafte Hausgeburt«) 2020 mit Millionen anderen Menschen geteilt.[14] Natürlich war die Hausgeburt ganz wunderbar, das Planschbecken im Wohnzimmer war perfekt ausgeleuchtet. Man möge mir verzeihen, aber einzelne Videos erinnern stark an Slapstick, etwa wenn Marco einen Tag so viel isst wie seine Frau. Oder wenn er wie ein aufgescheuchtes Huhn um den Küchentisch läuft, als Jenny alle paar Minuten völlig harmlose Kontraktionen hat (im Hintergrund läuft unsägliche Mundharmonikamusik). Oder wenn die Wehen eben durchweg als Wellen bezeichnet werden. Das schmerzfreie Gebären, so lernen wir, kann jeder Frau gelingen.

Allen Kursen und Hypnobirthing-Trends zum Trotz: Deutschland hat eine Kaiserschnittrate von 32 Prozent. (Während des ersten Corona-Lockdowns 2020 lag sie sogar bei über 35 Prozent, die Kliniken scheinen vor allem bei Risikoschwangerschaften zugeraten zu haben, um die Abläufe in den Kreißsälen besser planen zu können.[15]) Der Anteil hat sich in den vergangenen 20 Jahren annähernd verdoppelt.[16] Das mag daran liegen, dass viele Frauen ängstlich sind und das Vertrauen in ihre Gebärfähigkeit verloren haben. Sie haben keine Erfahrung mit Geburten. Während frühere Generationen mitbekamen, wenn Mutter oder Tante zu Hause niederkamen, kennen wir nur TV-Bilder von schreienden Frauen kurz vor dem Zusammenbruch. Das hat wenig von einem tollen Erlebnis.

Ein geplanter Kaiserschnitt zum Wunschtermin erscheint nach Erfahrung von Hebamme Doris Stickel zunehmend attraktiv. Die Kliniken wehren sich kaum gegen diese Entwicklung, verdienen sie an einem Kaiserschnitt doch deutlich mehr als an einer Spontangeburt. Studien zur Geburtserfahrung bei Frauen haben darüber hinaus ergeben, dass unerfüllte Erwartungen zu einem negativen Geburtserleben führen können.[17] Die Frauen verlangen dann eher nach schmerzstillenden Medikamenten oder einem Kaiserschnitt. Tatsächlich haben werdende Mütter heute sehr hohe Erwartungen an eine »schöne« Geburt. Warum?

Stickel stellt fest, dass die Krankenhäuser »aufgerüstet« haben. Vom sterilen Ambiente früherer Jahrzehnte ist nichts mehr übrig. Die Kreißsäle sind heute eingerichtet wie Wellnessoasen. Der Kreißsaal des Diakonissenkrankenhauses Mannheim etwa besticht durch ein stimmiges Farbkonzept, eine bequeme Entbindungsliege und Multimedia-Ausstattung. Die violettfarbene Wanne verspricht eine entspannte Wassergeburt. Tatsächlich betreiben praktisch alle Geburtskliniken eine umfangreiche Öffentlichkeitsarbeit. Das Klinikum Dritter Orden in München präsentiert sich beispielsweise mit einem virtuellen Rundgang:

Unsere Entbindungszimmer verbreiten dank indirekter Be-
leuchtungsmöglichkeiten und einer dezenten Wandfarbe
eine entspannende Atmosphäre. [...] Unsere Entbindungszimmer sind unter anderem ausgestattet mit Tuchseilen,
großzügigen Entbindungsbetten, Sprossenwänden und
Pezzi-Bällen. Auf Wunsch stehen Kirschkernkissen, Aroma-
therapie und Entbindungsbadewanne zur Verfügung.

Auf Infoabende oder Führungen durch die Kreißsäle zu verzichten kann sich keine Geburtshilfeabteilung mehr leisten, das ist
Standard. In Mannheim stellt sich das gesamte Team, bestehend
aus Hebammen, Krankenschwestern, Gynäkologen, Kinderärzten und Anästhesisten, einmal im Monat vor. Kreißsaal und Wo-
chenstation können sogar zweimal pro Monat besichtigt werden.
Die Charité Berlin rühmt sich nach Auskunft einer werdenden
Mutter während der Infoabende damit, die tollste Klinik der Welt
zu sein. Wo gebe es sonst noch einen Geburtssaal mit Blick auf
den Reichstag? Das Besondere beginne hier schon mit der Geburt.

Genau das ist es, was sich die werdenden Eltern wünschen.
Olaf Neumann, Chef der Frauenklinik am Klinikum München-
Schwabing, hat es immer öfter mit Paaren (bzw. Frauen) zu tun,
für die die Geburt ein unvergessliches Erlebnis sein soll. Das
kann Frauenärztin Justine Börzsönyi-Dilenge nur bestätigen:

Die Frauen wollen, dass die Geburt ein tolles Erlebnis ist,
dass alles schön ist. Die bringen ihre eigene Musik mit und
Räucherstäbchen. Vorab machen sie zehn verschiedene
Entbindungs-, Massage- und Säuglingspflegekurse, kaufen sich spezielle Dammmassageöle. Dabei ist die Geburt
ja nicht nur immer schön. Unsere Mütter wussten das noch.

Womit wir beim Thema Schmerzen wären. Die sind für ein schönes
Erlebnis eher hinderlich. Ebenso wie ein Kontrollverlust. Moderne
Frauen wollen Planbarkeit herstellen. Deshalb lesen sie Zeitschriften und Bücher. Und deshalb erkundigen sie sich nach Aussage von
Hebamme Doris Stickel frühzeitig nach schmerzlindernden Verfahren wie einer Periduralanästhesie (PDA). Diese Erfahrung hat
die Heilpraktikerin Christine Zinsler ebenfalls gemacht. Wie sie den
perfekten Zeitpunkt für die PDA erwischen könnten, sei die wichtigste Frage, die die Frauen bei der Geburtsvorbereitung umtreibe.
Vor 25 Jahren wollten sie eher sichergehen, dass sie nicht gegen
ihren Willen im Genitalbereich rasiert werden. Das falle heute flach,
denn schließlich seien jetzt alle freiwillig rasiert. Körperbehaarung
ist out, passt nicht zum Bild der selbstoptimierten Frau.

Die Soziologin Paula Villa glaubt, dass der Körper als »Roh-
stoff des eigenen Selbst« betrachtet werde, der sauber und leis-
tungsbereit zu sein habe. Schwangerschaft hin oder her. Deshalb
verwundert es auch nicht, dass sich Frauen Gedanken darüber machen, was sie während der Entbindung anhaben wollen.
»Krankenhaushemd – geht gar nicht!« Die Zeitschrift *Eltern*
empfiehlt im »Styleguide für den Kreißsaal«, bei trend-mama.
com ein T-Shirt mit dem Aufdruck »coming soon« zu ordern
oder auf spreadshirt.de ein eigenes Kreißsaal-Shirt zu kreieren.
Dasselbe Outfit hat dann garantiert keine andere.

So ein Outfit ist vor allem auch dann von Bedeutung, wenn
das freudige Ereignis in Echtzeit übertragen wird. Dazu folgende
Begebenheit: Eine junge Mutter verabschiedet sich aus dem
Kreißsaal. Die Hebamme will wissen, ob sie zufrieden war. Die
Frau antwortet: »Die Geburt war schön, aber im Kreißsaal gab es
kein WLAN.« Deshalb konnten die Fotos vom Baby nicht sofort
an den gesamten Freundeskreis verschickt werden. Ein Einzel-
fall? Beileibe nicht. Anstatt die Zeit nach der kräfteraubenden

Geburt in Ruhe zu verbringen, das Baby zu streicheln und an-
zulächeln, sich einfach nur als Familie zu fühlen, denken immer
mehr junge Eltern zuerst an das Publikum, an die Visualisierung,
an das Sichtbare. Schade.

Nicht ohne meinen Mann

Das Erlebnis Geburt ist ein gemeinschaftliches. War es bis Mitte
der 1970er Jahre in vielen Krankenhäusern verboten, dass der Vater in den Kreißsaal mitkommt (noch 1985 war das Einverständ-
nis der Klinik notwendig), hat er heute praktisch keine Chance
mehr, sich aus der Affäre zu ziehen. Es existiert ein gesellschaftlicher Druck, der Geburt beizuwohnen – obwohl unklar ist, welche Rolle der Mann während der Entbindung einnehmen soll.[18]
Einige Untersuchungen kommen zu dem Schluss, dass es keinen Unterschied macht, ob der Vater der Geburt beiwohnt oder
nicht. Die Frau komme genauso gut klar, wenn ihr eine andere
Bezugsperson oder eine erfahrene Hebamme zur Seite stehe.
Dennoch: Kinderkriegen ist keine Frauensache mehr, es ist Müt-
ter- und Vätersache. Über 80 Prozent der werdenden Väter sind
im Kreißsaal oder OP dabei, der Mann gilt als gleichwertiger Teil
des »gebärenden Paares«[19]. Frauen wünschen sich von ihrem
Partner Zuspruch und aktive Unterstützung.

»Ganz im Vordergrund steht der Wunsch eines gemeinsamen
Geburtserlebnisses und die Möglichkeit der sofortigen Kontakt-
aufnahme von Vater und Neugeborenem.«[20] Also bieten Krankenhäuser Familienzimmer an und drücken dem frischgebackenen Vater eine Schere in die Hand, um die Nabelschnur zu
durchtrennen. Facebook-Fotos – oftmals nur wenige Minuten
nach der Niederkunft aufgenommen – zeigen Mutter, Vater und
Kind. Erschöpft, aber überglücklich. Ein erfolgreich bestandenes
»Life Event«. Wir teilen alles.

Studien deuten darauf hin, dass auch Männer heute das Klischee der »schönen und natürlichen Geburt« im Kopf haben und einen entsprechenden Erwartungsdruck aufbauen. Sie entwickeln unrealistische Hoffnungen auf die Einzigartigkeit dieses Moments.

Medizinerin Valenka Maria Dorsch kam in ihrer Untersuchung zur Geburtserfahrung und postnatalen Befindlichkeit von Vätern zu dem Ergebnis, dass Männer die Geburt zwar überwiegend als lohnende Erfahrung beschreiben, aber durchaus auch Gefühle von Ohnmacht und Kontrollverlust entwickeln. So empfanden 11 Prozent der Probanden die Geburt als »eher schrecklich/belastend« oder »sehr schrecklich/belastend«. Viele hatten die Stärke der Wehen unterschätzt und gingen davon aus, dass eine Periduralanästhesie eine schmerzfreie Geburt ermöglichen könnte. Dorsch kommt zu einem eindeutigen Fazit: »Männer, deren Erwartungen an die Geburt nicht mit dem tatsächlichen Erleben übereinstimmten, zeigten ein schlechteres Geburtserleben.«

Insofern sind die durch Hypnobirthing-Kurse und violettfarbene Gebärwannen ausgelösten Vorstellungen von einer »schönen« Geburt vermutlich nicht gerade förderlich. Dazu kommt, dass die Geburt zwar gemeinsam erlebt, aber von der Frau durchlitten werden muss. Das gilt gleichermaßen für das anschließende Stillen. Vor allem die Akademikerinnen fühlen sich plötzlich auf ihre Körperlichkeit zurückgeworfen und müssen erfahren, dass sich das Leitbild der gleichberechtigten Partnerschaft nicht mehr 1:1 umsetzen lässt.

Hebamme Doris Stickel erlebt regelmäßig, dass die großen Erwartungen, die mit der Geburt des ersten Kindes einhergehen, schnell enttäuscht werden:

Weil sie Schwangerschaft und Kind stark glorifizieren und dann überrascht sind, dass so ein winziges Wesen alles über den Haufen schmeißt. Gerade die berufstätigen Frauen sind strukturiert, und dieses Kind hat keine Struktur. Das ist ein großes Problem.

Alle drei von mir befragten Mütter haben die Geburt des ersten Kindes als Einschnitt empfunden, die beiden Akademikerinnen allerdings wesentlich stärker als die Krankenschwester. Die hatte vier zum Teil wesentlich jüngere Geschwister mit aufgezogen und wusste, was auf sie zukommt. Bei ihr überwog die Freude. Forstwissenschaftlerin Saskia stellte angesichts der völlig neuen Situation dagegen sich selbst und das gewählte Lebensmodell in Frage.

Ich konnte mir vorher nicht vorstellen, dass man so fremdbestimmt sein kann. Meine beiden Kinder waren sehr anhänglich, ich habe sie oft den ganzen Tag getragen. Es war so schlimm für mich, nicht über mich selbst bestimmen zu können. Als mein Mann wieder in die Arbeit gegangen ist, ist mir die Decke auf den Kopf gefallen. Ich war nur müde und habe die eine oder andere Krise geschoben. Da ich gestillt habe, konnte mir mein Mann am Anfang nicht viel abnehmen. Er war in der Anfangszeit viel gelassener. Er hat später allen erzählt, wie easy die Geburt gelaufen ist, dabei konnte er das nicht beurteilen.

Die erlebte Überforderung mag ein Erklärungsansatz dafür sein, warum gerade die Mütter nach Aufmerksamkeit lechzen. Sie empfinden es als ungerecht, dass die Arbeit mit dem Baby in erster Linie an ihnen hängen bleibt, fühlen sich abgeschrieben und isoliert. Da man sich aber bewusst für ein Kind entschieden hat, muss man dem Umfeld trotz allem zeigen, wie glücklich einen der Familienzuwachs macht. Also: immer hübsch lächeln.

Babyshooting

Fast jede Geburtsklinik verfügt heute über eine »Babygalerie« im Internet, in der die Neugeborenen zu sehen sind. Viele dieser Bilder werden von Profifotografen gemacht, die den Nachwuchs oft schon am Tag nach der Entbindung ins rechte Licht rücken. Praktisch alle Babys sehen hübsch und friedlich aus, meist ist ein süßes Kuscheltier mit auf dem Foto. Gern genommen sind auch Motive à la Anne Geddes: Die kleinen Stars werden mit Wolldecken in Töpfe oder Körbe drapiert, die Mädchen bekommen gehäkelte Stirnbänder oder Vintage-Kleidung. Manche werden verschnürt wie Pakete.

Die Babyfotografin Stephanie Dönges ist mit ihrem sechsköpfigen Team jeden Tag in Geburtskliniken unterwegs, um Neugeborene zu fotografieren. Die Eltern hätten oft lustige Outfits bereitgelegt, »da wird das Kind zur Schnecke, zum Marienkäfer, zum Schmetterling, zur Schildkröte oder zum Drachen. Bei Kindern, die an Silvester geboren wurden, legten die Eltern mal eine Rakete daneben, im Herbst wird mit Laub dekoriert.« Am skurrilsten sei der Auftrag eines Elternpaares aus der Gastronomie gewesen. Sie wollten, dass Dönges das zwei Wochen alte Baby im Backofen aufnahm, weil sie ihren Freunden eine Karte mit folgendem Spruch schicken wollten: »Wir haben es endlich gebacken bekommen.« Wirklich originell.

Frauenärztin Justine Börzsönyi-Dilenge hat den Service des Krankenhausfotografen ebenfalls in Anspruch genommen:

Da kommt man kaum mehr raus. Früher hat man einfach irgendein selbst gemachtes Bild in eine Karte geklebt und an die Verwandten verschenkt. Heute werden die Frauen schon am zweiten Tag im Krankenhaus darauf angesprochen, dass ein Profifotograf zu ihnen ins Zimmer kommen kann. Da kommen ganz tolle, stylishe Bilder raus. Wir haben das natürlich auch gemacht. Das war für mich praktisch. Bei dem Kleinen hätte ich gar keine Zeit gehabt, zum Fotografen zu gehen, ich musste ja schnell wieder in den Job zurück. Dann kam der Fotograf schon im Krankenhaus, so hatte ich das abgearbeitet. Bei mir geht es oft darum: Ich will die Dinge abarbeiten. Fertig werden, Haken dran.

Die Frauenklinik Dr. Geisenhofer am Englischen Garten (bzw. der beauftragte Dienstleister) in München bietet einen zusätzlichen Service: Bildbearbeitung. Kleine Pickelchen oder Kratzer beim Baby, große Hautunreinheiten, Augenringe oder Falten bei der Mutter. Kein Problem, wird einfach wegretuschiert. Kostet natürlich ein bisschen mehr, dafür sieht man aber nicht mehr, dass eine Geburt einen ganz schön mitnehmen kann und Menschen alles andere als makellos sind. Mittels einer eigens gestalteten E-Card können die Eltern das schönste Foto ihres Babys gleich an Freunde und Verwandte versenden. Zudem verfügt die Klinik über eine eigene Babykollektion – gut geeignet für ein erstes Schaulaufen im Bekanntenkreis. Oder wie Psychologin Bärbel Wardetzki in einem Interview mit der *Süddeutschen Zeitung* bemerkt: »Ein Kind kann genauso ein Schmuckstück sein wie ein teures Auto.«[21]

Nomen est omen

Ein wirkungsvolles Mittel zur Individualisierung ist ein ausgefallener Name für den neuen Erdenbürger. Stichwort Alleinstellungsmerkmal. Zwar unterliegen Vornamen bestimmten Moden – seit einigen Jahren finden sich Klassiker wie Sofie, Klara, Maximilian oder Paul in den Top Ten der Gesellschaft für deutsche Sprache, während 1985 Stefanie, Katharina, Christian und Sebastian ganz oben standen –, aber es gibt einen Trend zu originellen Namen. Auch Kinder ohne Migrationshintergrund hören auf Noemi, Luna oder Matteo. Verschiedene Webseiten machen Vorschläge und liefern entsprechende Konnotationen dazu: Mileta ist eher pragmatisch, Rena verschlossen, Sibel eine Einzelkämpferin und Irmela gefühlsbetont. In Foren stellen Eltern gezielt Fragen zu ›wunderschönen und seltenen Vornamen«. Eine Schwangere wünscht sich für ihre Zwillinge dezidiert »außergewöhnliche Namen«. Userinnen schlagen dann Timea, Constantin oder Charmaine vor – »ist doch schön und so herrlich selten«. Selten scheint ein eigener Wert und mit dem Wunsch verbunden zu sein, das Kind aus der Masse herausstechen zu lassen. Hollywood-Promis haben es vorgemacht und ihre Kinder Nahla, Sparrow oder Zuma genannt. Hauptsache, sie sind die Ersten, die so heißen. Aufmerksamkeit garantiert.

Das hat auch eine Schweizer Firma erkannt und verkauft Eltern den perfekten Kindernamen. Für 28 000 Franken erfindet der Sprachwissenschaftler Marc Hauser Namen, die es bisher noch nicht gibt. Er berücksichtigt dabei die Wurzeln der Familie, ihren Lifestyle sowie »Phonetik, Rhythmus und Takt«[22]. Und wenn die Kunden es wünschen, liefert Hauser eine »Mythologie zum Namen«: »Wir erfinden kein Märchen im Stil der Gebrüder Grimm, aber wir denken uns eine mögliche Entstehungsgeschichte aus. Jeder Name ist irgendwann mal erfunden worden oder hat sich über die Zeit etabliert. Wie und wann, ist gar nicht so wichtig. Im Grunde geht es nur darum zu wissen, wie es gewesen sein könnte.« Welche Namen sich der findige Schweizer ausgedacht hat, will er aus Rücksicht auf die zahlungskräftige Kundschaft nicht sagen. Aber er weist darauf hin, dass es wissenschaftlich bewiesen sei, dass sich der Name auf die Karriere auswirkt. Also besser nicht Kevin, lieber Noëlle (so heißt eine seiner eigenen Töchter). Die Gesellschaft für deutsche Sprache jedenfalls hat in den letzten Jahren Vornamen wie Legolas, Destiny und Niksa zugestimmt. Auf Antrag natürlich.

Die Namenssuche beschäftigt vor allem die Frauen – in den Internetforen finden sich keine Beiträge von Männern (zumindest habe ich keine gefunden). Nach Erfahrung der Frauenärztin Justine Börzsönyi-Dilenge sind es immer die Mütter, die den Anstoß zur Kreißsaalbesichtigung, zum Partnervorbereitungskurs oder Babyfotoshooting geben. Die Männer wollen eigentlich nur, dass Partnerin und Kind die Geburt gesund überstehen. Die Frauen dagegen nehmen das Projekt Mutterschaft sehr ernst. Von der ersten Sekunde an. Vermutlich, weil sie das Gefühl haben, auf mehr verzichten zu müssen als der Mann, und dafür eine Entschädigung erwarten.

Mütter gegen Mütter: Der interfamiliäre Wettbewerb

Vor einiger Zeit hat mir eine ehemalige Arbeitskollegin eine SMS geschrieben. Der Informationsgehalt war überschaubar. Vordergründig entschuldigte sie sich dafür, sich nicht früher gemeldet zu haben. Die Begründung für das Versäumnis: *Ich arbeite 30 Stunden, habe drei Kinder, ein Haus und einen Garten. Da bleibt wenig Luft.* Ich fühlte mich sofort an eine alte Fernsehwerbung erinnert, in der ein Mann einem Bekannten ein paar Fotos präsentiert, von seinem Auto, seinem Haus, seinem Boot. Der Bekannte konterte mit jeweils noch größeren Exemplaren der jeweiligen Statussymbole.

Damals war ich der Meinung, dass sich nur Männer dafür interessieren, wer – man verzeihe mir meine Ausdrucksweise – den »Längsten« hat. Das hat sich geändert. Auch Frauen sind heutzutage sehr kompetitiv, das mag man als Zeichen erfolgreicher Emanzipation begreifen. Gewetteifert wird natürlich um das schlaueste Kind, um die schmalste Taille, um den erfolgreichsten Ehemann. Aber mittlerweile zählt auch der Stress an sich als erstrebenswerter Phallusersatz. Wahlweise zwingt uns die Orientierung an der Medienlogik oder die durchökonomisierte Leistungs- und Arbeitsgesellschaft dazu, ununterbrochen zu performen. Wer Zeit hat, wer keinen Stress hat, wer nicht von Termin zu Termin rast (am besten sichtbar in der Familienkutsche), der stempelt sich zum Außenseiter. Aber offensichtlich bleibt selbst der gestresstesten Mutter Zeit, eine SMS über den Stress zu schreiben. Sie hätte es mal lieber bleiben lassen.

Wirtschaft, Politik und Medien haben Schützengräben ausgehoben, und die Frauen gehen bereitwillig in Angriffsposition. Vollzeitmutter gegen Vollzeitmanagerin, Stillmutter gegen Flaschenmutter, Ein-Kind-Mutter gegen Drei-Kind-Mutter, Landmutter gegen Stadtmutter. Doch so unterschiedlich die Positionen oft sind – allen Müttern ist gemein, dass sie sich nicht anerkannt fühlen. Die Mütter sind die größten Verlierer des Aufmerksamkeitsregimes.

Die versagte Anerkennung

Das Gefühl, nicht ausreichend Wertschätzung zu erfahren, scheint mit Bildungsniveau und Herkunft zu korrelieren. Eine amerikanische Studie zur Zufriedenheit von Müttern kommt zu dem Schluss, dass sich Mütter – unabhängig vom Grad ihrer Berufstätigkeit, aber abhängig von ihrem Akademisierungsgrad – durch den drohenden Statusverlust in der Gesellschaft stark belastet fühlen.[23] Die Befunde der Soziologen Nomaguchi und Brown geben Hinweise darauf, dass die Freude an der Mutterrolle mit steigender Bildung abnimmt. Der mediale Diskurs über die gebildete Frau, die durch die Fokussierung auf die Familie ihre Möglichkeiten nicht ausschöpft, dürfte diesen Effekt verstärken. So ist unter den von mir befragten Müttern Krankenschwester Katrin trotz des niedrigsten Einkommens am zufriedensten. Sie ist mit Leib und Seele Mutter und will viel Zeit mit ihren Kindern verbringen. Sie leidet zwar darunter, dass Hausarbeit und Kindererziehung wenig gesellschaftlich messbaren Wert besitzen, und fühlt sich gerade von ihrem Mann manchmal im Stich gelassen. Der sei der Meinung, Haushalt und Kinder seien in erster Linie Frauensache. Ihre Mutter habe es ihr aber stets ermöglicht, in Teilzeit arbeiten zu gehen. Von der Politik ist Katrin enttäuscht, aber sie grenzt sich davon ab, weil sie die Vereinbarkeit von Familie und Beruf eher als privates Problem betrachtet.

> Die Politik schätzt nicht, was Familien leisten. Die reden dann um die Frauenquote rum. Aber entscheidend ist doch, dass man einen Arbeitgeber findet, der es einem ermöglicht, flexibel zu sein und nur an bestimmten Tagen oder eine bestimmte Anzahl von Stunden zu arbeiten. Mir helfen meine Eltern, meine Schwiegereltern oder meine Geschwister. Es wäre deshalb nie in Frage gekommen, meine Töchter in eine Krippe zu geben.

Ganz ähnlich sieht das ihre Mutter, die Bäuerin Zenta. Ihr war es vor allem wichtig, dass ihre fünf Kinder gesund aufwachsen und

einen Beruf finden, mit dem sie ihr Auskommen haben. Große
Erwartungen an die Politik hatte sie nicht.

> Über die Politiker habe ich mich sehr geärgert. Dass eine
> Frau, die zu Hause bleibt, auch so viel zu tun hat, das se-
> hen die gar nicht. Die Frauen, die arbeiten gehen, gelten
> viel mehr. Wenn ich im Radio und Fernsehen gehört habe,
> was die so über Familie reden, dann habe ich mir schon ge-
> dacht, dass die keine Ahnung haben. Aber wir haben uns
> schon um uns selber gekümmert.

Bürokauffrau Maria empfand die Unterstützung der Familie als
große Entlastung:

> Ich habe mich von keiner Seite unter Druck gesetzt gefühlt.
> Nach der Geburt meiner ersten Tochter hat meine Mut-
> ter auf die Kleine aufgepasst, und ich konnte weiter Geld
> verdienen. Später habe ich zeitweise halbtags gearbeitet.
> Nach der Geburt meiner zweiten Tochter bin ich vier Jahre
> zu Hause geblieben, das konnten wir uns leisten.

Marias Tochter, die Sportwissenschaftlerin Sabine, fühlt sich von
den gesellschaftlichen Erwartungen dagegen unter Druck gesetzt.
Sie empfindet die Abwertung der Fürsorgearbeit besonders stark:

> Ich bin gestresst. Manchmal fühle ich mich mit Beruf und
> Kindern überfordert. Gerade wenn ein Kind krank ist, wie
> man das organisiert. An allen Fronten aktiv sein zu müssen,
> das stresst mich am meisten. Dabei ärgert mich auch, dass
> die Medien immer noch so tun, als ob berufstätige Mütter
> als Rabenmütter verunglimpft würden. Dabei ist die Stim-

mung total gekippt. Schief angeschaut wird jetzt die Frau,
die zu Hause ist und es eben scheinbar nicht schafft, alles
unter einen Hut zu bekommen.

Die Forstwissenschaftlerin Saskia geht gerne arbeiten, sie würde
»es zu Hause nicht aushalten«. Es ist ihr wichtig zu betonen, dass
sie kein »ganz klassisches« Familienmodell lebt. Da sie »nur«
halbtags arbeite, sei es logisch für sie, den Haushalt überwiegend
zu übernehmen.

Aber mein Mann hat seine Aufgaben, er staubsaugt und
macht abends die Küche. Es ist ihm wichtig, die Kinder zu
begleiten, zum Beispiel auf Freizeitaktivitäten. Unser Sohn
hat gerade Schnupperstunden Klavier, da geht er mit. Und
am Freitagnachmittag fährt er Heike zum Judo.

Cornelia Koppetsch und Sarah Speck haben in einer breit an-
gelegten qualitativen Untersuchung zu Geschlechterverhältnis-
sen in Krisenzeiten diesen Hang zur »normativen Komplizen-
schaft« hervorgehoben[24]. Die Frauen betonen das Engagement
ihres Mannes im Haushalt, entspricht diese Form der Emanzipation doch eher dem Leitbild der partnerschaftlichen Rollen-
verteilung. Faktisch übernehmen die Frauen den Löwenanteil in
Haushalt und Erziehung. Sie planen den Alltag, nehmen Impftermine wahr, organisieren Kindergeburtstage und helfen bei den
Hausaufgaben. Das war auch in den 1980er Jahren so. Aber die
Sehnsucht der Frauen, für ihre Leistungen gewürdigt zu werden,
hat zugenommen. Nur interessiert das keinen.

Mütterfreundschaften als »Klagebündnisse«

Eine Möglichkeit, das eigene Lebensmodell aufzuwerten, scheint darin zu liegen, ein anderes abzuwerten. Mütter bilden keine Solidargemeinschaft. Sie beobachten und bewerten einander – ununterbrochen. Der Konkurrenzkampf ist eröffnet – um den schönsten Babybauch, die tollste Geburt, den engagiertesten Partner, das klügste Kind. Die Sozialpädagogin Renate Hartberger hat beobachtet, dass Mütter ständig versuchen, sich gegenseitig zu übertrumpfen, es werde sehr viel gelogen. Die Hebamme Doris Stickel hält den Mütterwettbewerb für eine neue Erscheinung. Die Frauen würden dazu neigen, die Entwicklungsfortschritte ihrer Babys in den Vordergrund zu stellen und damit andere Mütter unter Druck zu setzen.

> Beispiel Babyschaf: Da sagt eine, ihr Kind habe durchgeschlafen. Tatsächlich war das dann von zwölf Uhr nachts bis vier Uhr morgens. Aber wenn die das einer anderer Mutter erzählt, bricht diejenige innerlich zusammen und glaubt, bei ihr läuft alles falsch.

Der Familientherapeut Ingo Wölfl stellt fest, dass Familien sehr genau beobachten, was andere haben und machen. Dieses Konkurrenzdenken nehme einen großen Raum ein und bedeute für alle Beteiligten Stress. Tatsächlich gaben zwei der drei befragten Mütter an, sich mit anderen zu vergleichen und oftmals das Gefühl zu haben, die anderen hätten den Alltag besser im Griff. Während Krankenschwester Katrin keine Anzeichen für einen interfamiliären Wettbewerb sieht, beschreiben die beiden Akademikerinnen ihre Mitmütter durchaus als kompetitiv.

Es gibt Mütter, die nerven. Weil sie immer perfekt angezogen sind, weil ihre Kinder immer perfekt angezogen sind, weil sie mit ihren SUVs durch die Gegend fahren und die perfekten Sachen machen. Die Kinder gehen zum Ballett, Reiten, Fußball. Diese Mütter machen bilderbuchmäßig alles richtig. Die haben wahrscheinlich mehr Geld, aber es nervt trotzdem. (Sabine, Sportwissenschaftlerin)

Die Mütter reiben sich gegenseitig auf. Die Mutter, die zu Hause bleibt, ist faul. Die, die arbeitet, kümmert sich nicht um ihre Kinder. Das kann richtig gehässig sein. Und dann dieses Angeben: Mein Sohn geht klettern, meiner kann schon lesen. Mich ärgert dieses Geltungsbedürfnis. (Saskia, Forstwissenschaftlerin)

Saskia hat die Erfahrung gemacht, dass Mütter wechselnde Seilschaften bilden, nach dem Motto »Wer nicht für mich ist, ist gegen mich«. Sie erwähnt einen Artikel, in dem Frauenfreundschaften als »Klagebündnisse« bezeichnet wurden. Darin weisen zwei Psychologinnen darauf hin, dass Frauen Zirkel bilden, in denen sie sich durch gemeinsames Lamentieren von anderen abgrenzen.[25] Saskia beschreibt ein solches Klagebündnis folgendermaßen:

Wir hatten da so einen Fall im Kindergarten. Es gab einen Streit, weil die Kinder kein Muttertagsgeschenk gebastelt haben. Da hat mich eine Mutter am Eingang abgepasst, weil sie sich so darüber aufgeregt hat. Das würde doch zeigen, dass die Eltern keine Wertschätzung erfahren würden. Die haben Briefe geschrieben und sich voll zusammengerottet.

Auch ich durfte Zeugin eines Klagebündnisses werden, am Frei-
tagvormittag im Zuge meines Wochenendeinkaufs. Ich schiebe
meinen Wagen im Stechschritt durch die Gänge, die Einkaufs-
liste ist lang, zu Hause wartet ein Berg Bügelwäsche. Eine Frau –
ungefähr mein Alter, nach der Menge an aufgehäuftem Obst,
Gemüse und Süßkram zu urteilen ebenfalls Mutter von mehreren Kindern – hält lange mit. Da trifft sie eine Bekannte. Es
geht recht schnell zur Sache: Was denn dieser Lehrerin einfalle,
da müsse man unbedingt was unternehmen. Speise die Kinder
mit blöden Arbeitsblättern ab. Die könne halt einfach nicht erklären. Und überhaupt, die armen Zehntklässler müssten ja bald
entscheiden, welche P- und Q-Seminare sie die nächsten beiden
Jahre besuchen wollen, obwohl gar nichts wirklich Gutes angeboten würde und man nicht wisse, welche Lehrkraft die Kurse
übernehmen werde. Dabei könne einem so ein Lehrer den ganzen Abiturschnitt, sprich das ganze Leben versauen. Die beiden
Damen versichern sich gegenseitig, wie viel Kraft sie der ganze
Schul-Irrsinn koste, und bedenken sich mit einem aufmuntern-
den Loyalitätsversprechen. Wir müssen zusammenhalten. Gegen
das System, gegen die Lehrer. Ein mütterliches Klagebündnis.
Der Klassiker. Ich schiebe meinen Wagen weiter. Zu Hause wartet die Bügelwäsche.

Die befragten Großmütter können sich in der Rückschau an
keinen Konkurrenzkampf unter Müttern erinnern. Saskias Mutter Annemarie führt das unter anderem darauf zurück, dass es
dafür zu ihrer Zeit weniger Gelegenheit gab:

Vielleicht hatte ich Glück, aber solche Rivalitäten gab es
nicht. Man hat da nicht mit den Kindern angegeben. Ich
bin heute mit denselben Frauen befreundet wie früher, wir
sind im Ort eine sehr gute Gemeinschaft. So wie das heute

ist, dass man schon mit den ganz kleinen Kindern in irgendwelche Krabbelgruppen rennt und da mit den ganzen Müttern ständig im Austausch ist, das gab es zu meiner Zeit
nicht.

Tatsächlich scheint der Trend zu frühkindlichen Bildungsange-
boten den interfamiliären Wettbewerb zu verstärken. Alle drei
befragten Mütter haben mit ihren Säuglingen Kurse absolviert,
darunter PEKiP, Babyschwimmen oder Babymassage. Und alle
drei Frauen fanden die Müttergespräche, die sich ausschließlich
um die Kinder drehten, anstrengend. Aber sie hatten das Gefühl,
solche Angebote in Anspruch nehmen zu müssen.

Fassen wir zusammen: Schwangere Frauen setzen ihren Bauch
in Szene, begreifen Geburt als Event und wollen den Namen
ihres Babys in eine Geschichte einbetten. Es scheint, als kämen
wir ohne Visualisierung und ständige Alltagsfluchten überhaupt
nicht mehr aus. Weil uns die Medien diese Praktiken als alternativlos verkaufen, aber auch, weil Mütter zunehmend das Gefühl
haben, ihr Lebensmodell rechtfertigen zu müssen. Das Leitbild
der berufstätigen und gleichzeitig fürsorglichen Mutter lässt sich
mit dem Alltag kaum in Einklang bringen. Egal, was sie tun, die
Gesellschaft versagt ihnen die Aufmerksamkeit, die sie sich wünschen und die doch mittlerweile die zentrale Ressource einer auf
Sichtbarkeit gepolten Öffentlichkeit ist. Wahrgenommen werden
Mütter nur – das lehrt sie der Diskurs –, wenn sie besonders erfolgreich, besonders schön oder besonders aktiv sind. Oder wenn
sie besonders tolle Kinder haben.

Kleine Stars in der Manege: Erziehung braucht eine Bühne

Wir sollten zu jedem von ihnen sagen: Weißt du, was du bist? Du bist ein Wunder. Du bist einzigartig. In all den Jahren, die vergangen sind, hat es nie ein Kind wie dich gegeben. Deine Beine, deine Arme, deine geschickten Finger, die Art, wie du dich bewegst. Aus dir könnte ein Shakespeare werden, ein Michelangelo, ein Beethoven. Du hast die Fähigkeit zu allem.[1]

Ein Shakespeare, ein Michelangelo, ein Beethoven. Glaubt man Gerald Hüther und Uli Hauser, dann stecken in jedem Kind vielfältige Talente und Fähigkeiten, die lediglich entdeckt und gefördert werden müssen. Ihr Buch *Jedes Kind ist hoch begabt* führte 2013 das Ranking der meistverkauften Erziehungsratgeber an und ist mittlerweile in der 13. Auflage erschienen. Tausende deutscher Eltern haben dieses Buch gekauft. Und darin gelesen: »Das Angebot ist da, es kommt auf die Nachfrage an. Und diese ›Nachfrage‹ wird durch die Erfahrungen bestimmt, die ein Kind macht. Deshalb müssen Kinder von früh an reich werden an Erfahrung.« Hört sich nach einem Auftrag an.

Nun sind in Deutschland 2020 mehr als 773 000 Kinder zur Welt gekommen. Es ist unwahrscheinlich, dass sie alle die Kunstwelt revolutionieren, eine bahnbrechende Erfindung hervorbringen oder Weltkonzerne leiten werden. Das wissen die Eltern natürlich. Aber sie wollen ihren Kindern das nötige Rüstzeug für ein erfolgreiches Leben in einer globalisierten Welt mitgeben. Und aller Welt zeigen, wie gut sie die Mammutaufgabe Erziehung beherrschen. Marketingagenturen haben erkannt, dass Eltern ihr Kind zum »Identitätsstifter« stilisieren: Der Erfolg des Nachwuchses wird Vater und Mutter zugerechnet. Deshalb soll das Kind – und mit ihm die ganze Familie – herausstechen, auffallen.

Die Förderung beginnt deshalb nicht erst in der Schule, Angebote zur frühkindlichen Bildung haben Konjunktur und Kindertagesstätten nicht nur einen Betreuungs-, sondern einen Bildungsauftrag, den die Eltern dezidiert einfordern.[2] Nicht zuletzt ist der Förderwettlauf eine Möglichkeit zur Distinktion: Die Erzieherin Andrea Hilt beobachtet, dass Mittelschichteltern schon kleine Kinder an vielfältige Aktivitäten (Reiten, Musikschule, Ballett, Turnen usw.) heranführen und sich bewusst von weniger privilegierten Familien abgrenzen wollen. Dass sich die Lebenswelt der Mittelschichtfamilien von der der sogenannten Unterschichtfamilien stark unterscheidet, kann die Sozialpädagogin Brigitte Rasch bestätigen. Viele Angebote der Familienbildung haben ihrer Erfahrung nach nichts mit der Realität von Geringverdienern zu tun. Auch, weil statushöhere Mütter sich in diesen Kursen in Szene setzen würden:

Ich bin mit einer aufgeschlossenen jungen Mutter zu dem Mami-Treff gegangen. Aber die kann da gar nicht mitreden. Die kommt sich vor wie der größte Loser. Die hatte manchmal kein Geld mehr, um Windeln zu kaufen. Das kann die da doch gar nicht erzählen. Die anderen Mütter kennen solche Probleme nicht. Die haben in diesen Treffs das Verlangen, sich gegenseitig zu übertrumpfen. Das fand meine junge Mutter nur albern.

Erziehungsberatung und Familienbildung sind offensichtlich zu mittelschichtorientiert, als dass sie die Familien erreichen könnten, die ihre Unterstützung am dringlichsten benötigen. Vor allem die Mittelschichtmütter rennen von Kurs zu Kurs, um ihre Kleinen fit zu machen für die Zukunft, und grenzen sich bewusst »von denen da unten« ab. Gleichzeitig nutzen sie die Programme als Forum, um sich und ihre Erziehungsleistung zu präsentieren. »Seht her, wir fördern unsere Kinder nach Kräften, aus denen wird mal was.«

Als Schlüssel zum Erfolg gilt den vom »Akademisierungswahn«[3] erfassten Eltern aber doch der Schulabschluss. 69 Prozent wünschen sich, dass ihre Kinder Abitur machen.[4] Insofern verwundert es nicht, dass das Thema Schule sehr viel Raum in den Familien einnimmt. Das haben sowohl die befragten Experten (in Bezug auf ihre eigenen Kinder) als auch die befragten Mütter erklärt – obwohl die meisten von ihnen sehr kleine Kinder haben und der Übertritt an eine weiterführende Schule eigentlich Zukunftsmusik sein sollte. Eltern haben heute viel engeren Kontakt zu Kindergarten und Schule, engagieren sich in der Elternarbeit, treten aber gleichzeitig sehr fordernd auf.

Doch es sind nicht nur die Eltern, die ihre Praktiken an der Handlungslogik der Massenmedien orientieren, sondern auch Schulen und Universitäten. Es geht nicht mehr nur um Wissen (oder um die von allen Seiten beschworenen Kompetenzen). Es geht um Abwechslung (ständiger Methodenwechsel, immer neue Bildungsinhalte), Originalität (man will sich ja von anderen Einrichtungen abheben) und Verknappung des Alltags (immer mehr Events). Diese Entwicklungen wirken zurück in die Familien und verstärken die Medialisierungstendenzen: Die Eltern buchen unterschiedliche Edutainment-Angebote, vom Workshop im Deutschen Museum bis zum »Lernen-im-

Schlaf«-Kurs. Gleichzeitig berichten sie von großem Zeitdruck, schließlich stünden ständig Termine an, von der Familienwanderung im Kindergarten über das Buchstabenfest in der Schule bis zum Willkommensfest der Fünftklässler. Dazu kommen Ballettaufführungen, Konzerte der Musikschule und Fußballturniere. Klar, dass da keine Zeit mehr bleibt, »Mensch ärgere Dich nicht« zu spielen oder dem Kind beizubringen, wie man sich die Schuhe bindet. Aber vielleicht ist das nicht so wichtig. Denn die Bühnenauftritte passen besser in eine medialisierte Gesellschaft als das Schuhebinden.

Eltern folgen heutzutage dem Ideal der professionalisierten Elternschaft. Während die befragten Großmütter beschrieben, dass die »Kinder einfach mitgelaufen« seien, machen sich Mütter heutzutage viele Gedanken über die »richtige« Erziehung. Gleichzeitig sind Eltern über alle Schichten hinweg der Meinung, dass es schwieriger geworden sei, Kinder zu erziehen: Insgesamt trifft das auf 56 Prozent zu, in den mittleren sozialen Schichten auf 55 Prozent[5] – und zum Zeitpunkt der Umfrage im Jahr 2015 war von Corona nicht ansatzweise die Rede. Eltern suchen nach Orientierung und greifen auf mediale Angebote zurück. Rund die Hälfte der Eltern liest Erziehungsratgeber oder Broschüren, über 60 Prozent glauben, dass man in Ratgebern gute Hinweise findet.[6] Jeweils rund 25 Prozent der Eltern recherchieren im Internet oder werfen einen Blick in Elternzeitschriften. Was die Medien uns über Erziehung erzählen, lässt uns also nicht kalt. Im Gegenteil.

Fördern, bis der Arzt kommt

Als soziale Praxis ist Erziehung abhängig von kulturellen Rahmenbedingungen und unterscheidet sich von Gesellschaft zu Gesellschaft entsprechend stark. Während eine Mutter aus dem !Kung-San-Volk in Botswana ihr Baby den ganzen Tag bei sich trägt und niemals alleine schlafen lässt, ist es für amerikanische Eltern ganz selbstverständlich, ihre Kinder in Plastikwippen oder Wagen zu setzen, sie nach einem festgelegten Zeitplan zu füttern und so schnell wie möglich im eigenen Bett (besser noch im eigenen Kinderzimmer) schlafen zu legen.[7]

Die Ethnologin Meredith Small hat festgestellt, dass dem Volk der San die soziale Integration und Teilhabe besonders wichtig ist, westliche Eltern wollen ihre Kinder dagegen vor allem zu Selbständigkeit erziehen. Obwohl kein Beweis existiere, dass es den einen »richtigen Weg« gebe, um Babys aufzuziehen, haben in der westlichen Welt – so Small – manche Überzeugungen den Stellenwert von wissenschaftlich bewiesener Wahrheit erlangt. Dabei habe der direkte Vergleich mit den San gezeigt, dass Kinder, die von Anfang an aufrecht in die Trageschlinge gebunden werden, europäische Kinder (die auf Empfehlung von Kinderärzten und Orthopäden so lange wie möglich flach auf den Rücken gelegt werden) in puncto Motorik schnell überholen.

Vor diesem Hintergrund ist es umso überraschender, wie verbissen der Erziehungsdiskurs oftmals geführt wird. Und wie verzweifelt deutsche Eltern versuchen, alles richtig zu machen. Der Einfluss genetischer Prädispositionen ist darüber hinaus bis auf wenige Ausnahmen (vgl. Elsbeth Stern/Aljoscha Neubauer: *Intelligenz. Große Unterschiede und ihre Folgen*) aus dem Diskurs fast vollständig verschwunden. Es herrscht die Idee vor, mit der richtigen Förderung respektive der richtigen Erziehung könnten Eltern ihren Nachwuchs für sämtliche Aufgaben der Wissensgesellschaft fit machen.

Nicht geeignet für das Gymnasium? Gibt es nicht mehr. Wenn es nicht klappt mit dem Übertritt, war die Klasse zu groß, der Lehrer unfähig, die Mathe-Probe zu schwer, die individuelle Förderung zu wenig. Erziehung und Bildung werden in Deutschland zunehmend gleichgesetzt – obwohl es eigentlich zwei Paar Stiefel sind. Erziehung zielt im engeren Sinne auf die Vermittlung von Werten, bei der Bildung geht es um Wissen. Aber selbst in Kindergärten – das haben die befragten Experten übereinstimmend betont – lautet die Devise heute: Das Kind muss gebildet werden. Einfach nur spielen? Wozu soll das gut sein?

Die größte Sorge deutscher Eltern ist die Zukunft ihrer Kinder respektive ihr beruflicher Erfolg. Wer Zeitung liest oder den Fernseher einschaltet, gewinnt den Eindruck, dass Versäumnisse in der kindlichen Frühförderung nicht aufzuholen sind. So warnt etwa die Nationalakademie Leopoldina: »Was Kinder bis zur Einschulung erfahren, prägt ihr Leben und lässt sich später oft kaum nachholen.«[8] Deutschland tue zu wenig, um Ein- bis Sechsjährige zu fördern.

Katharina Spieß vom Deutschen Institut für Wirtschaftsforschung glaubt, manchen Eltern fehlten Informationen, welche Bedeutung frühkindliche Erfahrungen für das Leben haben. Gemeint sind natürlich bildungsferne Schichten und Familien mit Migrationshintergrund. Es werden aber vor allem die Mittelschichteltern den Beitrag in der *Süddeutschen Zeitung* gelesen haben. Bei denen schrillen alle Alarmglocken: Wir verpassen den Anschluss, wir müssen unsere Kinder bilden! Gleichzeitig schüren mediale Vorbilder große Erwartungen. In einem Werbespot des Fertigmilchherstellers Aptamil heißt es beispielsweise: »Gestalten Sie die Zukunft Ihres Babys selbst!« Im Bild sind Säuglinge und ihre potenziellen erwachsenen Pendants zu sehen: Ein Baby, das sich gerade am Bett hochzieht, könnte eine Ballerina werden, eines, das mit dem Abakus spielt, ein Mathematiker, ein Klettermax ein Mount-Everest-Bezwinger. Alles ist möglich.

Erziehung in Happen: Bitte leicht verdaulich

Kein Wunder, dass sich viele Eltern von den Ansprüchen an ihre Erziehungsleistung überfordert fühlen. Die Sinus-Studie *Eltern unter Druck* kam zu dem Ergebnis, dass ein Drittel der Eltern den Erziehungsalltag »oft bis fast täglich« als stressig empfindet. »Gleichzeitig ist in vielen Milieus der Trend zu beobachten, dass eine ganzheitliche Erziehungsphilosophie abgelöst wird durch die Suche nach praktischen und kurzfristig wirksamer Rezepten für kurzfristig anstehende Probleme«.[9] Gefragt sind in der Ratgeberliteratur nach Angabe der ehemaligen Verlagsleiterin Christine Kluge leicht umsetzbare Erziehungstipps, die in übersichtlichen Häppchen angeboten werden:

> Das hat dazu geführt, dass wir gesagt haben, wir müssen die Textstrecken kürzen, wir müssen es unterhaltsamer machen, mehr bits and pieces, mehr Information.

Die Eltern würden schnell und gezielt informiert werden wollen. Darüber hinaus existiere der Anspruch, Erziehung originell und witzig zu verpacken. Deshalb habe sich die Leseransprache der Ratgeber verändert. Konflikte mit den Kindern wolle man so weit wie möglich vermeiden:

In der Ansprache haben sie jetzt etwas viel weniger Belastendes und Dogmatisches. Heute versucht man, die Kinder auszutricksen – ohne das negativ zu bewerten. Der Erziehungsstil hat sich verändert. Man will keine Strafen mehr verhängen, will nicht als die große Respektsperson auftreten. Man versucht heute eigentlich, das spielerisch zu lösen. Zum Beispiel beim Essen. Früher hätte man gesagt: ›Iss deine Spinatsuppe, sonst gibt es Fernsehverbot.‹ Heute sagt man: ›Stell dir vor, das ist eine grüne Zauber-Monster-Suppe, die Kraft weckt. Wenn du die isst, hast du heute Nacht die tollsten Zauberträume.‹

Die Eltern-Trickkiste ist ein Bestseller von Ute Glaser.[10] Sie präsentiert ihre Ratschläge in originell aufbereiteten Einzeldosen von maximal einer Seite. Sie schlägt Eltern vor, ihren Kindern den ungeliebten Fisch als »Seefleisch« anzupreisen. Um einen Machtkampf mit dem Nachwuchs zu vermeiden, könne man überraschend das Thema wechseln, das allerdings für das Kind attraktiv genug sein müsse, um den vorangegangenen Streitpunkt zu vergessen. Kindern, die Gemüse verschmähen, könne man erlauben, Gurken und Pilze in Form zu knabbern oder aus den Zutaten ein Gesicht zu gestalten. Das »Restaurant-Spiel« empfiehlt Glaser, um Kindern gepflegte Tischmanieren beizubringen. Dabei sollen die Eltern in die Rolle der Kellner schlüpfen, die Sprösslinge treten als Gäste auf.

Um Kindern gesundes Essen näherzubringen, schwört Pamela Druckerman auf Geschmacksspiele.[11] Man solle auf das Gemüse zeigen und fragen: »Glaubst du, das ist knusprig? Glaubst du, es macht ein Geräusch, wenn du hineinbeißt?« Bei einem anderen Spiel verbindet man dem Kind die Augen, lässt es verschiedene Nahrungsmittel probieren und diejenigen benennen, die es bereits kennt. Ziel müsse es sein, »das Essen amüsant zu gestalten«.

An dieser Stelle muss ich mich outen: Als Kind war ich beim Essen furchtbar heikel. Jahrelang nur Nudeln, Schnitzel und Pfannkuchen. Meine kleine Tochter ist ganz genauso. Da hilft kein Spiel und keine Augenbinde. Sie isst nur, was sie optisch anspricht und nicht merkwürdig riecht (obwohl oder weil ich sie als Zweijährige sogar mal in eine T-Shirt-Zwangsjacke gesteckt habe, um ihr im Hochstuhl Karottenbrei einzuflößen). Meine große Tochter dagegen mag praktisch alles, auch Sushi und Blumenkohl (den ich abgrundtief hasse). Sie kommt nach ihrem Vater. Ich kann weder für den sehr ausgeprägten Gaumen der einen noch für die Verweigerungshaltung der anderen etwas. Es ist einfach, wie es ist. Punkt.

Bis ich das akzeptieren konnte, musste ich viele Rückschläge hinnehmen. Weil ich glaubte, es liege an mir. Dass die Große im Kindergartenalter nie schlafen und jeden Morgen ihre Kleidung selbst aussuchen wollte (Sommerkleid bei minus 20 Grad). Dass die Kleine im ersten Lebensjahr jedes Lebensmittel außer Milch verweigerte und erst mit 18 Monaten anfing zu sprechen (Ich bin mit ihr deshalb von Gehörtest zu Psychologin gepilgert, obwohl meine Kinderärztin meinte, ich solle einfach abwarten. Heute kaut mir meine Zweitgeborene ein Ohr ab.). Und warum das alles? Weil ich zu viel gelesen habe und total verkopft bin.

So ging ich beispielsweise wie fast jede Schwangere vor der Geburt meines ersten Kindes davon aus, dass ich stillen würde. Ich hatte die Ratgeber gelesen, den Geburtsvorbereitungskurs besucht, mit einer Hebamme gesprochen. Deshalb »wusste« ich: Stillen ist das Beste fürs Kind, vor allem, wenn man – so wie ich – Allergikerin ist. Die Ernüchterung folgte recht schnell. Ich hatte keinen nennenswerten Milcheinschuss, das Kind bekam viel zu wenig Flüssigkeit und in der Folge Gelbsucht. Ständiges Anlegen, Milchpumpe, das ganze Programm. Dennoch schrie meine Tochter vor Hunger, ich fütterte zu, sie bekam Blähungen.

Nach zwei Wochen saß ich mit der Kleinen bei unserem Kinderarzt, einem sehr erfahrenen älteren Herrn (der leider viel zu früh an Krebs gestorben ist). Er hat mich angesehen und erkannt, wie schlecht es mir ging. Wie der Schlafentzug und die Fütterungsorgien an mir nagten. Und er hat mir geholfen, indem er eine klare Ansage machte: »Das Kind trinkt gerne aus der Flasche und nimmt zu. Sie hören jetzt auf mit dem Stillen und kümmern sich wieder ein bisschen um sich selbst.«

Schon bald hatte sich alles prima eingespielt. Jetzt war das Füttern keine Qual mehr, sondern ich konnte meine Tochter dabei anlächeln und freute mich darüber, dass es ihr schmeckte. Diese positive Erfahrung veranlasste mich, auch beim zweiten Kind Flasche zu geben.

König Kind – bloß nicht vom Sockel stoßen

Akademiker von heute haben sehr hohe Erwartungen. Sie planen ein perfektes Leben, eine perfekte Karriere. Bei der Umsetzung ihrer hoch gesteckten Ziele sind sie aber sehr unsicher. Die Diplom-Psychologin Inga Freienstein führt das unter anderem darauf zurück, dass diese Generation eine sehr behütete Kindheit und eine stark verschulte Ausbildung absolviert habe. Es ist nicht davon auszugehen, dass die nächste Generation wieder mehr Verantwortung für sich selbst übernimmt. Im Gegenteil. Die befragten Experten berichten übereinstimmend, dass heutige Eltern ihre Kinder von Anfang an auf ein Podest stellen, ihnen jeden Wunsch von den Augen ablesen, Kritik so weit wie möglich vermeiden. Und: Kinder müssen einen Beitrag zur Selbstverwirklichung ihrer Eltern leisten. Sie gehen den Weg, den Mutter und Vater sich für sie wünschen. Der Familientherapeut Ingo Wölfl beschreibt das so: Die Kinder haben die Krone auf, die Eltern performen und erwarten Performance.

Kinder rücken ins Zentrum der Familie – gleichzeitig sind sie Mittel zum Zweck. Sie sind Darsteller in der Inszenierung ihrer Eltern. Denn Eltern sonnen sich im Erfolg ihrer Kinder; deren Leistungen schreiben sie sich selbst und ihrer Erziehungskompetenz zu (die Gene können es ja nicht sein). Dieser Trend verstärkt sich mit der Zunahme von Ein-Kind-Familien, wie Sozialpädagogin Renate Hartberger und Hebamme Doris Stickel bemerken:

> Ein Kind kommt, damit alles perfekt ist. Dafür reicht dann meistens eines. Das wird dann maßlos verwöhnt, und alle Erwartungen werden auf dieses eine Kind gerichtet. (Renate Hartberger)

> [Allein] schon dadurch, dass weniger Kinder geboren werden, hat sich der Wert des einzelnen Kindes sehr stark erhöht. Man will dieses Kind optimal begleiten und fördern. (Doris Stickel)

Erzieherin Andrea Hilft glaubt, die Eltern hätten eine Lebensliste im Kopf, die es abzuarbeiten gelte. Das Kind sei ein Punkt auf dieser Liste:

> Eltern haken das gedanklich ab. Mann, Haus, Urlaub Auto, Kind. Das hat schon was mit Prestige zu tun. Ein Kind gehört zum perfekten Leben dazu. Wir hatten mal eine Stewardess, die ihre Tochter ständig mit schicken Klamotten

rausgeputzt hat, als wenn sie nur zum Anschauen wäre. Aber sie konnte absolut nichts mit ihr anfangen.

Die Schwimmlehrerin Andrea Eckl hat es beim Babyschwimmen mit immer mehr Müttern zu tun, die ihr Kind am liebsten in Watte packen wollen und überängstlich sind. Sobald das Kind weine, gerieten die Frauen in Stress. »Früher haben die Mütter gesagt: ›Der muss da jetzt durch.‹ Aber das gibt es kaum mehr.« Die frühere Verlagsleiterin Christine Kluge führt diese Tendenz darauf zurück, dass bei gebildeten, erfolgreichen Frauen, die zwischen Ende 20 und Mitte 30 ihr erstes Kind bekommen, der Glücksaspekt in den Vordergrund gerückt werde. Die Soziologen Sylka Scholz und Karl Lenz sprechen von einer »Idealisierung des Kindes, die Tendenzen zu einer weltlichen Sakralisierung aufweist«.[12]

Erzieherin Marion Ellenbrock beschreibt, dass die Eltern ihr Kind auf einen »Sockel« stellen. Während man früher zu wenig Rücksicht auf die Kinderperspektive genommen habe, würden Eltern heute die Emotionen ihrer Kinder überbetonen und versuchen, ihnen sämtliche Steine aus dem Weg zu räumen. Gleichzeitig entwickelten sich Kinder zum »Wunscherfüller« ihrer Eltern, sollten »gesellschaftliche Anerkennung liefern«. Für ein Kind auf etwas verzichten, das wollten die Eltern allerdings nicht. Und wenn für das neu gebaute Haus eine neue Küche fehle, dann gebe man das Kind lieber in Fremdbetreuung und gehe arbeiten, um sich diesen Wohlstand finanzieren zu können – zumal in der öffentlichen Wahrnehmung die Erwerbsarbeit sehr viel angesehener sei als die Erziehungsarbeit zu Hause.

Mittelschullehrer Sepp Fritsch ist der Meinung, dass Eltern keine festen Erziehungsziele mehr verfolgen, an denen sich die Kinder orientieren könnten. Selbst bei grobem Fehlverhalten werde versucht, das Problem mit Hilfe einer »Gesprächstherapie« zu lösen, seiner Ansicht nach eine Folge der »Überpädagogisierung«:

> Ja, nur streicheln. Zum Beruf, zum Abschluss streicheln. Möglichst wenig Belastung. Und bloß die Kinder nicht kritisieren. Dazu passt halt auch, dass die Kinder von ihren Eltern total überschätzt werden. Was die mal werden können oder sollen. Der muss mal Arzt werden oder die Firma übernehmen. Obwohl er keinen Dunst von Prozentrechnung oder Sonstigem hat. Die Eltern erwarten viel zu viel von den Kindern.

Fritsch glaubt, es gehe den Eltern vor allem darum, dass die Kinder etwas »darstellen«:

> Mittlerweile setzen die Eltern die Ziele fest, ob das zum Kind passt oder nicht. Wenn ein Bub früher gerne Mechaniker werden wollte, durfte er das machen. Heute heißt es: »Das ist doch nix. Da machst du dir nur die Hände dreckig.«

Die Experten beschreiben zwei auf den ersten Blick kontroverse Tendenzen: Einerseits idealisieren Eltern ihr Kind und stellen es auf ein Podest, andererseits haben sie große Ansprüche, erwarten, dass das Kind sich abhebt. Aber letztlich sind diese Entwicklungen zwei Seiten derselben Medaille: Wenn das Kind so etwas Besonderes ist, dann muss man das doch sehen und zeigen können.

Die Tagesmutter Antje Walker erlebt jeden Tag, dass es den Eltern schwerfällt, ihr Kind in der Gruppe zu sehen. Stattdessen fokussieren sie sich ausschließlich auf ihr Kind. Die Vorstellung, dass dieses Kind in der Gruppe »ein Rädchen einer Uhr ist«, wie Walker sich ausdrückt, gefällt den Eltern überhaupt nicht. Sie wollen, dass ihr Kind immer als etwas Besonderes behandelt wird.

Diesen Anspruch nennt der amerikanische Highschool-Lehrer David McCullough den »neuen Kult der Außergewöhnlichkeit«[13]. McCullough hielt im Sommer 2012 anlässlich der Abschlussfeier an der Wellesley High School eine Rede mit dem Titel »Ihr seid nichts Besonderes« und traf damit einen Nerv. Die Rede verzeichnete auf YouTube innerhalb kürzester Zeit zwei Millionen Klicks, und McCullough schrieb ein Buch über seine Erfahrungen. Seine zentrale Botschaft: Kindern wird von Geburt an eingeschärft, wie besonders sie sind. Deshalb betrachten sie – und ihre Eltern – es als Versagen, »durchschnittlich, also ein ganz normaler Jugendlicher zu sein – obwohl das für die meisten statistisch gesehen eine unvermeidliche Tatsache ist«. McCullough beobachtet, dass seine Schüler »glauben, jede Chance müsse ihnen auf Verlangen gewährt werden und jedes Lob gebühre ihnen«. Und weiter:

> Vergessen wir nicht, dass dies Kinder sind, deren Ultraschallbilder immer noch gerahmt auf Frisierkommoden stehen, deren Eltern mit ihren Facebook-Postings ungeniert mit allem Möglichen angeben, deren Weihnachtskarten adrette, indirekt beleuchtete Porträtaufnahmen sind, begleitet von eng beschriebenen Rundschreiben, in denen die Triumphe des vergangenen Jahres aufgelistet werden.

Unattraktiv: Erziehungsarbeit ohne Aufmerksamkeitspotenzial

Eltern investieren viel Zeit, damit ihre Kinder (und sie selbst) Aufmerksamkeit bekommen. Ich habe unzählige Facebook-Bilder von Müttern gesehen, die ihre Babys knutschen und dabei einfach hinreißend aussehen. Und es muss Stunden kosten, einen Geburtstagskuchen zu backen, der wie das Ballkleid einer Barbiepuppe gestaltet ist. An profaner Erziehungsarbeit haben Eltern dagegen immer weniger Interesse. Die Sozialpädagogin Renate Hartberger führt das darauf zurück, dass:

> die erste Generation der unerzogenen Kinder, denen wenig Grenzen gesetzt worden sind und die selbst schon viel Medienkonsum und Luxus erlebt haben, jetzt selbst Kinder erzieht und nicht weiß, wie konsequente Erziehung funktioniert. Erziehung bedeutet Vorbild sein, Vorleben. Und da wir jetzt die zweite Generation haben, die nicht erzogen worden ist, eskaliert es langsam.

Natürlich ist es anstrengend, dem Kind das Essen mit Messer und Gabel beizubringen, Sauberkeitserziehung zu betreiben und den Nachwuchs immer wieder daran zu erinnern, leise zu sein, wenn sich andere unterhalten. So berichtete etwa der Kinderpfleger Dustin Pio in der *Süddeutschen Zeitung*:

> Bei einer Familie mit einem viereinhalbjährigen Sohn und einer kleineren Tochter hat der Große immer in die Hose gepinkelt. Die Eltern hatten beide anstrengende Jobs, und das Baby hat natürlich die meiste Aufmerksamkeit bekommen. Es war klar, dass sie sich mehr um den Jungen küm-

mern müssen. Stattdessen haben sie ihm eine Windel angezogen. Es war ihnen einfach zu anstrengend. Das wollen
die Eltern aber nicht hören.

Die Mitarbeiterin der Mittagsbetreuung einer Grund- und Mittelschule hat es regelmäßig mit Siebenjährigen zu tun, die von
ihrem Schnitzel abbeißen, weil sie nicht in der Lage sind, das
Fleisch zu schneiden. Zudem soll sie die Kinder dazu anhalten,
die Hausaufgaben zu machen, selbst wenn die nach dem Unterricht lieber spielen würden. Die Eltern wollen, dass die Aufgaben
erledigt sind, wenn sie die Kinder zwischen 14 und 15.30 Uhr abholen. Ihr Fazit: »Wir sollen immer mehr machen, was aus meiner Sicht eigentlich Sache der Eltern ist.« Die Tagesmutter Antje
Walker stellt fest, dass auf grundlegende Dinge – sich selbst
anziehen können, am Tisch sitzen bleiben, bis alle fertig sind,
»Bitte«, »Danke« und »Auf Wiedersehen« sagen – weniger Wert
gelegt wird. Dafür wollen die Eltern, dass sie mit Einjährigen eine
Laterne bastelt.

Die Tanzlehrerin Christina Ashton berichtet, dass Eltern die
Erwartung hätten, im Ballett würden ihre Kinder »Disziplin und
Umgangsformen lernen«. Sie selbst ließen dagegen einen eklatanten Mangel an Anstand erkennen. So sei es an der Tagesord-
nung, dass Geschwisterkinder lärmend durch den Eingangsbereich toben und die Glaswand zum Tanzsaal verschmieren, ohne
dass ihre Eltern sie davon abhalten. Darüber hinaus würden Eltern jeden Eingriff in ihre Erziehung missbilligen. Die Dienstleister sollen zwar Regeln einführen, ein Verstoß gegen die Regeln
dürfe aber nicht geahndet werden. Eltern erklärten, »so dürfe
man nicht mit ihrem Kind reden«. Ähnliche Erfahrungen hat die
Grundschullehrerin Christine Rührmair gemacht:

Nach dem Handarbeitsunterricht mussten immer zwei Kinder den Raum kehren. Da wurde natürlich abgewechselt. Eines Tages ruft ein Vater an und beschwert sich lautstark, weil sein Kind den Dreck von anderen wegräumen musste. Der war nicht mehr zu beruhigen.

Damit gibt er ein Beispiel, das soziales Verhalten unmöglich macht. Das führt zu einer Verwahrlosung. Die Idee dahinter ist auch irgendwie: Für den Dreck sind die Putzleute da, die weniger wertvollen Mitglieder unserer Gesellschaft. Fürchterlich.

Wenn durchgreifen schwierig wird

Die Erzieherin Andrea Hilt berichtet von Eltern, die es nicht verkraften, einen Konflikt mit ihrem Kind auszufechten:

Da muss ich ein Kind halt auch mal schreien lassen oder sagen: »Du bleibst jetzt in deinem Zimmer.« Aber die haben so ein schlechtes Gewissen, dass sie sagen, das können wir doch nicht machen. Aber die Kinder merken natürlich, wenn sie das so machen, dann stehen sie im Mittelpunkt und kriegen alles weil die Mutter es nicht aushält wenn das Kind schreit.

Und Andrea Spude, bis 2016 stellvertretende Vorsitzende im Bundeselternrat, meint:

Ich beobachte, dass es allen Eltern schwerfällt, Grenzen zu ziehen, das erscheint als zu anstrengend. Viele Eltern scheuen diese Auseinandersetzung und lassen viel durchgehen. Und wenn die Kinder dann in ein System Kindergarten oder Schule kommen, wo es klare Regeln gibt, dann tun sie sich sehr schwer damit. Da fehlt die Basis, die im Elternhaus hätte gelegt werden müssen.

Die befragten Experten führen es auf den Zeitdruck zurück, unter dem viele Familien stehen, dass Eltern dazu neigen, den leichtesten Weg zu gehen. Sie empfinden die kleinen Auseinandersetzungen mit ihren Kindern als bedrückend. Die Berufstätigkeit vieler Mütter habe dieses Problem verschärft. Im Ergebnis würden Eltern versuchen, Aufgaben an Erziehungseinrichtungen zu delegieren, etwa die Termine für die Vorsorgeuntersuchungen beim Kinderarzt.

Allerdings scheint der Zeitmangel den Wunsch, Erziehungsleistungen auszulagern, nicht vollumfänglich zu erklären. Die Erzieherin Andrea Hilt ist in der DDR aufgewachsen und hat dort einige Jahre gearbeitet. Damals seien sich die Mütter ihrer Erziehungsaufgabe trotz Vollzeitjob sehr wohl bewusst gewesen, seien mit ihren Kindern auf den Spielplatz gegangen und hätten ihnen abends vorgelesen. Heute würden Eltern sämtlicher Schichten ihre Kinder abends vor den Fernseher setzen, damit sie ihre Ruhe hätten:

> Mit Computer, Fernseher, elektronischen Spielen haben sie eine Möglichkeit gefunden, ihre Kinder zu beschäftigen. Und die Kinder sind ja auch sehr zufrieden damit. Denn die, die Ballett und alles Mögliche anbieten, setzen sich am Abend ja auch nicht hin und lesen vor. Die Idee ist schon: Mein Kind muss alles haben, aber immer von anderen, nicht von mir. Lieber dann bezahlen.

Die amerikanische Soziologin Arlie R. Hochschild hat die Beobachtung gemacht, dass die Arbeitsplätze für Mütter und Väter im-

mer attraktiver werden, sie sich zu Hause aber überfordert und
gestresst fühlen.[14] Es könnte sein, dass der Alltag mit Kindern Eltern nicht dieselbe Befriedigung verschafft wie der Beruf, der im
Gegensatz zur Kindererziehung mit Statusgewinn und Entlohnung
verbunden ist. Die Karriere bietet die Aussicht auf Abwechslung
und Höhepunkte, während vor allem die Mütter für ihre Erziehung keinerlei gesellschaftliche Aufwertung erfahren. Also versuchen die überforderten Eltern, Wege zu finden, den Erziehungsalltag entspannter zu gestalten. Man kann es ihnen kaum verdenken.

Der Dienstleister soll es richten

Wie von Politik und Wirtschaft gewünscht (außer es ist Corona,
dann soll die Kinderbetreuung ganz selbstverständlich zu Hause
erfolgen, ohne den Job zu beeinflussen), nehmen Eltern in immer größerem Umfang unterschiedlichste Erziehungsdienstleis-
tungen in Anspruch. Dabei entwickeln sie eine zunehmende An-
spruchshaltung:

> Ich habe in einem Vortrag mal die Kinder mit einer Kom-
> mode verglichen. Bei der Geburt ist ein Kind ein leerer
> Holzschrank. In den ersten Jahren hätten die Eltern die Auf-
> gabe, den Schrank mit Fächern und Schüben zu versehen.
> Eine Struktur, eine Grundhaltung zu schaffen. Die Aufgabe
> von Kindergarten und Schule wäre es dann, diese Schübe
> zu füllen. Und das sehen die Eltern anders. Die stellen dem
> Kindergarten ein leeres Gestell hin, und Kindergarten und
> Schule soll dann alles machen. (Renate Hartberger, Sozial-
> pädagogin)

> Ich hatte eine Mutter, der habe ich angedroht, sie aus dem
> Haus zu werfen, wenn sie weiterhin so mit mir redet. Die ist

auf 1 000 Volt gelaufen, hatte sich überhaupt nicht mehr unter Kontrolle, ist vor allen Kindern total ausgeflippt. Auch solche Dinge sind vor 10 oder 15 Jahren nicht vorgekommen. Das Konfliktpotenzial wird tatsächlich immer größer. (Antje Walker, Tagesmutter)

Vor allem gegenüber der Schule scheinen Eltern zunehmend fordernder aufzutreten. Sie stellen die Bedingungen, der Lehrer soll sich nach ihren Vorgaben richten:

Die Eltern sind sehr fordernd – und erwarten, dass die Lehrer sich um alles kümmern. Schule kann nicht leisten, dass sie die Familienerziehung übernimmt. Es geht etwa um Dinge wie Respekt. Wenn Schüler mir die Tür vor der Nase zuknallen, wenn ich zwei Taschen in der Hand trage, ist das ein Versäumnis der Eltern. Und ein Indiz dafür, dass sich in unserer ganzen Gesellschaft etwas ändert. Die Haltung ist: Hier bin ich, und ich bin wichtig. Es wird zusehends schwieriger, Schüler dazu zu bekommen, sich für Dinge in der Schule zu engagieren. Und wir haben immer weniger Eltern im Boot.[15] (Jutta Dreßler, Lehrerin)

Die Grundschullehrerin Christine Rührmair zieht nach 40 Jahren im Schuldienst ein zwiespältiges Fazit:

Ich war gerne Lehrerin und habe von den Kindern viel zurückbekommen. Aber die Eltern sind unangenehmer geworden. Fordernder. Sie haben kein Vertrauen mehr zum Lehrer und rennen jedem Trend nach, den sie irgendwo gelesen haben. Dabei hat der Lehrer die Erfahrung. Das sollten ihm die Eltern zugestehen.

Die Musiklehrerin Karin Büscher hat ihre Stelle an einer Montessori-Schule aufgegeben, weil »die Eltern sich da ständig in alles eingemischt haben, eine konzentrierte Arbeit mit den Kindern war kaum mehr möglich«. Zugleich erleben Lehrer und Erzieher immer mehr verhaltensauffällige Kinder, die sich nur schwer in die Gruppe integrieren lassen:

> Wir haben festgestellt, dass die verhaltensauffälligen Kinder zugenommen haben. Aber die tauchen in keiner Statistik auf. Da geht es immer nur um behinderte Kinder oder um Kinder mit Migrationshintergrund. Aber die verhaltensbesonderen Kinder, also die ganz aggressiven oder die ganz zurückhaltender Kinder, die kommen einfach nicht vor, die sind aber da. Aber gerade die machen die Arbeit in der Gruppe so schwer. Sonst hatten wir da mal einen drin oder maximal zwe, jetzt haben wir vier oder fünf von diesen Kindern. (Andrea Hilt, Erzieherin)

Viele Kinder verhalten sich heute anders als früher, was einige Lehrer und Erzieher auf Zeitmangel in den Familien zurückführen. Die Mitarbeiterin der Mittagsbetreuung hat ebenfalls festgestellt, dass viele Kinder schwerer unter Kontrolle zu halten sind. Eine Mehrheit sei wilder, unaufmerksamer und ungehorsamer als vor 20 Jahren. Und noch etwas ist ihr aufgefallen:

> Die Kinder suchen den Kontakt zu uns. Die wollen mit uns spielen oder basteln. Und sie wollen gerne bei uns auf dem Schoß sitzen, sogar die Drittklässler noch. Die Kinder heutzutage bekommen ja alles, dürfen alles, machen alles. Aber das, was sie wirklich brauchen, das bekommen sie nicht: Zeit. Den Eltern pressiert es immer.

Das empfindet die Grundschullehrerin Christine Rührmair genauso:

> Es hat ein Wandel stattgefunden, weil heutzutage die meisten Mütter berufstätig sind. Ich bin natürlich dafür, dass Frauen arbeiten gehen, aber man merkt es an den Kindern, dass es daheim ständig pressiert. Dass es da keinen ruhenden Pol mehr gibt und nicht mehr genügend Zeit für die Kinder. Das merkt man am Sozialverhalten.

Tagesmutter Antje Walker macht ähnliche Beobachtungen:

> Manchmal bekomme ich auch Kinder, die überhaupt kein Empathieempfinden haben. Die brauchen oft ein halbes Jahr, bevor sie hier ankommen und sich in die Gruppe einfügen. Und es gibt mittlerweile Kinder, die überhaupt nicht ankommen. Da hat man nie das Gefühl, so, jetzt passt alles. Es gibt immer mehr Kinder, wo das nicht passiert.

Die Einschätzung der Experten, die Eltern hätten zu wenig Zeit für ihre Kinder, widerspricht auf den ersten Blick den empirischen Ergebnissen, wonach Eltern heute mehr Zeit mit ihren Kindern verbringen als in früheren Jahrzehnten. Allerdings ist ein Großteil des Tages fest verplant, von der Fahrt zum Kindergarten bis zur Hausaufgabenbetreuung. »Nebenbei-Zeit«, in der die Kinder Gelegenheit haben, mit Vater oder Mutter ins Gespräch zu kommen oder sich auch mal zu langweilen, wird weniger. Es bleibt ein Grundgefühl von: Wir haben keine Zeit, wir sind gestresst, wir brauchen Unterstützung von Dienstleistern.

Die langjährige Elternvertreterin Andrea Spude glaubt, dass sich Eltern im Zuge gesellschaftlicher Veränderungen stark unter

Druck gesetzt fühlen und diesen Druck auszugleichen versuchen, indem sie Erziehungsinhalte an die Schule auslagern. Die Zunahme an Patchwork-Familien, Alleinerziehenden und Doppelverdiener-Haushalten habe zu einer Auflösung familiärer Strukturen geführt. Die Eltern hätten natürlich Angst, dass die Kinder den Anschluss verpassen, und würden deshalb von der Schule verlangen, Erziehungsaufgaben zu übernehmen. Das zeigt auch eine Erhebung der Stadt München, wonach der Bedarf in Richtung Vollversorgung gehe. Eltern wünschen sich ein Ganztagsangebot bis 17 Uhr, auch am Freitag und in den Ferien. Zudem müssen nachmittags Hobbys und soziale Aktivitäten gefördert werden, und die Kinder sollten keine Schulaufgaben mit nach Hause bringen.[16]

Die Politik fördert die Ganztagsschule mit der Begründung, die Vereinbarkeit von Familie und Beruf zu verbessern und die den Kindern zum Lernen zur Verfügung stehende Zeit zu erhöhen. Die vom Bundesministerium für Bildung und Forschung lancierte Kampagne für die Ganztagsschulen stellt denn auch den Zeitaspekt in den Vordergrund. Die Kinder würden von der Ganztagsbeschulung profitieren, mehr Bildung erfahren (»Die Welt erklärt man nicht an einem halben Tag. Ganztagsschulen. Zeit für mehr«). Und die wünschen sich die »bildungspanischen« Eltern ganz besonders.

Dabei muss man sagen: Der Diskurs rund um die Ganztagsschule verläuft ziemlich eindimensional. Tenor: Die Ganztagsschule wird sämtliche Bildungsprobleme lösen. Sie verschafft den Kindern mehr Zeit zum Lernen, ist der Schlüssel zu erfolgreicher Integration und – das scheint ein zentraler Diskursstrang zu sein – entlastet die Eltern, die gerne mehr arbeiten wollen. Gegenpositionen finden sich kaum.

Deshalb war ich sehr erstaunt, als während eines Elternabends eine Mutter erwähnte, sie würde es bedauern, ihre Tochter in einer Ganztagsklasse angemeldet zu haben. Ihrer Erfahrung nach sei ihre Tochter für diese Schulform nicht gemacht, das Mädchen brauche ihre Ruhepausen, müsse sich auch einmal zurückziehen und ganz für sich lernen können. Dafür sei der Lärmpegel in der Klasse aber viel zu hoch. Zudem ermüde sie der Unterricht so sehr, dass abends schlichtweg nichts mehr möglich sei.

Ich kann diese Mutter sehr gut verstehen, und die Tochter auch. Zu meiner Zeit hatten wir erst ab der 10. Klasse nachmittags Unterricht und auch nur einmal pro Woche, aber ich habe es gehasst, obwohl ich an sich sehr gerne zur Schule gegangen bin und eine sehr gute Schülerin war. Meine eigene Tochter mag ihre Schule ebenfalls, aber am Sonntagabend ist sie regelmäßig schlecht gelaunt, weil sie am Montag bis 16 Uhr Unterricht hat. Sie würde so gerne früher nach Hause kommen, empfindet den Montag als sehr belastend. Aus gutem Grund. Schule ist anstrengend, immer mit anderen zusammen zu sein ist auch anstrengend.

Zudem bin ich überzeugt davon, dass die Ganztagsschule nicht mehr, sondern weniger Bildung zur Folge hat. Schon heute gibt es keine schriftlichen Hausaufgaben, wenn nachmittags unterrichtet wird. Und es ist ein Trugschluss zu glauben, dass es ausreicht, wenn die Schüler ihre Vokabeln während der Lernzeit in der Schule durchgehen. Konzentriertes Lernen zu Hause gehört dazu, wird aber mit dem Siegeszug der Ganztagsschule schleichend wegrationalisiert. Macht aber nix, Hauptsache, wir trainieren mit dem Smartphone unsere Surf-Kompetenzen.

Das Tragische an der Entwicklung: Die Mütter und Väter, die unter der fehlenden gesellschaftlichen Anerkennung ihrer Erziehungsleistung leiden und sich mehr Respekt wünschen würden, haben zwar hohe Ansprüche an die Dienstleister (Beispiel: fri-

sches Mittagessen aus Biolebensmitteln, das nichts kosten darf),
zeigen ihrerseits aber wenig Anerkennung für die Arbeit in Kindergarten und Schule.

Das dürfte sich im Zuge der Coronakrise noch verstärkt haben. Ich stelle hier starke Entfremdungstendenzen fest. Beide Seiten – Eltern und Pädagogen – sind frustriert und suchen die Schuld für entgangene Bildungschancen und Betreuungschaos beim anderen, statt die Politik zu adressieren, die es seit Jahrzehnten versäumt hat, für mehr Erzieher, Lehrer, kleinere Klassen oder mehr Schulbusse zu sorgen. Letztlich zeigt die Misere nur, dass weder die Erziehung zu Hause noch die Erziehung in öffentlichen Einrichtungen wirklich die Wertschätzung bekommen, die sie verdienen. Hier müssten Eltern, Erzieher und Lehrer an einem Strang ziehen, statt sich gegenseitig mit Vorwürfen und Forderungen zu frustrieren.

Fakt ist: Nicht nur Kinder und Eltern, auch der Standort Deutschland ist auf qualitativ hochwertige Kinderbetreuung angewiesen. Zwischen 2006 und 2019 stieg die Zahl der betreuten Kinder unter drei Jahren um 186 Prozent auf über 818 400. Und trotzdem klafft weiterhin eine Lücke. Zwar haben rund 34 Prozent aller Kinder unter drei Jahren einen Kitaplatz – aber fast 50 Prozent würden einen brauchen.[17]

Praktisch jede Kommune sucht händeringend nach qualifiziertem Personal, allein in Bayern können Tausende Stellen nicht besetzt werden. Der Beruf ist nicht attraktiv genug. Die Ausbildung ist langwierig, die Bezahlung miserabel. Und: Erziehung gilt als Job, den jede (feminin!) machen kann, auch Quereinsteigerinnen aus anderen Berufen ohne pädagogische Ausbildung. So hat die frühere Arbeitsministerin Ursula von der Leyen 2012 vorgeschlagen, gekündigte Schlecker-Kassiererinnen zu Erzieherinnen umzuschulen.[18]

Zwar ist in letzter Zeit von der Bedeutung der Kindertagesstätten für die frühkindliche Bildung die Rede; in der öffentlichen Wahrnehmung kreist der Alltag von Erziehern aber um Spiel, Spaß und Gesang. Das kann nicht anspruchsvoll sein. Im Grunde wird die öffentliche Erziehung ähnlich abgewertet wie die Erziehung zu Hause. Paradoxerweise auch von den Eltern, das zeigen die Aussagen der befragten Experten. Das passt nicht zum Lamento der Eltern, es fehle an gesellschaftlicher Anerkennung dafür, Kinder aufzuziehen. Vielmehr ist es ein Beleg dafür, dass Erziehung in der medialisierten Gesellschaft nur einen Wert besitzt, wenn sie Einzigartiges, Exklusives, Sichtbares beinhaltet. Erziehung soll Spaß machen und besondere Kinder hervorbringen, die ihren Eltern Aufmerksamkeit verschaffen. Die weniger reizvollen Aufgaben sind nichts für Facebook, also überlässt man sie dem »Bodenpersonal«.

Bildung, Bildung, Bildung

Als besonders attraktiv erscheinen Mittelschichteltern Inhalte, die sie mit Bildung (respektive einem hohen formalen Bildungsabschluss) verknüpfen. Denn die Mittelschicht will Akademiker großziehen, das reden ihnen Politik und Wirtschaft schließlich jeden Tag ein. Abitur und Hochschulabschluss gelten als Zeichen von Erfolg und verheißen eine gesicherte Zukunft, Hauptschulabschluss und Berufsausbildung stehen für gesellschaftlichen Abstieg. Immer mehr Eltern glauben zudem, sie hätten ein hochbegabtes Kind, das besonders gefördert werden müsste.

Die Idee ist dann, wenn ich mich anstrenge und alles dafür tue, dann kann ich das erreichen. Dann erzähle ich meinem

Kleinkind: »Du kommst mal aufs Gymnasium und du musst immer besser sein als alle anderen.« Das ist mir früher nicht so aufgefallen. (Andrea Hilt, Erzieherin)

Das Wort »Hochbegabung« fällt in den Elterngesprächen immer öfter. Natürlich nehme ich das Wort ›Hochbegabung‹ auch in den Mund, wenn es angebracht ist. Aber da muss man genau hinschauen […] [Nur] mit ganz viel Erfahrung kann man so etwas wie Hochbegabung richtig einschätzen. (Marion Ellenbrock, Erzieherin)

Mittlerweile existieren »Institute für Begabtencoaching«, die Eltern von überdurchschnittlich intelligenten Kindern zur Seite stehen. Die Begabungsdiagnostische Beratungsstelle Brain der Philipps-Universität Marburg hat Tausende Kinder auf Hochbegabung getestet. Schon Eltern dreijähriger Kinder wollen ihren Nachwuchs dort vorstellen und sind verzweifelt, wenn das Kind nur als normalbegabt gilt. Professor Detlef H. Rost stellt fest, dass immer mehr Eltern in die Beratungsstelle kommen. »Manchmal müssen wir Eltern von einem sehr hohen Ross herunterholen. Da gab es schon Tränen und Pöbeleien, selbst wenn wir feststellen, dass das Kind überdurchschnittlich intelligent ist, aber den für die Hochbegabung angenommenen Grenzwert von 130 nicht erreicht.«[19] Oft sei der Druck auf die Kinder enorm.

Als Schaltstelle der frühkindlichen Bildung gelten Kindertagesstätten. Erzieherin Marion Ellenbrock hat die Erfahrung gemacht, dass Eltern erwarten, dass ihre Kinder im Kindergarten vor allem auf die Anforderungen in der Schule vorbereitet werden. Die Erzieherin Andrea Hilt bestätigt diese Entwicklung. In Befragungen gäben Eltern an, auf Sprache, mathematische Bildung und Musik Wert zu legen. Sozialverhalten und Bewegung seien nebensächlich. Betreuungseinrichtungen sollen originelle, außergewöhnliche Förderprogramme bieten.

In den letzten Jahren verdienen immer mehr private Träger mit entsprechenden Konzepten ihr Geld, darunter etwa die bilingualen (Deutsch und Englisch) »Premium«-Privatkindergärten und -krippen von Elly & Stoffl[20]: lange Öffnungszeiten, keine Schließtage in den Ferien, Bioessen von eigenen Köchen, Bibliothek, Kneipp-Zertifizierung, Sauna, Forscherwerkstatt, Atelier, Klavierraum, Afternoon Club. Das Konzept umfasst vielfältige Angebote in vier Bereichen: Arts & Sports, Tablets & Treetops, Words & Worlds, Health & Wellbeing. Die 16-Stunden-Woche für Kinder bis 12 Monate ist am Standort München-Bogenhausen für 654 Euro zu haben, 40 Stunden kosten 1453 Euro. Dagegen ist der Kindergartenplatz für 989 Euro bei 40 Stunden vergleichsweise günstig. Die Nachfrage ist groß. 2007 gestartet, betreibt die Einrichtung bereits sieben Häuser in München. Übrigens: Nach Krippe und Kindergarten führt der Weg direkt in die private Grundschule und das private Gymnasium (eine andere Schulform wird auf der Internetseite gar nicht angeboten).

Aber auch weniger betuchte Eltern wünschen sich heutzutage, dass Kindergärten abwechslungsreiche Inspirationen liefern. Die Idee ist: Schon Kinder im Alter von wenigen Monaten sollen aus einem Spektrum auswählen können, um vielfältige Erfahrungen zu machen. Zur Neueröffnung eines Kindergartens im Raum München hieß es in der *Süddeutschen Zeitung*:

Die Gruppenräume haben Verbindungstüren und sind jeweils einem Schwerpunkt gewidmet: Bewegung und Konstruktion, Musik, Rollenspiel, Naturerfahrung, Medienerfahrung und Mathematik. Die Kinder können also während der

Teilöffnung wählen, wo sie sich aufhalten und wovon sie sich anregen lassen wollen.[21]

Das Bayerische Familienministerium gibt Kindergärten Beispiele für Projekte an die Hand, die geeignet sind, eine »Lernkultur« entstehen zu lassen. Vorgeschlagen wird, dass die Erzieherinnen mit den Kindern für das Projekt »Wir erkunden den Boden« ein »Forschungsloch« graben, um die Zusammensetzung der Bodenschichten zu erkunden. Für jedes Kind soll eine »Lernfortschrittsmappe« inklusive »Text-, Bild- und zum Teil auch Videoszenen« angelegt werden.

Zum Abschluss der mehrtägigen Exkursion erstellen die Erzieherinnen eine große Pinnwand. Alle Biotope und die wichtigsten Hintergrundinformationen sind hier festgehalten (Fotos, Zeichnungen, Beschriftungs-Texte etc.). Die Kinder besprechen ihre Ergebnisse mit Kindern aus anderen Gruppen und präsentieren sie selbstbewusst ihren Eltern.[22]

Die Fünf- und Sechsjährigen besprechen auf »Kinderkonferenzen« ihren Projektstatus. Besichtigungstermine – zum Beispiel in der örtlichen Kläranlage – vereinbaren sie selbsttätig per Telefon. Die Kinder machen außergewöhnliche Dinge mit originellen (englischen) Namen, lernen, ihre Ergebnisse und sich selbst in Szene zu setzen, und zeigen den stolzen Eltern im Rampenlicht, wie gebildet sie schon sind.

Brave New World. Dumm nur, dass in der Regel das Personal dafür fehlt.

Der Lehrer Sepp Fritsch glaubt, dass im Zuge dieser Förderprogramme die Ausbildung konkreter Alltagskompetenzen vernachlässigt wird. Zudem würden die Kinder daran gewöhnt, dass der Leistungsanreiz immer von außen, von den Eltern oder vom Lehrer, kommen müsse:

> Die Eltern machen mit ihren Kindern zu wenig normale Sachen, in den Wald gehen, eine Holzhütte bauen. Ich habe Kinder, die wissen den Unterschied zwischen Schraube und Nagel nicht. Die Eltern rennen mit den Kindern von Kurs zu Kurs, aber die Kinder lernen nicht mehr, aus sich heraus Motivation zu entwickeln.

Tatsächlich scheinen Alltagstechniken weniger Beachtung zu erfahren. So hat eine europaweite Studie ergeben, dass nicht einmal mehr jedes zehnte fünfjährige Kind in der Lage ist, seine Schuhbänder selbst zu binden. Die meisten Kinder tragen Schuhe mit Klettverschlüssen, die Schuhhersteller bringen nur noch selten Modelle mit Schnürsenkeln auf den Markt – auch, weil es keine Nachfrage dafür seitens der Eltern gebe.[23] Begründet wird diese Entwicklung mit dem Zeitmangel berufstätiger Eltern oder überarbeiteter Erzieherinnen. Vielleicht erscheint vielen das Schuhebinden aber auch nicht mehr wichtig genug. Sie legen den Fokus lieber auf die vermeintlich wichtigeren Kompetenzen in einer digitalen Welt.

Eine Umfrage unter 6 000 Müttern aus zehn Ländern kam zu dem Ergebnis, dass 30 Prozent der Kinder im Alter zwischen drei und fünf Jahren am Computer spielen oder ein Smartphone bedienen können. Schwimmen können nur 13 Prozent.[24] Nach einer DLRG-Studie aus dem Jahr 2017 sind in Deutschland 59 Prozent der Mädchen und Jungen keine sicheren Schwimmer, wenn sie die Grundschule verlassen. *Der Tagesspiegel* titelte im November 2020: »In Deutschland wächst eine Generation von Nichtschwimmern heran.«[25] Corona hat die Misere sicherlich verstärkt – und gleichzeitig zu einer Überbetonung digitaler Medien geführt.

Kein Wunder also, dass die Eltern wollen, dass der Nachwuchs schon möglichst früh Computerkenntnisse erwirbt. Die Erzieherin Andrea Hilt berichtet, dass der Kindergarten auf Wunsch der Eltern einen Kurs der »Schlaumäuse« von Microsoft veranstaltet hat. Diese Bildungsinitiative des Computerkonzerns hat bereits mehrere Preise gewonnen. Im Rahmen eines »Familientages« können sich Eltern mit der Lernsoftware vertraut machen, für die Kinder gibt es Spielangebote.

Das Bayerische Familienministerium empfiehlt in einer seiner Infobroschüren, bereits Drei- bis Vierjährige an die Interaktion mit dem Computer heranzuführen. Folgerichtig haben sämtliche Volkshochschulen Zehn-Finger-Computerschreiben für Dritt- und Viertklässler und PowerPoint für Fünftklässler im Programm. Da trainiert man dann, hübsche Bilder mit wenig Text zu gestalten und an die Wand zu werfen. Es lebe die Visualisierung.

Ein Musikinstrument zu erlernen gehört für fast alle Mittelschichteltern seit gut 20, 30 Jahren zu einer umfassenden Bildung dazu; Musikschulen vermelden seit Mitte der 1980er Jahre stetig steigende Mitgliedszahlen (bis zur Coronadelle). Hier dürfte der Diskurs um die intelligenzfördernde Bedeutung von musikalischer Erziehung eine Rolle gespielt haben. Dass es sich um ein schickes Instrument zu handeln hat, ist allerdings ein Anspruch, den es früher so nicht gegeben hat. »Statt Blockflöte soll es auch in der Bürgerlichen Mitte heute gerne die Violine, das Saxofon oder das Klavier sein.«[26]

Nach Angaben des Verbands deutscher Musikschulen lernte 1977 jeder dritte Musikschüler Blockflöte, bis in die 1980er Jahre war es das meistgelernte Instrument; heute sind es gerade mal

6 Prozent der Jungmusikanten, die zur Blockflöte greifen. Mittlerweile führen Klavier, Gitarre und Geige die Rangliste an. Bald wird wohl selbst das Schlagzeug beliebter sein als die Blockflöte.[27] Diese Entwicklung kann die Musiklehrerin Karin Bücher bestätigen. Während früher die Blockflöte ein klassisches Einstiegsinstrument gewesen sei, werde sie heute lächerlich gemacht:

> Die Blockflöte hat einfach einen schlechten Ruf. Die Leute kommen gar nicht mehr auf die Idee. Wir sind deshalb in diesem Schuljahr in die Grundschulen gegangen und haben direkt in den Schulklassen das Instrument vorgestellt. Und da haben ganz viele Kinder Lust bekommen, Flöte zu lernen. Das haben halt auch die Kinder direkt angeboten bekommen – ohne die Eltern.

Natürlich können es sich heute mehr Eltern leisten als in den 1980er Jahren, ihren Kindern ein Xylofon zu kaufen. Die müssen sich nicht mehr mit der Blockflöte begnügen. Aber auch in den Gesprächen mit den Müttern zeigte sich, dass die Blockflöte unattraktiv ist. Keine der Mütter zog sie ernsthaft in Betracht. Andere Instrumente scheinen ein besseres Image zu haben, stärker mit Kultur und Oberschicht assoziiert zu werden und auch repräsentativer für einen solchen Lebensstil zu sein: Es macht mehr her (und liefert schönere Fotomotive), wenn sich die Tochter bei einem Konzert an den Flügel setzt und nicht nur auf einer simplen Flöte bläst.

Diese Hintergründe müssen den Eltern gar nicht bewusst sein, dessen bin ich mir sogar ziemlich sicher. Aber es zeigt, wie sich im Zuge gesellschaftlicher Veränderungen – gestiegener Wohlstand, noch höhere Bewertung von Bildung, Wunsch nach sozialem Aufstieg, Orientierung an der Medienlogik – neue Leitbilder herauskristallisieren, die sichtbar werden: über das Klavier im Wohnzimmer, den Saxofonkasten im Flur, das WhatsApp-Profilbild von der Tochter als Solistin beim Muttertagskonzert. Die Eltern selbst begründen ihre Bemühungen stets damit, dass sie ihre Kinder fördern wollen. Bilden eben. Geht das mit der Blockflöte nicht?

Außergewöhnliche Bildungsinhalte können Eltern problemlos einkaufen. Oftmals implizieren diese Angebote, dass Lernen nicht anstrengend sein muss, dass es Spaß machen kann und dass es nach dem Kurs von alleine klappt mit der Bildungskarriere. Ausgefallene Konzepte haben Konjunktur: von »Brain Gym« über »Edu-Kinestetik« und »Superlearning« bis hin zu »Neurolinguistischem Programmieren« und »Feng-Shui im Kinderzimmer«. Englischkurs oder Tanzpädagogik im Kindergarten. Denn Eltern wollen sicher sein, dass sie alles getan haben um den Nachwuchs fit zu machen.

Kinderärzte stellen fest, dass Eltern gestiegene Ansprüche an die vorschulische Förderung haben und zum Beispiel darauf drängen, ein Rezept für eine logopädische Behandlung ausgehändigt zu bekommen.[28] Nach Angaben der AOK geht mittlerweile jeder vierte sechsjährige Junge zum Logopäden. Die Anzahl der Patienten unter 15 Jahren nahm zwischen 2007 und 2012 um 36 000 auf 193 000 pro Jahr zu. Mittlerweile hat ein Drittel aller Schulanfänger Sprachprobleme.[29] Die Logopäden glauben, dass früher nicht genug therapiert wurde. Kinderärzte dagegen meinen, dass oftmals übertherapiert werde – unter anderem, weil die Eltern kein Defizit übersehen wollen.

Die Sozialpädagogin Renate Hartberger beobachtet in ihrer Arbeit in der Lernpraxis, dass immer mehr Kinder eine Ergotherapie besuchen. Daran seien nicht zuletzt die Eltern schuld, die es nicht ertragen könnten, dass ihre Kinder Schwächen haben. Ein weiterer Faktor kommt in den Interviews am Rande zur Sprache: Die vielen täglichen Bespaßungsangebote – vom YouTube-Video auf dem iPad bis zum Basteln mit der Kunsttherapeutin – nehmen Kindern den Druck, komplexe Zusammenhänge artikulieren zu müssen. Sie sprechen einfach weniger, weil es nicht notwendig ist. Die Eltern sorgen dafür, dass sie ständig beschäftigt sind. Warum sollten sie vor sich hinplappern?

Medien: Ständige Begleiter mit diffusem Image

Plappern tun die anderen. Im Fernsehen, im Internet. Massenmedien gehören heute zum Alltag unserer Kinder. Von Anfang an. Vor allem deshalb, weil wir Eltern uns ununterbrochen mit ihnen beschäftigen. In 100 Prozent der deutschen Familien gibt es laut der KIM-Studie 2016 des Medienpädagogischen Forschungsverbunds Südwest mindestens ein Fernsehgerät, in 99 Prozent ein Handy oder Smartphone, 99 Prozent verfügen über einen Internetzugang, 99 Prozent über Computer/Tablet, 70 Prozent über eine Spielkonsole (und nur noch 33 Prozent haben eine Tageszeitung abonniert).[30] 71 Prozent der 6- bis 13-Jährigen nutzen das Internet, die beliebteste Seite ist YouTube.[31] Die dynamischste Entwicklung zeigt sich bei mobilen Geräten: Mittlerweile besitzt die Hälfte der Kinder dieser Altersgruppe ein eigenes Handy, 42 Prozent haben ein Smartphone. Aber obwohl wir nicht ohne Medien können (und wollen): Sie haben ein diffuses Image. Irgendwo zwischen bildungspolitischem Heilsbringer und gewaltverherrlichendem Verdummungsapparat mit Suchtpotenzial.

Gerade die Mittelschichteltern sind verunsichert. Sie wollen ihre Kinder auf die Anforderungen der vernetzten, globalisierten Welt vorbereiten und versorgen sie schon im Kindergartenalter mit pädagogisch wertvoller Lernsoftware. Zudem bietet das TV-Programm eine Möglichkeit, den Nachwuchs zu beschäftigen. Allerdings fürchten die Eltern die negativen Einflüsse, gerade auch die visuelle Kraft des zur Passivität verdammenden Fernsehens. Der Diskurs hat sie das Fürchten gelehrt.

Deshalb haben die drei von mir befragten Mütter angegeben, den TV-Konsum ihrer Kinder zu begrenzen. Allerdings ist Krankenschwester Katrin weniger restriktiv (oder ehrlicher), wenngleich sie sich der Gefahren des Fernsehens bewusst ist: »Wir haben darauf geachtet, dass Melanie erst ab vier Jahren geschaut hat. Es heißt ja immer, dass das für die kleinen Kinder schlecht ist.« Sportwissenschaftlerin Sabine versucht, die Fernsehzeit auf die Wochenenden zu beschränken, gibt aber zu, dass es eine große Erleichterung für sie ist, wenn die Kinder abends 20 Minuten vor dem Fernseher sitzen und sie in Ruhe die Küche aufräumen kann.

Interessant ist, dass die befragten Großmütter eine wesentlich weniger negativ gefärbte Einstellung haben. Sie geben an, ihren Töchtern das Fernsehen meist ohne Einschränkungen ermöglicht zu haben. Dass die heute ihren eigenen Kindern weniger Freiheiten einräumen, mag dem bildungsbürgerlichen Diskurs geschuldet sein. In puncto Internet und Smartphone sind die Ansichten dagegen nicht so eindeutig. Was ebenfalls am Diskurs liegen dürfte. Zwar versuchen die Mütter, den Kindern ein eigenes Smartphone zumindest bis zur fünften Klasse vorzuenthalten. Aber sie spüren den Druck, ihre Kinder an der Digitalisierung teilhaben zu lassen. Zumal sie sich selbst davon getrieben fühlen und das Smartphone auf sämtliche Bevölkerungsschichten einen großen Reiz ausübt.

Fakt ist: Es gibt in Deutschland kaum mehr ein Kind, das Mutter und Vater nicht ständig dabei beobachten kann, wie sie bzw.

er auf dem Smartphone herumtippt. Beim Spazierengehen, in der U-Bahn, im Wartezimmer vom Kinderarzt, auf der Couch. Das Sozialministerium Mecklenburg-Vorpommern hat deshalb im Rahmen der Kampagne »Medien-Familie-Verantwortung« Plakate drucken lassen zum Thema »Heute schon mit Ihrem Kind gesprochen?«. Darauf sind unter anderem Eltern zu sehen, die auf dem Spielplatz oder während des Essens mit dem Smartphone hantieren und nicht auf ihr Kind achten.

Erzieherinnen berichten, dass Eltern ihre Kinder nicht begrüßen, wenn sie sie vom Kindergarten abholen, weil das Handy gerade ihre ganze Aufmerksamkeit hat. Kein Wunder, dass das Smartphone auf den Nachwuchs eine große Anziehungskraft ausübt. Schon Kleinkinder wollen es den Eltern unbedingt nachmachen. Die geben oft nach, drücken dem Nachwuchs im Restaurant ein iPhone in die Hand, auf dem Zeichentrickfilme laufen. So lässt es sich ungestört essen. Die Kinder lernen: Wenn ich lange genug nerve, bekomme ich das Gerät und brauche mich nicht mehr zu langweilen, wenn sich die Erwachsenen unterhalten. Die Erwachsenen lernen: Wenn die Kinder das Handy bekommen, geben sie Ruhe. Und außerdem ist es doch toll, wenn ein Dreijähriger schon mit digitalen Geräten umgehen kann. Das wirkt putzig und verspricht Aufmerksamkeit. Ergebnis: Bereits in der Grundschule wünschen sich Kinder nichts sehnlicher als ein eigenes Smartphone.[32] Viele bekommen es.

Die KIM-Studie 2016 kommt zu dem Ergebnis, dass sich Kinder zwischen 6 und 13 mehr für ihr Smartphone interessieren als für Spielsachen, die Natur, Bücher oder das, was gerade in der Welt passiert.[33] Das Smartphone ist immer mit dabei, auch in der Schule. 18 Prozent ist es beim Autofahren mit den Eltern besonders wichtig, 16 Prozent, wenn sie mit den Eltern im Restaurant sitzen. Laut der KIM-Studie 2020 ist für 96 Prozent der

12- bis 13-Jährigen das Smartphone selbstverständlicher Alltags-begleiter.[34]

Dafür haben andere Freizeitbeschäftigungen an Bedeutung verloren. Während sich 1999 54 Prozent der Befragten täglich oder fast täglich mit Freunden trafen,[35] gilt das heute für 35 Prozent. Und vertrieben sich 1999 noch 17 Prozent ihre Freizeit mit Malen, Zeichnen oder Basteln, sind es mittlerweile 10 Prozent. Der Rückgang dieser Freizeitaktivitäten ist jedoch nicht – wie vielleicht zu vermuten wäre – auf eine stärkere schulische Belastung zurückzuführen. 1999 gaben 81 Prozent der 6- bis 13-Jährigen an, täglich oder fast täglich Hausaufgaben zu machen bzw. zu lernen. 2020 lag der Anteil bei 71 Prozent.

Interessant: Nichts tun, sich ausruhen wurde 1999 noch als Freizeitaktivität aufgenommen und immerhin von 10 Prozent der Kinder ausgeübt. In der aktuellen Befragung taucht diese Kategorie nicht mehr auf. Vielleicht, weil das in der medialisierten Gesellschaft gar nicht mehr möglich bzw. vorgesehen ist? Wenn es die Erwachsenen nicht aushalten, nur zwei Minuten am Bahnsteig zu warten, ohne das Smartphone zu zücken, wie sollte das den Digital Natives gelingen? Medienlogik rekurriert auf hohe Frequenzen, Produktivität, Aktualität, Unterhaltung. Ein Pausenbild wie im Fernsehprogramm der 1980er Jahre gibt es nicht mehr.

Freizeitaktivitäten bei 6- bis 13-Jährigen

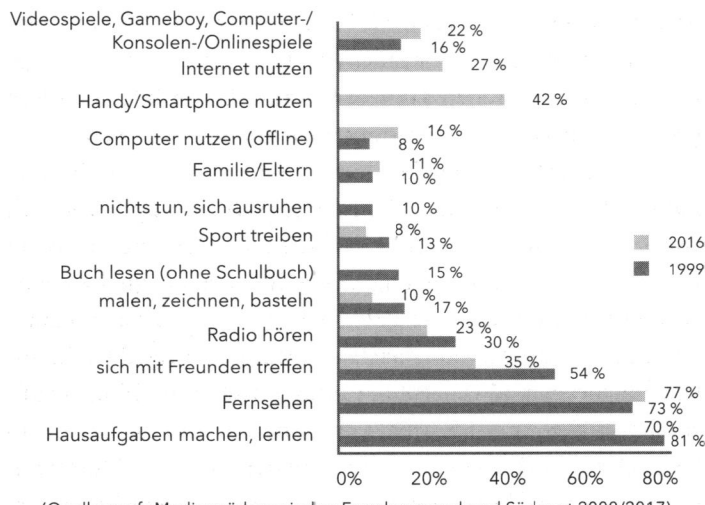

(Quelle: mpfs Medienpädagogischer Forschungsverbund Südwest 2000/2017)

Die Nutzung visueller Medien vereinnahmt einen Großteil der täglichen Freizeit von Kindern. Das Lesen von Büchern hat dagegen deutlich an Attraktivität verloren. Nur noch 16 Prozent lesen jeden oder fast jeden Tag. Gerade bildungsbürgerliche Eltern beobachten den Medienkonsum ihrer Kinder – immer mehr Internet, immer weniger Bücher – mit Sorge. Das mag nicht zuletzt mit dem Bildungsdiskurs in Zusammenhang stehen. Der verteufelt das Fernsehen und erklärt die »Lesekompetenz« zum Schlüssel für schulischen und beruflichen Erfolg.

Gerade Akademiker versuchen deshalb, die Mediennutzung ihrer Kinder zu kanalisieren. Es ist Teil ihres Selbstverständnisses, dass die »guten« Medien (zum Beispiel Bücher, Wissensmagazine für Kinder) den »schlechten« (vor allem Fernsehen) vorzuziehen sind. Also helfen sie dem Nachwuchs auf die Sprünge und besorgen ihm den »richtigen« Lesestoff, zum Beispiel *Geo-*

lino (der Anteil der mitlesenden Erwachsenen liegt laut Verbraucheranalysen bei rund 80 Prozent) oder *Dein Spiegel*, das Nachrichtenmagazin für Kinder (die laut Angaben des Verlages Gruner & Jahr zwischen 8 und 13 Jahre alt sind, aufs Gymnasium gehen und aus einkommensstarken Haushalten kommen).

Engagierte Eltern kaufen ihren Kindern Magazine, limitieren den Smartphone- und Fernsehkonsum – und grenzen sich von weniger bildungsaffinen Schichten ab. Das zeigt auch ein Ergebnis aus einer Erhebung des Medienpädagogischen Forschungsverbunds Südwest. Auf die Frage, auf welches Medium ihre Kinder ihrer Meinung nach am wenigsten verzichten könnten, antworteten 46 Prozent der Haupterzieher mit Hauptschulabschluss, aber nur 23 Prozent mit Abitur oder Studium »Fernsehen«. Dagegen glauben nur 33 Prozent der Väter und Mütter mit Hauptschulabschluss, dass ihre Kinder nicht ohne Bücher auskommen würden; das trifft für 56 Prozent der Mütter und Väter mit Abitur oder Studium zu.[36]

Die befragten Experten attestieren durch die Bank allen Kindern einen hohen Medienkonsum. Auch in der Mittelschicht. So berichtet die Grundschullehrerin Christine Rührmair

Durch das Fernsehen und die anderen neuen Medien sprechen die Kinder überall denselben Fernsehslang. Die haben denselben Wortschatz und kleiden sich auch gleich. Mir ist tatsächlich aufgefallen, dass die Medien selbst die kleinen Kinder schon stark prägen. Deshalb verwischen die Unterschiede zusehends.

Je älter die Kinder werden, desto mehr Raum nehmen Medien im Alltag ein. Mit 96 Prozent besitzt praktisch fast jeder 12- bis 19-Jährige ein eigenes Mobiltelefon, bei 94 Prozent handelt es sich um ein Smartphone.[37] 93 Prozent nutzen ihr Handy täglich, 89 Prozent das Internet. 66 Prozent sehen jeden Tag Videos im Netz, 45 Prozent sehen fern, 42 Prozent spielen digitale Spiele – 15 Prozent lesen ein Buch. Experten beobachten einen deutlichen Wandel im Freizeit- und Sozialverhalten der Jugendlichen. Gemeindejugendpfleger Ludwig Wörmann arbeitet seit 30 Jahren mit Jugendlichen und stellt frustriert fest:

> Früher sind die Jugendlichen vor allem zum Ratschen gekommen. Die wollten einfach zusammen sein. Da hatte keiner ein Handy. Fernsehen gab es auch nur selten, eigentlich nur, wenn wir zu WM oder EM gemeinsam Fußball angeschaut haben. Heute sind die 15 Kinostühle, die wir im Jugendtreff haben, oft voll belegt, aber keiner spricht. Die hocken alle vor ihrem Handy. Spielen, schreiben, schauen Fotos an. Wenn sie wenigstens gegeneinander spielen, dann haben sie noch ein kleines bisschen Kommunikation. Aber meistens ist es einfach still. Die sagen auch nicht hallo, wenn einer zur Tür reinkommt. Die reden einfach nicht miteinander. Vor 30 Jahren haben die Jugendlichen miteinander geredet.

Die Ansprüche der Jugendlichen an Abwechslung und Unterhaltung sind stark gestiegen. So erkennt Wörmann, dass sich die jungen Leute kaum mehr begeistern lassen, und führt diesen Wandel größtenteils auf den gestiegenen Medienkonsum zurück:

> Generell würde ich schon sagen, dass es immer mehr Action geben muss. Aber die sehen ja auch den ganzen Tag nichts anderes. Ein 15-Jähriger wird seit zehn Jahren jeden Tag von Fernsehen und Internet mit Werbung und sonsti-

gem Zeug vollgedröhnt. Und selbst wenn die Eltern lange versuchen, das Smartphone zu verhindern, dann wird er es brauchen, weil die anderen das alle haben und da ein Druck entsteht.

Viele Mittelschichteltern fürchten sich vor dem, was Wörmann beschreibt. Sie versuchen, ihre Kinder so lange wie möglich vor zu viel Fernseh- und Internetkonsum zu bewahren. Allerdings macht es ihnen der Diskurs nicht immer leicht. Zu viel Fernsehen gilt zwar als schädlich, die neuen Medien erscheinen dagegen zunehmend als alternativlos, wenn man im Zuge der Digitalisierung nicht abgehängt werden will.

So wird beispielsweise über den Einsatz von Smartphones im Schulunterricht heftig gestritten. Lehrer sind oft skeptisch, Politik und Wirtschaft halten aber nichts von einer handyfreien Schule, schließlich entscheide sich an der digitalen Bildung die Zukunftsfähigkeit des Standortes Deutschland. Ob das Smartphone tatsächlich hilfreich sein kann, Schülern mehr beizubringen, bleibt fraglich. Zumal viele Jungen und Mädchen ihr Gerät weniger zur gezielten Recherche als zum Verschicken von Textnachrichten sowie zur Nutzung von Spotify, TikTok, Instagram und YouTube zur Hand nehmen.[38]

Das Smartphone ist natürlich nicht unser Feind, es erleichtert ja vieles und bietet tolle Möglichkeiten. Aber es hilft, Alltag und Langeweile zu verknappen, sich ständig mit unterhaltsamen Inhalten abzulenken. Diese Inhalte folgen Mustern, die die Vorstellung von Realität beeinflussen. Kinder und Jugendliche wachsen mit dieser Form der Realitätskonstruktion auf. Sie werden sich gar nicht mehr vorstellen können, dass etwas von Interesse sein soll, das nicht originell aufgemacht ist oder besonders exklusiv ist. Zumal selbst Bildung nach diesen Mustern verfährt. Das trifft zunehmend auf eine der – neben dem Elternhaus – wichtigsten Bildungs- und Erziehungsorte überhaupt zu: die Schule.

Zwischen Kompetenzwettlauf und Edutainment – die Medialisierung der Schule

Auf unterhaltsame Weise leicht verdauliche Häppchen vermitteln, viel Abwechslung, kein Drill – so funktioniert Erziehung mittlerweile auch in der Schule. Wissen wird immer weniger wichtig, Kompetenzen sind gefragt. Der klassische Frontalunterricht hat ausgedient, zu langweilig, zu starr. Der Lehrer soll Moderator sein, sich zurückhalten, viele Angebote machen und ständig die Methode wechseln: Gruppenarbeit, Diskussion, Tafelbild, Videoeinspielung, Rollenspiel. Helmut Rührmair war 40 Jahre lang Gymnasiallehrer und sieht diese Entwicklung mehr als kritisch:

> Ich habe Referendare betreut. Was von denen in der Unterrichtsgestaltung verlangt wird, ist der Wahnsinn. Einen Riesenschmarrn sollen sie rundherum bauen, der eigentliche Unterricht wird in den Hintergrund gedrängt. Die Referendare werden angehalten, moderne Medien zu verwenden. Da werfen sie dann mit dem Beamer eine fertige Folie an die Wand, so dass die Schüler gar nicht mitdenken können. Wenn ich ein Thema Schritt für Schritt an der Tafel entwickle, haben die Schüler viel mehr davon.

Wenn die Schüler nicht aufpassen, wenn sie keine Lust auf Englisch oder Erdkunde haben, dann liegt es am Lehrer, der macht es nicht interessant genug. Ein Anspruch, der einen klaren Bezug zur massenmedialen Handlungslogik hat. Wenn du Quote generieren willst, dann mach es spannend.

Der Hype um die so häufig verlangten Kompetenzen – Globalisierung und Digitalisierung verlangen von der Wissensgesellschaft lebenslanges Lernen, so der Tenor – hat dazu geführt, dass sich zum Beispiel an der Universität Wien eine eigene Expertengruppe damit beschäftigt, die Kompetenzorientierung in der Lehrerausbildung zu stärken. Zu den 30 avisierten Kernkompetenzen zählen Innovationskompetenz, Reflexionskompetenz und sogar (kein Witz) Kompetenzorientierungskompetenz.[39]

Als besonders wichtig wird erachtet, Schülern beizubringen, ihre Lernergebnisse zu präsentieren. Der Lehrer verkümmert zum Moderator, zum Coach, seine Persönlichkeit tritt in den Hintergrund. Peter Euler, Pädagogikprofessor an der TU Darmstadt, spricht von »Fassadenkompetenz«: Es gehe in erster Linie darum, »Inkompetenz kompetent zu kompensieren«. Für Euler ist die zwanghafte Kompetenzorientierung ein Ergebnis universitären Wettbewerbs. Wissenschaftler müssten am laufenden Band etwas Neues kreieren, um Aufmerksamkeit (und Forschungsgelder) zu erhalten. Das führe zur »aufmerksamkeitsheischenden Platzierung neuer Begrifflichkeiten mit verdünnter Sinnsubstanz«.

Ob Lehrer und Schüler (bzw. das System Bildung) von den neuen Kompetenzen profitieren, bleibt zweifelhaft. Sämtliche befragten Experten attestierten einen deutlichen Qualitätsverlust in der Schulbildung. Selbst die Gymnasiasten würden eklatante Schwächen in Rechtschreibung, Leseverständnis und mathematischer Auffassungsgabe zeigen, ihre Arbeit aber ausgezeichnet präsentieren.

Es vergehe darüber hinaus kein Elternabend, bei dem nicht gefordert werde, den Lehrplan zu entschlacken. Die Kinder würden viel zu viel Unnützes lernen, das brauche später doch kein

Mensch. Gefordert wird nicht Bildung, sondern Verwertbares, Vorzeigbares. Deshalb können Oberstufenschüler heute ihr Abitur erwerben, indem sie im Rahmen von P(für Praxis)-Seminaren Eventkonzepte entwickeln und Beschilderungen für Wanderwege gestalten. Einen Text von mehr als 20 Seiten Länge empfinden sie dagegen als Zumutung.

Nein, ich bin kein Fortschrittsfeind – und doch halte ich die Digitalisierung der Schulen in vielen Bereichen für einen Irrweg. Vor allem, wenn so getan wird, als wären Tablets und Smartphones schon in der Grundschule alternativlos, um Kinder auf die Herausforderungen der Zukunft vorzubereiten. Das wichtigste Rüstzeug im globalen Wettbewerb – eigenständiges Denken und einen kritischen Geist – erwirbt man nicht beim Googeln. Und die Grundfertigkeiten der deutschen Sprache sowie die basalen Rechenregeln beherrschen viele Studierende schon heute nicht mehr – die exzessive Nutzung digitaler Medien wird das nur noch schlimmer machen.

Meine Haltung zu dem Thema mag mancher auf mein Alter zurückführen. Zugegeben, ich bin kein Digital Native. Es ist aber mitnichten der Fall, dass jüngere Generationen die Digitalisierung immer vorbehaltlos gutheißen. So berichteten mir vor kurzem einige Gymnasiasten, dass die PowerPoint-Schlachten, die vor allem Referendare in den Klassenzimmern abhielten, völlig sinnlos seien. Eine Folie nach der anderen werde abgehakt, und zwar so schnell, dass die vermittelten Inhalte gar nicht nachvollzogen werden könnten. Als Hausaufgabe gebe es dann irgendwelche Internet-Suchaufträge, die nur selten mit dem Gelernten in Verbindung gebracht würden, man drucke einfach aus, was Google als Erstes ausspucke. O-Ton einer Siebtklässlerin: »Unsere Lateinlehrerin erklärt neue Grammatik in Ruhe an der Tafel, Schritt für Schritt, so dass wir Zeit haben mitzudenken.

Und zum Schluss schreiben wir das Tafelbild ins Heft, da merkt man sich das Neue gleich.« Die Lateinlehrerin ist ein Kind der 1980er Jahre. Sie nutzt gelegentlich die Dokumentenkamera, zeigt mal ein Video über den Beamer. Aber PowerPoint-Schlachten hat sie nicht nötig. Und was soll ich sagen: Die Kinder lieben sie.

Kaum ein Beruf steht seit einigen Jahren so unter Beobachtung wie der des Lehrers. Dabei gilt der Lehrer des alten Schlags als Auslaufmodell. Der Diskurs will nun »Lernbegleiter«, die den Kindern zeigen, wie man mit dem iPad nach den wissenswerten Dingen des Lebens googelt. Sie sollen ihnen helfen, selbständig Bildung zu erwerben, die natürlich eine digitale ist. Frontalunterricht, das Abschreiben von Tafelbildern, das Zuhören, alles Blödsinn, da sind sich Bildungspolitiker und die entsprechende Journaille einig. Die Eltern sowieso. Ihren so besonderen Kindern steht schließlich ganz besondere, individuelle Betreuung zu. Das geht mit Frontalunterricht für alle schlecht zusammen.

Dabei bräuchten unsere Kinder heute kaum etwas so dringend wie gute Lehrer. Echte Lehrer, keine Lernbegleiter. Lehrer, die Begeisterung wecken. Lehrer, die ihnen Respekt abnötigen. Lehrer, die ihnen etwas beibringen, im besten Sinne. Aber anstatt sie hochzuhalten, die Achtung vor dem guten Lehrer, bezahlt man angestellte Pädagogen über den Sommer nicht, befristet sie ein ums andere Jahr, belastet sie mit ständig neuem bürokratischem Irrsinn und liefert sie den Anfeindungen der Eltern schutzlos aus.

Deshalb ist es Zeit für eine Liebeserklärung an den guten Lehrer. Hier kommt sie: Ich hatte während meiner 13-jährigen Schulzeit wundervolle Lehrer. Zum Beispiel eine starke, strenge, mutige Grundschullehrerin, die meine Eltern davon überzeugt hat, mich auf ein Gymnasium zu schicken. Einen humorvollen, belesenen, sehr bayerischen und sehr sozialdemokratischen Deutschlehrer, der mich Grammatik, Liebe zur Literatur und doppelbödige Witze gelehrt hat. Einen drahtigen Erdkundelehrer, der mit seinem Elan die ganze Welt ins Klassenzimmer geholt hat. Einen umfassend gebildeten Englischlehrer, der uns die britische Lebensart nahebrachte und an dem wir uns wunderbar reiben konnten. Ich würde gerne alle erwähnen, aber das würde den Rahmen sprengen. Ihnen allen möchte ich von Herzen danken. Und auch den schlechten Lehrern möchte ich danken. Denn es werden uns immer Menschen begegnen, die uns ungerecht behandeln, uns langweilen, uns anfeinden, uns unsympathisch sind. Dennoch müssen wir lernen, mit ihnen auszukommen. In diesem Sinne ist die Schule ebenfalls eine echte Vorbereitung auf das Leben.

Eigentlich ein Aufreger, aber keiner erfährt davon, denn das Thema landet nicht in den etablierten Medien: Die Leistungstabellen bei den Bundesjugendspielen wurden angepasst, damit die Zahl der vergebenen Ehrenurkunden gleich bleibt – obwohl die Schüler immer unsportlicher sind. Sie springen nicht mehr so weit und laufen nicht mehr so schnell wie vor 30 Jahren. Damit das keiner merkt, reichen jetzt weniger Punkte, um eine Ehrenurkunde zu bekommen. Für mich ist das Trickserei der übelsten Sorte. Die Sportlehrer schütteln den Kopf, aber keiner traut sich anzugehen gegen ein System, das den systematischen Leistungsabfall unserer Kinder verschleiert.

Ein weiteres Beispiel: Eine Studie hat ergeben, dass Grundschüler heute wesentlich mehr Rechtschreibfehler machen als noch vor 20 Jahren. Aber schon taucht ein Experte auf, der behauptet, das sei gar nicht schlimm, denn die Kinder könnten sich heute besser ausdrücken, richtig schreiben müsse man nicht unbedingt können. Einspruch: Meine Interviews mit Pädagogen haben ergeben, dass heutige Kinder in praktisch allen Bereichen schlechter abschneiden als Altersgenossen in den 1980er Jahren – nur präsentieren können sie sich besser. Dank sei der Digitalisierung. Sie bringt Selbstdarsteller erster Güte hervor, die von Rechtschreibung und Dreisatz keine Ahnung haben. Halleluja.

Jutta Dreßler war 40 Jahre lang Lehrerin und zieht das Fazit: »Das Niveau sinkt.« Jugendliche, die heute mit einer 2,0 die Schule verlassen, seien nicht so gut wie Schüler, die vor zehn Jahren eine 2,5 hatten. Die Abkehr vom Frontalunterricht habe dazu geführt, dass junge Lehrer zwanghaft versuchen würden, jeden Inhalt mit einem Projekt oder einem Event zu verbinden. »Da werden noch in der zehnten Klasse Vokabelübungen veranstaltet, indem man Stuhl für Stuhl vorrückt. Das ist doch albern.«

Die Allgemeinbildung sei verloren gegangen, viele Schüler könnten wunderbar im Internet recherchieren, wüssten aber nichts mit den Informationen anzufangen, weil sie nur am Handy hängen und das Wissen nicht hinterfragen würden. Jutta Dreßler leidet unter diesen Entwicklungen und kann sich nicht erklären, warum sich die Gesellschaft so verändert hat. »Ich glaube, es hat schon mit Medien und digitaler Nutzung zu tun.« Das glaube ich auch.

Die Politik will möglichst vielen Bevölkerungsschichten eine akademische Bildung ermöglichen und wertet die gestiegenen Studentenzahlen als Erfolg. Zumal die OECD (Organisation für wirtschaftliche Entwicklung und Zusammenarbeit) Deutschland in der Vergangenheit stetig dazu ermahnt hat, den Anteil an Akademikern zu erhöhen. In anderen Industrieländern schlössen wesentlich mehr Menschen ein Studium ab. Eine Konsequenz: Die Berufsausbildung verliert an Wert, Unternehmen fehlt es an Nachwuchs. Eine weitere: Damit mehr Jugendliche die Hochschulreife erreichen, sind die Anforderungen gesunken. So ist Gymnasiallehrer Helmut Rührmair überzeugt, dass das Abitur leichter geworden ist. Trotz G8, wo alle Mathe machen müssen. Im alten Kurssystem ist man im Leistungskurs sehr in die Tiefe gegangen und hat wirklich eine Menge gelernt. Natürlich hängt viel an der Lehrerperson. Aber wenn Lehrer und Schüler sich gemeinsam an ein Problem machen, dann spürt man, dass das Spaß machen kann. Das habe ich öfter in der Abiturzeitung gelesen, dass die Schüler im Leistungskurs gemerkt haben, dass Mathe Spaß machen kann. Diese Erfahrung machen die Schüler heute definitiv nicht mehr. Weil es ja immer nur pressiert.

Auch Lehrer Sepp Fritsch stellt fest, dass die Leistungsfähigkeit seiner Schüler in den letzten Jahren stark abgenommen hat:

Bei den Proben, die ich vor 20 Jahren in der fünften oder sechsten Klasse geschrieben habe, würden heute alle durchfallen. Normale Alltagsprobleme zu lösen fällt den Schülern sehr schwer. Ein Beispiel: In einer Matheprobe kommt ein Schüler auf die Antwort »Das Haus kostet 16,90 Euro«. Der Schüler macht sich keine Gedanken, dass das ein unsinniges, unrealistisches Ergebnis ist. Wir müssen die Proben also leichter machen.

Das sinkende Niveau scheint die meisten Mittelschichteltern allerdings nicht zu interessieren. Die vom Soziologen Heinz Bude attestierte »Bildungspanik«[40] hat sie erfasst, sie wollen für ihren Nachwuchs den höchstmöglichen Abschluss. Koste es, was es wolle. Andrea Spude, bis 2016 stellvertretende Vorsitzende im Bundeselternrat, beobachtet, dass Eltern selten eine Solidargemeinschaft bilden, sondern sich nur für ihr eigenes Kind einsetzen:

Eltern wollen alles wissen, was die Schule betrifft, und haben eine starke eigene Meinung dazu, sind aber eigentlich nur daran interessiert, was für ihr eigenes Kind gut ist. Dabei übersehen sie immer öfter, wo die Grenze liegt, wo Eltern eben keine Experten mehr sind. Wo sie zum Beispiel ihre eigene pädagogische Kompetenz überschreiten. Eltern können immer weniger akzeptieren, dass es Vorgaben von der Schule gibt.

Gerade in Bundesländern wie Bayern, in denen der Übertritt auf eine weiterführende Schule vom Notendurchschnitt in der vierten Klasse abhängt, beginnen Eltern früh, ihr Kind auf Leistung zu polen. Der Markt hilft ihnen dabei. Verlage geben Magazine rund um das Thema Schule heraus, inklusive Tipps für mehr Motivation oder den perfekten Lernplan fürs zweite Halbjahr (zum Beispiel *Schule* oder *Schule + Familie*). *Eltern family* will Müttern und Vätern mit Rat und Tat zur Seite stehen, während sie ihr Kind durch die vierte Klasse begleiten, und lässt in einer Reportage eine Mutter zu Wort kommen, die im Übertrittswahnsinn kurz vor einem Nervenzusammenbruch steht.

Vielleicht würden gerade die Mütter nicht so nervös werden, wenn nicht ständig davon die Rede wäre, dass sie so nervös seien? Um ihre Nervosität zu beruhigen, greifen sie zu allem, was der Bildungsmarkt hergibt. Duden, Klett, Carlsen, Cornelsen und Westermann produzieren Tausende von Übungsbüchern und -blöcken, sogar schon für Vorschulkinder. Online-Anbieter wie *Schule mit Erfolg* bieten Übungsproben für Deutsch, Mathe, Heimat- und Sachunterricht im Jahresabo zum Download an. Lernpraxen haben Aufsatztrainings im Programm, und zur Not muss ein Nachhilfelehrer her. Einer Studie der Bertelsmann Stiftung zufolge investierten Eltern 2016 knapp 900 Millionen Euro in private Nachhilfestunden,[41] 2018 war von einer Milliarde die Rede.[42] Tendenz steigend. Viele Mütter fühlen sich in die Rolle der »Hilfslehrerin« gedrängt.

Gleichzeitig klagen die Eltern über den großen Leistungsdruck in den Schulen, den sie für unverhältnismäßig halten. Was besonders interessant ist: Einer Studie der Gesellschaft für Konsumforschung (GfK) zufolge klagen Ein-Kind-Eltern besonders häufig über den Leistungsdruck in den Schulen (58 Prozent, bei Zwei-Kind-Familien 45 Prozent).[43] Vielleicht, weil das Einzelkind das Abitur in jedem Fall schaffen muss? Der Diskurs macht die Hochschulreife mittlerweile zum Standard. So findet sich auf der Titelseite des Münchner Familienmagazins *Kitz* eine Ankündigung für die Bildungstage München unter dem Motto »Von der Krippe bis zum Abitur«. Das ist die Normalbiografie unserer Kinder.

Die Grundschullehrerin Christine Rührmair stellt fest, dass schulfähige Kinder zurückgestellt werden, weil die Eltern glauben, dass das Kind dann leistungsfähiger ist und bessere Chancen hat, auf ein Gymnasium zu kommen. In der dritten und vierten Klasse werde um Zehntelnoten gefeilscht, damit der Schnitt für den Übertritt passe. Im Unterricht würden die Kinder erzählen, welchen Druck die Eltern zu Hause ausüben.

Die Tanzlehrerin Christina Ashton berichtet von Eltern, die ihre Kinder vom Ballett abmelden, weil der Übertritt anstehe und keine Zeit für Hobbys mehr bleibe.

Heinz Reinders, Professor für Empirische Bildungsforschung an der Universität Würzburg, kommt in seiner vergleichenden Studie zur Stressbelastung bayerischer und hessischer Schüler (in Hessen existiert lediglich eine unverbindliche Übertrittsempfehlung) zu dem Schluss, dass die Stressbelastung in Bayern deutlich höher liege. »Immerhin bei 16 Prozent der bayerischen

Viertklässler ist die Stressbelastung so hoch, dass im Grunde eine Gefährdung des Kindeswohls nicht mehr weit entfernt ist.«

Also weg mit der bindenden Schulempfehlung? Dafür gäbe es viele Befürworter, zumal der Vorwurf erhoben wird, die frühe Aufteilung der Kinder auf die Schularten unterstütze die soziale Selektion. Bildungsfernere Schichten würden benachteiligt, weil sie ihre Kinder nicht entsprechend unterstützen könnten. Erziehungswissenschaftler Klaus Klemm hält dagegen: »Je bildungsnäher eine Familie ist, desto größer ist die Wahrscheinlichkeit, dass sich Eltern über die Empfehlung des Grundschullehrers hinwegsetzen. Das Ärzteehepaar wird seine Kinder also mit größerer Wahrscheinlichkeit aufs Gymnasium schicken, auch wenn die Grundschule sie dafür nicht für geeignet hält.« Eltern aus dem Arbeitermilieu oder mit Migrationshintergrund würden die Bewertung der Schule dagegen kaum in Zweifel ziehen.

Falls es nicht reibungslos klappt mit dem Übertritt, versuchen die Eltern nach Erfahrung von Lehrer Sepp Fritsch andere Wege zu gehen:

> Ständig lässt sich irgendein Schüler auf Legasthenie testen, weil er damit einen Vorteil in Deutsch hat. Denn wenn er da eine anerkannte Schwäche hat, dann muss er sich ja nicht mehr anstrengen.

Eltern, deren Kinder den Übertritt nicht gleich nach der Grundschule schaffen, würden das als Niederlage werten, aber dahingehend umdeuten, dass sie ihre Kinder schützen wollen:

> Die kommen nach zwei Monaten und wollen wissen, was sie tun müssen, damit das Kind es aufs Gymnasium schafft. Sie hätten ihm jetzt den Übertritt nach der vierten Klasse

erspart, weil sie ihm das Jahr noch gönnen wollen. Aber jetzt soll es halt was werden, und ich soll das wissen. Und bei einer befreundeten Nachbarin bekommt er übrigens Nachhilfe. So läuft das. Einen ehrlichen Rat wollen die nicht hören. Die sagen mir, was sie mit dem Kind vorhaben.

Die Sozialpädagogin Renate Hartberger hat erlebt, dass sich Eltern nicht trauen zu erzählen, dass es ihr Kind nicht aufs Gymnasium oder die Realschule schafft – vor allem, »weil die Reaktionen des Umfelds so negativ sind«. Je höher die Schicht, desto wichtiger sei es, das Kind auf die »richtige« weiterführende Schule zu bringen: »Im Extremfall werden die Anwälte eingeschaltet, oder das Kind kommt auf eine Privatschule.« Die Stärken und Schwächen des Kindes würden nicht mehr beachtet, Ziel sei eine akademische Laufbahn, egal, ob das zu dem Kind passe oder nicht.

Dabei ist das Gymnasium kein Garant mehr für beruflichen und sozialen Aufstieg – es gibt mittlerweile einfach zu viele Abiturienten, als dass das noch etwas Besonderes wäre. Während 1970 nur 11,1 Prozent des Jahrgangs die allgemeine Hochschulreife oder Fachhochschulreife erreichten, waren es 2019 bereits 50,6 Prozent.[44] Und die Noten werden immer besser: Bestanden im Jahr 2006 deutschlandweit 14 999 Abiturienten die allgemeine Hochschulreife mit einem Notenschnitt bis 1,4, waren es 2017 bereits 27 748. Die Höchstnote 1,0 erreichten im Jahr 2017 mit 5 769 mehr als doppelt so viele Abiturienten wie im Jahr 2006 mit 2 529.[45]

Immer mehr Abiturienten in Deutschland haben einen Durchschnitt mit einer Eins vor dem Komma. Laut einer Umfrage der *Rheinischen Post* traf das 2018 auf jeden vierten zu (25%), 2008 noch auf jeden fünften. Im Coronajahr 2020 gab es in vielen

Städten Alltime-Bestschnitte, in Freising bei München war etwa jeder Dritte ein Einser-Abiturient (ein Schelm, der denkt, man habe die Schnitte geschönt, um keine Zweifel an den Schulschließungen aufkommen zu lassen).

Die viel beklagte und doch von der Politik zumindest geduldete (weil von den wählenden Eltern gewollte) Noteninflation hat gravierende Nachteile. Eine wirklich ausgezeichnete Leistung hebt sich als solche kaum mehr ab. Auch nicht an den Hochschulen, die ihrerseits – nicht in allen, aber in vielen Studiengängen – überwiegend Einser und Zweier vergeben, da selbst die vermeintlich gute Zwei bisweilen heftige Reaktionen der Studenten hervorruft. Diese sind es nicht gewohnt, durchschnittlich oder (Gott bewahre) schlechter bewertet zu werden. Dabei kommen sie in der Regel besser weg, als sie es eigentlich verdient haben. Das ist vor allem für die Wirtschaft eine schlechte Nachricht, weil das Notenbild bei der Bewerberauswahl an Aussagekraft verliert.

Aber auch eine andere Gruppe gehört zu den Verlierern der Einser-Schwemme: die Eltern der aktuellen Schüler- und Studentengeneration. Ein Beispiel: Eine Mutter erzählte mir, dass sie aus Interesse einen Blick in ihr Abitur-Zeugnis (dieses dürfte aus den 1990er Jahren gewesen sein) geworfen habe. Was sie da lesen musste, erschütterte sie zutiefst, stand da doch eine Drei neben der anderen. O-Ton: »Mir war gar nicht bewusst, wie schlecht ich war.« Vor dem Hintergrund der derzeit vergebenen vielen guten Noten entwertet eine erfolgreiche Frau nachträglich ihren Bildungsabschluss. Dabei war ihr Durchschnitt vor 30 Jahren völlig in Ordnung und ermöglichte ihr das Studium an einer renommierten Universität.

Was für Akademiker noch erträglich ist, kann für die vielen Eltern, die an einer Haupt- oder Realschule einen Abschluss gemacht haben, den reinsten Frust bedeuten. Wer mag vor dem eigenen Kind (oder anderen) schon zugeben, dass es bei der Mittleren Reife nur zu einer 2,5 gereicht hat, während heute ein Abiturient mit einer vergleichbaren Note als Versager dasteht? Wer tatsächlich glaubt, die Schüler seien so viel klüger oder »zielstrebiger« (Ilka Hoffmann, Schulexpertin der Lehrergewerkschaft GEW) als ihre Eltern, verschließt die Augen vor dem schleichenden Qualitätsverlust. Und entwertet seinerseits die elterlichen Bildungserfolge. Zumal das Abitur alleine nicht gewährleistet, dass der Nachwuchs aus der Masse heraussticht. Distinktionsorientierte Eltern suchen deshalb nach Alternativen.

Waldorfschulen können so eine Alternative sein. Ein wachsender Anteil bildungsbürgerlicher Familien will, dass sich ihre Kinder nicht nur Fachwissen aneignen, sondern sich mit Tanzesoterik und Gartenbau befassen. Sogar technikaffine Mütter und Väter aus dem Silicon Valley schicken ihre Kinder auf Waldorfschulen. Was sich als Irrweg im globalen Wettbewerb anhört – wie will man mit Hilfe des Sonnengrußes schon polyglotte Chinesen ausstechen? –, scheint an Popularität zu gewinnen. Und zwar, weil es Grund zu der Annahme gibt, »dass die Karriereaussichten für Waldorfabsolventen gut sind – nicht, weil die Waldorfschule besser ist, sondern deswegen, weil sie anders ist«[46].

Anders sein, originell sein, besonders sein – das ist immer gut. Simone Maier hat in ihrer Untersuchung zur Medialisierung des Managements festgestellt, dass Führungskräfte nicht mehr nur anhand ihrer fachlichen Fähigkeiten beurteilt werden. Wer erfolgreich sein will, muss ein guter Selbstdarsteller sein und das Besondere in seiner Persönlichkeit akzentuieren – nur so gewinnt er die Aufmerksamkeit der Entscheider.[47]

Exklusivität und Originalität versprechen Aufmerksamkeit, wo Bildungseinheitsbrei und Noteninflation keinen Raum mehr lassen, sich hervorzutun Das hat die Wirtschaft natürlich ebenfalls erkannt. Immer mehr private Träger drängen auf den Bildungsmarkt und versuchen, sich voneinander abzuheben. Mit besonderen pädagogischen Konzepten oder neuartigen Studiengängen – wer konnte vor 30 Jahren schon von sich behaupten, nach dem Abschluss an einer Montessori-Schule Automobilmanagement zu studieren? Seit dem Schuljahr 1992/93 ist die Zahl der Privatschulen von 3 232 um 80 Prozent auf 5 811 gestiegen. In Berlin besuchten im Schuljahr 2018/19 12 Prozent aller Kinder und Jugendlichen eine Privatschule (2014/15: 10 Prozent), zehn Jahre zuvor waren es gerade mal 5,4 Prozent.[48] In Bayern liegt der Anteil bei 11,7 Prozent.[49]

Eltern ahnen, dass bei so vielen Mitbewerbern das Abitur den beruflichen Erfolg nicht mehr garantieren kann, und setzen nach Erfahrung der langjährigen Elternvertreterin Andrea Spude auf ein vielschichtiges Förderprogramm:

> Die Eltern wollen ihr Kind unbedingt aufs Gymnasium schicken, aber da muss auch Zeit sein für einen Auslandsaufenthalt, ein Englisch-Zertifikat, Sport und ein Musikinstrument. Das Kind soll also ganz breit aufgestellt sein, möglichst viele verschiedene Sachen machen, aber trotzdem leistungsorientiert zum Abitur. Und deshalb ist ihnen dann das G9 lieber, weil da mehr Platz für solche Aktivitäten ist.

Die Kinder werden auf diese Weise von Anfang an darauf getrimmt, bloß nichts Sinnfreies zu tun. Keine Zeit vertrödeln, immer hübsch effizient sein. Einen Lebenslauf zusammenbasteln, der sich von anderen abhebt und vielleicht einen kleinen Wettbewerbsvorteil verspricht. Freigeister kommen bei dieser Erziehung allerdings kaum mehr heraus. Gymnasiallehrer Helmut Rührmair musste im Laufe seiner 40 Dienstjahre mit ansehen, wie die »Revoluzzer« ausgestorben sind.

> Ich habe als Kollegstufenbetreuer viel mit den Abiturienten zu tun gehabt. In den Anfangsjahren waren die sehr unangepasst. Die haben auch mal bei der Abiturfeier eine so aggressive Abiturrede gehalten, dass die Feier quasi geplatzt ist. Die späteren Abiturjahrgänge waren sehr angepasst, vor allem an Leistung und Berufsorientierung interessiert. Die hatten zu wenig Saft. Natürlich waren die Revoluzzer in den 1980er Jahren schwieriger, aber die haben mehr hergegeben. An denen hat man sich noch reiben können.

Diese Erfahrung hat die wesentlich jüngere Gymnasiallehrerin Eva-Maria Schäffer ebenfalls gemacht: »Wenn man mal eine Diskussion starten will, versandet das schnell. Wichtig ist den meisten Schülern: mit wenig Aufwand gute Noten.« Aktuelle Abiturientenjahrgänge wollen sich nicht mehr reiben. Sie wollen ein möglichst gutes Zeugnis, damit sie auf eine möglichst gute Uni kommen. Und dort sind sie dann wieder angepasst und feilschen um jede Zehntelnote.

Die Hochschuldozentin Christiane Florin hat es mit Studenten zu tun, »die das Streiten verlernen«, »klare Arbeitsanweisungen wollen« und »Bildung als Druck empfinden, nicht als Freiheitsversprechen«. Noten haben ihrer Erfahrung nach eine immer größere Bedeutung, obwohl sie immer weniger aussagen: »Wir erleben eine Inflation von guten Noten, auch an den Universitäten. Schon bei einer Zwei minus müssen Sie mit Beschwerden rechnen, eine 2,7 empört die Studierenden mehr als jedes Unrechtsregime.« Florin erlebt bei den jungen Menschen einen großen Druck, »unverwechselbare Lebensläufe« zu produzieren (zum Beispiel indem man eine Zusatzqualifikation nach der anderen erwirbt), die »diffusen Perfektionsansprüchen« folgen. Auf Seiten der Universitäten und Lehrenden stellt sie die Tendenz fest, den Studenten Inhalte mundgerecht aufzubereiten, sie mit Infokästen zu füttern, anstatt auf die einschlägigen Texte zu verweisen. Oder wie die frühere Verlagsleiterin Christine Kluge es nennt: Es braucht »bits and pieces«. Schließlich will man Orientierung liefern, keine Anregungen zum eigenständigen Denken.

Das Buhlen um den Schüler – und Aufmerksamkeit

Dazu passt, dass das Kind, der Schüler, von Anfang an im Zentrum steht. Seine Individualität gilt es zu beachten, seine Motivation zu wecken. Lob und Bestätigung, kaum Kritik. Schon in der Grundschule bekommt jeder Hefteintrag einen Smiley oder ein Fleißbildchen, selbst wenn die Schrift kaum zu entziffern ist. Für jeden noch so kleinen Meilenstein gibt es eine Urkunde, die man zu Hause vorzeigen kann. Seit einigen Jahren wird in den bayerischen Grundschulen auf Noten in den Zwischenzeugnissen verzichtet; dafür soll der Lehrer den Schüler in Lernentwicklungsgesprächen auf individuelle Stärken und Schwächen hinweisen. Wobei die Stärken zu betonen sind. Alles andere lässt sich fördern. Die Lehrerin Jutta Dreßler sieht diese Entwicklung mit Sorge:

> Die jüngere Generation bekommt immer gesagt, dass sie alles toll macht. Die Kinder kommen in die siebte Klasse, sind nur gestreichelt worden und in Watte gepackt. Das wird echt schwierig. Sie haben nicht gelernt, sich mit negativen Erlebnissen auseinanderzusetzen. Man muss einem

Kind auch mal deutlich sagen: So wirst du keinen Erfolg haben.

Vor 30 Jahren veranstalteten Gymnasien Infoabende, um den Eltern einen Einblick in das pädagogische Konzept der Schule zu geben. Das genügt nicht mehr. Heutzutage organisieren sie darüber hinaus Events, um sich professionell in Szene zu setzen. So bieten alle 38 öffentlichen Gymnasien in München Viertklässlern ein abwechslungsreiches Programm, von der Schulhausrallye über Schnupperstunden bis hin zu kleinen künstlerischen Einlagen. Das Wilhelmsgymnasium etwa hat 2015 Leonardo da Vincis »Letztes Abendmahl« nachgestellt. Dafür bauten sie am Eingang der Schule eine lange Tafel auf und servierten, in Togas gewandet, Traubensaft. Im Physiksaal wurde »Griechisch für Viertklässler« angeboten. Direktor Michael Hotz persönlich brachte den kleinen Besuchern in 30 Minuten bei, ihren Namen in griechischen Großbuchstaben zu schreiben, denn »Erfolgserlebnisse sind wichtig und bringen Spaß ins Lernen«.

In einer Kleinstadt im Umland von München buhlen die drei ortsansässigen Gymnasien ebenfalls um die Gunst der Schüler (bzw. der Eltern). Im Rahmen einer Modenschau werden T-Shirts und Pullis mit schuleigenem Logo präsentiert, die Cheerleadergruppe tritt auf, der Chor singt, Tutoren basteln mit dem Nachwuchs kleine Wachstafeln oder mischen essbare Knete zusammen. Überall sind Pinnwände aufgebaut, die das bunte Schulleben illustrieren sollen, von den Fahrten nach Paris und Rom über den Wahlkurs Robotik bis zum Projekt »Schule ohne Rassismus«. Die Eltern erkundigen sich nach dem Programm der Ganztagsklasse, freuen sich über viele Wahlfächer und gesundes Mensaessen und fotografieren die Klassenzimmer. Schön soll sie sein, die Schule, und was bieten.

Aber warum treiben die Gymnasien diesen Aufwand? Es wollen doch eh alle das Abitur. Warum dieser öffentlichkeitswirksame Konkurrenzkampf? Einerseits fühlen sich die Gymnasien tatsächlich unter Druck gesetzt. Viele Eltern halten die Realschule für eine stressfreiere Alternative (zumindest in Bayern). Sie schicken ihre Kinder mit der Mittleren Reife auf die Fachoberschule, ersparen ihnen die zweite Fremdsprache und ermöglichen ihnen dennoch ein Studium.

Eine Direktorin spricht deshalb davon, dass die Realschulen den Gymnasien den Rang ablaufen könnten. Und weil es die Eltern sind, die darüber entscheiden, welche Schule Sohn oder Tochter besuchen soll, muss man die davon überzeugen, dass die jeweilige Lehranstalt etwas ganz Besonderes ist. Der Gymnasiallehrer Helmut Rührmair bezieht sich darüber hinaus auf den demografischen Wandel, der dazu führe, dass die Schülerzahlen an seiner Schule kontinuierlich zurückgehen. Nicht zuletzt macht er aber die auf Öffentlichkeit gepolten Schulleiter verantwortlich:

> Vielleicht liegt es mehr an den Leuten, die sich für einen Schulleiterposter bewerben. Das sind Leute, die in einer bestimmten Weise strukturiert sind. Die wollen sich profilieren, und da gehört eben eine gute Presse dazu.

Es könnte sein, dass die Verantwortlichen das Gefühl haben, im Gespräch bleiben zu müssen, sich präsentieren zu müssen, weil eine massenmedial geprägte Gesellschaft es nicht verzeiht, wenn man unter dem Radar fliegt. Dabei ist das alljährliche Schaulaufen mit Stress verbunden. Es wird viel Energie in die Außendarstellung gesteckt, die an anderer Stelle fehlt.

Das gilt auch für die von den Schulen herausgegebenen Jahresberichte. An einem oberbayerischen mathematisch-naturwissenschaftlichen Gymnasium umfasste das Heft 1993 genau 192 Seiten, die Bilder waren schwarz-weiß, die Kategorien grob (Schulgemeinschaft, Daten & Fakten, Schwerpunktthema Heimat, Berichte der Fachschaften & Gremien, Highlights, Die letzten Seiten), die Texte nüchtern. 2016 hatte der Jahresbericht 264 Seiten und Bilder im Vierfarbdruck. Die Fachschaften präsentieren sich mit vielfältigen Aktivitäten (zum Beispiel MINT meets modern poetry) und Wettbewerben (zum Beispiel Känguru-Mathe-Wettbewerb), von der Lesenacht über die Erfinderwerkstatt bis hin zu Fair Trade im Englischunterricht. Die Texte sind locker geschrieben, aber knapp gehalten, Illustrationen und Fotos überwiegen oftmals deutlich.

Während 1993 nur über Schülerfahrten, Studientage und musische Veranstaltungen berichtet wurde, nehmen allein die Events der Schülermitverwaltung 2016 acht Seiten ein: Projekttage mit dem Motto »Wetten, dass ...?«, Laufen für einen guten Zweck, Volleyballturnier, Nikolausbesuch in den fünften Klassen, Weihnachtsbasar, Dinner & Dance, Casinoabend, Rosenaktion zum Valentinstag, Weißwurstfrühstück für alle Schüler, Kochkurs, Sommerfest und »Jociety«. Die Botschaft: Bei uns ist immer was los, viele Höhepunkte, keine Langweile. Wir sind ein außergewöhnliches Gymnasium.

Werbung in eigener Sache. Die betreibt natürlich auch das Bayerische Kultusministerium. Es gibt mit *Schule & Wir* seit 1972 eine Zeitschrift für Eltern und Lehrkräfte heraus. Während es in den Anfangsjahren um Strukturthemen ging, zum Beispiel den Lehrermangel (1973) oder den Umbau der bayerischen Hochschullandschaft (1980), und durchaus kontroverse gesellschaftspolitische Themen aufgegriffen wurden (zum Beispiel der Einfluss der Lehren von Marcuse auf die Jugend; 1977), steht heute die öffentlichkeitswirksame Präsentation besonderer

Projekte im Vordergrund. Kontroverses kommt nicht mehr vor. Dafür viele frohe Botschaften über die Erfolge des bayerischen Schulsystems. Die Beiträge drehen sich um Grundschüler, die am bundesweiten »Vorlesetag« und an »Lese-Kick-Workshops« teilnehmen (selbstverständlich bestätigt *PISA* den Erfolg der Leseförderung), Realschülerinnen, die den Zustand der Gewässer analysieren, oder Gymnasiasten, die »physikalische Gesetzmäßigkeiten (seifen-)hautnah erleben«, indem sie sich in Riesenseifenblasen einweben, und einen »Pythagoras zum Aufessen« zusammensetzen.

Schulen, die abwechslungsreiche Programme durchführen, können sich – »eine Besonderheit in Bayern« – als »MINIPHÄNOMENTA-Schule« auszeichnen lassen, »ein in Deutschland bisher einmaliger Titel«. Keine Ausgabe ohne Berichte über Events oder Wettbewerbe (für die respektvolle Schule, für die MINT-Schule, für die umweltbildende Schule, natürlich inklusive Fotos von den stolzen Siegern).

Man ahnt es: Es geht um Kompetenzen, Kompetenzen, Kompetenzen. Und um Spaß und Abwechslung, Exklusivität und vorzeigbare, hübsch visualisierte Ergebnisse. Ob das oberste Ziel dabei Bildung ist – dass bei diesen vielseitigen naturwissenschaftlichen Initiativen tatsächlich die Fachkräfte hervorgebracht werden, die sich die Wirtschaft wünscht, bezweifeln sogar viele Lehrer – oder eher die Generierung von Aufmerksamkeit, lassen wir an dieser Stelle dahingestellt. Zumal es eben das Wesen der Medienlogik ist, dass wir sie gar nicht mehr hinterfragen. Wir sind einfach überzeugt davon, dass es ein einzigartiges und originelles Projekt braucht. Also eine Schulhausrallye planen und einen Rollbrettführerschein vergeben. Im Zuge dieser neuen Praktiken hat sich die Schule verändert. Und auch die Erwartungshaltung von Eltern und Kindern.

Der damit einhergehende Eventmarathon in Familie, Kindergarten und Schule erhöht den Druck auf alle Beteiligten. Dieser
Druck kommt von vielen Seiten, im Kontext der Medialisierung
des Systems Familie aber vor allem aus zwei Richtungen:

Einerseits sind es die Kindertagesstätten und Schulen selbst,
die wahrgenommen werden wollen, sich nach Wertschätzung
und Aufmerksamkeit für ihre Erziehungsleistung sehnen und
versuchen, diese Ziele über Praktiken zu erreichen, die sich an
der Medienlogik orientieren.

Andererseits fordern die Eltern abwechslungsreiche und her-
ausragende Erziehungsinhalte ein, die ihren Kindern am laufenden Band ganz besondere Erfahrungen bescheren. Diesen Anspruch tragen Mütter und Väter aber nicht nur an die externen
Erziehungseinrichtungen heran – sie richten ihn vor allem auch
an sich selbst. Die Konsequenz: Jede freie Minute muss sinnvoll
genutzt werden.

Öfter mal was Neues: Freizeitstress als Performance

Die Soziologin Jutta Allmendinger beschreibt den Zeitdruck moderner Mittelschichtfamilien sehr plastisch:

Die Kinder haben vollgepackte Wochenprogramme mit
musischer Bildung, Sport, Nachhilfe, Geburtstagsfeiern.
Bringen und Abholen – meist kreuz und quer durch die
Stadt – werden logistisch geplant. Dazwischen heißt es einkaufen, Mahlzeiten bereitstellen, zum Elternabend gehen,
das Straßenfest vorbereiten, die eigenen Eltern im Blick behalten – und all das vor und nach dem Job oder sogar zwi-

schen mehreren Jobs, wenn das Familieneinkommen aus
schlecht bezahlter Erwerbsarbeit nicht ausreicht.

Der Stress erscheint schicksalhaft, alternativlos. Die vermeintli-
che Lösung: Eine Verkürzung der Wochenarbeitszeit beider Elternteile auf 32 Stunden, damit alles erledigt werden kann. Die
Reduzierung der außerberuflichen und außerschulischen Ver-
pflichtungen und Aktivitäten wird dagegen höchst selten erwo-
gen. Aus Angst vor Statusverlust? Aus Bildungspanik? Ich glaube,
das ist nur die halbe Wahrheit. Vielmehr ist es in der medialisierten Gesellschaft nicht vorgesehen zurückzustecken. Ziel ist
es, eine makellose Show abzuliefern und dabei möglichst entspannt zu wirken. Entspannt ist das neue Modewort einer völlig
verspannten Elternschaft (respektive Mutterschaft). Dabei gleicht
der Familienalltag einem Assessment Center. Die »Freizeit« spielt
dabei eine immer dominantere Rolle.

Schon in den 1990er Jahren stellte die Soziologin Ursula Nissen im Zuge der Auswertung des Kinderpanels des Deutschen
Jugendinstituts fest, dass institutionalisierte Freizeitangebote,
die sich speziell an Kinder richten und von »Kirchen, Schulen,
Vereinen, Verbänden, kommunalen und kommerziellen Anbie-
tern« kommen, immer zahlreicher werden.[50] Als Ursachen nennt
sie die Ausgrenzung von Kindern aus dem öffentlichen Raum
in Folge von Verstädterung und die Bemühungen von Mittelschichteltern, für ihre Kinder kulturelles Kapital anzuhäufen.

Darüber hinaus verwendet sie den von Elisabeth Beck-Gernsheim geprägten Begriff der »inszenierten Kindheit«. Kindheit
will heute erzählt sein, sie wird als besondere Lebensphase
»überhöht, verklärt und romantisiert«[51]. Und: Den Nachwuchs
mit dem Familienvan von Kurs zu Kurs zu chauffieren erhöht
die Sichtbarkeit der Erziehungsbemühungen. Erhebungen wie

die Trierer Elternbefragung geben Hinweise darauf, dass das in
erster Linie für Mütter mit hoher Schulbildung zutrifft. Sie bringen ihre Kinder mit dem Auto in die Kita und fahren sie nachmittags zum Reiten, zur Musikschule oder zum Kunstworkshop.
»Offensichtlich besteht ein signifikanter Zusammenhang zwischen der Mobilität der Eltern, speziell der Mutter, und der gezielten Förderung des Kindes außerhalb von Familie und Kindergarten.«[52]

Tatsächlich schießen entsprechende Angebote wie Pilze aus
dem Boden. Immer mehr private Kinder- und Jugendkunstschu-
len oder Werkpädagogen veranstalten Workshops für »Bildneri-
sches Gestalten« oder »Kunstbetrachtungen mit Kindern im Museum«. Die Anhäufung kulturellen Kapitals als Erklärungsansatz
greift hier zu kurz. Wenn Dreijährige Tischtheater spielen, mag
das bei der Verknüpfung der Synapsen hilfreich sein – aber verschafft es ihnen einen Wettbewerbsvorteil gegen die aufstrebende
Konkurrenz aus China? Vielleicht geht es bei der Freizeitrallye
deutscher Mittelstandsfamilien gar nicht um Förderung und Bildung. Vielleicht ist es der Wunsch nach Abwechslung und vielen Höhepunkten, nach der Verknappung von Alltag und mehr
Unterhaltung.

Wer wirklich wichtig ist in unserer Gesellschaft, der kann
doch nicht zugeben, dass er mehrere Tage die Woche unverplante
Zeit zur Verfügung hat. Weder vor sich selbst noch vor anderen.
Zum Selbstverständnis der medialisierten Familie gehört es, total beschäftigt zu sein und das zu zeigen. Wir managen das, wir
schaffen das, wir sind erfolgreich. Was eine Mutter leistet, die die
Nachmittage mit ihren Kindern zu Hause verbringt, sieht niemand. Nur sichtbare Ergebnisse, nur gelebter Stress versprechen
Aufmerksamkeit. Also machen wir uns den Stress. Für den Ap-
plaus des Aufmerksamkeitsregimes.

Und noch ein weiterer Aspekt der massenmedialen Handlungslogik dürfte von Bedeutung sein: Mit der Ausdifferenzierung des Mediensystems ist die Frequenz in allen Bereichen stetig gestiegen. Der intra- und intermediäre Konkurrenzkampf hat dazu geführt, dass schneller neue Formate produziert werden. Was keine Klicks oder Quoten bringt, fliegt raus. Und auch die Schnittfrequenz wird immer höher: In den vergangenen 30 Jahren hat sich die Geschwindigkeit der Bildfolgen in deutschen Nachrichtensendungen stark erhöht. 1983 kam in der *Tagesschau* alle 18,8 Sekunden ein neues Bild, 1998 bereits alle 10,5 Sekunden, 2010 nach 5,8 Sekunden – bei *RTL* folgt alle 4,3 Sekunden ein Bild aufs andere, im Internet sind es oft nur noch 1,5 bis 2,5 Sekunden.[53] Unser Gehirn wird also auf immer schneller zu verarbeitende Inhalte trainiert, bei längeren Schnittfolgen reagieren wir irritiert – und gelangweilt.

Die ehemalige Verlagsleiterin Christine Kluge berichtet, dass die Anzahl der Novitäten in den Verlagen in den letzten zehn, fünfzehn Jahren deutlich zugenommen hat. Das liegt am technischen Wandel – im Zuge der Digitalisierung kann man heute viel schneller ein gutes Buch auf den Markt bringen –, aber auch an der erhöhten Frequenz. Wenn vor allem Neues Aufmerksamkeit verspricht, muss es öfter etwas Neues geben. Wir alle inhalieren diese Beschleunigung Tag für Tag. Wir hetzen durch das mediale Angebot, das uns hetzt, und übertragen dieses Verhalten in unseren Alltag. Unbewusst. Aber mit weitreichenden Folgen. Wir halten es einfach nicht mehr aus, nichts zu tun.

Andrea Spude, ehemalige stellvertretende Vorsitzende im Bundeselternrat, stellt fest, dass der Anspruch der Eltern wachse, den Familienalltag stringent durchzuorganisieren. Beruf, Kind, Freizeit, alles müsse geplant werden, »damit es keinen Leerlauf gibt, der vielleicht zu Problemen führt. Langeweile hat da keine

Chance mehr.« Familientherapeut Ingo Wölfl spricht von einer »Performance«:

> Ich würde sagen: Es geht vom Familienleben zu einer Familienorganisation. Es gibt mediale Bilder, die suggerieren, dass man alles hinkriegen kann, wenn man es nur gut genug organisiert. Der typische Alltag ist: Kinder von der Schule abholen, Essen, Hausaufgaben, dann Sport, Gitarren- oder Tanzunterricht, am Wochenende irgendwelche Turniere. Das bedeutet, dass die Familienzeit total verplant ist und es an Zeit fehlt, einfach nur zusammen zu sein.

Also takten wir unseren Familienalltag generalstabsmäßig durch. Der Handel hilft uns dabei: In jedem Buchladen sind Familienplaner und Familienkalender zu kaufen. Eine Spalte für jedes Familienmitglied, vollgepackt mit Terminen. Die Musiklehrerin Karin Büscher hat deshalb Probleme, alle Kinder in den Stundenplan zu integrieren:

> Was sich verändert hat, ist, dass die Kinder mehr vorhaben. Dass die Kinder viele Sachen machen, Reiten, Leichtathletik, privater Englischunterricht. Das fällt mir vor allem bei kleinen Kindern auf. Wenn die sich im Kinderchor anmelden wollen, dass man dann hört, das ist schwierig mit dem Termin, weil die an dem Nachmittag schon Englisch haben. Also schon, bevor die überhaupt in die Schule gehen.

Der Sozialpädagogin Renate Hartberger ergeht es genauso:

> Die Kinder haben teilweise so einen krassen Terminkalender, dass wir in der Praxis Probleme haben, ihnen eine

Therapiestunde anzubieten. Weil sie keine Zeit haben. Die spielen Klavier, gehen zum Ballett und zum Reiten, und dann kommen noch Nachmittagsunterricht, Nachhlfe und Ergotherapie dazu. Die ganze Woche ist ausgebucht.

Schwimmlehrer Christian Kunz stellt fest, dass die Ferienschwimmkurse und Kurse am späten Nachmittag immer beliebter werden, weil Eltern und Kinder zu allen anderen Zeiten schon verplant sind, und Gemeindejugendpfleger Ludwig Wörmann berichtet, dass Gruppenaktivitäten aus denselben Gründen inzwischen oft sonntagnachmittags anstatt in der Woche stattfinden müssen. Diese Tendenz zum abwechslungsreichen und vollen Wochenplan zeigte sich in den von mir geführten Mütterinterviews ganz deutlich. Vor allem bei den beiden Akademikerinnen ist die Woche fest durchgetaktet. Die Kinder werden oftmals mit dem Auto zur Kita oder in die Schule gebracht und nach der Arbeit wieder mit dem Auto von Mittagsbetreuung oder Hort abgeholt. Nach einer kurzen Pause startet das Nachmittagsprogramm. Die Forstwissenschaftlerin Saskia erzählt:

Es gibt jede Woche dieselben festen Termine, manchmal kommen noch optionale Termine dazu. Manchma ist die Woche dann so voll, dass wir uns vornehmen, das in der nächsten Woche anders zu machen. Donnerstag ist es oft sehr stressig. Da ist um 14.30 Uhr Ponyclub, um 15 Uhr muss der Marcel bei der Logopädie sein. Um 16 Uhr muss ich die Heike wieder beim Reiten abholen. Abends hat Marcel Klavier. Heike macht Flöte und Judo am Freitag. Natürlich gibt es immer mal was Neues. Heike hat zum Beispiel an einem Projekt an der Uni teilgenommen, »Erlebe den Bauernhof«. Da war sie über ein halbes Jahr einen Samstag pro Monat auf dem Biohof. Das war für sie ein tolles Erlebnis. Wir finden das schön. Da werden Schafe geschoren und Brot gebacken. Dazu kommen Geburtstagsfeiern. Die Termine mit den Freunden muss man auch ausmachen, wenn die nicht in der Nachbarschaft wohnen.

Die Sportwissenschaftlerin Sabine empfindet die »Nachmittagsplanungen« als stressig, »die Organisation, wer muss wann wohin«. Ihre Tochter hat zweimal in der Woche Fußballtraining, einer der Söhne geht zum Schwimmkurs, der andere zum Kinderturnen. Allerdings hat sich Sabines Pensum von Kind zu Kind reduziert, aus Zeitgründen. Mit der Erstgeborenen habe sie viel gemacht, »von PEKiP bis Turnen«. Zum Eltern-Kind-Programm (EKP) ist sie mit allen drei Kindern gegangen, da habe sie Anregungen bekommen, »wie man das mit den Kindern organisatorisch auf die Reihe bekommt. Zudem haben wir da viel gebastelt und gesungen, da bin ich eigentlich nicht der Typ dafür.« Sie sei nur dabeigeblieben, weil sie das Gefühl gehabt habe, mit den Kindern viel machen zu müssen. Dieses Gefühl dürfte auf den Erziehungsdiskurs zurückzuführen sein, der von den Eltern einfordert, ihren Kindern möglichst viele Anregungen zu geben. Aber auch auf eine unbewusste Orientierung an der Medienlogik: Bloß keine Langeweile.

Der Alltag von Krankenschwester Katrin ist etwas entzerrter, da sie jeden Tag um 13 Uhr zu Hause ist. Aber auch sie managt jede Woche drei feste Termine für ihre Kinder: Dienstags geht es mit beiden Kindern zum Turnen und samstags zum Schwimmkurs, die ältere Tochter hat freitags Gitarrenunterricht. Und auch sie hat nach der Geburt ihrer ersten Tochter das ganze Programm absolviert – Babyschwimmen, Babymassage, Mutter-Kind-Gruppe –, obwohl sie ebenfalls nur wenig Freude an den

Kursen fand und ihr der Zeitdruck zu schaffen machte, nach der Arbeit pünktlich zur Mutter-Kind-Gruppe zu kommen. Generell ist bei Katrin aber eine größere Gelassenheit zu spüren. Sie geht mit ihren Töchtern viel spazieren. Zudem ist es ihr wichtig, dass die Kinder viel freie Zeit haben, um draußen zu spielen.

Dennoch gilt für alle drei befragten Mütter: Ihre eigene Kindheit war wesentlich weniger von institutionalisierten Angeboten geprägt. Zumal ihre Mütter keine Zeit hatten oder nicht bereit waren, sie von Kurs zu Kurs zu fahren. Katrin war zwar ab der dritten Klasse im Tennisverein, zum Training ist sie aber geradelt. Sabine hat zwar einige Hobbys ausprobiert, aber immer nur eines nach dem anderen. Und Saskia (sie ist auf dem Land aufgewachsen) hatte ein Pferd und spielte Akkordeon.

Alle drei Großmütter geben an, zu ihrer Zeit sei es mit den Kindern weniger stressig gewesen. Verkäuferin Annemarie erklärt, sie habe als Mutter keinen Terminkalender gebraucht, keine Krabbelgruppen und keine Elternabende. Zudem sei sie nicht ständig damit beschäftigt gewesen, ihre Kinder durch die Gegend zu fahren. »Das hätte ich gar nicht machen können, weil ich nicht immer ein Auto zur Verfügung hatte.« Bürokauffrau Maria glaubt, dass heutzutage alles hektischer ist:

> Heute haben alle so viel Stress. Die Kinder müssen ins Ballett, in die Musikschule, zum Sport. Die Mütter sind ja dauernd am Fahren. Ich glaube nicht, dass sich das auszahlt. Unsere Kinder konnten ihre Nachmittage nach Lust und Laune verleben und mussten nicht von einem Kurs zum nächsten. Heute müssen die Kinder so viele Dinge machen, die sie gar nicht wollen. Oder sie fangen ständig was Neues an und halten nichts durch. Sie sollen natürlich in Gemeinschaft sein, aber doch nicht jeden Tag. Oft holen

die Mütter die Kinder von der Schule ab, damit es schneller geht und sie die Kinder gleich nach dem Essen zum nächsten Termin fahren können. Das kann doch nicht gut sein.

Auch die Mütter spüren, dass das nicht immer gut sein kann. Aber sie nehmen einen Druck wahr, die Freizeit ihrer Kinder sinnvoll zu gestalten. Über Jahre ein- und demselben Hobby nachzugehen erscheint offensichtlich weniger attraktiv als Abwechslung. Die befragte Tanzlehrerin hat das Gefühl, Eltern hätten eine Liste im Kopf, nach dem Motto: Was muss mein Kind alles gemacht haben:

Früher war eine Aufführung noch etwas Besonderes, heute ist das selbstverständlich. Die Eltern wollen diese Aufführung, und wenn die Kinder mitgemacht haben, werden sie abgemeldet, weil dann hat man das abgehakt.

Die Eltern erkundigen sich schon bei der Anmeldung, ob es eine Aufführung gibt. Es ist ihnen wichtig, ihre Kinder auf einer Bühne zu sehen, ihre Darbietung bewundern und fotografieren zu können. Dass Kinder dagegen über Jahre dabeibleiben, werde immer seltener. Wenn ihre Kinder mal keine Lust haben, zur Musikstunde zu gehen, lassen die Eltern ihnen das nach Erfahrung von Musiklehrerin Karin Büscher durchgehen. Und wenn das öfter vorkomme, melde man sie halt wieder ab. Gerade bei kleinen Kindern würden die Eltern zu wenig darauf bestehen durchzuhalten. Keine Lust mehr? Dann probieren wir eben etwas Neues.

Die Erzieherin Marion Ellenbrock verwendet für dieses Verhalten bewusst den Begriff »Zappen«. Sie beschreibt einen Aspekt der massenmedialen Handlungslogik, wenn sie feststellt, dass Kinder ständig ein neues Angebot erwarten würden:

> Das ist wie das Zappen beim Fernseher. Wenn Werbung
> kommt, schalte ich um, weil mich das aufregt. Und dann
> schaue ich was anderes an und vergesse, wieder zurückzu-
> schalten und den ursprünglichen Film fertig zu sehen. Stän-
> dig was Neues.

Ellenbrock betrachtet diese Entwicklung mit Sorge, da eine auf ständige Abwechslung gerichtete Erziehung den Kindern keinen Raum mehr lasse, eine intrinsische Motivation zu entwickeln:

> Kinder haben nur kreative Ideen, wenn ihnen langweilig
> ist. Mit diesem ständ gen Spaßprogramm nimmt man ih-
> nen das Gefühl, selbst auf eine Spielidee gekommen zu
> sein. Das wird durch den Sportverein, die Musikschule, den
> Englischkurs alles schon erledigt. Es wird für die Kinder al-
> les arrangiert. Die Eigentätigkeit geht verloren.

Die Folge des Entertainment-Feuerwerks:
Geringere Aufmerksamkeitsspannen

Die höhere Taktung des kindlichen Lebens hat bereits Konsequenzen. Alle befragten Experten attestieren Kindern eine schlechtere Konzentrationsfähigkeit als noch vor 20 oder 30 Jahren. Die Tanzlehrerin Christina Ashton ärgert sich, dass ihre Schüler »aussteigen«, wenn nicht ständig etwas Neues komme. Die Kinder würden erwarten, dass der Unterricht abwechslungsreich ablaufe. Und auch der Schwimmlehrer Christian Kunz hat es mit immer mehr Kindern zu tun, die schon nach wenigen Minuten nicht mehr zuhören:

Man kann keine Übung öfter als zwei- oder dreimal machen, sonst verlieren sie die Lust. Obwohl ich es eigentlich müsste, damit sie richtig trainieren können. Früher konnte man mal zehn oder fünfzehn Minuten Armbewegungen machen. Das ist nicht mehr möglich. Die Aufmerksamkeitsspanne ist zu kurz.

Auch Gemeindejugendpfleger Ludwig Wörmann hat Probleme, die Jugendlichen bei der Stange zu halten:

Wir haben heute im Jugendtreff ein wesentlich größeres Angebot als früher. Aber trotzdem haben sich die Jugendlichen heute schneller daran sattgesehen und haben da keinen Bock mehr drauf. Wir haben Kicker, Billard, Dart, Air-Hockey, das gab es früher alles nicht. Aber trotzdem wird ihnen schnell langweilig, und dann gehen sie wieder.

Die Grundschullehrerin Christine Rührmair meint, dass Erstklässler weniger ausdauernd sind:

Die Aufmerksamkeitsspanne der Schüler, die Belastbarkeit, ist geringer geworden. Anfangs betrachten die den Unterricht wie Fernsehen. Da muss alle paar Sekunden ein Gag kommen, sonst wird es langweilig. Die bleiben nicht mehr lange bei einer Tätigkeit, sind leichter abzulenken. Das gilt nicht für alle, aber für einen Großteil. Die meisten wirken reizüberflutet.

Ähnliches berichtet Gymnasiallehrer Helmut Rührmair für ältere Schüler und erklärt, dass es »viel schwieriger geworden« sei, mit den Kindern »einen längeren Gedankenbogen zu spannen«.

An dieser Stelle haben wir es wieder mit einem Henne-Ei-Problem zu tun. Einerseits scheinen Kinder ein gesteigertes Bedürfnis nach Abwechslung zu haben und im Zuge einer zunehmenden Medialisierung nicht mehr in der Lage zu sein, sich über längere Zeit auf ein und dieselbe Sache zu konzentrieren. Ihre Aufmerksamkeit schwindet schnell, weil sie an schnelle Schnitte und eine hohe Frequenz gewöhnt sind. Andererseits orientieren sich auch andere Systeme, eben zum Beispiel die Pädagogik, an der massenmedialen Handlungslogik. Es ist ein zentraler Anspruch moderner Lehrkonzepte, den Unterricht abwechslungsreich zu gestalten. Referendare sind angehalten, alle zehn Minuten etwas Neues zu machen und die einzelnen Phasen mit unterschiedlichen Medien zu unterstützen (zum Beispiel PowerPoint, CD-Player, Video). Wichtig ist der Methodenwechsel. So sollen sich Einzel-, Partner- und Gruppenarbeit ablösen. Für eine 45-Minuten-Unterrichtsstunde planen Referendare deshalb schon mal acht verschiedene Schritte ein, darunter ein Rollenspiel und eine Partnerarbeit.

Begründet werden diese Vorgaben nach Angaben eines Lehrers, der nicht namentlich genannt werden möchte, damit, dass sich Schüler nicht länger als zehn Minuten auf ein Thema konzentrieren könnten. Der Lehrer müsse die Aufmerksamkeit der Schüler gewährleisten, indem er für eine abwechslungsreiche Stundengestaltung sorgt.

Von Baby-Entdeckungsreisen und Mottoschwimmkursen
Das Angebot für Eltern-Kind-Unternehmungen ist riesengroß. Die Volkshochschulen werben mit Yoga für Eltern und Kinder, einer Familienführung für »Prinz und Prinzessin« im Schloss oder einem Eltern-Kind-Atelier zur Anfertigung von Fantasie-Collagen. Es gibt Tang-Soo-Do-Kurse, die Müttern, Vätern und Kindern diese koreanische Kampfkunst nahebringen, und

Nachtwanderungen ins Märchenland. Unter dem Motto »Be a Star!« können sich Mädchen ab elf Jahren in der Kostümsammlung des Münchner Cuvilliés-Theaters verkleiden und anschließend von Freunden und Verwandten fotografieren lassen. Auch der Bereich der Frühförderung hat einiges an Eltern-Kind-Aktivitäten zu bieten. Die Zeitschrift *Eltern* empfiehlt loszulegen, sobald das Baby drei Monate alt ist:

> PEKiP, Babyschwimmen, Mutter-Kind-Sport ... vor allem in größeren Städten ist das Angebot vielfältig. Und die Mütter (oder Elternzeit-Väter) profitieren auch davon: neue Kontakte, weniger Leerlaufzeiten im Alltag.

Ja, Leerlauf im Alltag ist schwer zu ertragen. Hebamme Doris Stickel kennt viele gut ausgebildete Frauen, die das eine Babyjahr dazu nutzen, das »Maximale« mit dem Kind zu machen, um ihr »Bestes« zu geben. Auf dieses Bedürfnis hat der Markt reagiert: In der Elternschule Mannheim hat man die Qual der Wahl: Ganze 25 unterschiedliche Kurse werden angeboten, darunter Babygymnastik, Babymassage, Babyschwimmen, Massage nach der Geburt, Yoga für Mütter und Babys, Kanga-Training und ein Musikgarten für Babys. Eine freie Kunsttherapeutin veranstaltet seit 13 Jahren »Baby-Entdeckungsreisen«. Säuglinge ab vier Monaten liegen oder krabbeln auf Blättern, lassen sich in Pappkartons durch den Gruppenraum ziehen und spielen mit farbigem Sand. Sehr beliebt ist das Baby- und Kleinkinderschwimmen. Schwimmlehrerin Andrea Eckl bietet seit rund 20 Jahren solche Kurse an und hat große Veränderungen festgestellt.

> Als ich 1995 angefangen habe, gab es bei der Wasserwacht einen Mutter-Kind-Kurs mit Anleitung. Der Kurs hat

nicht funktioniert das wollte kein Mensch. Da hat jede
Mama gesagt: »Ich brauche doch keinen Kurs, damit ich
mit meinem Kind ins Wasser gehe.« Heute weiß ich nicht,
wie ich die Leute unterbringen soll. Auffällig ist: Wenn in
der Zeitschrift *Eltern* steht, dass Babyschwimmen gut für
das Kind ist, bekomme ich viele Anrufe. Wenn es Artikel
gibt, dass der Chlordampf schädlich ist, kommen weniger.

Eckl führt mittlerweile Wartelisten und berichtet vom Anruf einer werdenden Mutter, die während der Schwangerschaft
PEKiP und Babyschwimmen buchen wollte, damit sie in jedem
Fall in den Kurs reinkommt. Denn nach ein paar Monaten stünde
ja die Eingewöhnung in der Krippe an. »Sprich, das Kind war
noch gar nicht auf der Welt, und sie hat schon das ganze Jahr verplant.« Die Mütter würden die ganzen Angebote wahrnehmen
und einen Haken dranmachen wollen.

Gleichzeitig habe das Vertrauen in die Kompetenz der Kursleiter nachgelassen. Früher hätten die Mütter die Anleitung einfach
mitgemacht und nicht ständig alles hinterfragt. Heute müsse man
alles viel genauer erklären, und wenn eine Mutter eine Übung
nicht möge, mache sie einfach etwas anderes mit dem Kind. Abwechslung werde auch beim Babyschwimmen großgeschrieben,
und so hat Eckl Lehrgänge absolviert, bei denen die Kursleiter
dazu angehalten werden, die einzelnen Stunden anhand eines
roten Fadens aufzuziehen. Vorgeschlagen werden unterschiedlichste Mottos, zum Beispiel Kindergeburtstag, Löwentag oder
Bälletag.

Man soll nie die gleiche Stunde machen, sondern jede separat aufbereiten. Zum Beispiel zum Thema Tulpen. In dieser Stunde ist alles gelb. Dieses Entertainment ist ganz klar

für die Mütter gedacht. Für die Kinder braucht es den Hype nicht. Natürlich ist es schon mal schön, an Weihnachten drei brennende Teelichter auf ein Schwimmbrett zu stellen. Die Kinder sind da ganz fasziniert davon. Aber dann werden die Kerzen nass ... Es ist eigentlich mehr Aufwand, als es bringt. Aber die Eltern finden so etwas toll.

Die Fachtagung Säuglings- und Kleinkinderschwimmen der Jugendabteilung des Deutschen Schwimm-Vereins hat sich intensiv mit der Gestaltung der Kursstunden beschäftigt. Es gab Anregungen zum Thema »Fun-tasie langweilt nie! – Kindgerechte und fantasievolle Themenkomplexe für spannende Schwimmstunden«. Präsentiert wurden sechs Themenwelten für Kinder im Alter von ein bis drei Jahren, darunter »mein Körper«, »Überall Ball«, »Tiere« und »Klangkonzerte«. Passend zum Motto werden Lieder gesungen oder Aquanudeln zu einer Pastavariation mit farbiger Soße zusammengestellt. Die Medialisierung hat also das Schwimmbad erreicht. Ein guter Kurs muss abwechslungsreich und spannend sein, ein Motto haben und in ein Narrativ eingebettet sein. Oft kommt ein professioneller Unterwasserfotograf in die Kurse, dessen Bilder die Eltern später im Internet bestellen können. Und zu Hause an die Wand hängen.

Fraglich ist der Mehrwert der ganzen Übung. Bessere Sportler kommen jedenfalls nicht dabei heraus. Schwimmlehrerin Andrea Eckl hat es mit immer mehr Fünfjährigen zu tun, die das Brustschwimmen nicht lernen können, weil sie nicht über die nötigen motorischen Fähigkeiten verfügen. Dabei hätten die Fünfjährigen das früher locker in zehn Stunden geschafft und ein Seepferdchen bekommen. Aber: »Die Eltern haben sich da mehr eingebracht, die Kinder beim Schwimmenlernen unterstützt. Das kommt heute nicht mehr oft vor.«

Diese Beobachtung teilt auch Schwimmmeister Christian Kunz: Einerseits übten Eltern kaum selbst mit ihren Kindern im Wasser, weswegen immer weniger Kinder auf Anhieb das Seepferdchen bekämen. Andererseits sei die Erwartungshaltung der Eltern stark gestiegen, vor allem die der Akademiker. Die wollten schnell einen Erfolg sehen und das Thema abhaken. Also schicken sie ihre Kinder in den Kurs – mit Vorliebe in einen Kompaktkurs in den Weihnachts- oder Osterferien, dann ist der Sommerurlaub nicht gefährdet, und der Schwimmunterricht kollidiert nicht mit den vielen anderen wöchentlichen Terminen – und verbringen die Wochenenden in einem Erlebnisbad, denn Wasserpark-Action ist unterhaltsamer als das pure, langweilige Nass.

Die Parallele zur massenmedialen Handlungslogik ist keine zufällige. Die Moral von der Geschichte: Bei der Frühförderung geht es nicht nur um Frühförderung, sondern um Abwechslung, um Zapping, um Mottos und Events. Und ein Bad, das nur Wasser zu bieten hat, kann eigentlich gleich zusperren. Denn die Babys, die heute in der Wassergewöhnung eine Themenwelt durchleben und morgen im Rutschenparadies feiern, werden selbst als Senioren keine Lust haben, einfach nur ein paar Runden schwimmen zu gehen.

Du bist, was du erlebst: Storytelling ist das halbe Leben

Jetzt sind wir schon mittendrin im Familienalltag. Der ist in der Regel das Hoheitsgebiet der Mütter. Auch wenn Laura Fröhlich zu Recht postuliert, »die Frau fürs Leben und nicht das Mädchen für alles« sein zu wollen[1]: Die Mütter sind es, die die Woche planen, von der Kalenderführung – im Übrigen ist das Auftauchen der Familienkalender vor ein paar Jahren ein Zeichen dafür, dass sich die vielen Termine keiner mehr merken kann – über Bring- und Abholdienste, den Wocheneinkauf bis hin zum Rauslegen der Kleidung für den nächsten Tag. Mein Mann und meine Kinder schreien erst nach mir, um zu fragen, wo Handy, Schlüssel, Matheheft oder Trainingsschuhe sind, bevor sie auch nur ansatzweise auf die Idee kommen, selbst nachzusehen. Das Fatale daran: Ich bin irgendwie auch stolz darauf, immer alles zu wissen und alles zu finden.

Das Bild der modernen Mutter ist das der Familienmanagerin. Sie hat alles im Griff, vergisst nie etwas, wird allem gerecht; Job, Partner, Kindern. Die eigenen Bedürfnisse stellt sie zurück, damit die Kinder sich optimal entwickeln können und für jedes Kindergartenfest ein selbst gebackener Kuchen bereitsteht. Entsprechend sind viele Mütter überzeugt davon, alles richtig zu machen, wenn sie ihren Nachwuchs Nachmittag für Nachmittag von Kurs zu Kurs fahren.

Sie werden sagen, sie wollen ihren Kindern aus Liebe sämtliche Möglichkeiten eröffnen. Das dürfte aber nur ein Teil der

Wahrheit sein. Ich würde sagen, wir Mütter wollen unsere Erziehungsbemühungen sichtbar machen, um Aufmerksamkeit zu generieren, und gleichzeitig den eintönigen Alltag zu Hause verknappen. Das klappt während der Woche nur bedingt. Denn letztlich schleicht sich ja doch eine Struktur ein: Montag Geige, Dienstag Ballett, Donnerstag Nachhilfe, Samstag Reiten. In diesem Sinn sind in den vergangenen Jahrzehnten Praktiken wichtiger geworden, die um die wertvollere, weil nicht vom Alltag beschlagnahmte Zeit kreisen, die Freizeit.

Zur Identität der deutschen Mittelschichtfamilie gehört es, Sonntage miteinander zu verbringen. Das war vor 30 Jahren genauso. Allerdings unterscheidet sich die Art und Weise der Freizeitgestaltung, das zeigen sowohl die Mütter- als auch die Experteninterviews. Während früher Verwandtenbesuche auf dem Programm standen oder ein gemeinsames Mittagessen mit anschließendem Spaziergang, erwarten sich vor allem Akademiker heutzutage mehr von ihrem Sonntag. Er soll etwas Besonderes sein, ein Erlebnis bereithalten.

Die Ergebnisse des von der Stiftung für Zukunftsfragen erhobenen Freizeitmonitors offenbaren entsprechende Tendenzen: So gaben 2019 32 Prozent der Familien an, mindestens einmal im Monat einen Tagesausflug zu unternehmen, 49 Prozent machten einen Ausflug in die nähere Umgebung – aber nur 26 Prozent spielten Gesellschafts- oder Kartenspiele (die haben während der Corona-Lockdowns ein Revival erlebt, das nicht lange andauern dürfte).[2] 70 Prozent brachen mindestens einmal im Jahr zu einer Wochenendfahrt mit mindestens einer Übernachtung auf – 2016 waren das noch 59 Prozent –, 73 Prozent gingen in den Tierpark, 76 Prozent in ein Spaßbad, 54 Prozent zu einer Sportveranstaltung, 62 Prozent fuhren in einen Freizeit- oder Vergnügungspark (2016: 49 Prozent).[3]

Paradox: Die Befragungsresultate weisen darauf hin, dass innerhalb der Familien die Mediennutzung sowie die Gesundheitsorientierung (Fitnesstraining, Körperpflege) zunehmen, während die mit Partner, Kindern, Verwandten und Freunden verbrachte Zeit zurückgeht. Das mag damit zusammenhängen, dass die Deutschen immer mehr verschiedene Freizeitaktivitäten ausüben, in immer kürzerer Zeit. Laut Freizeitmonitor 2020 geht jeder Bundesbürger pro Tag zehn verschiedenen Aktivitäten nach, das sind zwei mehr als noch fünf Jahre zuvor. Wir sind deshalb gezwungen, die Dauer der Aktivitäten zu verkürzen oder verschiedene Unternehmungen miteinander zu kombinieren. Vieles läuft parallel ab, Essen vor dem Fernsehen, Surfen im Fitnessstudio. Kaum eine Aktivität dauert länger als zwei Stunden, dann wollen die meisten etwas anderes machen. Multitasking gepaart mit Frequenzerhöhung. Nur: Nach Erholung hört sich das nicht an. So kommt der Freizeitmonitor auch zu folgendem Fazit:

Die immer weiter steigende Anzahl von Freizeitbeschäftigungen stößt hierbei allerdings zunehmend an zeitliche Grenzen. Zwei mögliche Auswege bieten sich an: Entweder arbeiten die Bürger – dank der Digitalisierung – in Zukunft weniger und haben mehr freie Zeit zur Verfügung, oder sie reduzieren die Anzahl ihrer Aktivitäten. Passiert beides nicht, wird der Stress weiter zunehmen. Dann verliert die Freizeit nicht nur ihre Faszination, sondern auch ihre Funktion der Regeneration von und für die Arbeit, des Kontrastes zur Alltagsroutine oder schlichtweg des Spaßhabens.[4]

Und die Stiftung für Zukunftsfragen kommt zu dem Schluss:

Viele Bürger würden gern häufiger in Ruhe auf dem Sofa lesen, sich mit Freunden treffen oder mehr Zeit für die Familie haben. Jedoch sind sie zunehmend Getriebene in ihrer eigenen Freizeit, wollen sie doch alles erleben und nichts verpassen. In Zukunft muss daher auch die Frage gestellt werden, ob Freizeit nur eine freie Zeit für oder nicht auch eine freie Zeit von etwas sein sollte.[5]

Das Schicksal der medialisierten Gesellschaft? Gut möglich. Denn das Alltägliche hat ausgedient. Normalbiografie hin oder her: Unser Leben soll unterhaltsam sein, viele Höhepunkte liefern. Wir wollen ihm einen Stempel aufdrücken. Viele besondere Erlebnisse bieten die Chance, ein unverwechselbares »life script« zu schreiben, zumal, wenn der Bürojob eher 08/15-Qualität hat.

Einer der Ersten, der in Deutschland erkannt hat, dass es für die Sehnsucht nach einem einzigartigen Erlebnis einen Markt gibt, ist der Extremsportler Jochen Schweizer. Er gründete 1985 eine Eventagentur, seit 2001 verkauft er im großen Stil Erlebnisse. Schweizer hat in Erlebnisimmobilien wie einen Windkanal zur Freifallsimulation oder eine Stahlseilrutsche durch die Alpen investiert. Sein Slogan »Du bist, was du erlebst« ist das Motto einer auf Abwechslung getrimmten Generation.

Laurence Langenbrink, ehemals Leiterin Produkt- und Projektmanagement bei Jochen Schweizer, ist überzeugt davon, dass ihr Chef den Puls der Zeit gespürt hat. Der Kunde von heute habe ein großes Bedürfnis, »etwas Schönes für sich zu erleben«. Das könne ein Adrenalinerlebnis sein – Bungeespringen oder House Running – oder ein »entschleunigendes Produkt«, Dampflokfahren oder ein Wellness-Wochenende. Zu den Topsellern gehören Fallschirmsprünge, ein edles Candle-Light-Dinner oder das Cruisen mit einem Ferrari. Der typische Jochen-Schweizer-

Kunde ist zwischen 25 und 45 Jahre alt, gebildet, urban und verfügt über ein gutes Einkommen, kurz, ein klassischer Angehöriger der Mittelschicht. Und die will immer öfter etwas Tolles erleben, weswegen etwa das Unternehmen Jochen Schweizer bis kurz vor der Coronakrise jährlich im zweistelligen Prozentbereich wachsen konnte. Ein wichtiges Segment sind nach Angaben von Laurence Langenbrink »Once-in-a-Lifetime-Erlebnisse« wie ein Parabel-Flug mit Astronautentraining für 14 000 Euro, Heli-Skiing in den Dolomiten oder auch das Hoverboarden:

> Dabei kann man mit den Düsen eines Jetpack-Rucksacks übers Wasser fliegen. Michael Jackson ist so vor 30 Jahren in ein Stadion eingeflogen, heute wird das schon in einigen Badeorten angeboten.

Für die Zielgruppe Familien gibt es Angebote, die gezielt als Vater-Sohn-Erlebnis angelegt sind, etwa Quad- oder Baggerfahren. Mütter sehnen sich nach kurzen Auszeiten beim Stand-up-Paddling oder im Hamam. Langenbrink bestätigt, dass es den Wunsch der Familien, gemeinsam etwas Tolles zu unternehmen, so vor 20, 30 Jahren noch nicht gab:

> Ich denke, es hat was mit der *MTV*-Generation zu tun. Das ist eine Generation, die sich keine Sorgen über Hunger oder Krieg macht, die mit Wohlstand aufgewachsen ist, die sich selbst glücklich machen will. Und es ist eine Generation, die mit zunehmender Schnelllebigkeit aufgewachsen ist.

MTV ist ein Fernsehsender, der in den 1980er und 1990er Jahren bei den Jugendlichen Kultstatus genoss und völlig neue Realitätskonstruktionen frei Haus lieferte. Heute wirken Medien unmittelbar auf den Erlebnismarkt: Wenn Kunden im Fernsehen etwas Originelles gesehen haben, suchen sie danach im Internet. Und wenn sie das Erlebnis absolviert haben, posten sie es. Auch Profi Laurence Langenbrink:

> Als ich Flying-Fox gemacht habe, habe ich sofort die Fotos auf Facebook gestellt und mich über die regen Rückmeldungen meiner Freunde aus ganz Europa gefreut. Die waren beeindruckt, und dann fühlt man sich toll. Natürlich postet man gern so ein außergewöhnliches Erlebnis. Diesen Adrenalinpush will man mit allen teilen.

Schon hat man gelernt, dass ein spektakuläres Erlebnis Aufmerksamkeit liefert. Und macht sich auf die Suche nach einem neuen, vielleicht noch tolleren Coup.

Spannende Geschichten für die Alltagsflucht

Auch eine andere Branche profitiert vom Wunsch nach berauschenden Alltagsfluchten. Die der Freizeitparks. Die bekannten deutschen Parks – Europa-Park, Heidepark, Phantasialand – sind zwar bereits in den 1970er Jahren entstanden; aber erst in den 1980er Jahren gewannen sie für die breite Masse an Attraktivität. So hatte der Europa-Park Mitte der 1980er Jahre erstmals eine Million Besucher pro Jahr und steigerte das kontinuierlich auf über fünf Millionen. Jakob Wahl zufolge, bis 2017 Pressesprecher im Europa-Park und heute Vizepräsident des Branchenverbands IAAPA, war für diese Entwicklung entscheidend, dass die Parks ab Mitte der 1990er Jahre eigene Hotels errichteten. Das habe dazu geführt, dass ein Freizeitpark nicht mehr nur ein klassisches Tagesausflugsziel sei, sondern eine Tourismus-Destination. Und: Die Parks sind mittlerweile stark »thematisiert«. Jede Attraktion ist in eine Inszenierung eingebettet, in eine Geschichte:

> Um sich von anderen Attraktionen abzugrenzen, will man intensive Erlebnisse mit unterschiedlichen Themenbereichen bieten. Das kann der Wilde Westen oder ein Film wie *Harry Potter* sein. Wir versuchen eine Attraktion mit toller Thematisierung von A bis Z zu bieten.

Hauptzielgruppe des Europa-Parks ist die junge Familie, das Durchschnittsalter der Besucher liegt bei 28 Jahren. Keiner davon dürfte ohne Fernsehen, Internet oder Social Media aufgewachsen sein. Kein Wunder, dass Wahl im Rahmen der Besucherumfragen feststellte, dass vor allem die Attraktionen gut ankommen, bei denen das Storytelling passt:

> Es reicht nicht mehr, dass eine Achterbahn ein paar Loopings hat. Sondern man muss sie thematisieren, man muss die Besucher in fremde Welten entführen. Dann können sie ihren Alltag hinter sich lassen. Das ist ja der entscheidende Ansatz von Freizeitparks: Sie bieten eine Flucht aus dem Alltag. Der Besucher soll seinen Rucksack mit Sorgen an der Eingangstür lassen und sich einen Tag dem Vergnügen hingeben.

Der Zuschauer respektive der Parkbesucher soll in die Story hineingezogen werden. Die Illusion vieler Attraktionen ist nahezu perfekt, man fühlt sich fast wie in einem gut gemachten Videospiel, und die Grenzen zwischen Realität und Fiktion verwischen. Jakob Wahl glaubt, dass die Einbettung einer Attraktion in eine Geschichte, die mit Filmen und anderen medialen Inhalten erzählt wird, in Zukunft eine immer größere Rolle spielen wird. Und noch ein weiterer Trend treibt die Freizeitparkbetreiber um:

> Die Besucher wollen ständig etwas Neues erleben und erwarten spektakuläre, einzigartige Erlebnisse. Dementsprechend erweitern wir jedes Jahr das Angebot.

Selbst – oder gerade – in Coronazeiten investierte man in Rust in neue Superlative, zum Beispiel in das »Eatrenalin«, ein Fahrgeschäft, das gleichzeitig Restaurant ist. So verliert man keine Zeit mit Essen und »fährt von einer Geschmackswelt in die andere«, unterstützt durch Virtual-Reality-Erlebnisse und Animationen. Es sieht so aus, als rechneten die Parkbetreiber mit einem großen Nach-Corona-Andrang.

Und: Der Europa-Park spürt den Wettbewerbsdruck. Konkurrenten sind nicht mehr nur das Phantasialand in Brühl oder der Holiday Park in der Pfalz. In einer globalen Welt steigt die Mittelschichtfamilie schon mal in den Flieger, um die Universal Studios oder Disney World zu sehen oder einen Kurzurlaub in Amsterdam oder auf Mallorca zu verbringen. Gekämpft wird um eine Ressource, von der wir heute so viel mehr haben als unsere Großeltern und die angesichts der vielen Möglichkeiten doch immer knapper wird: die Freizeit. Die will genutzt werden, ständig neue Erlebnisse müssen her. Ein simpler Sonntagsspaziergang? Zu banal. Lieber in den Freizeitpark, ins Spaßbad, zum Indoor-Spielplatz. Ausflüge verheißen Abwechslung und attraktive Fotomotive.

Die sucht man im Übrigen auch im Urlaub. Zum Beispiel auf sogenannten Abenteuerreisen: Mit dem Hundeschlitten durch Lappland, auf Safari in Botswana, auf den Philippinen mit Haien

schnorcheln. Allerdings plant der Reiseveranstalter alles generalstabsmäßig, geregelte Mahlzeiten und ein bequemer Schlafplatz
sind stets inklusive,[6] Überraschungen sind ausgeschlossen. Der
Pädagoge Siegbert Warwitz spricht davon, dass sich die Möch-
tegern-Abenteurer vielmehr »be-abenteuern« lassen. Ziel sei es,
spannende Ereignisse passiv zu konsumieren. Ganz wichtig: Die
Erlebnisse müssen repräsentativen Wert besitzen.

Der Psychologe Lothar Laux ist überzeugt davon, dass die
Selbstdarstellung in sämtlichen Lebensbereichen zugenommen
habe. Facebook sei Dank:

> Wie vorteilhaft, wenn ich mich als kultivierter, offener
> und abenteuerlustiger Mensch darstellen kann und mein
> eigentliches Ziel, die Bestätigung meines grandiosen
> Selbst, dadurch erreiche, dass mich die anderen bestau-
> nen.

Das Ende vom Lied: Das Wochenende und der Urlaub sind nicht
mehr zum Ausruhen da. Die Orientierung an der massenmedialen Handlungslogik beeinflusst also selbst die Praktiken, die uns
einen Rückzug aus dem schweißtreibenden Selbstoptimierungs-
dauerlauf ermöglichen sollten.

Powern statt ausruhen – das Familienwochenende

Im *Familienratgeber* aus dem Jahr 1986 stand der Sonntag für
»Zeit zum Atemholen, zur Ruhe und Entspannung, zur familiären Gemeinsamkeit und für Besuche bei Freunden und Verwandten«[7]. Heute gilt es, am Wochenende einen Kontrapunkt

zum verhassten Alltag zu setzen. Autorin Ute Glaser schreibt in ihrer *Eltern-Trickkiste*:

> Der Alltag hat die Tendenz, Menschen in einem gewissen Einerlei zu verschlingen. Andererseits ist Routine der Feind des Besonderen, sie saugt die Zeit auf wie ein Schwamm und füllt sie mit Alltäglichem. Wo bleiben da intensive, besondere Erlebnisse?[8]

Besonders muss sie sein, die Freizeit, oder zumindest ausgefüllt. Bloß kein Leerlauf. Patrick Bauer, Redakteur beim *SZ-Magazin*, spricht von einer »Regulierung der Kinderfreizeit«. Er verweist auf eine Studie der Universität Maryland, wonach die Zeit, die Neun- bis Zwölfjährige in den USA pro Tag mit freiem Spiel verbringen, seit Ende der 1990er Jahre um 94 Prozent abgenommen hat.[9] Vergleichbare Erhebungen existieren für Deutschland nicht, aber Eltern neigen auch hierzulande dazu, die Familienfreizeit zu regulieren, sprich effizient zu planen. Die Erzieherin Marion Ellenbrock hat die Erfahrung gemacht, dass gerade Familien, in denen Mutter und Vater Karriere machen, die gemeinsame Zeit ausnutzen wollen:

> Da wird am Wochenende Programm gemacht und eben versucht, das einzubauen, was während der Woche nicht möglich ist. Eine Familie beispielsweise habe ich kennengelernt, die fuhren jedes Wochenende in ein Spaßbad, haben am Stadtlauf teilgenommen und so weiter. Jedes Wochenende Remmidemmi. Dabei war der Sohn eher zart. Da habe ich den Vater gefragt, ob nicht vielleicht ein Gammelwochenende mal besser wäre, damit Ruhe einkehrt. Zum Schluss hat der Vater dann gemeint: Ja, das haben wir jetzt

schon verstanden. Aber in das Spaßbad fahren wir trotzdem, da haben wir alle so große Freude dran.

Dabei ist gar nicht klar, ob Eltern die vielbeschworene Familienfreizeit tatsächlich genießen. Eine Untersuchung der Universität Hamburg kam zu dem Schluss, dass Männer und Frauen mit
einem hohen Bildungsabschluss am Wochenende unglücklicher
sind als während der Woche.[10] Eine mögliche Erklärung für diesen Stimmungsabfall: Führungskräfte ziehen mehr Befriedigung
aus ihrer Arbeit als aus der Familienzeit, für Ersteres gibt es mehr
Lob als für Letzteres. So beobachtet die Soziologin Jutta Allmendinger, dass karriereorientierte Frauen mit einem Leben als Mutter und Teilzeitberufstätige nicht zufrieden sind, weil sie sehen,
dass »nur Vollzeit und lange Anwesenheit im Büro zu Erfolg und
Anerkennung führen«. Eine abwechslungsreiche Freizeit mit der
Familie mag diesen Mangel vordergründig kompensieren. Und
so sind die Wochenenden nicht mehr zum Ausruhen, sondern
zum Powern da. *ZEIT*-Autorin Iris Radisch beschreibt den Sonntag als

Kampftag, von dem man sich noch den halben Montag über
im Büro erholen muss. Seitdem die Zeiten, in denen man
den Sonntag stoisch auf dem Sofa aussitzen konnte, vorbei sind, ist das Sonntags-Ding derartig kompliziert geworden, dass man es gar nicht mehr ausschließlich im Eigen-
betrieb angehen kann. Die Uhr läuft, und wenn man alles
Wichtige selbst erledigen muss – Familienwärme, Abenteuer, Sex, Gespräch, Nachdenken und was sonst noch so
die Woche über liegen geblieben ist –, wird man nie damit
fertig. Um das enge Sonntagszeitfenster wirklich optimal zu
nutzen, kommt man kaum daran vorbei, auf die Angebote

professioneller Helfer zurückzugreifen, auf die Medien-, Kultur- und Freizeitanbieter, die professionellen Geschichtenerzähler und Gefühlsverkäufer, die einen mit exquisiter Erlebnisware in hochkonzentrierter Dosis versorgen.

Radisch empfiehlt, auf dem Sofa liegen zu bleiben oder einfach mal in den Wald zu gehen. Aber selbst dort ist man nicht mehr sicher vor Erlebnissen, die Walderlebniszentren schießen wie Pilze aus dem Boden. Denn es sind ja nicht ausschließlich die Familien, die im Zuge der Medialisierung die Idee entwickelt haben, dass alles etwas Besonderes sein muss. Selbst ehemals dröge Institutionen wie die Bayerischen Staatsforsten können nur existieren, wenn sie zum Grün etwas Erlebniswert liefern, anders kriegen sie die Leute gar nicht mehr in den Wald.

Im »Weltwald« im Norden von München sind die Bäume in »Gärten der Kontinente« angesiedelt, überall stehen mit QR-Codes gespickte Infotafeln und kunstvolle Holzskulpturen, für Kinder gibt es einen Abenteuerspielplatz. Ein Waldspaziergang als »Entdeckungsreise«. Aber jetzt kommen wenigstens wieder mehr Familien, die können vom Weltwald erzählen, das hört sich besser an als ein fader Besuch im Forst.

Wenn das absolviert ist, gibt es viele weitere Angebote storytellender Profis: Zum Beispiel von der Volkshochschule organisierte Erlebniswochenenden im Indianer-Camp, im Wikinger-Camp oder im Piraten-Camp. Oder ein Vater-Kind-Erlebniswochenende unter dem Motto »Mit Papa in die Höhle«. Das Erlebnis-Kraftwerk Kulti-Kids hat Sport- und Fitnessangebote, Kochkurse und Vorlesestunden im Programm. Im offenen Spielbetrieb warten »ein riesiger Rutschen-Parcours, eine Kletterwand, Trampolin und viele weitere Spiel- und Sportgeräte auf spielwütige Besucher«.

Solche Indoor-Spielplätze wurden im Laufe der vergangenen 20 Jahre immer beliebter, zuerst in Norddeutschland, später in Bayern. Ein Wachstumsmarkt, davon ist Siegfried Geisler überzeugt. Er betreibt zwei Hallenspielplätze, einen im Allgäu, einen im Umland von München. An einem durchschnittlichen Wochenende kommen rund 600 Besucher, vor allem Familien mit Kindern im Vorschul- und Grundschulalter; manche Eltern kommen aber auch schon mit ihren Babys. Während der Woche nutzen viele junge Mütter den Hallenspielplatz als Treffpunkt.

Geisler glaubt, dass Indoor-Spielplätze mehrere elterliche Bedürfnisse befriedigen können: Zum einen wissen die Eltern, dass die Kinder nicht »raus können«, dass sie sicher sind und nicht von einem Auto angefahren werden können. Die Klettergerüste seien zudem alle TÜV-zertifiziert. Darüber hinaus fänden die Kinder ein sehr abwechslungsreiches Angebot vor und könnten sich zwei, drei Stunden problemlos beschäftigen. Zudem gebe es verschiedene Spielmöglichkeiten für die Erwachsenen, zum Beispiel Billard, Tischtennis oder Kicker. Die Eltern könnten also ebenfalls ihren Spaß haben, während die Kinder herumtollen.

Der große Vorteil von Hallenspielplätzen: Sie sind eine Schlechtwetteralternative, die immer geht. Für Kinder kostet der Eintritt 9,50 Euro, für Erwachsene 5. Im Vergleich zu einem Familienbesuch im Kino ist das günstig. Zudem gibt es Zehner- und Jahreskarten für Stammkunden. Das sind unter anderem Väter, die mit ihren Kindern regelmäßig am Sonntagvormittag kommen. Geisler kennt einige, die sich von ihren Partnerinnen getrennt haben und die Kinder alle zwei Wochen von Freitag bis Sonntag bei sich haben. Sonntagmittag müssen sie sie zurückbringen, am Vormittag passt der Besuch beim Hallenspielplatz gut rein. Geisler meint weiter:

Es hat sich einfach sehr viel verändert. Die Familien sind heute oft sehr weit von ihren Verwandten entfernt. Die Kinder haben oft keine Möglichkeit mehr, ohne Aufsicht draußen zu spielen. Ich stelle schon fest, dass Eltern viel Geld für ihre Kinder ausgeben. Wir hatten hier im Ort ein Musical für Kinder, das sehr teuer war, das war in kurzer Zeit ausverkauft. Aber es gibt natürlich auch einige, die sehr aufs Geld schauen müssen. Die Eltern wollen am Wochenende was mit den Kindern machen. Dann haben alle Zeit und wollen gemeinsam was erleben, und da gehört so ein Hallenspielplatz durchaus dazu.

Der volle Terminplan von Eltern und Kindern führt auch bei Geisler dazu, dass der Spielplatz in der Woche verhältnismäßig wenige Besucher anzieht, während er an den Wochenenden und in den Ferien nahezu aus allen Nähten platzt. Wenn das Wetter schlecht ist, fahren die Eltern nach Geislers Erfahrung von einem Hallenspielplatz zum nächsten, um die Kinder bei Laune zu halten. Er hat immer wieder Besucher, die eine Stunde Anfahrt auf sich nehmen, obwohl sie einige Hallenspielplätze in der Nähe haben; aber sobald sie die abgeklappert haben, gehen sie auf die Suche nach einer neuen »Location«. Familien suchen ständig nach neuen Möglichkeiten, ihr Wochenende erlebnisreich zu gestalten.

Fündig werden sie im Internet: Der Freizeit-Blog für Familien und Kinder rund um München *Around About Munich* liefert Dutzende von Ausflugtipps, vom Beerencafé mit Maislabyrinth über das Kinderkunsthaus Schwabing bis hin zu Restaurants mit Kinderbetreuung. Mütter und Väter schreiben Beiträge und posten Fotos. Steigender Beliebtheit erfreuen sich Edutainment-Angebote. *Focus Schule* empfiehlt »fünf spannende Ausflugsziele mit Info-Mehrwert«, darunter das Klimahaus Bremerhaven, das NaturGut Ophoven und die Zeche Zollverein in Essen. Lange Zeit ein Geheimtipp, mit neuem Konzept ein Besuchermagnet: das *Ägyptische Museum München*. Dort erhält jede Familie einen eigenen Experimentierrucksack, an verschiedenen Stationen gilt es, Fragen zu beantworten. Wie schön, wenn der Sonntag ein bisschen Bildung im Gepäck hat.

Ähnlich wie die Pädagogik orientieren sich auch Einrichtungen aus dem Bereich außerschulischer Bildung und Kultur wie zum Beispiel Museen an den Selektions- und Präsentationsmustern der Massenmedien. Davon gibt es in Deutschland fast 5 000, so viele wie nie zuvor. Sie stehen in direkter Konkurrenz mit den boomenden Erlebniswelten (zum Beispiel Zoom Erlebniswelt Gelsenkirchen, Carrera World Erlebniswelt, BMW Welt), die das Edutainment-Geschäft professioneller, weil medialisierter, betreiben. Während das Deutsche Museum 2018 rund 1,4 Millionen Besucher zählte, waren es in der BMW Welt gute drei Millionen. Museumspädagoge Rainer Wenrich ist der Meinung, dass die Erlebniswelt des FC Bayern in der Allianz Arena »exzellente Vermittlung leistet«. Da werde Atmosphäre geschaffen, da kämen Emotionen auf. »Dem Besucher werden Möglichkeiten der Interaktion geboten, die neuen Medien werden herangezogen, die Ebenen der Informationsvermittlung wechseln sich ab.«

Um Publikum anzulocken, lässt sich zum Beispiel das Münchner Kinder- und Jugendmuseum einiges einfallen. Darunter einen Workshop »Architektur grenzenlos – bau dein virtuelles Traumhaus« (dafür stehen iPads mit dem Computerspiel *Minecraft* zur Verfügung) sowie einen Workshop »Betongießen«. Die eigenhändig gefertigten Buchstützen oder Teelichter dürfen die Kinder natürlich mit nach Hause nehmen. Und weil die Aktion so originell ist, berichtet die *Süddeutsche Zeitung* darüber.

Ein scheinbar angenehmer Nebeneffekt solcher Angebote: Die Kinder sind beschäftigt, das Unterhaltungsprogramm ist an einen Profi ausgesourct. Gleichzeitig verknappt sich aber die Familienzeit im Sinne tatsächlich *gemeinsam* verbrachter und gestalteter Zeit. Ähnlich läuft es immer häufiger im Restaurant ab. Die Eltern wünschen sich einen Brunch (wie zu kinderlosen Zeiten) oder ein entspanntes Abendessen. Also suchen sie ein Lokal mit Kinderbetreuung auf. In München bietet etwa das Weinhaus Neuner oder die Pizzeria Solo Italia diesen Service. Pädagoginnen spielen und basteln mit den Kindern, während die Eltern in Ruhe speisen.

Vor 30 Jahren saßen die Kinder mit am Tisch, hatten ein Malbuch oder Karten dabei. Manchmal waren sie nervig; aber sie lernten, es auszuhalten, wenn Erwachsene sich miteinander unterhielten und Kinder Sendepause hatten. Das lernen sie heute nicht mehr. Hat diese Praktik etwas mit der Orientierung an der Medienlogik zu tun? Ich glaube schon. Weil wir meinen, für Unterhaltung sorgen zu müssen (da gibt es keine Sendepause). Weil der Erziehungsdiskurs fordert, die Individualität des Kindes zu fördern (da gibt es auch keine Sendepause). Und weil wir uns eher wie kosmopolitische Akademiker als wie fürsorgende Eltern fühlen wollen.

Ganz wichtig: Aktiv sein

Was sich immer gut macht: Sport. Die Mittelschichtfamilie geht etwa regelmäßig Mountainbiken. In Prospekten (auch bei Aldi und Lidl) und Urlaubskatalogen sind schlanke Mütter und Väter zu sehen, die ihren Nachwuchs im Fahrradanhänger transportieren, die älteren Kinder radeln bereits selbst, perfekt ausstaffiert versteht sich. Darüber hinaus ist Familienklettern groß im Trend. In der Halle oder Outdoor, Klettergärten sind hip (unter

anderem der Fels »Asterix und Obelix« im Altmühltal oder der
»Gamskopf« am Brauneck). Da feiert man gerne den einen oder
anderen Kindergeburtstag (dazu später mehr).

Wandern passt ebenfalls ins Programm, sofern es nach einem
kleinen Abenteuer riecht. Der Deutsche Alpenverein (DAV) bewirbt in seiner Broschüre »Mit Kindern auf Hütten« eine Hüt-
tenwanderung als »außergewöhnliches Familienabenteuer« und
»besonderes Bergerlebnis«. Für jede Hütte sind »Erlebnisberei-
che« ausgewiesen, darunter ein Streichelzoo, Kletterblöcke oder
ein kleines Bergmuseum. Die Alpen alleine ziehen nicht mehr,
es muss immer ein bisschen mehr sein. Dabei gerät in den Hintergrund, dass das Hochgebirge kein Spielplatz ist. Der DAV
stellt fest, dass viele Eltern nicht ausreichend vorbereitet in die
Berge kommen und ihre überforderten Kinder auf mehrtägige,
anspruchsvolle Touren »mitschleifen«. Die Ausrüstung werde
»direkt aus dem Onlineshop« auf den Rücken geschnallt.[11] Dafür kann man später aber erzählen, was für eine Wahnsinnstour
man absolviert hat. Oder ein Bild vom Gipfelkreuz zum Whats-
App-Profil hinzufügen.

Außergewöhnliche Fotomotive liefert auch ein Meerjung-
frauenschwimmkurs. Die Münchner Meerjungfrauenschwimm-
schule bietet Workshops an, in denen Kinder lernen, mit einer
Monoschwimmflosse zu tauchen. Natürlich kann man bei den
Profi-Mermaids einen Kindergeburtstag feiern und – es lebe das
Kind in der Frau – Junggesellinnenabschiede. Der Meerjung-
frauen-Hype mag dem Erfolg der Jugendserien *H2O – Plötzlich
Meerjungfrau* und *Mako – Einfach Meerjungfrau* geschuldet sein.
Jedenfalls finden sich auf YouTube bereits unzählige Videos be-
geisterter Nachwuchsmeerjungfrauen.

Bei so viel Auswahl an tollen Erlebnissen hat das klassische
Gesellschaftsspiel einen schweren Stand. Das US-Spielzeugunter-

nehmen Hasbro, der größte Brettspielhersteller der Welt, sah sich im Zuge einbrechender Erlöse gezwungen, Kurzversionen alter Spieleklassiker auf den Markt zu bringen: »Scrabble-Flash« kann in zweieinhalb Minuten absolviert werden, »Monopoly Empire« dauert eine halbe Stunde. In dieser abgespeckten Version des abendfüllenden »Monopoly« gibt es kein Gefängnisfeld mehr. Weil ein Spieler das Zuchthaus erst wieder verlassen durfte, wenn er eine Sechs gewürfelt hatte, musste es weichen. Aus Zeitgründen, wie der Hersteller erklärt. Kindern fehle heute die Muße für lange Spiele.[12] Die befragten Erzieherinnen haben aber vielmehr den Eindruck, dass die durchorganisierte Freizeit schlichtweg wenig Raum für altmodische Spiele lasse:

> Wir merken, es wird nicht mehr gespielt. »Mensch ärgere Dich nicht«, »Memory« usw., das lernen die meisten hier bei uns kennen. Die können nicht mehr sitzen bleiben, haben die Ausdauer nicht mehr. So richtige Spiele, das dauert Eltern und Kindern zu lange.

Einen ähnlichen Eindruck habe ich beim Lesen des Erlebnistagebuchs einer bayerischen Grundschulklasse gewonnen. Allein, dass die Lehrerin dieses Tagebuch zum Unterrichtsinhalt gemacht hat, befeuerte natürlich eine Form von Wettbewerb. Zumal die Eltern bei der Gestaltung der Seiten stark involviert waren. Je mehr elterliche Unterstützung, desto aufwändiger war der jeweilige Eintrag aufgemacht. Jedenfalls hat jedes der 22 Kinder die Erlebnisse eines Wochenendes dokumentiert, bebildert mit Fotos oder Zeichnungen. Es zeigte sich, dass die Kinder sehr abwechslungsreiche Wochenenden verleben. Gemeinsame Spiele mit den Eltern werden kaum erwähnt (wobei es natürlich sein kann, dass die Kinder diese bloß nicht für erwähnenswert halten), in zwei Fällen ist von Kartenspielen die Rede. Am Samstag wird viel Sport getrieben (Fußball, Taekwondo, Skifahren), am Sonntag stehen Besuche auf dem Volksfest, auf dem Christkindlmarkt, bei Verwandten und Freunden sowie auf Sportveranstaltungen (zum Beispiel ADAC Supercross in der Olympiahalle München) auf dem Programm. Nur in einem Fall kommt ein Sonntagsspaziergang vor, dafür waren zwei Kinder auf Geburtstagsfeiern eingeladen. Kindergeburtstage müssen mittlerweile selbst im Grundschulalter am Wochenende gefeiert werden. Während der Woche gibt es kaum ein freies Zeitfenster, und die aufwändige Organisation erfordert in der Regel die Anwesenheit beider Elternteile. Schon steht ein weiterer Termin im Kalender, der die ganze Familie in Beschlag nimmt.

Der Anspruch: Ganz viel unternehmen

Die drei befragten Mütter haben unterschiedliche Erwartungen an die Familienfreizeit. Allerdings fällt auf, dass sich die Akademikerinnen mehr Gedanken machen und auch höhere Ansprüche an Abwechslung und Erlebniswert haben. Sportwissenschaftlerin Sabine hat sich mehrere Bücher mit Vorschlägen für Ausflüge gekauft. Sie sucht für eine Tour in die Berge bewusst Ziele aus, die etwas für die Kinder zu bieten haben, etwa einen Bergtierpark oder eine Sommerrodelbahn. Sie stellt durchaus selbstkritisch fest, dass es anstrengend sei, sich ständig nach den Kindern zu richten. Ihre Eltern hätten auf ihre Bedürfnisse kaum Rücksicht genommen. Die Familie sei regelmäßig zum Wandern an den Chiemsee gefahren, weil sie dort eine Ferienwohnung besaß. Auf den Berg musste Sabine rauf, das wurde gar nicht in Frage gestellt, auch ohne Sommerrodelbahn. Heute ist es ihr oftmals zu viel, wenn jedes Wochenende eine Unternehmung geplant ist.

Letztens haben die Kinder den ganzen Vormittag im Schlaf-
anzug gespielt. Denen war nicht langweilig. Ich habe das
als Kind am Wochenende auch gerne gemacht, das war
schön.

Sabine fühlt sich durch die Kinder auch eingeschränkt. Sie würde
gerne öfter zum Skifahren gehen, auch mal alleine mit ihrem
Mann. Dinge tun, die man als kinderloses Paar so viele Jahre
ganz selbstverständlich tun konnte. Das geht Forstwissenschaftlerin Saskia ähnlich. Als die Kinder klein waren und ihren Mit-
tagsschlaf brauchten, empfand sie das als einengend. Je selbstän-
diger die Kinder werden, desto freier und zufriedener fühlt sie
sich. Auch, weil die Familie am Wochenende wieder mehr unternehmen kann. Als Familie »viel zu unternehmen und bewusst
Zeit miteinander zu verbringen« ist ihr wichtig.

Entsprechend kommt es selten vor, »dass an einem Wochenende gar nichts los ist«. Sie baue zwar Wochenenden ein, die sie
von Terminen freihalte, um das mit den Kindern machen zu können, »was zu kurz kommt. Das klappt aber oft nicht, weil die Kinder keinen Wert darauf legen, zum Beispiel Brettspiele mit uns zu
machen.« Vielleicht deshalb, weil es geplant ist? Weil man sich
gezielt Zeit dafür nehmen muss? Oder weil angesichts der vielen
anderen abwechslungsreichen Erlebnisse »Mensch-ärgere-Dich-
nicht« wenig attraktiv erscheint? Ihre eigene Kindheit verbrachte
Saskia – das zeigt ein Blick ins Familienalbum – vor allem im
heimischen Dorf. Bei ihrem Pferd, im Garten, bei Freunden, bei
Verwandten.

So läuft das bei Krankenschwester Katrin heute noch. Sonn-
tags geht es mit Mann und Kindern meist auf den Fußballplatz.
Bei schlechtem Wetter spielen sie Gesellschaftsspiele oder sehen
gemeinsam fern. Im Sommer fährt die Familie gerne mit dem

Fahrrad, zum Beispiel zur Eisdiele. Ausflüge unternehmen sie
kaum. Ein Besuch im Bayernpark sei ein Reinfall gewesen, die
Mädchen hätten keine Freude daran gehabt. Mal nach München
ins Deutsche Museum? Macht für sie erst Sinn, wenn die Kinder größer sind. Warum ist das so? Hat sie nicht verstanden, dass
vielseitige (Bildungs-)Erlebnisse für die Zukunft ihrer Töchter
wichtig sind? Oder ist sie vielleicht bodenständiger oder schlichtweg weniger medialisiert?

Vor 30 Jahren war ein Ausflug wirklich etwas Besonderes. Das
haben die befragten Großmütter bestätigt. Das Gros der Wochenenden verbrachte man zu Hause, unternahm einen Spaziergang
oder besuchte Verwandte. In Niederbayern war der Kirchgang
fest eingeplant. Bäuerin Zenta erzählt von Sommern am See und
Wintern am Kartentisch. Gelegentlich habe man Fahrten mit der
Feuerwehr oder den Landfrauen unternommen, das sei ein großer Spaß gewesen. Abends musste die Familie aber pünktlich zu
Hause sein, des Viehs wegen. Verkäuferin Annemarie – die Mutter von Forstwissenschaftlerin Saskia – erinnert sich daran, dass
ihr Mann mit den Kindern große Puzzles zusammensetzte. Keine
der befragten Mütter hat Puzzles überhaupt erwähnt.

Als ich mit meinem Mann und meinen Kindern im Salzbergwerk in Berchtesgaden war, ist mir aufgefallen, wie viele Familien schon Zweijährige auf diesen Ausflug mitschleppen, zum
Teil waren Babys dabei. Während der Überfahrt über den Salz-
see – es war stockfinster – haben einige Kinder zu weinen angefangen, von den Erläuterungen des Führers haben sie kein Wort
verstanden. Edutainment in allen Ehren, aber wer glaubt ernsthaft, dass ein Vorschulkind von Begriffen wie »Saline« und »Ver-
sorgungsschacht« eine Vorstellung hat? Aber am Montag kann
man erzählen, dass man mit dem Knirps im Bergwerk war. Das
ist im Übrigen fürchterlich medialisiert. Eine Lightshow nach

der anderen, viele »bits und pieces« und haufenweise Trailer. Beruhigend: Das, was die Kinder am tollsten finden, ist die Bergmannrutsche aus Holz, die sie hinuntersausen dürfen. Die gab es vor 35 Jahren schon, als ich mit meinen Eltern in Berchtesgaden war.

Wie konnten sich die Praktiken der Mittelschichtfamilie in knapp vier Jahrzehnten so drastisch wandeln? Liegt es am Geld, an den finanziellen Möglichkeiten? Oder an den gesellschaftlichen Erwartungen, am Diskurs, der vor allem den gut ausgebildeten Eltern suggeriert, dass nur derjenige die globale Welt erobern kann, der sie schon in jungen Jahren kennenlernt? Ich glaube, dass wir es nicht mehr aushalten, nichts zu tun. Oder nichts Spannendes zu tun. Dass wir Langeweile, Ruhe, Stille und vielleicht uns selbst nicht mehr ertragen können. Dass wir meinen, nur dann Aufmerksamkeit für unser Lebensmodell zu bekommen, wenn wir ständig beweisen, auf wie wenig wir verzichten müssen und wie viel trotz Kindern doch möglich ist. Gerade in der wertvollen Freizeit. Oder im noch wertvolleren Urlaub.

Wenn einer eine Reise tut ... dann gibt's was zu erzählen: Der Familienurlaub

In Zeiten, in denen Mütter und Väter gleichermaßen einer Erwerbsarbeit nachgehen und 30 Urlaubstage zur Verfügung haben, können 14 Wochen Schulferien (das heißt, 70 Tage) zu einem veritablen Problem werden. Schon allein deshalb haben Ferienprogramme von Städten und Gemeinden sowie Angebote privater Veranstalter Konjunktur. Populär wurden die Ferienprogramme im Laufe der 1980er Jahre. Zunächst in den Städten, etwas später auf dem Land. Bäuerin Zenta erinnert sich, dass ihr drittgeborenes Kind, Jahrgang 1981, als erstes an solchen Angeboten teilnahm:

> Wir haben sie zwei-, dreimal hingebracht. Die Kinder durften Brezen backen und so. Da hat sich mein Mann aufgeregt. Als ob die Kinder jetzt jemanden brauchen würden, damit sie spielen könnten. Sie sollen sich doch alleine beschäftigen. Das war für ihn der größte Krampf. Unsere Kinder haben eigentlich viel lieber Lager gebaut und am Weiher gefischt. Bei meiner jüngsten Tochter wurde das aber weniger. Und heutzutage sind die Kinder ja praktisch die ganzen Ferien unterwegs, von einem Programm zu nächsten.

Natürlich hatten die Kinder von Bäuerin Zenta auf dem heimischen Hof viel mehr Freiräume als heutige Stadtkinder. Und natürlich ist es verständlich, wenn Eltern ihren Nachwuchs beschäftigt wissen wollen, während sie selbst im Büro sitzen. Immer weniger können aber auf die Unterstützung der Großeltern zählen, die wohnen oftmals zu weit weg, um einzuspringen. Pädagogen sehen in der Ferienbetreuung deshalb »den Wachstumsmarkt der Zukunft«.

Der Familienurlaub schließlich wird mit hohen Erwartungen aufgeladen und soll möglichst viele aufregende Erlebnisse bieten. Die Reiseplattform expedia.de startete vor ein paar Jahren pünktlich zur Sommersaison eine Werbekampagne, die genau dieses Bedürfnis thematisierte In den Fernsehspots sind Menschen zu sehen, die mit ihren Urlaubsanekdoten für Aufsehen sorgen.

Beispiel eins: Ein Paar, das gerade aus dem Himalaja zurückgekommen ist und gelernt hat, dass sich die Einheimischen zur Begrüßung die Zunge herausstrecken, führt dieses Ritual im

Yacht-Club vor – was bei den Freunden Lachsalven hervorruft und den Neid eines anderen Paares erregt, das niemand beachtet.

Beispiel zwei: Ein Büroangestellter unterhält seinen Chef mit witzigen Geschichten aus seinem Bulgarien-Urlaub. Ein Kollege, der bisher den engeren Kontakt zum Vorgesetzten hatte, muss zusehen, wie er ausgestochen wird. Am Ende der beiden Werbefilme erscheint jeweils der Slogan der Kampagne: »Reise dich interessant«.

Auf der Internetseite des Fachmagazins für Marketing, Werbung und Medien *Horizont* erklärt Geoff McCave, Marketingmanager bei Expedia: »Je mehr einzigartige Erfahrungen wir gemacht haben, desto interessanter wirken wir auf andere.« Storytelling in eigener Sache.

Darüber hinaus hat natürlich auch die Tourismusindustrie erkannt, dass es sinnvoll ist, sich an der Medienlogik zu orientieren, um im Wettbewerb Aufmerksamkeit auf sich zu ziehen. Wer aus der Konkurrenz herausstechen will, muss sich etwas einfallen lassen. So wie der Hotelier Florian Werner, der in St. Christoph am Arlberg auf 1800 Metern ein Kunst- und Kulturzentrum gebaut hat, inklusive Konzertsaal und Steinway-Flügel. Bei einem »Pre-Dinner-Konzert« spielen Studenten der Meisterklasse eines chinesischen Professors, bevor die Gäste im Hotel ihr Galamenü einnehmen. Eine Attraktion.

Zielgruppenmanagement heißt das Zauberwort: »Ob Singles, Paare, Familien, Senioren, es geht darum, das Gefühl zu vermitteln: Hier ist ein maßgeschneidertes Angebot, nur für dich.«[13] Die Tourismusexperten Harry Gatterer, Jessica Braun und Anja Kirig sehen einen Trend zur »Destination ich«. Die Unterkunft muss demnach Möglichkeiten zur Inszenierung liefern. Tourismusanbieter kreieren Hotels für Angler, Heavy-Metal-Fans und Surfer. In einer Neuköllner Fabriketage stehen Wohnwagen, die auf die Namen »Herzensbrecher« oder »Berghütte« getauft sind. Vermutlich entscheidet sich der Gast nicht nur deshalb für diese Übernachtungsmöglichkeit, weil er ein Wohnwagen-Fan ist, sondern weil es etwas Exotisches ist. Ein Post dieser Location dürfte im Bekanntenkreis für Furore sorgen.

Wie die deutschen Familien ihren Urlaub verbringen, hat sich in den vergangenen Jahrzehnten stark gewandelt. Zwar konnten es sich in den 1980er Jahren schon viele Mittelschichtfamilien leisten, den Urlaub nicht auf Balkonien, sondern im Ausland zu verbringen, Flugreisen waren jedoch die Ausnahme. Heute jetten schon Schulkinder um die ganze Welt. Tanzlehrerin Christina Ashton berichtet, dass ihre Schützlinge immer häufiger mit ihren Ferienerlebnissen angeben:

> Die Kinder erzählen mir, dass sie in Dubai waren, auf Ibiza, auf Mallorca. Und dann fragen sie mich, wo ich im Urlaub hinfliege. Ich sage dann: Ich fliege nicht, ich setze mich daheim in meinen Garten. Das können die sich gar nicht vorstellen. Als Eltern muss man seinen Kindern ja immer wieder was Neues bieten. Und dann protzen die Kinder damit.

Viele Mittelschichtfamilien verreisen öfter, als das früher üblich war, und sind bereit, viel Geld für einen besonderen Urlaub auszugeben. Nicht umsonst haben Kinderhotels mit abwechslungsreicher Rundumbetreuung und exklusiven Wellnessangeboten für die Eltern Konjunktur. Es gibt nur deshalb einen Markt für neuartige touristische Produkte, weil sie sich an den Bedürfnissen der Kunden orientieren. Die wollen etwas Besonderes erleben und damit dem tristen Alltag entfliehen. Das gilt für Familien ebenso wie für Singles oder unverheiratete Paare – auch nach

Corona. Das Zukunftsinstitut geht davon aus, dass massentouristische Angebote an Bedeutung verlieren werden, »nachhaltige Eindrücke« werden gefragt sein, »neue Erfahrungen, positive Emotionen«[14].

Generell, daran hat die Pandemie nichts geändert, ist der Urlaub ein wichtiges Gut, auf das die Deutschen nicht verzichten wollen. In der Reiseanalyse 2021 steht der Urlaub auf Platz zwei der Konsumprioritäten, hinter Lebensmitteln, aber vor Wohnungseinrichtung, Kleidung oder Auto.[15] In der Trendanalyse 2030 gehen die Forscher deshalb davon aus, dass sie für die allermeisten Urlaubsparameter schon 2022 oder 2023 wieder auf den Pfad zurückkehren können, den sie ohne den »Corona-Schock« vorhergesagt haben (»back on track«), gerade bei den Kurzurlauben (zwei bis vier Tage) wird ein Zuwachs erwartet,[16] was aus meiner Perspektive nur folgerichtig ist: Lieber öfter weg statt nur einmal lang bedeutet mehr Alltagsverknappung und mehr Abwechslung (auch bei den Profilbildern). Aufgestaute Reiselust oder der Wunsch, aus der hässlichen Coronawelt auszubrechen, sind starke Urlaubsmotive.

Allein der Bereich der Fernreisen und die Kreuzfahrtbranche dürften laut Trendstudie länger brauchen, sich zu erholen. Wenn überhaupt, denn da ist ja auch noch der Klimawandel. Weshalb ich mich nach all den Freitags-Demos an Abitur-Party-Reisen nach Spanien, Griechenland oder Bulgarien nur schlecht gewöhnen kann. Wir sind damals gar nicht weggefahren, sondern haben an der Isar gegrillt. Seit etwa zehn Jahren gibt es nun aber Reisebüros, die dezidiert Abireisen anbieten. Wie ein Veranstalter aus dem Münchner Umland erklärt, setze man auf qualitativ hochwertige Pakete. Bloß kein Hotelbunker oder all-inclusive. Die grüne Mittelschichtjugend mag es eben exklusiv. Die Nachfrage war bis 2019 so groß, dass rund 18 Monate vorher gebucht

werden musste. Für 2020 und 2021 gab es während der Sommer-
monate wieder genügend Möglichkeiten.

Die jungen Leute haben gelernt, dass jeder Schritt im Leben
mit einem Event enden muss. Gestern Kindergeburtstag und
Musikschulauftritt, heute Abitur, morgen Studienabschluss und
Hochzeit. Sie können es sich gar nicht anders vorstellen. Dafür
wirft man die eigenen Überzeugungen schon mal über Bord,
bekämpft die kurzfristig auftauchende Flugscham. Dabei kann
Grillen an der Isar doch so schön sein.

Hauptsache weg

Familien verreisen immer häufiger, ihre Reiseintensität entspricht mittlerweile der von kinderlosen Paaren. Beide Gruppen
sind innerhalb der Gesamtbevölkerung »am reisefreudigsten«,
70 Prozent waren mindestens einmal unterwegs.[17] Hier zeigt sich,
dass der vor den Kindern gepflegte Lifestyle erhalten bleiben soll.
Die Trendstudie 2030 geht davon aus, dass der Anteil an Fami-
lienreisen weiter zunimmt.[18]

Die Reiseintensität steht in direktem Zusammenhang mit dem
formalen Bildungsabschluss: Wer das Gymnasium oder eine
Hochschule besucht hat, fährt öfter in Urlaub als Menschen mit
Hauptschul- oder Mittelschulabschluss.[19] Das dürfte nicht nur
am größeren finanziellen Spielraum liegen, sondern auch am
Selbstverständnis der gebildeten Mittelschicht.

Im Zuge der Mütterinterviews zeigte sich, dass es für moderne
Familien dazugehört, in den Ferien wegzufahren. Allerdings sind
die Ansprüche der Akademikerinnen höher. Während Krankenschwester Katrin eine Woche Urlaub pro Jahr ausreicht und sie
völlig unbedarft von ihren Aufenthalten auf österreichischen
und italienischen Campingplätzen erzählt, würde sich Sportwissenschaftlerin Sabine ausgedehntere Reisen wünschen. Sie wirkt

zerrissen – einerseits will sie den Kindern gerecht werden, mit denen es in einer Ferienwohnung oder auf dem Campingplatz entspannter abläuft als in einem Hotel. Andererseits vermisst sie die Rucksacktouren, die sie früher mit ihrem Mann gemacht hat. Mit zweien der drei Kinder hat die Familie bereits Flugreisen unternommen, nach Hongkong und nach England. Es ist eine Rundreise mit dem VW-Bus durch Frankreich geplant. Als sie von ihren Urlauben im oberitalienischen Adria-Badeort Caorle berichtet, lacht Sabine etwas verschämt. Auf Nachfrage erklärt sie:

> Es gibt halt viele, auch hier in der Siedlung, die machen immer so fette Reisen. Ich habe keine Minderwertigkeitskomplexe, weil ich nach Caorle fahre. Für uns ist es entspannt und vor allem für die Kinder. Die können den ganzen Tag mit einem dreckigen T-Shirt rumrennen, und es interessiert keinen. Aber andere Familien erzählen schon, dass sie einige Male im Jahr wegfahren und dann gleich einmal für drei Wochen nach Griechenland. Das könnten wir uns nicht leisten. Ich bin jetzt nicht direkt neidisch, aber das ist schon toll.

Das Reisen hat etwas Demonstratives. Gerade das direkte Umfeld nimmt sehr wohl wahr, wie oft und wohin eine Familie verreist. Der Familienurlaub ist eine Gelegenheit, das Lebensglück zu visualisieren.

So ist es mittlerweile gängige Praxis deutscher Mittelschichtfamilien, sämtlichen Verwandten, Freunden und Bekannten via WhatsApp in Echtzeit mitzuteilen, wo sie ihren Urlaub verbringen, was sie gerade machen und wie toll das alles ist. Stufe 1 ist dabei der Status, mit dessen Hilfe schon Zwölfjährige melden, dass sie am Flughafen von Las Palmas stehen. Stufe 2 ist beim Posting einzelner Fotos aus Thailand erreicht, Stufe 3 beinhaltet ein komplettes Album mit bis zu 20 Bildern. In den vergangenen Jahren (Ausnahme: Coronasommer 2020) haben mich mehrere solche Bilderstrecken erreicht. In der Regel handelt es sich um Selfies sämtlicher Familienmitglieder, alle braun gebrannt und super gelaunt. Die Fotos erzählen eine Geschichte von Liebe, Glück und Wohlstand und führen bei den Daheimgebliebenen oder Nicht-per-Flugzeug-Reisenden unweigerlich zu Minderwertigkeitskomplexen. Das mag nicht beabsichtigt sein, aber Fakt ist: Der WhatsApp-Status ist ein Instrument interfamiliären Wettbewerbs. Also sollten wir ihn lieber für uns behalten.

Eine Journalistin der *Süddeutschen Zeitung* beschäftigte sich im Sommer 2019 mit dem Familienurlaub. Sie machte viele richtige Beobachtungen. Etwa, dass Eltern vor 30 Jahren nicht den Anspruch hatten, die zwei wertvollen Quality-Time-Ferienwochen zum Intensivaustausch mit ihren Kindern zu nutzen. Die Kinder waren dabei, haben im Sand gebuddelt, mit Gleichaltrigen gespielt und rumgemotzt, wenn ihre Erziehungsberechtigten sie dazu zwangen, einen Berg zu besteigen. Heute muss der Familienurlaub etwas Besonderes sein, zumal die berufstätige Mutter und der berufstätige Vater im Alltag keine Zeit haben, sich mit ihren Kindern zu beschäftigen. In den Ferien müssen sie dann ihr schlechtes Gewissen beruhigen und sich ganz auf den Nachwuchs einstellen, ihm etwas bieten.[20]

In der Folge offenbart sich zweierlei: Die Autorin zählt sich (1) zur akademischen Mittelschicht, die sich – so meine These – mehr als andere Gesellschaftsschichten bewusst oder unbewusst (2) an der Medienlogik orientiert. Unter einer tollen Reise mit den Kindern versteht sie »Safari in Afrika, Wandern im kanadischen Nationalpark, Bummeln in New York«. Nicht einfach nur gemütliches Zusammensein, »Mensch ärgere Dich nicht« spielen, im Wasser planschen, die Kinder wegscheuchen, wenn sie einen nerven. Das Bild, das den Artikel illustriert – eine fröhliche vierköpfige Familie aus den 1950er Jahren, die die Ferien harmonisch am Strand verlebt –, bezeichnet Riehl als »gestellt«, die eigene Vorstellung von der idealen Urlaubserholung reflektiert sie dagegen kaum.

Es ist deshalb nicht überraschend, dass ihre Antwort auf das Urlaubsdilemma eine für unsere Generation typisch individualistische ist: Da die Ferien mit den Kindern ein einziger Stress sind, muss für die richtige Erholung ein Wellnesstrip mit der Freundin gebucht werden. Die Kinder bleiben derweil beim Vater, der vermutlich anschließend seine verdiente Allein-Auszeit bekommt. Ist es nicht merkwürdig, dass uns der Diskurs keine anderen Lösungen anbietet, als die Überforderung durch das moderne Familienideal mit einem Weniger an Familie zu beantworten?

Noch ein Wort zur Frequenz: Seit Ende der 1990er Jahre ist der Zwei-Wochen-Urlaub weniger gefragt, dafür nimmt der Anteil der Ein-Wochen-Reisen und Kurzurlaube (zwei bis vier Tage) zu. Damit sank die durchschnittliche Urlaubsdauer von 16,6 Tagen (1997) auf 12,3 Tage (2019; 2020 dürfte mit 9,9 Tagen ein Ausreißer gewesen sein, zumal Fernreisen quasi komplett ausgefallen sind).[21]

Insbesondere Jugendliche (49 Prozent) waren schon 1987 »mit der Einmal-Reise nicht zufrieden« und wollten »lieber kürzer, dafür öfter« verreisen.[22] Geht man davon aus, dass diese Jugendlichen – Achtung: Fernsehgeneration – heute Eltern sind, erscheint es nachvollziehbar, dass Familien dem Trend zu Mehrfachreisen folgen. Die generelle Urlaubsformel der deutschen Mittelschicht lautet: Lieber öfter weg, dafür nicht so lang.

Zwei der drei befragten Mütter – die Akademikerinnen – verreisen mehrmals pro Jahr. Forstwissenschaftlerin Saskia beispielsweise in den Pfingst- und den Sommerferien. »Darüber hinaus ergeben sich öfter mal kurze Wochenendtrips.« Aber in den Weihnachtsferien bleibt die Familie zu Hause – und genießt es:

> Deshalb sind die Weihnachtsferien so tolle Ferien. Da haben wir nichts vor, sind einfach nur zu Hause. Weihnachtsferien sind Daheim-Ferien. Rumgammeln. Das kommt in den anderen Ferien zu kurz.

Da fragt man sich, warum die Entspannung ins Hintertreffen gerät. Die Familien haben es doch selbst in der Hand, oder?

Bis auf Bäuerin Zenta, der die Viehwirtschaft keine Ferienreisen erlaubte, berichten die befragten Großmütter von Urlaubsreisen nach Österreich, Südtirol und Italien. Weggefahren sei man aber in der Regel nur einmal im Jahr. Sabines Mutter Maria erzählt:

> Im Urlaub sind wir viel nach Kärnten, später an den Gardasee und nach Caorle. Das war meist ein längerer Urlaub, in der Regel drei Wochen. Heute fahren die jungen Leute ja so oft weg. Wir sind einmal in Urlaub gefahren, aber eben länger.

Auch die befragten Experten bestätigen die Entwicklung hin zu kürzerem, aber häufigerem Verreisen. Stephan Krug, bis 2021 Geschäftsführer von vamos Eltern-Kind-Reisen, stellt fest, dass bei Familien das Interesse an Destinationen zunimmt, die mit dem Auto erreichbar sind. Das sei oft günstiger als eine Flugreise und ermögliche es den Familien, häufiger in Urlaub zu fahren. Außerdem seien Städtereisen sehr gefragt. Vamos bewirbt deshalb dreitägige Städtetouren nach Venedig, Barcelona, Rom oder Lissabon.

Der Familiendiskurs suggeriert, dass ein Städtetrip mit Kindern eine gewinnbringende Auszeit vom Alltag mit sich bringt. Familienzeitschriften präsentieren durchgetaktete Reisepläne für Wochenendausflüge nach Mailand, Dublin oder Graz. In Nizza kann man laut *Eltern family* zwischen Olivenbäumen kostenlos römische Ausgrabungen entdecken. »So ist Kunst auch mit Kindern gut zu machen.« Woher kommt der Wunsch nach häufigeren Auszeiten? Der Psychologe und Kulturforscher Stephan Grünewald hat beobachtet, dass der Verdruss der Deutschen über ihren grauen Alltag immer stärker wird, obwohl der technische Fortschritt (zum Beispiel in Form zahlreicher Elektrogeräte) die Arbeit erleichtert:

> Was sich in erster Linie verändert hat, ist nicht das tatsächliche Pensum der Alltagsaufgaben, sondern die subjektive Einstellung dazu. Wir sind geprägt von einer übersteigerten Vorstellung davon, wie toll, spannend, ausgefüllt und »geil« unser Leben doch eigentlich zu sein hätte. Dagegen muss der tatsächliche Alltag blass und öde wirken.[23]

Und woher haben wir diese Vorstellung? Aus dem Fernsehen, von Instagram oder eben dem WhatsApp-Status der besten Freundin. Einer der befragten Experten, ein an einem Großflughafen angestellter Marktforscher, stellt fest, dass Urlauber heute mehr erleben wollen als früher – obwohl sie weniger Tage am Urlaubsort verbringen. Dietmar Gunz, Chef des Reiseveranstalters FTI, ist der Meinung, dass der Urlaub hektischer geworden ist, weil die Leute immer mehr Erlebnisse in weniger Zeit packen. Das sieht die ehemalige PR-Beraterin und Trainerin Nicola Vogt ebenfalls so: »Reinen Badeurlaub wollen noch die wenigsten. Beliebt sind dagegen Ziele wie Ägypten: Strand, Sport und Kultur gleichzeitig.«

Diese Erwartungshaltung spiegelt sich in den Katalogangeboten der TUI wider. Über die Jahrzehnte hat sich die Zielgruppenansprache stark verändert: von der Fokussierung auf den reinen Bade- und Erholungsurlaub in den 1980er Jahren hin zum Bade- und Erlebnisurlaub, der auf die Bedürfnisse von Eltern und Kindern eingeht. Ein zentrales Bedürfnis der Eltern: Betreuungsangebote für die Kinder.

Eine Analyse von Urlaubskatalogen aus den vergangenen 40 Jahren zeigte: Mitte der 1980er Jahre standen selbst in großen Vier-Sterne-Hotels oftmals nur ein Kinderpool und ein Kinderspielplatz zur Verfügung, der Großteil der Unterkünfte warb allein mit der »familiären Atmosphäre«. Vorreiter in Sachen Kinderanimation waren zu dieser Zeit die eher im oberen Preissegment angesiedelten Club-Anlagen, darunter der Robinson Club. Allerdings mussten die Kinder mindestens vier Jahre alt sein, und es wurde lediglich eine stundenweise Betreuung angeboten. In den 1990er/2000er Jahren gehörte der »Miniclub« zum Standard, sogar in weit entfernten Destinationen wie der Karibik.

Seit einigen Jahren gibt es Kataloge speziell für Familien. Die TUI hat dieses Angebot in unterschiedliche Marken ausdifferenziert, darunter »TUI Family Life«, »Best Family« oder »TUI Magic Life«. Bei Letzterem gibt es »vielfältige Betreuungs- und Entertainment-Angebote von Krabbel-Action bis Kribbel-Feeling«. Slogan: »Where magic happens.« Kernelement dieses Segments ist die intensive Kinderbetreuung, oftmals schon für Babys.

Damit haben die großen Konzerne auf den Erfolg derjenigen Veranstalter reagiert, die sich auf Familien spezialisiert und damit eine Nische entdeckt haben. Als einer der ersten kam 1987 vamos Eltern-Kind-Reisen auf den Markt. Das in Hannover ansässige Unternehmen hat nach Ansicht seines früheren Geschäftsführers Stephan Krug den »Nerv der Zeit getroffen«. Das gelte insbesondere für Akademiker, die stark im Arbeitsalltag eingebunden seien und sich sowohl nach Zeit für sich selbst als auch nach Zeit mit den Kindern sehnten.

Fast zur selben Zeit wie vamos etablierten sich 1988 die Kinderhotels Europa, die mittlerweile 50 Häuser in fünf Ländern betreiben. Säuglinge können bereits ab der ersten Lebenswoche abgegeben werden; in der hauseigenen Akademie ausgebildete »Babyentertainer« bieten eine professionelle Babymassage an oder gehen mit den Kleinsten in eine »Indoor-Babyplanschanlage«. Ein weiterer Service: Geschulte Trainer bringen den Kindern während der Betreuungszeit das Skifahren oder das Schwimmen bei. Bedenken, dass die Beziehung zu den Eltern unter der außerfamiliären Betreuung leiden könnte, räumen die Marketingprofis vorsorglich gleich im Katalog aus. Sie formulieren einen Brief der Kinder an ihre Eltern, in dem es heißt:

> Liebe Mama, lieber Papa! Wir wissen, dass ihr nur das Beste für uns wollt, und niemand kennt uns so gut wie ihr. Natürlich hätten wir euch am liebsten ständig bei uns. Aber wir wissen auch, dass ihr manchmal Zeit für euch braucht. Nur für euch. Auch im Urlaub. Deshalb macht euch bitte keine Sorgen, wir sind in den Kinderhotels Europa perfekt aufgehoben und freuen uns schon Wochen vor dem Urlaub auf die vielen tollen Angebote speziell für uns.

Natürlich ist der Brief fiktiv, und natürlich stecken dahinter ökonomische Interessen. Gleichwohl spiegelt sich darin das Ideal moderner Elternschaft wider: Die Work-Life-Balance muss passen. Ein (gesunder) Egoismus ist Teil dieses neuen Familienleitbildes. Die Kinder haben ihren Spaß, wir haben unseren Spaß, und das ist gut so. Der Diskurs unterstützt dieses Bild, indem er postuliert, dass für eine gesunde Bindung vor allem die ersten Monate sowie eine intensiv verbrachte Qualitätszeit entscheidend sind. Das können zwei Stunden am Nachmittag sein, wenn Eltern und Kinder den Vormittag getrennt voneinander verbracht haben – die Kinder in der »Indoor-Softplayanlage«, die Eltern auf der Skipiste.

Obwohl Eltern in Befragungen angeben, dass sie im Urlaub Zeit mit ihren Kindern verbringen wollen, suchen sie nach Ferienzielen, die es ihnen ermöglichen, die gemeinsame Zeit zu begrenzen. Der Marktforscher erklärt: »Die Tendenz, im Urlaub Erholung von den Kindern haben zu wollen, die Tendenz zum Rundum-sorglos-Paket, die ist da.«

Hotelberaterin und Hochschulprofessorin Nicola Zech – selbst Mutter von zwei Kindern – weiß um den Stress, dem gerade berufstätige Mütter und Väter zunehmend ausgesetzt sind. Dazu kommt: Kinder sollen möglichst keine Einschränkungen bedeuten, sondern sich ins Bild fügen. Die Politologin und Trendforscherin Anja Kirig glaubt, dass die sogenannten »Lattemacchiato-Mütter« ihre Lebensqualität halten möchten. Sie wollen arbeiten, Sport treiben, shoppen, in Cafés gehen. Das kann sehr anstrengend sein. Und ist in manchen Bereichen nur schwer durchzuhalten. Drei Saunagänge in Folge oder das zweistündige Edeldinner bei Kerzenschein sind mit Baby kaum machbar. Aber mit Kinderbetreuung können sich selbst Mütter von Säuglingen einer Wellnessbehandlung unterziehen.

Die untersuchten Familienzeitschriften beschreiben analog dazu meist ein Familienleben, das scheinbar ohne Mühen, ohne Kraftanstrengung gelingt – wenn man nur gut genug organisiert ist. Das gilt auch für den Familienurlaub: Ein Segeltörn um die ganze Welt mit zwei kleinen Kindern? Ist problemlos machbar, und »das Wort Langeweile gibt es nicht mehr«. Mit Rucksäcken und zwei Kleinkindern durch Panama? »Geradezu ideal für ein

erstes Familienabenteuer«. Diese Erlebnisse versprechen Abwechslung, Spannung, unvergessliche Momente. Kurzum: etwas
Außergewöhnliches. Natürlich folgen diese Beiträge der Medienlogik. Familienzeitschriften konkurrieren um die Aufmerksamkeit ihrer Leserschaft und müssen originelle Geschichten liefern.
Sie prägen damit aber den Diskurs über Familie. Wie frustrierend
muss es sein zu lesen, wie andere ihre Kinder »tiefenentspannt«
mit dem Buggy den Berg hochschieben, während der eigene
Sprössling schon nach fünf Minuten im Kinderwagen zu plärren
anfängt. Die Interviews mit den Müttern gaben klare Hinweise
darauf, dass sich Frauen mit Kindern oft eingeschränkt fühlen
und darunter leiden. So meinte Sabine:

> Viele Familien in unserem Bekanntenkreis steuern gezielt
> Kinderhotels an. Wir haben das auch einmal gemacht, über
> ein verlängertes Wochenende. Aber das war sehr anstren-
> gend, da war der Jüngste noch so klein, der wollte ein-
> fach nicht so, wie wir wollten. An sich ist so ein Hotel schon
> nett, aber wir haben für vier Tage rund 700 Euro bezahlt.
> Ich persönlich würde das gerne wieder machen. Es gibt in
> so einem Hotel so viele Möglichkeiten, auch Kinderbetreu-
> ung. Da könnte man sich vielleicht mal abends hinsetzen
> und in Ruhe essen. Aber mein Mann möchte das nicht, der
> geht lieber auf den Campingplatz.

Die vielen Möglichkeiten. Das diskursiv vermittelte Spaßfeuer-
werk. Gerade die Mütter scheinen sich davon angezogen zu fühlen. Meine These: Sie sind diejenigen in der Familie mit dem
größten Bedarf an Abwechslung, Unterhaltung und Storytelling.
Dabei brauchen sie vor allem Wertschätzung – und ein Lebensmodell, das ihnen Luft zum Atmen lässt.

Heute, Kinder,
wird's was geben:
Ein Event muss her

In Zeiten ständiger Reizüberflutung wollen Marketingexperten ihre Botschaften an den Mann und die Frau bringen, indem sie versuchen, mit Hilfe eines originellen Events aus der Masse der Mitbewerber herauszustechen. Damit das Aufmerksamkeitslevel hoch bleibt, braucht es allerdings immer wieder ein neues, noch spektakuläreres Event. Das Ergebnis: Die medialisierte Gesellschaft ist »durcheventisiert«. Fanden 2006 2,6 Millionen Tagungen, Kongresse und Feiern mit rund 292 Millionen Teilnehmern statt, waren es 2019 2,89 Millionen Veranstaltungen mit 423 Millionen Teilnehmern.[1]

Oftmals sind Profis mit der Organisation betraut: 2011 agierten allein in Berlin mehr als 300 Eventagenturen, planten den Tag der offenen Tür im Kanzleramt, inszenierten im Auftrag von Volkswagen eine Modellpräsentation für einen zweistelligen Millionenbetrag – oder gestalteten ein Programm für Kindergeburtstage.[2]

Bis zum »Corona-Schock« boomte die Branche, der Umsatz stieg Jahr für Jahr. Fachkräfte werden weiterhin gesucht, man hofft auf den großen Nachholbedarf in der Bevölkerung. Aus meiner Sicht völlig zu Recht. Interessant: Ein Berliner Agenturchef gibt an, viele Mitarbeiter aus dem Theaterbereich zu rekrutieren, da sich Markenauftritte und Bühnenvorstellungen ähnelten. Events müssen Emotionen transportieren und spektakulär sein.

Das Europäische Institut für TagungsWirtschaft (EITW) zählte im Mai 2020 in Deutschland rund 7581 Veranstaltungsstätten mit jeweils mindestens 100 Sitzplätzen, über 300 mehr als 2016. Im Vergleich zum Vorjahreszeitraum haben vor allem die Eventlocations zugenommen, um 3 Prozent auf 2352,[3] allerorten erfreuen sich die Feiertempel großen Zulaufs.

In Boom-Regionen wie München haben in den letzten Jahren selbst vormals einfache Landgasthäuser expandiert und zum Beispiel in einen Event-Stadl für Geburtstagsfeiern, Hochzeiten und Firmenfeiern investiert. Jede Kommune, jedes Unternehmen, jeder Verein, jede Institution fühlt sich offenbar genötigt, ein Event zu planen. So zum Beispiel der Verband Die Familienunternehmer, in dessen Vorstand Familienforscher Walter Schmidt sitzt:

> Jetzt machen wir in Bayern an die 40 bis 50 Veranstaltungen pro Jahr, allein 25 in München. Weil das so ein Zeichen der Zeit ist. Die Leute zu unterhalten mit tollen Events. Ich versuche da zwar dagegenzuhalten. Aber überall in der Gesellschaft wachsen plötzlich alle über ihre eigene Rolle hinaus, egal, ob im Verein oder in der Kirche, jeder muss plötzlich Events organisieren. Die Gemeinde von Oberhaching hat einen Kulturkalender wie früher die Hauptstadt.

Selbst kleine Gemeinden organisieren Kulturfeste oder Märchenweihnachtsumzüge – über die traditionellen Volksfeste hinaus. Dazu kommen die Events der Profis: Der Europa-Park Rust richtet laut seinem früheren Pressesprecher Jakob Wahl 1300 Veranstaltungen im Jahr aus, vom Kindergeburtstag über Hochzeiten bis hin zu Mitarbeiterveranstaltungen von Firmen. Der Markt sei stetig gewachsen, »oft können wir gar nicht mehr so viel verkaufen, wie möglich wäre«. Gleichzeitig initiierte der Park selbst

Veranstaltungen, um die Besucher über die Presse auf sich aufmerksam zu machen. Fast jede Woche fanden Konzerte statt, zum Beispiel die »Musical Night«. Und in Zusammenarbeit mit Medienpartnern wie der *Badischen Zeitung* bewarb der Park Attraktionen, die die Leser in einer Verlosung gewinnen können, darunter einen Dessert-Workshop mit dem hauseigenen Patissier. Aber der Druck sei gestiegen, denn, so Jakob Wahl:

> Vor 20 Jahren hätte ich gesagt, unser Hauptkonkurrent ist der Holiday Park oder das Phantasialand. Heute ist es der Städtetrip nach Amsterdam, der Kurzurlaub in Mallorca, das Dorffest im Nachbarort. Jeder kleine Ort hat mittlerweile sein eigenes Kirschenfest. Es wird schwieriger, in dieser Konkurrenzsituation Aufmerksamkeit auf unser Produkt zu lenken. Die Eventisierung der Gesellschaft hat da einen großen Einfluss, vom Public Viewing bei Fußballveranstaltungen bis zum Kindergartenfest.

Die Eventisierung durchdringt das Familienleben. Weil ständig irgendwelche Veranstaltungen anstehen, im Kindergarten, in der Schule, im Verein, im Nachbarort. Und weil private Anbieter über unterhaltsame, außergewöhnliche Angebote Familien anzulocken versuchen.

So zum Beispiel der Flughafen München. Der veranstaltet im Sommer ein großes Surf-Event, im Winter einen Weihnachtsmarkt mit Eisdisco an der Eislauffläche und einem Bühnenprogramm für Kinder. Ständig finden Ausstellungen und Festivals statt, im Besucherpark können Kinder in alte Propellermaschinen klettern und im Rahmen von Airport-Touren »den Flughafen erleben«. Die großen Flughäfen leben nach Aussage eines Marktforschers nicht zuletzt von solchen »Airlebnis«-Tagen. In den letzten 20, 30 Jahren hätten sich die Besucher, die zum Gucken, Essen, Konsumieren kommen, zu einer wichtigen Einnahmequelle entwickelt. Ein großes Terminal ermögliche es eben auch, große Events auszurichten. Das müsse aber schon eine gewisse Einzigartigkeit mit sich bringen, damit Medien und Besucher darauf anspringen.

Wir lernen also nicht nur aus den Medien, sondern auch im Rahmen von Veranstaltungen in unserem Umfeld, dass ein Event hilft, Aufmerksamkeit zu generieren. Und wir lernen, *wie* dieses Event gestaltet sein muss. Dass eine Inszenierung dazugehört. Im Ergebnis *erwarten* wir diese Form der Unterhaltung, von uns selbst und von allen anderen.

Sämtliche Experten haben bestätigt, dass Eltern Veranstaltungen einfordern. Dass sie mit Unverständnis und Verärgerung reagieren, wenn es kein Sommerfest gibt oder die Übernachtung im Kindergarten für die Vorschulkinder ausfällt. Dass sie selbst bei der Feier der Erstkommunion in der Kirche feste Plätze in den vorderen Reihen garantiert haben wollen, damit sie ihr Kind auf der »Bühne« beobachten und fotografieren können. Gleichzeitig mutieren sie zu Eventplanern, hypen den ersten Schultag und die Geburtstagsfeiern ihrer Kinder. Und beschweren sich parallel dazu über die vielen Termine und den ganzen Stress.

Kitafest, erster Schultag, Ballettaufführung – ein Höhepunkt jagt den nächsten

Die Zahl der Feste im Umfeld der Familien hat stark zugenommen. Die Großmütter erklärten beispielsweise, dass es im Kindergarten früher in der Regel ein Sommerfest zum Jahresabschluss gegeben habe. Vielleicht noch eine kleine Nikolausfeier.

Sie seien in die Organisation aber kaum eingebunden gewesen. Heute müssten die Mütter ständig an irgendwelchen Bastelabenden teilnehmen oder für eine Feier Kuchen backen.

Ein Blick in den Veranstaltungskalender eines Kindergartens aus dem Umland von München zeigt: Ein Höhepunkt jagt den nächsten. Martinszug, Nikolausbesuch, Weihnachtsfeier, Faschingstreiben, Ostereiersuche, ein Konzert der Kindermusikband Donikkl, Familienwanderung, Kasperltheater, Gemüsebeetaktion, Spielplatzfest, Vater-Kind-Projekt »Insektenhotel«, Ausflug zum Abenteuerspielplatz, Abenteueraktion der Vorschulkinder (dazu gehören Schatzsuche, Lagerfeuer, Taschenlampendisco), Walderlebnistag, Schulhausrallye für die Vorschulkinder, Abschlussfeier für die Vorschulkinder (mit Laufsteg für die Präsentation der Schulranzen). Trotz dieses Eventfeuerwerks haben Eltern direkt bei der Kindergartenleiterin Marion Ellenbrock nachgefragt, warum kein Sommerfest vorgesehen sei:

> Wenn wir das Jahr planen, würden wir gerne weniger Feste feiern, aber das ist fast nicht möglich. Weil von außen der Druck kommt, nach dem Motto: Macht ihr da gar nix? Dieser Druck, dass was geboten ist. Ich hätte mich nie getraut, als Kindergartenleitung im Sommer nicht noch ein Event anzubieten. Deshalb machen wir in diesem Jahr die Familienwanderungen, wenn wir schon kein Sommerfest machen.

Forstwissenschaftlerin Saskia hat mehrmals erlebt, wie Mütter die vom Kindergarten geplanten Veranstaltungen kritisierten, weil sie nicht genügend aus dem Alltag herausstachen:

> Wir haben einen regelrechten Eventkalender im Kindergarten. Aber rund um das Abschlussfest gab es Ärger. Da

war ein Picknick an unserem See geplant. Das fanden viele Mütter blöd, weil die Kinder da so oft mit dem Kindergarten hingehen. Ähnliches spielte sich beim Thema Vorschulkinderausflug ab. Die Kinder sind mit dem Fahrrad in den Nachbarort gefahren. Das fanden wieder alle blöd, weil es nichts Besonderes ist. Die Mütter haben angeboten, Fahrgemeinschaften zu bilden, damit die Kinder was Tolles erleben können. Dabei ist das den Kindern völlig egal. Wenn die am See ein Eis kriegen, sind sie glücklich. Die müssen nicht mit dem Bus in den Tierpark.

Mütter sind bereit, sich zusätzliche Arbeit zu machen, sich einen weiteren Termin aufzuhalsen, damit die Kindergartenzeit einen krönenden Abschluss bekommt. Forstwissenschaftlerin Saskia spürt an sich selbst, dass sie bestimmte Feste erwartet, auch wenn sie die Vielzahl an Veranstaltungen phasenweise unter Zeitdruck setzt:

Das kann ein Stressfaktor sein. Vor Weihnachten oder zum Schuljahresende. Adventssingen, Abschlusskonzert, Abschlussfest im Kindergarten, Sommerfest in der Schule. Aber es baut sich eine Erwartungshaltung auf. Man geht davon aus, dass ein bestimmtes Fest jedes Jahr wieder stattfindet. Zum Beispiel das Frühlingsfest im Kindergarten. Da wurden Stände aufgebaut und die Basteleien der Kinder verkauft. Als es das nicht mehr gab, war die Enttäuschung groß. Das sind Rituale, etwa die Übernachtung für die Vorschulkinder. Das markiert einen bestimmten Abschnitt und gehört dazu.

Den Übergang von einer Lebensphase in die nächste zu feiern ist natürlich etwas Schönes. Daran gibt es gar nichts auszusetzen. Nur dass es heutzutage so viel mehr Rituale sind als vor 30 Jahren. Und die Kinder viel früher in organisierte Veranstaltungen eingebunden werden. Der Sohn von Sportwissenschaftlerin Sabine war mit dem Kindergarten schon im Tierpark und im Kasperltheater, während sie selbst mit ihrer Kindergartengruppe damals einfach in den Wald gegangen ist. Wie abwechslungsreich das Programm in der Kita des fünfjährigen Fabian ist, sieht man an den vielen Bildern, die er in seinem »Ich-Buch« hat. Das ist ein dicker DIN-A4-Ordner, den er mir während des Interviews mit seiner Mutter ganz stolz gezeigt hat.

Das »Ich-Buch« (warum braucht es ein Ego-Buch?) legen die Erzieherinnen für jedes Kind an, in Dutzenden von Klarsichthüllen stecken Bastelarbeiten, Zeichnungen und unzählige Fotos von Kindergartenfesten und Ausflügen. Nach dem Durchblättern habe ich mich gefragt, was Fabians Schule später alles bieten muss, um das Programm des Kindergartens zu übertreffen. Tierpark ist bereits abgehakt. Zumindest der in München. Wahrscheinlich muss man nach Nürnberg fahren. Die Spirale dreht sich, die Erwartungen steigen. Es muss immer etwas noch Tolleres her.

Gleichzeitig steigt die Frequenz. Jedes Jahr vor den Sommerferien bricht kollektiver Aktionismus aus, der seinesgleichen sucht. Sommerfest in Kindergarten, Schule, Musikschule, Turnverein. WhatsApp-Terror (100 bis 200 Mitteilungen sind Durchschnitt), um für Erzieherinnen, Lehrerinnen und Hort-Mitarbeiterinnen das perfekteste, weil originellste und persönlichste, Geschenk zu finden. Schulhaus-Rallye, um den Vorschulkindern, die im September kommen, im Juli schon mal das Büro des Direktors zu zeigen. Abschlussausflug der Tanzgruppe in den Streichelzoo (die Eltern müssen als Aufsichtspersonen mitkommen)

Nochmal ein Elternstammtisch, bevor sich alle mindestens sechs Wochen nicht mehr sehen (aber ohne mich, ich mag keine Elternstammtische). Projekttage, Wandertage, Besinnungstage (da aber niemand mehr durch den Gemeindewald spazieren mag und professionelle Coaches teuer sind, kostet jeder dieser Tage Geld). Am letzten Schultag sind alle restlos erschöpft. Mein Rat: Der Lehrerin einfach einen Blumenstrauß und eine Karte kaufen. Nicht jedes Jahr ein Sommerfest veranstalten. Nicht krampfhaft versuchen, den Jahresabschluss zu etwas Besonderem zu stilisieren. Wir kommen doch alle wieder. Es steht nicht das Ende der Welt bevor, sondern nur ein paar Wochen Sommerferien.

Inszenierung erwünscht

Was ebenfalls zuzunehmen scheint: Feste in Kindergarten und Schule werden regelrecht inszeniert. Oftmals gibt es ein Motto und ein Konzept, das den Prinzipien des Storytellings folgt. Zwei Beispiele aus dem Umland von München:

In einem Fall probten sämtliche Mitarbeiter wochenlang mit den Kindern für ein »großes Spectaculum«. Dornröschen wurde aufgeführt. Bühne, Kulissen, musikalische Untermalung. Die Kinder aus der Tanz-AG hatten einen Einsatz. Ein Vater drehte ein Video, das alle Familien später auf DVD ausgehändigt bekamen.

Fall Nummer zwei: An einer Grundschule gab es ein Schwarzlichttheater zum Thema »Reise durch die Jahreszeiten« zu sehen, bei dem die Schüler die Zuschauer »mit verschiedenen Effekten und Tänzen« begeisterten. Für das Mittelalterfest schmissen sich die kleinen Darsteller in originalgetreue Kostüme, wer einen Text aufzusagen hatte, bekam ein Headset.

Ein weiteres Highlight: das Trommelfest. Das Sujet: Afrika. Und die Viertklässler wurden am Schuljahresende mit einer

Feier verabschiedet, die den Charakter einer Abiturverleihung annahm. Höhepunkt: die Fußball-Hymne »Ein Hoch auf uns«. Die Buben und Mädchen haben ja schon viel erreicht im Leben.

Sämtliche Feste und Programmpunkte des abwechslungsreichen Schuljahres sind im Internet dokumentiert. Primäre Zielgruppe dieser Form von PR dürften aber wohl die Eltern sein. Die freuen sich, wenn ihr Sprössling im Mittelpunkt steht. Im Internet oder im Rahmen eines Festes. Diesen Eindruck hat zumindest Kindergartenleiterin Andrea Hilt gewonnen. Sie glaubt: Eltern wollen ihre Kinder auf einer Bühne sehen, sich aber nicht aktiv einbringen:

> Wir haben Rolf Zuckowskis Hasengeschichte aufgeführt, mit allen 100 Kindern. Da sind die Eltern natürlich total stolz. Aber sie wollen nur herkommen, das ansehen, sich hinsetzen, bedienen lassen und stolz sein.

Tanzlehrerin Christina Ashton hat ähnliche Erfahrungen gemacht. Sie berichtet, dass sich die Eltern bei der Anmeldung erkundigen, ob in ihrem Studio Aufführungen angeboten werden. Während vor einigen Jahren Auftritte als etwas Besonderes gegolten hätten, würden sie heute praktisch als selbstverständlich betrachtet. Gleichzeitig seien die Ansprüche stark gestiegen – Theaterinszenierungen für Kinder müssten sich mit durchgestylten Fernsehformaten messen:

> Jede Casting-Show ist so gut gemacht, und diese Vorstellungen bringen Eltern und Kinder hier mit rein. Damit macht es mir aber immer weniger Spaß, denn die sehen gar nicht mehr, was für ein Aufwand das ist.

Obwohl das Fotografieren während der Aufführungen verboten sei, weil das die Tänzer irritiere, hätten sämtliche Eltern ihr Handy griffbereit, um Bilder zu schießen oder Filme aufzunehmen.

Professionelle Inszenierungen entwickeln sich zum Maßstab für Aufführungen in Kindergarten und Schule. Zumal private Anbieter die Latte hoch legen und Eltern sich offensichtlich wünschen, dass ihre Kinder Bühnenerfahrung sammeln. Die Schauspielschule Theaterzwerg organisiert Märchen-, Musical- und Film-Workshops. Das Mini-Musical wird den Eltern am Ende eines dreistündigen Kurses vorgeführt. Kinder, die einen Film drehen, dürfen eine DVD mit nach Hause nehmen.

Die Tanz- und Theaterschule Die Bühnengestalten präsentiert auf ihrer Internetseite Impressionen von Projekten, bei denen Kinder in München in der Philharmonie, in der Alten Kongresshalle oder beim Rampenlichter-Festival aufgetreten sind. Ziel der meisten Kurse ist es, am Ende ein Stück aufzuführen.

Die Musiklehrerin Karin Büscher berichtet, dass Eltern erwarten, dass ihre Kinder an Konzerten teilnehmen dürfen. Gleichzeitig hätten die Lehrer an der Musikschule »den Ehrgeiz, etwas Besonderes zu machen«, und veranstalten Mottokonzerte inklusive Märchenrätsel oder Krimi-Anleihen. Organisatoren und Protagonisten erfahren jedoch oftmals wenig Wertschätzung. Kaum ist das eigene Kind dran gewesen, packen viele Eltern ihr Handy ein und verlassen die Veranstaltung. Film ist im Kasten, passt. Dass die nachfolgenden Musikanten sich ebenfalls über die Aufmerksamkeit eines größeren Publikums freuen würden, ficht viele Mütter und Väter nicht an. Schließlich habe man so viel zu tun, morgen sei Schule, der Große schreibt eine Klausur in Mathe. Wir müssen nach Hause. Nicht sehr sozial. Aber das Bild für das Ego-Buch ist gemacht.

Der Hype um den ersten Schultag

Von ihrem eigenen ersten Schultag haben die befragten Mütter genau ein Bild: Kind mit Schultüte. So klebt es im Fotoalbum. Vom ersten Schultag ihrer Kinder haben sie unzählige Fotos. Auf dem Handy. Auf Facebook posten einige Mütter die Schultüten ihrer Kinder, zum Teil mit wehmütigen Kommentaren versehen. Tenor: Jetzt werden sie groß, der Ernst des Lebens beginnt. Die Einschulung ist zu einem weiteren Höhepunkt, zu einem weiteren Fest geworden, das die Liebe öffentlich feiert.

Die Art und Weise, wie der erste Schultag begangen wird, hat sich stark gewandelt, vor allem im Westen Deutschlands. In der DDR hatte der Schulanfang traditionell einen größeren Stellenwert und wurde in der Regel als großes Familienfest begangen. Während es dagegen vor 30 Jahren in der Bundesrepublik üblich war, dass die Mutter den Abc-Schützen zur Schule brachte und nach ein paar Stunden wieder abholte, ist der erste Schultag in den letzten Jahren stark überhöht worden. Das haben alle drei befragten Mütter bestätigt. Selbst in ländlichen Gebieten herrscht Ausnahmezustand. Krankenschwester Katrin berichtet vom ersten Schultag ihrer älteren Tochter:

> Wir sind zum Pizzaessen gegangen. Mein Mann hat sich frei genommen. Da ist mir wieder bewusst geworden, dass es das früher nicht gegeben hätte, dass die Männer überall mit hingehen. Da waren praktisch bei jeder Familie die Väter dabei. Auch Omas und Opas und so. Meine Mama und ich sind an meinem ersten Schultag mit dem Bus zur Schule und wieder zurück. Das war kein besonderer Tag.

Grundschullehrerin Christine Rührmair fällt auf, dass

da mehr Aufhebens gemacht wird. Heute sind die Eltern in der Regel beide dabei und oft auch die Großeltern. Alles konzentriert sich auf die Kinder, alle schauen auf sie. Die sind in einer Art Prinzenrolle. Da wird ein Riesenevent daraus gemacht, denen verzieht es den Maßstab.

Die Eltern würden sich wünschen, mit ihren Kindern einen tollen Tag zu verbringen. Auf dieses Bedürfnis habe die Schule reagiert:

Da hat es eine große Entwicklung gegeben. In den 80er Jahren hat man da nicht so viel gemacht. Heute gibt es zu Beginn eine richtige Feier. Wir haben zum Beispiel mit den zweiten Klassen ein kleines Theaterstück aufgeführt. Anschließend haben die Zweitklässler die Erstklässler als kleine Paten in ihr Klassenzimmer geführt.

An einer Grund- und Mittelschule im Norden von München läuft es ähnlich ab. Die Zweitklässler tragen ein Lied vor (deren Mütter fahren extra in die Schule, um ihr Kind auftreten zu sehen und ein Foto zu machen), dann begrüßt der Direktor die Schulanfänger und ruft sie klassenweise auf. Allerdings kann er das seit zwei Jahren nicht mehr in der Aula tun. Aufgrund des großen Andrangs musste er in die Turnhalle ausweichen. Glücklich ist er darüber nicht. Gegenüber der Schule äußern Eltern den Wunsch nach einem Festakt. Alles soll »feierlicher, pompöser, unvergessen« sein.

Damit Verwandte und Bekannte dabei sein können, verschicken Eltern Monate vor dem Schulbeginn professionell gestaltete »Save-the-Date«-Karten. Eine Großmutter, mit der ich im Urlaub ins Gespräch gekommen bin, äußerte sich irritiert darüber, dass sie für die Einschulung ihres Enkelsohnes eine Einladung bekommen habe. Sogar ein gemeinsames Mittagessen sei geplant. Das habe es so früher nicht gegeben. Heute organisieren Eltern für die »After-School-Party« wahlweise einen Puppenspieler, einen Clown oder einen Zauberkünstler. In Berlin darf es schon mal ein Feuerwerk sein, in München eine Hüpfburg. Das berichtet Sportwissenschaftlerin Sabine, die zur Einschulung eines Nachbarkindes eingeladen war.

Die Schultüten werden in stundenlanger Bastelarbeit zu kleinen Kunstwerken geformt – in den 1980er Jahren hat man nach Aussage einer der befragten Großmütter einfach eine billige gekauft –, anschließend stopft man sie mit Geschenken voll, manchmal ist ein Smartphone drin. Bereits Anfang des Jahres gilt es, ein geeignetes Restaurant auszusuchen. Manche Gastronomen bieten ein »Abc-Schützen-Buffet« an und stellen einen Schminkstand auf. Wenn die Wunsch-Gaststätte eigentlich geschlossen hat, reagieren manche Mütter regelrecht panisch. So forderte eine Mutter eine befreundete Wirtin am Telefon auf, am ersten Schultag trotz Ruhetag zu öffnen. Das sei schließlich ein ganz besonderer Anlass.

Viele Großeltern können sich augenscheinlich nicht mehr erinnern, dass der erste Schultag als Event eine eher neuere Erscheinung ist. Oder freuen sich schlichtweg, dass ein weiterer Höhepunkt ansteht. Wenn der ausfällt, reagieren sie gereizt. Das ließ sich im Coronaherbst 2020 beobachten. In den Lokalzeitungen wurden Leserbriefe entsetzter Omas und Opas abgedruckt, die ihre Enkelkinder aufgrund der Pandemie-Maßnahmen nicht zur Einschulung begleiten durften. Nun bin auch ich der Meinung, dass viele Coronabeschränkungen – vor allem die, die die Kinder betrafen – völlig überzogen waren und letztlich zeigen, dass die Menschen, die aufgrund ihres Alters noch nicht wählen dürfen, für die Politik uninteressant sind (Herr Schirrmacher, Sie hatten völlig Recht mit Ihrem *Methusalem-Komplott.*). Aber die Heftigkeit der großelterlichen Reaktion zeigt, wie selbstverständlich wir bestimmte Praktiken in kurzer Zeit in das Familienleben integriert haben, ohne ihren Ursprung oder ihre Sinnhaftigkeit zu hinterfragen.

Der erste Schultag wird neuerdings aber nicht nur für die Erstklässler, sondern sogar für die Fünftklässler zum Ausnahmetag. Das gilt vor allem für diejenigen, die den Übertritt auf das Gymnasium geschafft haben (crazy, oder?). Dieser Etappensieg will gefeiert werden. Gymnasiallehrer Helmut Rührmair berichtet von Schülern, die mit Schultüten und mehreren Familienangehörigen kommen. Die Schule organisiere eine kleine Feier, bei der die Fünftklässler »groß in Empfang genommen und feierlich in die Klassenzimmer geleitet werden«.

An einem Gymnasium im Umland von München ruft die Direktorin jedes Kind einzeln auf, unter Beifall laufen die Mädchen und Jungen nach vorne und bekommen einen Willkommensbutton angesteckt. Ein paar Wochen später steigt ein vom Elternbeirat organisiertes Willkommensfest. Wieder kommen die frischgebackenen Fünftklässler nach vorne, die Schulleiterin hängt ihnen einen Notenschlüssel aus Brezenteig um den Hals (es handelt sich um ein musisches Gymnasium), mit dem Hinweis, dass die Kinder den jetzt gleich essen oder in acht Jahren wieder zur Abiturfeier mitbringen könnten. Dabei ist eigentlich allen klar, dass es nicht jedes Kind bis zum Abitur schaffen wird. Aber die Inszenierung ist jedenfalls geglückt.

Immer mehr Feste, immer professioneller
Während des Schuljahres folgt Event auf Event. An einer Mittelschule im Umland von München gibt es zum Beispiel ein Maifest, ein Sportfest, ein Sommerfest, die Verabschiedung der Abgänger,

eine Mini-Olympiade sowie eine Weihnachtsfeier. Als die Schule beschlossen hat, das Maifest nur noch alle zwei Jahre zu veranstalten, ist das von den Eltern sofort kritisiert worden. Aber mehr geht immer. Eine der befragten Mütter, die Forstwissenschaftlerin Saskia, berichtet, dass die Grundschule ihrer Tochter neuerdings ein Buchstabenfest ausrichte. Im Vorfeld habe jedes Kind einen Buchstaben ziehen müssen. Die Eltern waren angehalten, zum Fest eine Speise mitzubringen, die mit diesem Buchstaben beginnt:

> Ein Bub hat ein E gezogen und sich eine Erdbeertorte gewünscht. Da die Mutter noch nie selbst eine gebacken hatte und in Sorge war, dass die Torte nichts werden könnte, hat sie eine gekauft. Und sich während des Festes ständig dafür entschuldigt.

Als im Coronasommer 2020 die Abschlussfeier einer vierten Klasse zu scheitern drohte, reichte eine Mutter kurzerhand ein Hygienekonzept beim Gesundheitsamt ein, damit die Party in ihrem Garten steigen konnte. Sie besorgte sogar einen Klowagen.

An einer Grund- und Mittelschule im Norden von München gibt es jedes Jahr einen Maiabend, bei dem die einzelnen Klassen einstudierte Gesangs- oder Tanzstücke aufführen. Anfangs ist die Turnhalle brechend voll. Die Eltern ratschen ungeniert miteinander, nur wenn das eigene Kind auf die Bühne geht, werden sie leise und zücken das Smartphone. Nach einiger Zeit lichten sich die Reihen. Der Direktor bemerkt dazu: »Sobald ihr eigenes Kind dran war, gehen die Eltern heim. Sie haben ein Foto gemacht, das war es.« Gymnasiallehrer Helmut Rührmair empfindet die vielen Veranstaltungen während des Schuljahres aus einem anderen Grund als störend – ein normaler Unterrichtsfluss sei kaum mehr möglich:

Am Ende vom Schuljahr muss es einen Projekttag geben, obwohl da sowieso schon alle stöhnen. Aber die Schulleitung will diese Projekttage, also muss man sie machen. Darüber steht natürlich was in der Zeitung. Theater ist wichtig, Schulkonzerte sind wichtig usw. Diese Dinge haben ihre Berechtigung, keine Frage, aber die Anzahl der Veranstaltungen insgesamt hat deutlich zugenommen. Das belastet das Kollegium, aber das ist nicht das Schlimmste. Viel schlimmer finde ich, dass der Schulalltag ständig unterbrochen wird. Da muss es dann gerade zur Schulaufgabenwelle im Juni ein Event geben, das die Schüler für eine Woche aus dem Lernen rausreißt. Das ist für schwache Schüler ganz schlimm.

Um professionelle Events umsetzen zu können, haben die Schulen in den vergangenen Jahren viel investiert. In große Aulen, Bestuhlung, Leinwände, Licht- und Tontechnik. Kein Gymnasium kommt mehr ohne hochgerüsteten Veranstaltungssaal aus. Eine Abiturfeier in der Turnhalle? Unschön, da muss ein schickerer Rahmen her, wie Gymnasiallehrer Helmut Rührmair bestätigt. Heute zähle in erster Linie, was man zum Abiball anzieht. Das gelte sowohl für Mädchen als auch für Jungen. Und alle absolvieren einen Tanzkurs, damit sie eine gute Figur machen. Revoluzzer wolle keiner mehr sein, dafür groß rauskommen. In der Limousine vorfahren, auf dem roten Teppich posieren, alles bei Instagram posten. Der Abschluss der Schulzeit soll ein unvergessliches Event sein. Ebenso wie der erste Schultag und jede einzelne Ballettaufführung. Unser medialisiertes Leben ist eine endlose Großveranstaltung.

Wenn Kommunion und Firmung Show sind – die Medialisierung der Kirche

Sogar die Kirche reagiert auf das Bedürfnis nach spektakulären Events. Deren Vertreter wissen, dass sie ihre Zielgruppe nur erreichen, wenn sie ihr etwas bieten. Zum Beispiel einen kreativen Familiengottesdienst. Religionspädagoge Wolfgang Nefzger geht bei der Gestaltung der Messe gezielt auf die Wünsche der Eltern ein. Setzt sie erst nach zehn Uhr an (damit alle ausschlafen können) und plant auch nicht mehr als eine Dreiviertelstunde ein. Zudem versucht er immer, den Kindern etwas mitzugeben. Vögel aus buntem Papier mit kurzen Gebeten, ein Lebkuchenherz (Aufdruck: »Gott mag mich«) oder ein weiches Stück Stoff, das Geborgenheit symbolisiert. So ein »Give-away« sei sehr wichtig. Man müsse etwas mit nach Hause nehmen können. Etwas Sichtbares, Vorzeigbares.

Dieses Prinzip beherzigt Nefzger nicht zuletzt bei der Konzeption der Kommunionvorbereitung. Katholische Kinder, die in der Erzdiözese München und Freising zur Erstkommunion gehen, absolvieren in der Regel sechs Gruppentreffen à 1,5 Stunden. Jedes Treffen steht unter einem Motto, dazu passend wird etwas gebastelt, zum Beispiel ein persönliches Zeichen aus Salzteig oder Speckstein. Manche Kinder wünschen sich ein Tier oder einen Fußball; Kreuze sollen es nicht unbedingt sein, zu viel Religion. Begleitend erhalten die Kinder ein leeres Ringbuch, das zu einem ganz individuellen Buch heranreifen soll und dessen Deckblatt ein von der Kommunionmutter aufgenommenes Foto der Kommuniongruppe ziert.

Auch die Gestaltung der Stunden orientiert sich kaum mehr an der Bibel, dafür sollten die Kinder im Internet Brotrezepte aus der ganzen Welt recherchieren. Das war in den 1980er Jahren noch anders. Damals erhielten Kinder zur Kommunionvorbereitung ein kleines Arbeitsheft, darin ging es zum Beispiel um die Gleichnisse vom guten Hirten und vom verlorenen Sohn. Zwar waren schon viele Gruppenelemente integriert – gemeinsames Malen, Singen und Brotbacken –, aber die Kinder saßen eigentlich hauptsächlich am Küchentisch ihrer Kommunionmutter und unterhielten sich über die Geschichten im Heft. In der Pause spielten die Kinder eine Weile allein im Garten. Wolfgang Nefzger weiß um diesen Wandel:

> Man glaubt, dass man weltliche Zeichen braucht, um für die Kinder verständlich zu sein. Dafür weniger Bibelzitate und wenn überhaupt nur ein kurzes Gebet. Die Bibel selbst kommt kaum mehr vor. Vielleicht hat man den Blick dafür verloren.

Dafür sind die Gruppenstunden abwechslungsreich strukturiert, in eine Einstiegs-, Vertiefungs- und Gestaltungsphase. Man fühlt sich an den zwanghaften Methodenwechsel in der Schule erinnert. Die Unterlagen für die Kommunionmütter – ich habe diesen Job im Übrigen zweimal gemacht – geben die Abfolge vor: Einstieg (meist ein bis zwei Bewegungsspiele oder ein Kreuzworträtsel), thematischer Teil (zum Beispiel »Wir sind eine Gemeinschaft«: Jedes Kind beschreibt seine Erwartungen an die Kommunion und gibt einen Löffel Teepulver in heißes Wasser.), biblischer Impuls (Kommunionmutter liest Bibelstelle vor), kreativer Teil (Basteln der Gruppenkerze), Erinnerungsalbum (Fotos von der Gruppe und der Kerze werden eingeklebt.). Im Ergebnis verlaufen die 90 Minuten sehr hektisch, ein Programmpunkt jagt den nächsten, man will alles abgehakt haben. Wolfgang Nefzger meint dazu:

Wir bauen die Stunden auf wie eine Unterrichtsstunde, strukturieren sie nach Modulen. Diese Entwicklung haben wir in der gesamten Pädagogik. Weg vom Frontalunterricht, hin zum Individualunterricht. Wir haben das im Studium so beigebracht bekommen. Und ich glaube, wenn wir nichts mitgeben oder gestalten würden, bleibt nichts hängen. Natürlich wollen wir nicht zehn Jahre lang dasselbe machen. Wir sind ständig auf der Suche nach etwas Neuem. Um das Gefühl zu haben, mit der Zeit zu gehen, modern zu sein.

Die noch relativ junge Berufsgruppe der Gemeindereferenten hat sich erst in den 1980er Jahren herausgebildet, spielt heute aber eine wichtige Rolle. Als Laien, die sich kaum mit der Liturgie befassen, tragen sie neue Ideen in die Kirchengemeinden hinein.

Es gibt zu wenige Pfarrer, die Gebiete werden größer, Pfarrverbände werden gegründet. Da sind die Laien dringend nötig. Die machen sich mehr Gedanken ums Marketing und gehen auf die Zielgruppen ein, konzipieren Familien- und Kleinkindergottesdienste. Um diese Angebote zu bestücken, braucht man natürlich Personal. In diesem Bereich hat sich die Kirche sicher geöffnet.

Geholfen hat es ihr nicht viel. Kinder gehen kaum mehr zur Kirche, der Altersdurchschnitt der Gottesdienstbesucher liegt zumindest in unserer Gemeinde über 60. Und jedes Jahr treten viele Menschen aus der Kirche aus. Dennoch: Religionsunterricht braucht neue, kreative Inhalte, soll abwechslungsreich gestaltet sein und muss ein Give-away produzieren. Vielleicht ist die Orientierung an der Medienlogik eine Möglichkeit, die Aufmerksamkeit der Eltern zu gewinnen, denn die stehen Kommunion- und Firmvorbereitung, diese Erfahrung macht Nefzger immer öfter, durchaus kritisch gegenüber. Nicht der Inhalte wegen, sondern weil die Gruppenstunden zusätzlichen Organisationsaufwand bedeuten:

> Bei den Informationsabenden zur Kommunion und zur Firmung sind die Eltern sehr interessiert. Sie wollen ganz viel wissen, auch schon zu Details. Dann sind sie aber froh, dass es Gruppenleiter gibt und sie kaum mehr was damit zu tun haben. Später beschweren sie sich dann oft, weil ein Termin mit einem Fußballturnier kollidiert. Lob bekommt man da kaum. Die Eltern sehen vor allem den Zeitaufwand, und das passt ihnen nicht.

Jeder zusätzliche Termin – zum Beispiel der Elternabend zur Beichte, die Kirchenführung oder die Anfertigung der Kommunionkerze – werde als Belastung empfunden. Das liegt auch daran, dass die Kommunionvorbereitung heute wesentlich aufwändiger ist als vor 30 Jahren. Kommunionmütter bastelten keine Häuser, aus deren Fenstern die Konterfeis sämtlicher Kommunionkinder lächelten, sie nahmen keine Fotos auf und ließen sie entwickeln, sie drehten keine Fische aus Knetmasse oder bereiteten jedes Mal eine Brotzeit vor. Es gab keinen Gabenbereitungstanz, der einzuüben war, und keine separaten Singstunden. Und keinen Vorstellungsgottesdienst, bei dem jedes Kind einzeln aufgerufen wurde.

Alle diese Elemente hat die Kirche eingeführt, um Abwechslung garantieren zu können und die Kommunion zu einem Höhepunkt im Leben zu stilisieren. Dahinter steckt die Idee, dass über eine Orientierung an der Medienlogik das Image wieder besser wird. Ergo, dass ein paar Schäfchen mehr in den Got-

tesdienst kommen. Andererseits: Vor 30 Jahren war der Familienalltag nicht so durchgetaktet, dass eine verschobene Grup-
penstunde eine Katastrophe auslöste. Und es fanden sich genug
Mütter (keine Väter), die den Kommunionunterricht übernah-
men. Das ist heute mehr als schwierig. Aus Zeitgründen. Natürlich. Aber gleichzeitig wünschen sich die Eltern, dass das Fest
selbst etwas ganz Besonderes wird. Ein Event eben. Der religiöse
Kern ist nebensächlich.

Fast wie eine Hochzeit

Religionspädagoge Wolfgang Nefzger stellt fest, dass die Ansprüche an die Gestaltung des Kommuniongottesdienstes in den vergangenen Jahren stark gestiegen sind:

> Das Fest selbst, das muss der Hype sein. Schließlich hat
> man sich dafür so viel Zeit aus dem Familienalltag heraus-
> genommen, ist vielleicht an den Wochenenden zu Hause
> geblieben, weil da in der Vorbereitung was war, und des-
> halb muss das Fest auf das Perfekteste gelingen. Viele El-
> tern sind schon bei der Generalprobe dabei und reden mir
> rein. Das ist sehr anstrengend. Wir brauchen wirklich das
> perfekte Fest, das einer Hochzeit ähnlich ist.

Die Eltern wollen wissen, was für eine Musik gespielt wird, ob
das eine gute Band ist. Sie wollen wissen, wann der von der
Pfarrgemeinde bestellte Fotograf kommt, damit sie einen Termin fixieren können. Und sie wollen wissen, wie viele Platz-
karten sie bekommen können. Damit Mama, Papa, Oma und
Opa das Kommunionkind jederzeit gut sehen (und fotografieren) können. Der Gottesdienst als Theatervorstellung? Wolfgang
Nefzger:

Ein bisschen schon, ja. Früher sind die Kommunionkinder in der Regel einfach in den ersten Bänken gesessen, da hat man sie nicht gesehen. Jetzt gruppieren wir die Kinder um den Altar, da ist es auch ein bisschen erhöht. Das haben die Pfarrer früher nicht gemacht. Da waren die Kinder in den Bänken, fertig. Letztlich könnte man Erstkommunion ja eigentlich jeden Sonntag feiern, aber wir machen einen regelrechten Kindergeburtstag daraus.

Das gilt nicht nur für die Kommunion, die schon vor 40 Jahren ein Familienfest war, sondern auch für die Firmung. Die fand früher meist während der Woche statt, mittlerweile reagieren die Pfarrgemeinden aber auf die Wünsche der Eltern und veranstalten die Firmung am Samstag. Passt besser in den Zeitplan. Zumal wieder die ganze Verwandtschaft anrücken soll:

Vor 10, 15 Jahren waren Firmungen eher kleine Feste, da waren eigentlich nur der Firmling und der Firmpate da. War ja meist unter der Woche, deshalb hat man das im kleinen Rahmen gefeiert. Das hat sich gewandelt. Das ist jetzt ein großes Familienfest, zu dem man dieselben Leute einlädt wie bei der Erstkommunion. Da kommen schon mal 20, 30 Gäste zusammen. Und der klassische Firmausflug, den der Firmling früher am Tag der Firmung nur mit dem Firmpaten gemacht hat, den macht man dann zwei Wochen später.

Damit es einen weiteren Höhepunkt gibt. Der eigentliche Gedanke der Firmung – der Jugendliche entscheidet sich eigenverantwortlich und ganz bewusst für ein Leben als katholischer Christ – spielt kaum noch eine Rolle. Sich bei der Gestaltung ihres Firmgottesdienstes einzubringen lehnen die Jugendlichen meist ab. Sie gehen ins Internet, um fertige Textbausteine zu recherchieren oder originelle Give-aways auszusuchen.

Zurücklehnen und bespaßen lassen. Das Fest mitnehmen, aber keine eigenen Ideen einbringen. Die medialisierte Familie bringt Rezipienten hervor, die an sich selbst leiden, immer nur auf Reize von außen reagieren und von einem Event zum nächsten taumeln. Dabei fühlen sie sich fremdbestimmt und unter Zeitdruck gesetzt, ebenso wie ihre Eltern.

Gestern Topfschlagen, heute Model-Show oder Science Lab: Kindergeburtstage

Es war im Herbst 2009, als mir zum ersten Mal dämmerte, dass Kindergeburtstage heutzutage anders gefeiert werden als zu meiner Zeit. Meine Tochter kam in den Kindergarten und war schon bald zur Party einer ihrer neuen Freundinnen eingeladen. Ebenso wie zehn andere Mädchen. Die Feier fand nicht während der Woche, sondern am Samstag statt, damit der Vater des Geburtstagskindes bei der Organisation helfen konnte. Zwischen 14 und 18 Uhr jagte ein Programmpunkt den nächsten, es gab unter anderem eine Schnitzeljagd, eine gemeinsame Bastelaktion und ein Buffet. Der Kuchen war eine Hommage an die Begeisterung des Mädchens für Einhörner. Beim Abholen drückte die Gastgeberin jedem Kind ein kleines Tütchen in die Hand, gefüllt mit Süßigkeiten, Aufklebern und kleinen Spielfiguren.

Es folgten Kindergeburtstage in Indoor-Spielplätzen, auf dem Pferdehof, im Bergtierpark, im Kino, im Streichelzoo oder im Kletterpark. Meist hat meine Tochter irgendwelche Souvenirs mitgebracht, darunter eine kleine selbst bemalte Schatzkiste, eine selbst gestaltete Magnetwand und einen selbst gebastelten Bilder-

rahmen. Darin steckte ein Gruppenfoto von allen Geburtstags-
gästen. Die Mutter war schnell in einen Drogeriemarkt gefahren
und hatte das mit dem Handy aufgenommene Bild für jeden auf
Fotopapier ausgedruckt. Anfangs habe ich versucht, mich dem
Hype zu entziehen. Ein Desaster. Als meine Tochter das erste Mal
zu uns nach Hause einlud, fragte ein Mädchen, was denn auf der
Party so geboten sei. Als von Topfschlagen und Sackhüpfen die
Rede war, hat sie gemeint, das wäre ihr zu langweilig, sie komme
erst gar nicht. Also habe ich mir ein Buch mit Ideen für Kinder-
geburtstage gekauft und auf der nächsten Party mit den Kindern
Tierfiguren gebastelt. Ein Wahnsinn.

Zwischenzeitlich bekamen meine Töchter Einladungen zum
Kindergeburtstag mit einem Vorlauf von mindestens vier Wochen. Zwecks Terminkoordination. Außerdem muss man die
Gruppe ja früh genug anmelden am Alpakahof, im Kletterpark
oder im Deutschen Museum. Dann muss noch der Transfer sichergestellt werden. Und es gilt, die Gastgeschenke in ausrei-
chender Stückzahl zu besorgen.

Ein Kindergeburtstag ist heutzutage kein bisschen Kindergeburtstag, sondern ein akribisch durchgeplantes Event. Spätestens im Kindergartenalter geht das los. Bei dem einen oder anderen endet der Druck in einer veritablen Depression. So erzählte
mir ein zwölfjähriges Mädchen, dass es seinen Geburtstag nicht
feiern wollte, weil es nicht wüsste, was es unternehmen könnte.
Kino, Schwimmbad, Tierpark? Hatte es alles schon gemacht. Einfach nur zusammensitzen und bei einer Flasche Cola quatschen?
Das Mädchen hat mich angesehen, als wäre ich nicht ganz richtig
im Kopf. In unserer medialisierten Gesellschaft feiert man nur,
wenn man etwas Tolles zu bieten hat. Sonst lässt man es. Das
haben unsere Kinder verstanden. Die Mütter selbstverständlich
auch.

Selbst auf dem Land sind Motto-Partys (Arielle-Party, Hexen-Party) keine Seltenheit. Manche fahren zum Bowlen, ins Sealife nach München oder zu McDonald's. Da Krankenschwester Katrin von anderen Müttern wusste, dass die mit den Kindern basteln, hat sie ebenfalls etwas für die Feier ihrer Tochter vorbereitet. Und natürlich die unvermeidlichen Tüten gekauft:

Letztes Jahr haben wir Bilderrahmen in Herzform verziert, mit Glitzer und so. Bei den Tüten voller Süßigkeiten, die man den Gästen am Schluss mitgibt, haben wir uns zurückgehalten. Melanie war schon auf Feiern, auf denen gebastelt wurde und es Geschenke für die Gäste gab. Vielleicht hat sie deshalb gesagt, dass sie gerne etwas basteln würde. Aber manche übertreiben es schon ganz schön. Die bringt ja Sachen mit heim ... Mehr als sie eigentlich dem Geburtstagskind geschenkt hat.

In und um München legen die Mütter eine Schippe drauf. Forstwissenschaftlerin Saskia etwa plant für ihre Tochter zwei Feiern, weil die »immer so viele verschiedene Kinder einladen möchte«. Zum Beispiel die Schulfreundinnen und die Kinder aus der Musikstunde oder der Nachbarschaft. Saskia empfindet das aber nicht als Luxus, »denn ich an ihrer Stelle wüsste auch nicht, wo ich die Grenze ziehen sollte. Insgesamt sind dann an die zwölf Kinder eingeladen.« Mit denen bedruckt Saskia zum Beispiel T-Shirts, die sie mit nach Hause nehmen können. Aus ihrer Sicht Standard, andere seien da aktiver:

Die Nachbarin ist mit den Kindern in eine Kletterhalle gefahren. Manche feiern auf dem Reiterhof. Schatzsuche und Basteln ist Standard. Meine Tochter bringt immer was mit nach Hause, zum Beispiel eine selbst beklebte Kerze. Aber ich habe schon von Müttern gehört, dass sich die eingeladenen Kinder dann beschweren, dass nichts Tolles geboten ist.

Saskia findet diese Entwicklung nicht gut, zumal sie heute Dinge veranstalte, die sie früher abgelehnt habe:

Eigentlich will ich, dass meine Kinder bodenständig bleiben. Aber ich will ihnen viel ermöglichen, die sollen ihr Leben genießen. Früher fand ich es übertrieben, einen Kindergeburtstag in einem Indoor-Spielplatz zu feiern. Aber da hat man die Horde natürlich untergebracht. Als mein Mann und ich vor ein paar Jahren mit den Kindern Steckenpferde gebastelt haben, haben wir unseren Esstisch mit dem Kleber total ruiniert. Die Aktion ist total in die Hose gegangen, weil der Kleber nicht gehalten hat. Da habe ich mir gedacht, was wohl die Mütter davon halten, wenn die Kinder diese verkrüppelten Dinger mit nach Hause bringen. Wir waren total unprofessionell, haben nicht einmal ein Probestück angefertigt.

Der Anspruch scheint also zu sein: Die Party muss perfekt geplant sein, es darf keine Langeweile aufkommen und zum Schluss müssen die Gäste etwas Vorzeigbares mit nach Hause nehmen können. Woher haben die Mütter diese Idee? Ein Blick in die Familienalben zeigt, dass sie selbst ihre Geburtstage zu Hause am Küchentisch gefeiert haben. Mit einem einfachen Erdbeer- oder Schokoladenkuchen. Die Großmütter berichten von kleinen Spielerunden, von Schokoladeschneiden oder Würstelschnappen. Mehr als fünf, sechs Kinder sind aber meist nicht eingeladen gewesen. Es war offenbar möglich, eine Grenze zu ziehen. Vielleicht, weil die Großmütter das verlangt haben?

Mittlerweile gehört es zum Selbstverständnis der gebildeten Mittelschicht, dem Nachwuchs Freiräume zu lassen, alles auszudiskutieren. Ausbaden müssen das meist die Mütter. Sportwissenschaftlerin Sabine berichtet, dass sie ihre Tochter nicht davon überzeugen konnte, dass fünf Kinder genug wären. Also waren zum fünften Geburtstag schließlich acht Gäste geladen. Die seien aber so wild gewesen, dass der sechste Geburtstag bereits im Indoor-Spielplatz stattfand:

> Zudem hat plötzlich jedes Kind auswärts gefeiert, am Indoor-Spielplatz oder am Reiterhof. Da ist man schon unter Druck, und Lena wollte es unbedingt. Also sind wir in einen Indoor-Spielplatz gefahren. Das war die günstigste Option. Wir haben Kuchen gegessen und Geschenke ausgepackt. Danach waren die Kinder unterwegs. Das ist für einen selber natürlich einfacher als zu Hause. Ein Jahr später waren wir beim Bowling im Olympiapark. Mein mittlerer Sohn hat an Halloween Geburtstag, wir haben eine Halloween-Party gemacht. Wir sind um die Häuser gezogen, um Süßigkeiten zu sammeln. Zum Abschluss haben wir im Garten Würstchen gegrillt.

Am Abend kommen die Kinder nach Hause und erzählen, was sie alles erlebt haben. Oder die Mütter erzählen, was sie für das nächste Mal geplant haben. Der Überbietungswettbewerb ist eröffnet. Dazu ein brandaktuelles Beispiel: Eine Mutter, die dafür bekannt ist, stets viel Aufwand zu betreiben, um ihrem Sohn (Grundschulalter) einen ganz besonderen Geburtstag zu bereiten, engagierte für die diesjährige Party einen Hundetrainer.

Die gastgebende Familie besitzt keinen Hund. Macht aber nix. Der Hundetrainer rückte mit fünf Exemplaren an, die er vor den staunenden Gästen (Grundschulalter) zu allerlei Kunststücken animierte. Die Kinder durften anschließend selbst den Hundetrainer mimen. Die Mutter des Geburtstagskindes hielt die Veranstaltung zunächst für einen Erfolg. Bis die Mutter eines Klassenkameraden ihres Sohnes erwähnte, dass die Fete diesmal ziemlich »normal« gewesen sei. Das bisschen Hundetrainer. Das ließ die Verfemte nicht auf sich sitzen. Am Wochenende darauf wurde nochmal gefeiert. Mit Hüpfburg, Zauber-Show, Clown. Von wegen normal.

Ein Riesenmarkt

Es gibt unzählige Internetseiten, die Ideen für Kindergeburtstage bewerben. Google liefert auf eine entsprechende Anfrage unglaubliche 15 200 000 Treffer, mit dem Zusatz Corona sind es immerhin noch 5 040 000. Kindergeburtstag-planen.de versichert, dass ein unvergesslicher Kindergeburtstag mit der Einladung anfängt. Folgerichtig liefert die Website Vorlagen für Feuerwehr-, Fußballfeld- und Eis-am-Stil-Einladungen. Do-it-yourself-Videos geben Hilfestellung für Kinderschminken und Bastelaufgaben (zum Beispiel für ein Laserschwert, Ballongirlanden oder Seidenpapierblumen).

Darüber hinaus hilft die Ratgeberliteratur weiter. Der Leser von *Kunterbunte Kinderpartys – Tolle Bastel-, Spiel- & Rezeptideen* bekommt passend zu zehn verschiedenen Mottos (zum Beispiel »1000 Meilen unter dem Meer«, »Stars in der Manege« oder »Besuch vom anderen Stern«) Anregungen für kreative Einladungen (für die »Dschungelparty« werden mit Urwaldmotiven bemalte Gläser verteilt, die eine Schriftrolle und Fruchtgummitiere enthalten), Snacks (zum Beispiel Tausendfüßler aus Scho-

koküssen) und Aktionen (zum Beispiel eine Expedition im Maislabyrinth).

Und auch der Kinderbuchmarkt liefert seinen Beitrag. Zum
Beispiel die bei Kindergarten- und Schulkindern beliebten *Conni*-
Bücher. In einem dieser Bücher – die im Übrigen das Idealbild
der Mittelschichtfamilie zelebrieren – feiert Conni ihren fünften Geburtstag. Zuerst handelt sie ihre Mutter von fünf auf sieben Gäste hoch; dann bastelt sie mit ihr die Einladungskarten.
Zum Fest gibt es einen Kuchen und eine Schatzsuche (die hat der
Vater vorbereitet). In der Schatzkiste ist ein Säckchen mit Per-
len für jeden. Daraus werden anschließend Armbänder gebastelt. Dann verkleiden sich die Kinder als Piraten und retten Prinzessin Conni, die auf eine einsame Insel entführt wurde. Zum
Essen gibt es Piratenspieße. Obwohl es nicht so explizit erwähnt
wird: Conni feiert eine Piratenparty, das Motto gibt die Inhalte
des Fests vor. Freies Spiel ist nicht vorgesehen, die Eltern haben
alles geplant.

Last but not least: Kataloge und Prospekte bewerben sämtliche
Utensilien für den Motto-Geburtstag – von der *Lillifee*-Einladung
bis zur *Lillifee*-Tüte für die Gastgeschenke. Wenn Aldi selbst gestaltete Foto-Einladungen feilbietet und ein geschminktes Kind
abbildet, heißt das im übertragenen Sinn: Das gehört zu einem
Kindergeburtstag dazu, das macht man heute so. Natürlich stellt
sich hier das Henne-Ei-Problem: Hat der Markt findigerweise
eine neue Nische entdeckt, mit der sich viel Geld verdienen
lässt? Oder reagiert Aldi nur auf bereits bestehende Praktiken,
mit denen sich viel Geld verdienen lässt? Die Wahrheit dürfte
in der Mitte liegen. Wir sehen, was alles möglich wäre, finden
das schön, obwohl wir nicht genau wissen, warum, und mischen
schließlich fleißig mit. So dass die anderen viel Geld verdienen
können.

Der abwechslungsreiche Motto-Geburtstag wird zum Standard. Gerhard Matzig berichtet in der *Süddeutschen Zeitung* von Einladungen in den Sommergarten eines Sternerestaurants, in die VIP-Lounge der Allianz Arena (zum Champions-League-Finale!), zu Heißluftballonfahrten über den Tegernsee oder ins Disneyland Paris.

Die *ZEIT*-Journalistin Josephina Maier weiß von Drachenrallyes, bei denen die Kinder mit ihrem Smartphone Codes knacken sollen. Und die *Rheinische Post* schreibt über Museumspädagogen, die Vorträge zum Thema Kindergeburtstag halten, weil »die Verunsicherung darüber, wie man eine Party gestaltet« enorm gewachsen sei. Wie hat es so weit kommen können? Wieso mutieren Kindergeburtstage zum Event? Der Sozial- und Bildungsforscher Klaus Hurrelmann meint, die Organisation der Partys an Profis auszulagern sei ein Zeichen der Zeit. Doppelverdiener-Eltern kauften diese Leistung ein, weil sie sie brauchten.

Meine These ist: Es ist nicht nur der Zeitdruck oder der Wunsch, den Kindern eine Freude zu machen, der Eltern dazu treibt, in einen Wettlauf um den aufregendsten Kindergeburtstag einzusteigen. Es ist die Orientierung an der Logik der Massenmedien, die wir mittlerweile so stark verinnerlicht haben, dass wir gar nicht mehr zurückkönnen. Wir sind medialisiert, durch und durch. Deshalb glauben wir, dass es ganz normal ist, wenn ein Event das nächste jagt. Unsere Lebenswirklichkeit ist durchsetzt von massenmedialen Handlungsvorlagen, der permanente Ausnahme- und Erregungszustand sickert in unseren Alltag. Wir hassen das, weil es uns stresst. Aber wir lieben es auch, weil wir nicht langweilig sein wollen. Das gilt im Großen wie im Kleinen. Deshalb haben sich die neuen Praktiken rund um den Kindergeburtstag bereits stark verfestigt. Die Kinderparty wird zum generalstabsmäßig geplanten Happening, in das die ganze Familie eingebunden wird. Die Mütter, die Väter, manchmal sogar die Großeltern. Kein Wunder, dass sich viele Eltern professionelle Hilfe suchen. Und immer öfter finden, denn der Markt für Kindergeburtstage boomt.

Der Trend geht zum Outsourcing

Kindergeburtstage – das hat die Eventbranche erkannt – sind ein Geschäft. Kein Freizeitpark, Schwimmbad, Tierpark oder Hallenspielplatz, der nicht ein spezielles Angebot im Portfolio hat. Im Münchner Theater für Kinder sind im Paket ein Vorstellungsbesuch, »Getränke und Kuchen an einem festlich gedeckten Geburtstagstisch und eine Überraschung für das Geburtstagskind« inbegriffen.

In der Schauspielschule Theaterzwerg kann man unter anderem einen Musical-Geburtstag oder einen »Improvisationstheater-Geburtstag« buchen. Sportvereine bieten Arrangements für ein »unvergessliches Erlebnis«, etwa auf dem Tennisplatz. Eine Feier auf dem Junior Campus in der BMW Welt kostet 240 Euro. Dafür dürfen zehn Kinder mitkommen. Es gibt Kreativ-, Programmier-, Detektiv-, Film- und Designworkshops. Für den kleinen Hunger ist auch gesorgt, der Cateringpartner der BMW Welt liefert ab 13 Euro pro Person Würstchen, Schaumküsse und Gummibärchen, die Speisen werden auf dem »Birthdaycar« kredenzt. Das Rundum-sorglos-Paket für Eltern, die ihrem Nachwuchs einen ganz besonderen Geburtstag bieten wollen, Edutainment garantiert.

Ein Trend, den auch die Volkshochschulen für sich nutzen wollen:

Wir halten eine Vielzahl von Ideen bereit, wie man zusammen mit seinen Freunden und Freundinnen eine Geburts-

tagsparty feiert, bei der garantiert keine Langweile aufkommt – und bei der es für alle etwas Neues zu entdecken
gibt. Aus einem umfangreichen Angebot kann man gezielt
eine Geburtstags-Aktivität aussuchen und sich beraten lassen. In der VHS-Geschäftsstelle ist die Wunsch-Geburts-
tagsfeier buchbar – beispielsweise als Koch-Event, Expe-
rimentierkurs, Schlemmerparty oder mit einem kreativen
Work-Shop, in dem gemalt, gezeichnet, gebastelt wird.[4]

Wem das nicht genug Outsourcing ist, der heuert eine Event-
Agentur an. Ein Trend, der in den USA schön länger zu beobachten ist. Die Soziologin Arlie Russell Hochschild berichtet von
einem Vater, der versuchte, den fünften Geburtstag seiner Tochter selbst zu organisieren – und jämmerlich versagte.[5] Aus einem
entscheidenden Grund: Sämtliche der kleinen Gäste waren daran
gewöhnt, ununterbrochen unterhalten zu werden, da ihre eigenen Feiern stets von professionellen »party plannern« bestritten
worden waren. Ballons aufblasen, ein paar Spiele vorbereiten, das
genügte bei weitem nicht. Der Vater konnte die Kinder nicht bei
Laune halten und verärgerte dadurch deren ebenfalls anwesende
Eltern. Die wollten eigentlich eine Auszeit nehmen. Aber die anspruchsvolle Gästeschar wollte ununterbrochen unterhalten werden. Dem überforderten Vater blieben wenige Sekunden, um die
Kinder für eine Attraktion zu begeistern – wenn ihm das nicht
gelang, liefen sie unkontrolliert in der Gegend herum. Die Eltern
waren schließlich gezwungen, ihre Weingläser abzustellen und
sich um die Nachkommenschaft zu kümmern – *they were not
amused.* Der Vater spürte förmlich, wie sich die Eltern dachten,
dass ihm das jetzt eine Lehre sein würde.

Tatsächlich hat er seine Lektion gelernt. Und beim nächsten
Mal einen Profi engagiert, der weiß, was Fünfjährige lustig fin-

den. Die Moral von der Geschichte: Die Kinder waren daran gewöhnt, dass sie ein professioneller Entertainer von einem Spiel
zum nächsten dirigierte. Sich selbst überlassen, fühlten sie sich
verloren und waren komplett verwirrt.

Herrlich. Die medialisierten Kinder können nichts mehr mit
sich selbst anfangen und bekommen eine ausgewachsene Krise,
wenn sie nicht pausenlos mit Gags gefüttert werden. Aber: Sie
sind beschäftigt und lassen ihre Eltern in Ruhe. Das mag ein
Grund dafür sein, dass auch hierzulande immer mehr Familien
die Dienste von Event-Agenturen in Anspruch nehmen, wenn es
darum geht, einen Kindergeburtstag auf die Beine zu stellen. Die
befragten Experten aus der Veranstaltungsbranche führen diese
Entwicklung in erster Linie auf den wachsenden Druck zurück,
dem sich vor allem die Mütter ausgesetzt fühlen. Daniela Schreck
von der Agentur Tollkids hat festgestellt, dass viele Angst davor
haben, die Erwartungen der kleinen Gäste (und deren Eltern)
nicht erfüllen zu können:

> Ich habe ein Gespräch mit einer Dame geführt, die sagte,
> sie hätte im letzten Jahr für ihr Kind den vierten Geburtstag
> gefeiert. Es waren neun Kinder eingeladen. Sie war im Vor-
> feld aufgeregt und an dem Abend nervlich am Ende, weil
> sie diese neun Kinder nicht in den Griff bekommen hat.

Neun Vierjährige auf einem Haufen können eine Herausforde-
rung sein. Vor allem, wenn der Geburtstag in die Wintermonate
fällt oder die Familie in einer kleinen Wohnung lebt, so dass eine
Freiluftveranstaltung nicht möglich ist. Die Frage ist nur, warum
es (siehe Mütter-Interviews) so viele Gäste sein müssen. Man gewinnt den Eindruck, dass sich die Mütter treiben, sich das Zep-
ter aus der Hand nehmen lassen. Obwohl sie es sind, die nach Er-

fahrung von Daniela Schreck die Organisation stemmen müssen, den Kuchen backen, die Deko und die Einladungen basteln. Die Väter halten sich meist zurück.

Da viele Mütter berufstätig sind, scheuen sie zunehmend die heute mit dem Kindergeburtstag verbundene Arbeit. Outsourcing erscheint vielen da als die einzig sinnvolle Lösung. Und die lassen sie sich einiges kosten: Eine dreistündige Mottoparty ist bei Tollkids ab 600 Euro netto zu haben. Eine Golf-Geburtstagsparty für zehn Kinder kostet im Angebot 740 Euro inklusive Mehrwertsteuer. Das könnten sich natürlich nicht alle leisten, aber beim Kindergeburtstag wollten die Eltern dennoch nicht sparen, berichtet Jutta Esser, die einige Jahre eine Internetplattform für Kindergeburtstage betrieben hat:

> Selbst die, die wenig Geld haben, geben einigermaßen viel für Kindergeburtstage aus. Es sind zudem nicht zwangsläufig die, die zu Hause feiern, die wenig Geld ausgeben, die haben sich einfach bewusst dafür entschieden und haben gute Ideen. Auch zu Hause holt man sich gerne Unterstützung. Zum Beispiel einen Zauberer, einen Clown oder ein Science Lab. Damit holt man sich Experimente nach Hause. Die meisten sagen: Ich hole mir Unterstützung, und das darf bis zu einem bestimmten Budget gehen. Das liegt meistens zwischen 150 und 200 Euro pro Geburtstag.

Das Portal kindergeburtstage-muenchen.de präsentiert an die 100 verschiedene Angebote. Vermittelt werden Kindergeburtstage auf dem Bauernhof, im Kletterwald und beim Beachvolleyball. Es bestehen Kontakte zu Bauchrednern, Märchenerzählern und Ballonkünstlern. Für 250 Euro können Eltern eine GPS-Rallye, Quadfahren oder ein mobiles Kinder-Musical buchen. Bei so viel Event hat Topfschlagen keine Chance mehr. Zumal oft schon ganz kleine Kinder mit durchgeplanten Feiern bespaßt werden.

Daniela Schreck hat die Erfahrung gemacht, dass Eltern gar nicht früh genug damit anfangen können, den Geburtstag ihres Kindes im großen Stil zu feiern. Eigentlich biete sie mit ihrer Agentur Tollkids Geburtstagsfeiern für Kinder zwischen sieben und zwölf Jahren an. Sie habe aber zunehmend Kunden, die Partys für wesentlich kleinere Kinder buchen:

> Häufig fängt es bei drei Jahren an, was eigentlich gar nicht so viel Sinn ergibt, weil die Kinder mit drei Jahren zwar einen ausgeprägten Spieltrieb haben, aber sehr unkonzentriert sind. Eine Mottoparty für ein dreijähriges Kind ist schwierig umzusetzen. Kinder spielen frei und fühlen sich gut damit. Man braucht eher den Aufpasser als den Animateur.

Bei dermaßen jungen Geburtstagskindern sind die Eltern zentrale Triebkraft, sie bestimmen das Thema der Veranstaltung. Allerdings entwickeln Kinder auf diese Weise früh hohe Ansprüche an eine Geburtstagsfeier, sind große Feste gewohnt und geben explizite Mottowünsche vor. Und bei den Eltern bestehe grundsätzlich der Wille, diesen Wünschen gerecht zu werden.

Die Kunden von Tollkids entscheiden sich zu 90 Prozent für das Rundum-sorglos-Paket. Daniela Schreck entwickelt ein Konzept, verschickt die Einladungen, organisiert Location und Catering. Für einige Kunden kümmert sie sich zudem um den Transfer. Eine Dame (sie bezahlt ihrer Tochter immer zwei Feiern im Jahr, eine Geburtstagsparty und ein Sommerfest) bestellt einen amerikanischen Schulbus, mit dem die bis zu 15 Kinder zum Veranstaltungsort und wieder nach Hause gebracht werden.

Es ist selten eine Geldfrage. Die Eltern wollen einfach, dass alles passt und es einen roten Faden gibt. Vor kurzem haben wir eine *Star-Wars*-Party ausgerichtet. Dafür haben wir einen Gewölbekeller gebucht, eine Nebelmaschine aufgestellt und Kostüme besorgt und passende Spiele vorbereitet. Als die Kinder kamen, haben wir die Filmmusik eingespielt. Denen stockte der Atem.

Erzähl mir eine Geschichte!

Mottopartys haben – ähnlich wie Hochzeiten – immer auch eine Geschichte, eine Rahmenhandlung. Eine gute Geschichte gefällt schließlich jedem. So organisierte eine Mutter aus dem Umland von München in Anlehnung an den erfolgreichen *Disney*-Zeichentrickfilm »Die Eiskönigin« einen »Eisköniginnen-Geburtstag.« Die Einladungen waren in Form eines Eiskristalls gestaltet und forderten die Gäste auf, in ihrem »schönsten Eisköniginnen-Kostüm« zu kommen, Mädchen ohne Elsa-Outfit waren offensichtlich nicht vorstellbar und zumindest als Gäste nicht vorgesehen. Während der Party konnten die Kinder Schneemannplätzchen backen und blauen Zauberglitzer anrühren. Zum Abschied gab es ein in Klarsichtfolie verpacktes Eisköniginnen-Paket als Give-away. Darin: Eine CD mit Eisköniginnen-Musik, die selbst gemachten Schneemann-Plätzchen, Marshmallows und ein Eis. Der Zauber-Glitzer wurde in kleine Einmachgläser abgefüllt und ebenfalls mit nach Hause gegeben.

Die Agentur Tollkids veranstaltet Kindergeburtstage zu den Mottos Piraten, Grusel, Feuerwehr, Beauty oder Pferde. Sehr beliebt: *Star Wars* oder Castingshows à la Heidi Klum:

Topmodel-Partys s nd ein ganz großes Thema bei Mädchen. Wir organisieren einen Make-up-Artist, einen Catwalk, auf dem sie sich umziehen dürfen, laufen dürfen. Das ist nichts anderes als das Nachspielen von *Germany's Next Top nodel*.

Immer beliebter werden Mottos, die um das Thema Natur kreisen beziehungsweise nach Edutainment klingen. Entsprechende Angebote liefern den Eltern das gute Gefühl, etwas pädagogisch Wertvolles gemacht zu haben. Der Veranstaltungsspezialist Querfeldeins bietet Geocaching-Kindergeburtstage im Rahmen einer Schatzsuche oder eines Detektivabenteuers an (selbstredend Corona-safe). Und im Norden von München verspricht ein Naturhaus:

In der freien Natur oder im Gewächshaus sind wir kreativ. Wir bauen entwec er Vogelhäuschen aus Weide oder pflanzen Kräuterkist'l. Wir können gemeinsam Lagerfeuer mit Stockbrot machen und die Feier mit schönen Liedern ausklingen lassen.[6]

Lagerfeuer und Stockbrot sind natürlich nicht so spektakulär wie der *Topmodel*-Laufsteg. Aber doch voller Aufmerksamkeitspotenzial. Vor allem, wenn man die erste Familie ist, die so ein durchdachtes Programm vorzeigen kann. Raus in die Natur, aktiv sein, in die Bildung der Kinder investieren. Und am Ende bringen die Geburtstagsgäste auch noch ein tolles Vogelhäuschen mit nach Hause.

Wir hier, ihr da

Kindergeburtstage befeuern den interfamiliären Wettbewerb. Daniela Schreck beschreibt eine Tendenz, mit der eigenen Geburtstagsfeier andere »übertrumpfen« zu wollen. In den 1980er Jahren, als jeder Geburtstag zu Hause stattfand, habe es zwischen den Familien praktisch keinen Austausch über das konkrete Programm gegeben (zumal das überall ziemlich ähnlich gewesen sein dürfte). Es hätte sich also kein Druck von außen entwickeln können. Heute dagegen beginnt der Wettbewerb mit der Einladung. Wer da nicht mithalten kann, gerät schnell ins Abseits. Denn mit jeder Party steigen die Ansprüche – die der Eltern und die der Kinder.

Vor allem in gut situierten Kreisen sei bereits ein hohes Niveau erreicht. Ein Kindergeburtstag im Disneyland Paris (inklusive Hin- und Rückflug) sei zwar die Ausnahme, aber Realität, ebenso wie ein Heli-Flug, eine Airportparty oder der Ausflug zur Sternwarte. Daniela Schreck hat Kunden, die einen Geburtstag in der Allianz Arena ausrichten und einen Profifußballer vom FC Bayern München dazu buchen. Ein echter Superlativ. So lange, bis fünf weitere Kids aus der Klasse denselben Bayernspieler zum Kuchenessen einladen.

Selbst ein Ausflug ins Schwimmbad braucht eine Attraktion. Eine Mutter aus dem Umland von München hat deshalb laminierte Urkunden vorbereitet, in die sie Punkte für eine Arschbombe (»Wer spritzt am meisten?«), fürs Zweierschwimmen, den Pyramiden-Doppelkampf und fürs Rutschen mit einem wasserfesten Folienstift eintrug. Voilà, das Kind hat etwas, das es daheim herzeigen kann. In einem anderen Fall absolvierten die Geburtstagsgäste unter der Ägide einer Mutter einen Crashkurs im Backen und Nähen. Am Ende des Tages brachten sie ein Herz aus Mürbteig und ein als Eule getarntes Duftsäckchen mit nach Hause.

An dieser Stelle sei betont: Es ist grundsätzlich nichts falsch daran, sich bei der Planung Mühe zu geben und seinem Kind einen tollen Geburtstag bereiten zu wollen. Viele Mütter haben bestimmt Spaß daran und investieren Zeit und Geld, weil sie ihre Kinder lieben. Aber: Diese neuen familiären Praktiken deuten auf zweierlei dysfunktionale Entwicklungen hin. Zum einen verlernen es die Kinder, sich selbst zu beschäftigen und über längere Zeiträume selbst zu motivieren; zum anderen wird über die Konkurrenz um die beste Geburtstagsparty die dadurch vermeintlich symbolisierte und zur Schau gestellte elterliche Liebe Gegenstand des Wettbewerbs und damit vollends dem Privaten entzogen.

Das gilt für die Feiern ebenso wie für die Geburtstagskuchen, in denen sich die an die Kindergeburtstage geknüpften Erwartungen symbolisch konzentrieren. Mütter stehen stundenlang in der Küche, um eine ausgefallene Torte zu backen. Bei einer Freundin von Krankenschwester Katrin musste es ein Pferdekopf sein, Sportwissenschaftlerin Sabine fertigte für ihren Sohn ein Fußballfeld an. Die Kunstwerke verschickt man gerne per WhatsApp an den Freundeskreis oder stellt sie auf Facebook, Instagram, Pinterest oder den eigenen Blog. Wie etwa das Zuckerguss-Kleid, das Mutter Karin anlässlich des vierten Geburtstags ihrer Tochter einer Barbie-Puppe auf den Leib schneiderte und dann auf ihrer Seite im Internet präsentierte.

Auf Facebook gratuliert eine Mutter ihrer Tochter zum dritten Geburtstag. Neben der farbenfrohen Geburtstagstorte postet sie ein Bild der Kleinen beim Spielen. Adressat dieser Glückwünsche ist wohl nur in zweiter Linie das Mädchen. Vielmehr wünscht sich die Mutter die Aufmerksamkeit ihrer Community. Sie will zeigen, was sie alles für ihr Kind tut – die moderne Liebe feiert sich selbst, und die anderen schauen zu.

Der Nachteil des neuen Liebes-Codes: Er ist mit Anstrengung verbunden. Man muss sich und seinem Umfeld ständig versichern, dass man wirklich glücklich ist, dass man alles erreicht hat, dass das eigene Leben ein selbst gewähltes und selbst gestaltetes ist.

Home Sweet Home: Wohnst du noch oder präsentierst du schon?

Wie wir sein wollen, wie wir uns selbst sehen und gesehen werden wollen, drückt sich nicht zuletzt darin aus, wie wir wohnen. Das eigene Zuhause betrachten wir heute als Bühne für unser perfekt gestyltes Vorzeige-Familienleben. Ein besonders hübsches Beispiel der gut situierten Mittelschichtfamilie war in der 1000. Folge der *Vox*-Erfolgssendung *Shopping Queen* zu sehen. Kandidatin Kirsten führt das Fernsehteam (und die über 500 000 Zuschauer) durch ihr Zuhause. Ein Einfamilienhaus mit Säulen am Eingangsportal, freistehender Wanne im Wellnessbad und offenem Kamin im großzügigen Wohn-Ess-Bereich. Hinter dem Esstisch: eine Fotowand. Da hängt eine sexy Aufnahme der Mutter Kirsten in Unterwäsche (vom Profifotografen), daneben ein Bild der Eltern am Hochzeitstag (vor einem Oldtimer, vom Profifotografen). Zu bewundern sind darüber hinaus die beiden Söhne im Teenageralter (vom Profifotografen aufgenommen). Kirsten kommentiert die Bilder folgendermaßen: »Hier an der Wand hängt meine ganze Liebe. Alles andere, was man in diesem Haus sieht, ist nichts.«

Man spürt, dass Kirsten das wirklich glaubt. Aber warum dann die Tour durch den durchgestylten Einfamilienhaus-Traum? Und warum die Liebe für die Fotowand inszenieren? Natürlich gehört die Familienfotografie zum Bürgertum. Auch vor 40 Jahren stellten sich Familien Bilder ihrer Liebsten ins Wohnzimmer.

Zum Profi ging man jedoch nur zu besonderen Anlässen. Heute absolvieren Familien regelmäßig richtige Fotoshootings, Paare wünschen sich mitunter erotische Settings. Von der Kleidung (zum Beispiel Eltern und Kinder in Jeans und rosa Oberteil) bis zur Stimmung (locker soll man rüberkommen, dabei hilft eine Kissenschlacht) wird nichts dem Zufall überlassen. Man soll die Liebe sehen können.

Deshalb verschicken Familien zu Weihnachten gerne Karten mit Hochglanzporträts von Vater, Mutter, Kind(ern), die mit den schlichten Feiertagsgrüßen von vor 30 Jahren kaum mehr etwas gemein haben. Die Kompositionen werden immer aufwändiger – ich habe Fotos von Familien mit Weihnachtsmannmützen, Engelsflügeln oder gruppiert als Christbaum gesehen (und das mit meiner Sippe auch selbst gemacht) –, die selbst geschriebenen Wünsche zum neuen Jahr werden immer kürzer. Im Internet lassen sich für jede Gelegenheit hübsche Motive zusammenstellen. Manche Familien verschicken solche Karten darüber hinaus zu Ostern. Und setzen ihren Kindern für das Foto Hasenohren auf. Klar, das kann nett sein, aber was haben wir eigentlich davon? Oder unsere Freunde?

Die sozialen Medien haben den Wettlauf um das originellste Familienfoto extrem befeuert. Und die Frequenz erhöht. Wer nicht ständig postet, existiert nicht. Deshalb ergreifen wir jede Gelegenheit für einen Schnappschuss, der sich gut macht. Dazu ein Beispiel aus der Vor-Corona-Zeit. Der Tatort: ein bayerisches Volksfest. Die Hauptdarsteller: Zwei top gestylte Mütter im Edel-Dirndl und ihre ebenso adrett herausgeputzten vier Kinder (welcher Mutter wie viele gehörten, kann ich nicht sagen, tut auch nichts zur Sache). Während zwei der vier ein Fahrgeschäft besuchen, schmeißen sich die weiblichen Erziehungsberechtigten in Pose, um ein mediales Selbstbildnis anzufertigen. Zu diesem

Zweck schieben sich die Mittdreißigerinnen jeweils ein Vampir-
gebiss in den Mund, heben das Kinn (ein doppeltes ist so gar
nicht fotogen) und grinsen ins Smartphone.

Währenddessen fällt eines der beiden jüngeren Kinder, ein
etwa zweijähriges Mädchen, die Stufe des Fahrgeschäfts hin-
unter und schlägt sich den Ellbogen auf. Sie plärrt. Die Mütter
beunruhigt das überhaupt nicht, sie grinsen weiterhin in die Kamera. Die Kleine plärrt lauter, Passanten drehen sich um, wundern sich. Mutter eins zuckt kurz, Mutter zwei hält sie von einer
übereilten Reaktion ab: ›Jetzt nochmal richtig, komm.‹ Das Kind
steht kurz vor einem hysterischen Anfall. Da erbarmt sich ein
Passant und hebt das Mädchen auf, tröstet sie. Das Kind hört auf
zu weinen. Mutter zwei frohlockt: »Cooles Bild.«

Ich habe mir damals die Frage gestellt, ob eine ähnliche Szene
in meiner eigenen Kindheit denkbar gewesen wäre. Vermutlich
ja, aber eben auch nicht. Natürlich ließen sich Mütter in den
1980er Jahren gleichermaßen ablenken, wenn sie etwa einen Bekannten trafen und plauderten. Niemand hat 24/7 ununterbrochen ein Auge auf den Nachwuchs, das hält keiner durch. Aber
nur der Bedeutungszuwachs der Massenmedien und der damit
verbundene Bedeutungszuwachs von Außenwirkung und Aufmerksamkeitsgewinn erklärt, dass sich erwachsene Frauen so
zum Affen machen.

Urban, individuell, repräsentativ: Der Traum vom durchgestylten Familiennest

Nicht nur *Shopping-Queen*-Kirsten benutzt ihr Haus als Bühne.
Moderne Wohnraumgestaltung ist per se darauf ausgerichtet, den erarbeiteten Lifestyle perfekt auszuleuchten. Moderne

Doppelverdiener-Haushalte brauchen in der Regel ein urbanes Umfeld mit guter Infrastruktur, um ihr Modell umsetzen und die neuen familiären Praktiken (vom Babyschwimmen bis zum Kindergeburtstag im Indoor-Spielplatz) integrieren zu können. Gleichzeitig hegen sie den Mittelschichttraum vom Eigenheim, wünschen sich etwas Grün und Spielflächen für ihre Kinder. Und wenn möglich ein paar gleichaltrige Kameraden. Darüber hinaus sind die Ansprüche an die Ausstattung der Wohnung stark gestiegen. Offen soll es sein, hell, großzügig, eine Designerküche und ein Wellnessbad wären schön. Die Prospekte der großen Einrichtungshäuser sind voll von Hochglanzmöbeln, die eher in eine Ausstellung zeitgenössischer Kunst als in eine gemütliche Wohnung passen.

Architekt Andreas Eichlinger hat im Laufe der vergangenen 25 Jahre einen Paradigmenwechsel beobachtet: Während in seiner Anfangszeit junge Familien aus der Stadt wegziehen wollten und oftmals von einem Einfamilienhaus auf dem Land träumten, habe der urbane Lebensraum wieder an Attraktivität gewonnen. Um seine zentrumsnahe Dachgeschosswohnung in München werde er mittlerweile beneidet – oftmals von denselben Leuten, die ihn Mitte der 1990er Jahre gefragt haben, wie er es seinen Kindern antun könne, in der Stadt aufzuwachsen. Eichlingers Erfahrung nach wollen weniger Menschen die Nachteile ländlicher Wohnorte auf sich nehmen; sie legen Wert auf eine breit gefächerte Infrastruktur, von der Krippe bis zum Bügelservice um die Ecke. Dabei sind es in erster Linie die gut ausgebildeten, berufstätigen »Familienmanagerinnen«, die strategisch denken. Ein großer Garten erscheint wenig erstrebenswert, wenn der 50 Kilometer vom Arbeitsplatz entfernt ist. Berufstätigkeit, Erziehung und Freizeitgestaltung müssen unter einen Hut passen. Andreas Eichlinger:

Gerade die Mütter sind die Treiber. Denn die sind am Land der Fahrdienst für die Kinder. Da müssen dann auch zwei Autos her, und die Frau fährt die Kinder zur Reitstunde, zur Klavierstunde, zur Tennisstunde. In der Stadt ist das Programm natürlich das gleiche, aber die Wege sind kürzer. Dafür nehmen viele Familien in Kauf, dass die Wohnung teurer ist. Oft kann man sich schließlich ein Auto sparen.

Die Altersgruppe der 30- bis 49-Jährigen verlässt die großen Metropolen wie München oder Hamburg meist in der Phase der Familiengründung, weil sie sich das Wohnen in den Städten nicht mehr leisten können oder wollen. Dazu kommt: Wer kleine Kinder hat, geht nicht täglich ins Kino oder ins Theater, sondern auf den Spielplatz. Und Corona hat gezeigt, dass das Homeoffice eine echte Alternative zum täglichen Stau ist; die Nachfrage nach Ein- und Zweifamilienhäusern stieg 2020 deutlich,[1] die Peripherie und sogenannte B-Städte werden wieder interessanter,[2] denn Familien suchen nach einem Mittelweg: Sie sehnen sich nach einem urban geprägten Umfeld zu Grundstückspreisen, die es zulassen, zumindest ein Reihenhaus mit kleinem Garten zu erwerben.

Konsequenterweise entstehen in den Umlandgemeinden von München große Reihenhaus- und Doppelhaussiedlungen. Zum Beispiel in Poing. In der Neubausiedlung »Zauberwinkel« sind zwischen 2009 und 2012 Häuser für 1400 Bewohner entstanden, eines neben dem anderen, »Setzkasten-Architektur«. Die Bevölkerung ist überwiegend homogen, Paare mit ein oder zwei Kindern. Neben den Haustüren lehnen Laufräder und Roller, hinter dem Haus steht das eine oder andere Trampolin. Dann ist der Garten allerdings schon voll. Die Familien sind hier unter sich. Sie haben alles, was ihnen wichtig ist, wie man aus einem Artikel der *Süddeutschen Zeitung* erfährt:

Die S-Bahn braucht nur 20 Minuten bis zum Marienplatz; Kitas und Kindergärten sind bequem erreichbar und deutlich billiger als in München, wo man sich um jeden Platz prügeln muss. Auch sonst inszeniert sich Poing als Kinder- und Elternparadies. Im Familienzentrum bieten sie Babymassagekurse, Zumba-Tanz-Work-outs für gestresste Mütter und Kochabende für engagierte Väter an. Der Poinger Babysitter-Service dürfte im gesamten Großraum München einmalig sein.[3]

Die Familien nehmen die Nachteile – weniger Wohnraum und Garten als auf dem Land, weniger kulturelle Vielfalt als in der Stadt – in Kauf, weil das Gesamtpaket stimmt. So kann zum Beispiel Forstwissenschaftlerin Saskia Beruf und Familie verbinden, hat ausreichend Betreuungs- und Freizeitmöglichkeiten und lebt in einem Einfamilienhaus mit schönem Garten. Die Finanzierung des Anwesens verlangt ihr und ihrem Mann zwar einiges ab, aber das ist es ihr wert. Im geräumigen Wohnzimmer stehen ein Kamin und ein Klavier, die Kinder können zu Fuß in die Schule gehen, die Kreisstadt ist nur zehn Kilometer, München 30 Kilometer entfernt. Aufs Land zurückzukehren, dorthin, wo sie aufgewachsen ist, kann sie sich derzeit nicht vorstellen.

Auch die anderen beiden befragten Mütter wohnen im eigenen Haus. Der Mann von Sportwissenschaftlerin Sabine hat den Altbau im nördlichen Stadtgebiet München von seinen Eltern geerbt, die Familie saniert das Anwesen Stück für Stück. Ein neues Haus in München zu kaufen hätten sie sich nicht leisten können, aber auch die Umbauarbeiten kosten viel Geld.

Für Krankenschwester Katrin und ihren Mann war der Hausbau ebenfalls eine große Investition. Die Preise in der niederbayerischen Provinz sind zwar vergleichsweise günstig, Katrins

Familieneinkommen liegt aber weit unter dem der befragten Akademikerinnen. In die Stadt zu ziehen kam für Katrin nicht in Frage. Sie fühlt sich sehr wohl, hat Arbeitsplatz sowie Eltern und Schwiegereltern in der Nähe, die sie bei der Kinderbetreuung unterstützen. Sie ist ins Vereinsleben des Ortes integriert und legt keinen Wert auf vielfältige Freizeitmöglichkeiten. Interessant ist, dass ihr recht neues Haus einen konventionelleren Grundriss als die Mehrheit der neuen Bauten hat: Der Flurbereich ist relativ groß und die Küche vom Wohnzimmer abgetrennt (auch bei den Urlauben und Freizeitbeschäftigungen ihrer Kinder wich Katrin vom Trend ab und ging mit den Themen gelassener um). Eine derartige Aufteilung wollen heute jedenfalls die wenigsten Familien, gefragt sind dagegen »Wohnküche, Masterbedroom, Wellnessbad und große Erschließungsbereiche«[4]. Der Flur ist zusammengeschrumpft.

SZ-Autor Oliver Herwig glaubt, dass das daran liegt, dass die Gegenstände im Flur (Jacken, Schuhe etc.) »eine Grenze anzeigen, die es eigentlich gar nicht mehr gibt. Hier das Private, dort das Öffentliche. Hier Familie, dort die Freunde. Hier gemütlich, draußen arbeitsam«. Herwig bezieht sich auf das Verschmelzen von privater und beruflicher Sphäre. Und: Wir leben selbst im Zuhause ein öffentliches, inszeniertes Leben. Für uns selbst und für unsere Gäste. Also geben wir den Räumen Platz, die die Inszenierung unterstützen.

Konkrete Vorstellungen von ihrem Haus haben die Kunden von Architekt Andreas Eichlinger oft nicht. Viele haben die Bilder aus Zeitschriften wie *Schöner Wohnen* im Kopf und müssen dann erfahren, dass die meisten dieser Hochglanzkonzepte weder finanzierbar noch sinnvoll sind. Eine Idee bringen aber laut Eichlinger praktisch alle mit:

Ich brauche etwas Repräsentatives, unbedingt. Das ist ganz wichtig. Dann kommt natürlich noch die Frage: Wo steht der Fernseher? Früher gab es die mächtige meterlange Schrankwand im Wohnzimmer. Heute soll es filigraner sein.

Fast die ganze Wohnung mutiert zur Repräsentationsfläche. Einzelne Räume werden deshalb immer größer, vor allem die offene, mit dem Wohnraum verbundene Küche. Aber auch das Bad nimmt immer mehr Platz ein. Weil eine freistehende Wanne gewünscht wird oder eine über zwei Quadratmeter große Dusche mit Regenwaldbrause. Die neuen Anforderungen an die Vorzeigbarkeit von früher ausschließlich funktional bedeutsamen Zimmern haben zu einer Grundrissverschiebung geführt:

Früher hatten die Wohnungen einen zentralen Flur, von dem die Türen für die angrenzenden Zimmer abgingen. Küche, Abstellraum und WCs waren an den »Rändern« untergebracht. Die Bade- und WC-Räume waren zudem sehr klein. Da hat ein Bad eben nur der Funktion der Körperreinigung gedient, ebenso wie die Küche der Funktion der Nahrungszubereitung. Heutzutage ist ein Bad etwas anderes. Ein Bad ist ein Wohlfühlraum, ein Wellnessbereich. Man möchte das Baden zelebrieren. Das ist eine Art neuer Ritus. Selbst Kunden, die sagen, dass sie selten baden, wünschen sich ein großes Bad.

Kein Baumarkt, der nicht Dutzende Modelle an Wannen und Einbauduschtassen für das heimische Erlebnisbad im Sortiment führt. In den 1970er Jahren galt ein Bidet als schick (weil die eigentlich in Südeuropa beheimatete Hygieneeinrichtung Weltoffenheit demonstrierte), heute darf es bei Trendsettern ein zum

Waschbecken umgebauter Waschtrog sein. Wie originell. Für Andreas Eichlinger sind diese durchgestylten Bäder Statussymbole. Ebenso wie die Designerküche. Funktionalität gerate in den Hintergrund. Schön soll es sein:

> Moderne Einrichtungen werden immer ätherischer. Sie sehen einem Raum nicht mehr auf den ersten Blick an, dass er zum Kochen oder zum Waschen ist. Es wirkt irgendwie entkörperlicht. Zudem verschmelzen die Räume. In vielen Hotels steht die Badewanne im Schlafraum, und das wollen die Leute dann auch zu Hause. Oder sie wünschen sich einen Holzboden im Bad, weil es wohnlicher wirkt. Und dann würde ich sagen: Repräsentativität hat generell an Bedeutung gewonnen.

Die Folge: Alles Unschöne, das die Ästhetik stören könnte, muss weichen. Speisekammern will kaum jemand mehr, die nehmen nur Platz weg, der lieber in ein offenes Wohnkonzept fließen soll. Am liebsten hätten die Familien ein Loft. Gemütlichkeit ist nicht mehr in. Das Problem: Sie besitzen viele Dinge, die keiner sehen soll:

> Tatsächlich muss ich die Kunden darauf hinweisen, dass man Stauraum braucht und der eingeplant werden muss. Aber zunächst mal wollen es die Kunden groß, offen. Ist ja viel schöner. Die Tür der Küche zumachen zu können, damit es im Wohnzimmer nicht nach Essen riecht, ist nicht mehr wichtig.

Neue Elemente haben in den letzten Jahren an Bedeutung gewonnen. Ein großer Esstisch zum Beispiel oder große Wohnlandschaften – womit Couchgarnituren mit Abmessungen von bis zu vier auf vier Metern gemeint sind. Zum Beispiel das Modell »Nuvola« von Rolf Benz. Damit die auf der Vorderseite des Prospekts und im Internet beworbene Ausführung zur Geltung kommt, braucht man eine Stellfläche von gut 20 Quadratmetern – womit das Wohnzimmer der Reihenhäuser in der Poinger Siedlung »Zauberwinkel« voll sein dürfte. Trotzdem verkauft sich »Nuvola« prima, wie mir der Mitarbeiter eines großen Münchner Einrichtungshauses erzählt hat. Kostenpunkt des ausgestellten Models: rund 10 000 Euro. Wofür diese riesigen Sofas, wenn doch die bezahlbaren Wohnungen immer kleiner werden und – angesichts schrumpfender Haushaltsgrößen – immer weniger Leute darauf sitzen? Andreas Eichlinger:

> Ich glaube, das wissen die Leute selber nicht. Es gibt ja heute das schöne Wort »chillen«. Dabei kann mir keiner sagen, was das genau sein soll. Auf der Couch dösen, vor dem Computer abhängen. Eine Couchgarnitur in den 1920er Jahren war sehr filigran. Die heutigen Sofas sind um ein Vielfaches größer, als wären wir gewachsen. Dabei bekommen Sie so eine Wunschcouch aus dem Prospekt in eine normale Dreizimmerwohnung gar nicht rein. Und ja, es sitzen weniger Leute drauf. Deshalb stelle ich diesen Wunsch nach der Riesencouch bei all meinen Kunden in Frage. Das Ding dient ja hauptsächlich repräsentativen Zwecken, im besten Fall liegt man da ein bisschen drauf. Meist steht es ziemlich deplatziert in der Gegend rum.

Ein ähnliches Phänomen ist der Kamin. Inzwischen gehören Feuerstellen zum urbanen Wohnen, so wie der Lounge Chair oder großformatige Fotokunst. Wichtig sei, dass der Ofen eine große Glasscheibe habe, damit die Bewohner das Feuer jederzeit sehen können. Und wer aus irgendwelchen Gründen keinen Kaminanschluss realisieren könne, der setze auf Ethanol-Kamine, in denen mit Hilfe von brennbarem Gel Flammen erzeugt werden. Das geht schnell und ist trotzdem stimmungsvoll:

> In erster Linie geht es nicht ums Heizen. Sondern so ein Kamin ist ein Element der Repräsentation und erzeugt eine Stimmung. Das Feuer macht eine besondere Stimmung, die in den großen Wohnbereich integriert werden soll.

Die Küche als Bühne

In den 1980er Jahren war die Küche meist klein, rustikal und vom Wohnbereich abgetrennt, mittlerweile ist sie in den Mittelpunkt gerückt. Die Küche ist das zentrale Repräsentationsobjekt der Mittelschichtfamilie. Das Kochen, die damit verbundene Fürsorgefunktion für die Familie, gerät trotz teurer Hightech-Geräte jedoch ins Hintertreffen. Die Küche ist eine Projektionsfläche, eine Objektivierung moderner familiärer Leitbilder: Wir sind modern, zelebrieren die gemeinsame Zeit, feiern mit Familie und Freunden, stehen mitten im Leben. Die Küche liefert eine Hochglanzfassade (die meistverkauften Fronten sind Hochglanz) für das Eventcooking. Für den Alltag bleiben Tiefkühlpizza und Tütensuppe.

Das war vor wenigen Jahrzehnten anders. Die Küche war ein Ort, an dem jeden Tag gearbeitet wurde. Das konnte man sehen (benutztes Geschirr neben dem Spülbecken, Töpfe mit vorgekochtem Essen auf dem Herd) und riechen. Heute sind Küchen darauf ausgelegt, dass man nichts sieht. So heißt es in einem Beitrag der Zeitschrift *falstaff*:

Versteckspiele: Chaos rund um Herd & Co muss nicht sein.
Die neuesten und innovativsten Küchen-Designs bringen
mit einem kreativen System Ordnung in die Gourmet-
Werkstatt. Und das ziemlich originell und praktisch.[5]

Dass in der »ST-One« (Küchen haben heute gerne Produktbe-
zeichnungen wie Autos) der Firma Strasser mal Essen zubereitet
werden soll, ist kaum vorstellbar, so clean sieht sie aus. Die weißen Schränke könnten in einem Architekturbüro stehen – bis auf
den raumhohen Weinkühlschrank, der – natürlich – über eine
Glastür verfügt. Highlight: der »Genussaltar« aus Naturstein.
Jede der Kochinseln inklusive Ceranfeld, Muldenlüfter und Na-
tursteinbecken ist laut Angaben des Herstellers ein Unikat. Das
erzählt der auf Einzigartigkeit gepolte Küchenbesitzer bei einem
Glas Bordeaux doch gerne und kann sich der erwünschten Aufmerksamkeit sicher sein.

Generell fällt auf, dass Küchen in Zeitschriften und Katalogen wie Kunstgegenstände inszeniert werden, ein im *falstaff*-Ar-
tikel erwähntes Modell heißt gar »Valcucine Artematica Vitrum
Arte«. Lebensmittel sind kaum abgebildet, und wenn, handelt es
sich dabei um frisches Gemüse oder schicke Olivenölflaschen.
Je hochpreisiger die Küchen werden, desto schnörkelloser und
mechanistischer erscheinen sie. Es gibt Platz für Dekoelemente
und Kochbücher, aber nicht für Fleisch oder Fisch. In Katalogen
der Premiumhersteller Poggenpohl und Leicht tauchen gar keine
Menschen mehr auf. Form und Material stehen im Vordergrund,
Edelstahl, Granit, Glas. Küchen sollen keinen Bezug mehr haben zu unseren physiologischen Grundbedürfnissen. Oder wie
es der Architekt Andreas Eichlinger ausdrückt: Sie wirken ent-
körperlicht. Als ob wir uns dafür schämen, essen zu müssen. Zugegeben: Es ist ärgerlich, knappe Zeit auf etwas verwenden zu

müssen, das uns dick und müde macht und mit Stoffwechsel verbunden ist. Passt irgendwie nicht mehr zum medialisierten Menschen. Es sei denn, Kochen wird zum ganz besonderen Erlebnis.

Küchen als Spiegelbilder sozialer Wandlungsprozesse
Das heißt nicht, dass es nicht früher schon lästig war, sich Tag
für Tag zu überlegen, was auf den Tisch kommen soll, das Nötige einzukaufen und in kurzer Zeit ein schmackhaftes Mahl zu
bereiten. Aber heute tun wir so, als wäre das alltägliche Essen
ein Übel, während das Kochen am Wochenende zum Happening
stilisiert wird. Dazu kommt: Kochen in der Familie war früher
Frauensache, nur in der Haute Cuisine war das starke Geschlecht
von Anfang an tonangebend. Heute präsentieren sich die Männer
gerne als Hobbyköche, machen beim *Kochduell* oder beim *Perfekten Dinner* mit, abonnieren *Beef!* und schmeißen sich für den
Küchenabend im Kreis der Arbeitskollegen in eine professionelle
Kochschürze. In ihrer *Soziologie des Wohnens* erklären Hartmut
Häußermann und Walter Siebel dieses Phänomen so:

> Der Wandel der Wohnung und des architektonischen Ge-
> häuses verweisen auf gesellschaftliche Veränderungen,
> auf den Wandel von Ehe und Familie, von gesellschaftli-
> cher Arbeitsteilung und Herrschaftsorganisation, von Ge-
> schlechterverhältnis und Charakterstrukturen.[6]

Als Ende des 19. Jahrhunderts im Zuge der Industrialisierung
Frauen in die Fabriken gingen, wurden die traditionellen Wohn-
küchen den neuen Anforderungen nicht mehr gerecht. Die
Frauen waren mit Erwerbs- und Familienarbeit überfordert, es
kamen neue Geräte auf den Markt, die die Hausarbeit erleichtern sollten. Bei der Küchenplanung orientierte man sich an den

US-amerikanischen Ideen effizienter und arbeitsteiliger Indus-
trieproduktion.[7]

Selbst in gut situierten Haushalten wurde das Personal knapp.
Gleichzeitig sehnte sich die amerikanische Frau nach einer Berufstätigkeit, die mit finanzieller Unabhängigkeit und Wertschätzung verbunden war. Das ging ihrer deutschen Geschlechtsge-
nossin nicht anders. Während der Weimarer Republik rückte die
Hauswirtschaft deshalb in den Blickpunkt des Interesses. Der
Architektin Erna Meyer war es ein großes Anliegen, die Haus-
frauenarbeit als professionelle Berufsarbeit verstanden zu wissen, »deren Wert und Würde keiner außerhäuslichen irgendwie
nachsteht«[8]. In ihrem Besteller *Der neue Haushalt. Ein Wegweiser zu wirtschaftlicher Hausführung* listet sie zehn Gebote auf, die
den Hausfrauen helfen sollten, effizienter zu sein. Sie riet unter
anderem, das »Handwerkszeug« immer »griffbereit« zu haben,
»zweckmäßige Berufskleidung« zu tragen und die Reihenfolge
der zu erledigenden Arbeiten überlegt zu disponieren.[9] Die Ra-
tionalisierungstechniken der Industrie sollten die Hausfrau freier
machen und ihr einen Arbeitsplatz bereiten, »der nach Funktion
und Qualität dem des Mannes vergleichbar« anzusehen war.[10]
Das hat allerdings nicht geklappt. Vielmehr wurde die häusliche
Sphäre immer weiter abgewertet; Hausfrau zu sein gleicht heute
einem modernen Stigma.

Mit der »Frankfurter Küche« schuf Margarete Lihotzky, eine
Architektin und Mitarbeiterin des Hochbauamtes der Stadt
Frankfurt, in den 1920er Jahren den Prototypen der modernen Einbauküche.[11] Die Funktionalität stand im Vordergrund,
auf möglichst kleinem Raum sollten alle nötigen Gerätschaften
untergebracht werden. Um die Arbeitsabläufe zu optimieren,
wurden ergometrische Berechnungen angestellt.

Um die (berufstätige) Frau zusätzlich zu unterstützen, kamen
schon bald Fertiggerichte auf den Markt. In einem Werbespot für
Puddingpulver von Dr. Oetker aus dem Jahr 1954 heißt es: »Die
Frau hat zwei Lebensfragen: Was soll ich anziehen und was soll
ich kochen?« Die im Spot gezeigte Sekretärin Frau Renate trägt
eine Schürze, hantiert versiert mit allerlei Kochgeschirr in ihrer
funktional eingerichteten Küche und präsentiert ihrem Ehemann – der sich nach einem harten Arbeitstag nicht in die Küche begibt, sondern gleich an den gedeckten Esstisch im Wohnzimmer setzt – ein schmackhaftes Mahl inklusive Pudding. Das
damalige Leitbild.

Bis in die 1970er Jahre war die »Frankfurter Küche« der Maßstab deutscher Küchenplanung. In den 1980er Jahren trat die Optik mehr in den Vordergrund. Der Küchenraum sollte plötzlich
größer sein, die Schränke bekamen dekorative Oberflächen, der
Backofen eine Glasfront, so dass die Küche immer weniger nach
Arbeit und Produktionsstätte aussah. Werbespots aus dieser Zeit
zeigen, dass die Küche idealtypisch weiterhin vom Wohnraum
abgetrennt und die Mutter für die Zubereitung des Familienes-
sens zuständig war. In einem Miracoli-Trailer aus dem Jahr 1987
ruft sie Ehemann und Kinder zu Tisch, der sich in einem separaten Esszimmer befindet.

Es gab jedoch einen deutlichen Trend zu wohnlicheren, schi-
ckeren und gut ausgestatteten Küchen. Keine der dort gezeigten
Mütter trug noch eine Schürze, die Kochen als Arbeit oder sie
selbst als Heimchen am Herd hätte erscheinen lassen können
(merkwürdigerweise gelten sehr teure Profikochschürzen dagegen heute als *très chique*).

Obwohl die Menschen immer öfter außer Haus aßen oder
Fertigprodukte kauften, investierten sie im Laufe der 1980er und
1990er Jahre in allerlei moderne Elektrogeräte. 1956 konsumierte

jeder Deutsche 150 Gramm an Tiefkühlkost, 1990 waren es bereits ganze 15 Kilogramm, also 100-mal so viel![12] Ein nicht aufzuhaltender Trend. Laut Absatzstatistik des Deutschen Tiefkühlinstituts stieg der Verbrauch von Tiefkühlpizza zwischen 2002 und 2012 von rund 177 000 auf 289 000 Tonnen, 2020 sind wir bei 378 Millionen angekommen.[13]

Mehr als 20 Milliarden Euro geben die Deutschen jedes Jahr für Fastfood, Lunchboxen aus dem Supermarkt und Lachsbrötchen »to go« aus. Das entspricht in etwa 10 Prozent des Gesamtumsatzes am Lebensmittelmarkt. Ein Ende des Booms ist nicht absehbar, zumal die Nachfrage nach gesundem Essen zum schnellen Verzehr steigt; deshalb investieren Bäckereien, Metzgereien und Discounter wie Aldi in Imbissbereiche und Biotheken.

Wir kochen uns unser Essen also immer seltener selbst – trotzdem legen Konsumenten gestiegenen Wert auf eine hochwertige Ausstattung ihrer Küche. 2017 lag das Marktvolumen von Küchen bei 9,5 Milliarden Euro – eine Spitzenstellung am Möbelmarkt.[14] Tatsächlich lässt sich mit Küchen Geld verdienen. Im Schnitt kostete eine 2016 in Deutschland verkaufte Einbauküche 6 500 Euro,[15] 2020 lag der durchschnittliche Auftragswert für Küchen bei über 9 600 Euro.[16] Besonders gut gehen die Geschäfte der Hersteller im Premiumsegment. Die Luxusmarke Bulthaup etwa hat kein Modell unter 50 000 Euro im Sortiment. Dabei dürften es gerade deren Kunden sein, die beruflich so eingespannt sind, dass sie nie Zeit zum Kochen haben.

In Zeiten von Betriebs-, Kita- und Schulkantinen kann das heimische Mittagessen ausfallen, in vielen Doppelverdienerhaushalten bleibt auch abends die Küche kalt, oder man greift auf Fertigprodukte zurück. Diese gesellschaftlichen Veränderungen – Berufstätigkeit der Frau, außerhäusliche Betreuung der Kinder, gesellschaftliche Akzeptanz des »Convenience-Foods« – müssten also eigentlich zu einem Bedeutungsverlust der Küche führen. Zumal, wenn man einen Thermomix hat. Aber das Gegenteil ist der Fall. In eine Küche investieren Bauherren heutzutage doppelt so viel wie in einen Wohnraum, oftmals große fünfstellige Summen, wie Architekt Andreas Eichlinger weiß:

> Ich glaube, dass die meisten Küchen, die in einer Preiskategorie von 30000 bis 50000 Euro liegen, nur dazu genutzt werden, eine Dose Ravioli warm zu machen. Ich habe Freunde mit einer schäbigen Altbauküche, da werden wunderbare Menüs zubereitet. Dass so eine tolle Küche im Haus ist, heißt nicht, dass die Leute besser kochen können. Da geht es ums Repräsentieren. Ähnlich wie ein BMW ist auch eine Küche heute ein Statussymbol.

Denn die moderne Küche ist eine Möglichkeit zur »Selbstverwirklichung und Demonstration: Nicht die Fähigkeit und die technischen Möglichkeiten zur Nahrungszubereitung stehen im Vordergrund, sondern der Ausdruck eines Lebensstils ist von Bedeutung«.[17] Dazu passt, dass die teure Küche zum zentralen Blickfang der Mittelschichtwohnung avanciert ist. Abgetrennte Küchen in Randlage finden sich in aktuellen Grundrissen nicht mehr. Die moderne Küche ist offen.

Mitten drin statt nur dabei

In einem Prospekt des Fertighausherstellers WeberHaus heißt es: »Die Küche ist das Herz des Hauses. Sie ist Treffpunkt. Kommunikationsort, Eventlocation, kreative Genusswerkstatt. Hier trifft sich die Familie, tauscht Erlebnisse des Tages aus, kocht und isst zusammen.« Die Nahrungszubereitung selbst tritt in den Hintergrund, die in anderen Rollenkontexten gemachten Erfahrungen sollen miteinander geteilt werden. Die offene Küche visualisiert den modernen Mittelschichttraum von der harmonischen, auf Liebe ausgerichteten Work-Life-Balance im Kreis der Familie. Kein Wunder, dass nach Auskunft einer Verkäuferin des Küchenfachmarktes WEKO mittlerweile 90 Prozent aller frei geplanten Küchen in den Wohnraum integriert werden. Viele Kunden liebäugeln von Anfang an mit einer Insel- oder Halbinsellösung:

> Früher hieß es, die Küche ist das Zentrum des Hauses. Heute ist die Kochinsel das Zentrum des Hauses. Da stellt man ein paar Barhocker davor, damit der Besuch sich hinsetzen kann, während man ein bisschen kocht.

Das war in den 1980er Jahren anders. Kein Grundriss der insgesamt 14 im Katalog präsentierten Häuser von WeberHaus verfügte über eine offene Küche. Selbst der Essbereich war in der Regel zumindest durch eine Schiebetür oder einen Rundbogen vom Wohnzimmer getrennt. Das galt für vergleichsweise kleine Einfamilienhäuser mit einer Erdgeschoss-Grundfläche von rund 55 Quadratmetern ebenso wie für großzügige Grundrisse mit einer knapp doppelt so großen Erdgeschoss-Grundfläche von rund 104 Quadratmetern oder kompakt geschnittene Reihenhäuser. Die Küche war in allen Fällen ein abgetrennter Raum mit einer durchschnittlichen Fläche von knapp acht Quadratmetern – zu klein, um die heute so beliebten Insellösungen zu verwirklichen.

Einfamilienhausgrundriss aus dem Jahr 1980, Haustyp »070«

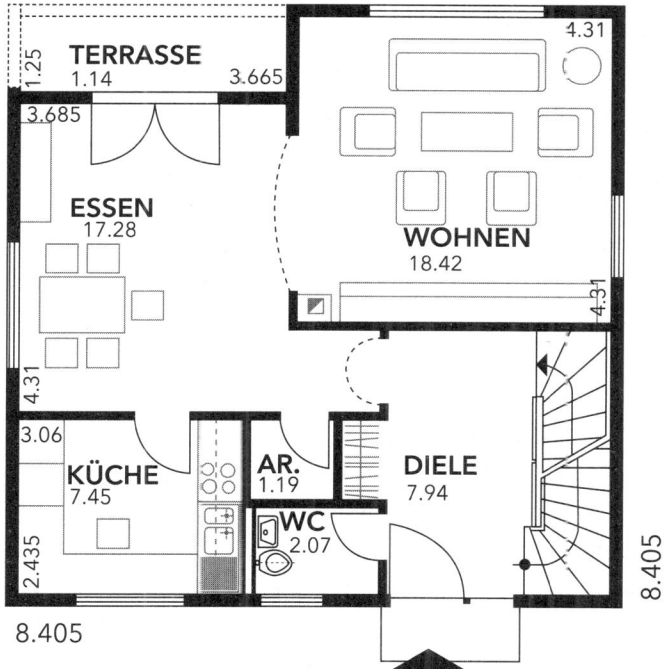

(Quelle: WeberHaus: *Häuser-Katalog*. Rheinau-Linx: WeberHaus 1980)

Erwähnenswert: Während der Katalog aus dem Jahr 1980 noch nüchterne Haustypen anpreist (zum Beispiel 070 oder 632/S), haben die Fertighäuser heute schön klingende Namen wie »Balance« oder »CityLife«. Ein schicker Name ist Bestandteil modernen Marketings – und spiegelt gleichzeitig das Leitbild der modernen Mittelschichtfamilie: Im eigenen (modernen, urbanen) Haus finden wir zu uns selbst, entfliehen dem stressigen Arbeitsalltag und verleihen unserem kosmopolitischen Lebensstil Ausdruck. Zu dem gehört die offene Küche.

**Einfamilienhausgrundriss aus dem Jahr 2016,
Haustyp »generation 5.5«**

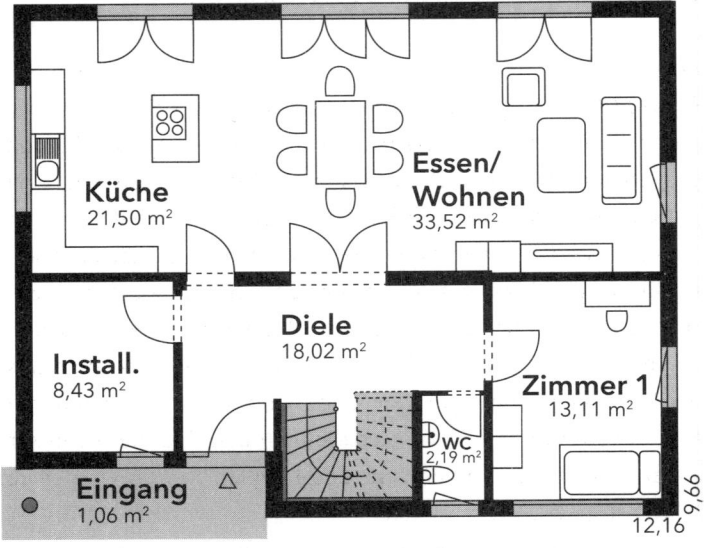

(Quelle: weberhaus.de 2016,
https://www.weberhaus.de/haeuser-finden/baureihen/generation55/)

Treiber dieser Entwicklung scheinen die Mütter gewesen zu
sein. Einer der befragten Experten, ein Küchenberater der Firma
ASMO, meint dazu: »Der Trend zur in den Wohnraum integrierten Küche hängt auch mit der Emanzipation der Frau zusammen. Warum soll man denn den, der kocht, wegsperren?« Eine
Architektin der Hausbaufirma Haas sieht das genauso: »Die Frau
möchte nicht mehr in der Küche stehen, die Gäste sitzen derweil
mit dem Ehemann im Wohnzimmer, und sie ist so die Dienst-
botin.« Wenn die Küche den Wohnraum dominiert, bedeutet
das aber auch, dass sie jedem Besucher sofort ins Auge fällt. Die
Architektin beobachtet, dass sich Kunden deshalb in ihrer Küche
viele Schränke und Schübe wünschen, damit die Küche jederzeit

aufgeräumt wirkt, »denn sie ist ja immer im Blickfeld« Also lieber nicht so viel kochen, damit alles sauber bleibt.

Design schlägt Funktionalität

Obwohl trotz Hightech-Küchen und Doppelverdienerhaushalten die Arbeit zu Hause bis heute zu 90 Prozent bei den Frauen geblieben ist,[18] legen auch die Männer mittlerweile großen Wert auf eine repräsentative Küche. Sie geben im Verkaufsgespräch an, gerne und raffiniert zu kochen, und achten auf die Auswahl hochwertiger Elektrogeräte. Der Erwerb eines entsprechend teuren Modells ist nach Angaben der Beraterin mit zusätzlichen Angeboten verbunden: Wer zum Beispiel einen Backofen aus der Serie Siemens Studio Line kauft, kann an einem exklusiven Koch-Event in der Allianz Arena teilnehmen. Männer seien für solche Technikspielereien sehr empfänglich: »Öfen werden ja heute fotografiert wie Autos.«

Es will eben alles ins rechte Licht gerückt sein. Während nach Auskunft eines ASMO-Verkäufers vor 30 Jahren noch die Funktionalität im Vordergrund stand, überwiege mittlerweile die Optik. Die Küche solle möglichst weiß, vanille- oder magnolienfarben sein und über glänzende, lackierte Oberflächen verfügen – obwohl die oftmals pflegeintensiver seien als andere Materialien.

Zudem würden praktische Installationen dem Design geopfert. So erfreuen sich Dunstabzüge, die in das Kochfeld integriert sind und die Gerüche nach unten absaugen, immer größerer Beliebtheit. Die Kunden möchten auf das unschöne Gerät an der Decke verzichten – und entscheiden sich gegen die bessere Lösung. Denn der Dampf steigt naturgemäß nach oben. Ein Dunstabzug, der die Gerüche nach unten absaugt, muss also die Physik überwinden. »Von der Funktion her ist es immer noch am bes-

ten, wenn der Abzug 70 Zentimeter darüber hängt. Das wird aber
oft außer Acht gelassen, weil es um die Optik geht.«

Dasselbe gilt nach Erfahrung der WEKO-Beraterin für die so
beliebten offenen Küchen. Inseln und Bartheken seien total gefragt; obwohl es praktischer sei, eine abgetrennte Küche zu planen; dann könne man die »Türe zumachen, Gestank und Lärm
in der Küche halten«, aber »man hat es jetzt halt so«.

Generell gewinnt das Design einer Küche nach Ansicht aller
befragten Experten an Bedeutung. Vorreiter seien dabei Marken-
hersteller wie Poggenpohl und Bulthaup, deren Entwürfe von
»No-Name-Herstellern« nachempfunden werden. Von Geräte-
ausstattung und Funktionalität ist in Poggenpohl-Anzeigen nur
am Rande die Rede. Es geht darum, sich »inspirieren« zu lassen.
Das Möbelhaus Segmüller schreibt im Prospekt: »Wer die Küche als Mittelpunkt des häuslichen Lebens begreift, strebt nach
einer ganzheitlichen Lösung: der Einheit von Möbeldesign und
Baukunst. Die Küche verschmilzt mit Wand, Boden und Decke
und wird selbst zum Raum. Zum Raum für neues Denken.« Für
das neue Denken braucht es eine Vitrine, in der man wertvolles
Geschirr oder Kunstgegenstände ausstellen kann (zu sehen im
Prospekt).

In einer Poggenpohl-Anzeige etwa ist ein Paar zu sehen (attraktiv, gut situiert), das sich verführerische Blicke zuwirft. Die
Küche als erotisches Setting für eine leidenschaftliche Beziehung
auf Augenhöhe. Die Küche als Rahmen für das private Glück.
Wem das zu pathetisch ist: Küchen von namhaften Herstellern
sind etwas Besonderes und deshalb mit Aufmerksamkeitsgewinn
verbunden. Nach Auskunft der WEKO-Verkäuferin fragen Kunden gezielt nach Marken wie Zeiko oder Poggenpohl – bevor sie
die Ausstellungsküchen überhaupt gesehen haben. Vielleicht,
weil Poggenpohl die eigenen Küchen als »Ort des Entdeckens,

des gemeinsamen Erlebens« stilisiert; das mache »den Unterschied aus. Zwischen gewöhnlich und außergewöhnlich.« Wer hat schon einen »Dining Desk«, an dem er kochen und speisen kann, der aber ein »Ambiente« schafft, »das eben nicht an Kochen erinnert«. Kein Zweifel: Der Marmortisch mit integriertem und zuklappbarem Kochfeld ist alles andere als gewöhnlich.

Kochen als Happening

Wir lassen uns gerne zusehen – gerade beim Kochen. Das mag unter anderem dem durch die Medien aufpolierten Image des gebildeten, smarten Amateurkochs geschuldet sein, wie die Architektin der Fertighausfirma Haas meint:

> Das Kochen an sich ist völlig aufgewertet worden. Ich brauche ja nur die ganzen Fernsehsendungen anzuschauen, die es übers Kochen gibt, und die Fernsehköche. Kochen ist schick. Das hat einen anderen Stellenwert bekommen und wird deshalb auch präsentiert.

Allerdings wird hauptsächlich am Wochenende »richtig« gekocht. »Trotz aufwändiger technischer Ausstattung heutiger Küchen mutiert ›tatsächliches‹ Kochen immer mehr zu einer Freizeitbeschäftigung mit Eventcharakter«[19], so eine Studie zum Auftragswert für Küchen in Deutschland.

Kochkurse, die die Geheimnisse der Molekularküche offenbaren oder die Konzeption eines originellen italienischen Drei-Gänge-Menüs, haben regen Zulauf, der Markt für Kochbücher boomt, und das nicht erst seit Corona (die diversen Lockdowns bescherten dem Buchhandel in diesem Segment aber ein anständiges Umsatzplus[20]): Die Zahl der Neuerscheinungen stieg zwischen 2012 und 2016 um 30 Prozent, das *Handelsblatt* spricht

312 Home Sweet Home

von Kochbüchern als Lifestyle-Produkten.[21] Dabei ist selbst dieses Kultursegment von vorne bis hinten durchmedialisiert. Auf der Frankfurter Buchmesse landen diejenigen Kochbuchautoren auf der Showbühne, die besonders originelle Ideen haben. Zum Beispiel Sophia Hoffmann, die früher DJane war und in ihrem feministischen Aufruf zur veganen Küche ein »Refugee-Welcome-Menü« vorstellt.

Die Verlage betrachten es als ihre Aufgabe, neue Trends aufzuspüren. Die kann man von Herrn Henssler oder Herrn Lafer präsentieren lassen, dann verkauft sich das Buch garantiert. Jamie Olivers Bücher erzielen Auflagen von bis zu 500 000 Stück – dabei geht Branchenkennerin Monika Schlitzer davon aus, dass pro Kochbuch nur 2 bis 3 Prozent der Rezepte ausprobiert werden. Aber im Schrank machen sich die schicken Schinken gut. Und falls man am Wochenende Freunde zu Gast hat, kann man darauf verweisen, dass man das selbst gebastelte Menü dem Bestseller von Starköchin Cornelia Poletto entnommen hat.

Die eigentliche Kochperformance übernehmen nach Erfahrung der Haas-Architektin immer öfter die Männer:

Das ist inzwischen schick, dass der Mann mit kocht, natürlich möglichst exotisch, mit Flambieren und was weiß ich. Das möchte ich ja zelebrieren, wenn die Gäste da sind und mir zugucken.

In der Küche spiegelt sich unser Selbstverständnis. Die Werbebranche hat das verstanden. In Küchenprospekten sind Paare im Businesslook zu sehen, die gemeinsam frisches Gemüse schneiden, einen Espresso trinken oder an die Küchentheke gelehnt im Internet surfen. Familien stehen gemeinsam in der Küche und bereiten ausschließlich Gesundes zu. Jetzt tragen die Väter die

Schürzen, die Mütter sehen sportlich aus. Es ist auch mal ein Vater allein zu sehen, der seinem Sohn einen Apfel aufschneidet oder seiner Tochter einen Smoothie mixt, während im Hintergrund selbstgezogene Kräuter und indische Kochbücher zu sehen sind.

Es gibt sie zwar noch, die Mutter, die allein mit Kindern abgebildet ist. Aber sie ist nicht mehr im Stress wie Dr. Oetkers Frau Renate. Denn sie kocht kaum. Und wenn, dann nur gemeinsam mit den Kindern. Oder sie rührt mit manikürten Händen locker in einer Pfanne, während der Nachwuchs auf ihrem Arm selig schlummert und der in das Ceranfeld integrierte Dunstabzug sämtliche Dämpfe absaugt. Die Küche als Ort von Emanzipation und Familienglück. Home sweet home.

Die Küche ist heutzutage eine Bühne. Dort wird das perfekte Dinner serviert. Das macht Spaß und bringt Aufmerksamkeit. Das »Versorgungskochen«[22] nicht. Deshalb will es keiner machen. Die Frauen sind froh, dass sie es endlich losgeworden sind, die Männer haben ohnehin schon immer gewusst, dass damit kein Staat zu machen ist. Die Küche ist kein funktionaler Arbeitsplatz mehr, sondern eine Arena mit Bestuhlung für die Zuschauer. Da wenig gekocht wird, sind die immensen Ausgaben für Küchen nur unter den Bedingungen der Medialisierung verständlich. Denn dann ist der Designerkochaltar Kulisse und die Praxis des Eventcookings eine Pose, um Aufmerksamkeit auf das eigene Lebensmodell zu lenken und Liebe zur Schau zu stellen. Das Aufmerksamkeitsregime hat uns fest im Griff.

Wider das
Aufmerksamkeitsregime:
Es geht auch anders

»Ordinary is the enemy.«
»Must be a frightened way to live.«
The Last Tycoon

Der Wortwechsel stammt aus der Serie *The Last Tycoon*, die die Welt der Hollywood-Studios in den 1930er Jahren beschreibt. Natürlich durfte und darf in Filmen nichts gewöhnlich sein, sonst geht ja niemand ins Kino. Heutzutage darf aber auch im realen Leben nichts mehr gewöhnlich sein. Und ja, das kann einen schon das Fürchten lehren. Denn es lenkt uns ab von den wesentlichen Dingen im Leben, degradiert uns zu Showmastern. Wir leben im Außen, statt uns auf das zu konzentrieren, was uns selbst wichtig ist.

Deshalb dreht sich die Aufmerksamkeitsspirale immer weiter und lässt Scheinwelten entstehen, die mit unserem wahren Leben nichts zu tun haben. Nicht nur auf Facebook oder Instagram inszenieren sich Menschen als Kunstfiguren, sondern auch im Alltag. Wir müssen einen Kontrapunkt setzen, sonst geht es uns bald wie den Japanern. Dort engagieren Brautpaare mittlerweile Schauspieler, die auf der Hochzeit ihre Eltern mimen sollen, weil sie die leiblichen Mütter und Väter für wenig vorzeigbar halten. Kein Witz.

Ich glaube nicht, dass die Familie ein Auslaufmodell ist, ich sehe nicht überall nur Krisen und Probleme – wir können auf vieles sehr stolz sein. Dass Frauen heute entscheiden können, welchen Beruf sie ergreifen, ob und wann sie heiraten oder Kinder haben wollen, ist ein großer Gewinn und in vielen Teilen der Welt keineswegs selbstverständlich. Ebenso wie der gestiegene Wert von Kindern, die nicht mehr geboren werden, um ihren Eltern die Rente zu sichern, sondern um geliebt zu werden. Die vielen Möglichkeiten, uns auszuleben, Spaß zu haben, unserem Leben Sinn zu verleihen, sind herrlich.

Deshalb ist es berechtigt zu fragen, was daran verwerflich sein soll, wenn die Nachbarin Bilder aus ihrem Wellnessurlaub postet, Hochzeiten und Kindergeburtstage Mottos haben, Kindergärten und Schulen viele Feste feiern und Küchen nur noch benutzt werden, wenn Freunde kommen. Meine Antwort darauf ist: Es macht uns unglücklich. Wir geben grundlegende familiäre Werte auf – Privatheit, Intimität, die Freude am einfachen Zusammensein – und tauschen sie gegen Praktiken ein, die mit Familie überhaupt nichts zu tun haben, sondern den Funktionsprinzipien von Wirtschaft und Medien folgen. Immer noch mehr Klicks, immer noch mehr Likes, immer noch mehr Neues und Aufregendes. Das Ende der Fahnenstange wird nie erreicht sein, der Markt ist immer hungrig. Aber zu Hause können wir offline gehen. Familie braucht keine Zuschauer. Das macht sie so wertvoll und einzigartig.

Deshalb stört mich die neue Form der Liebe, die öffentlich inszeniert wird. Diese demonstrative Art, Familie zu leben, setzt uns alle unter Stress, kostet Zeit und Geld, erfordert ständig neue Investitionen und befördert den interfamiliären Wettbewerb. Wenn die anderen mehr machen, mehr posten, ihren Kindern mehr zu bieten haben, fühlen wir uns unzulänglich. Wir werden unzufrieden. Wenn Mütter einander ständig unter die Nase reiben, was für tolle Kuchen sie backen, obwohl sie mit Job, Haushalt, Erziehung und der Organisation des Freizeitprogramms schon an der Kapazitätsgrenze sind, erweisen sie einander einen Bärendienst. Dabei müssten wir eine Solidargemeinschaft sein und uns nicht gegenseitig niedermachen. Warum bilden wir Klagebündnisse und führen einen ideologischen Grabenkrieg um das richtige Lebensmodell, die richtige Frühförderung, die richtige Bildung?

Verlierer sind die Eltern ebenso wie die Kinder. Die erleben eine medialisierte Kindheit mit einer hohen Frequenz und einem ununterbrochenen Bespaßungsfeuerwerk. Aber wem keine Zeit bleibt, aus einem Gefühl der Langeweile heraus eigene Ideen zu entwickeln, wird es schwer haben, seine intrinsische Motivation zu wecken.

Vor nicht allzu langer Zeit berichtete mir mein alter Englischlehrer von einem Elternpaar, das er in einer Fernsehsendung des öffentlich-rechtlichen Rundfunks gesehen hatte. Die beiden standen neben einem »Starfotografen«, der für 350 Euro ihre zwei Tage alte Tochter in einer Holzkiste ablichtete. So ganz glücklich waren Mutter und Vater aber nicht, denn das war der zweite Fototermin. Der erste gleich nach der Entbindung im Krankenhaus war nicht zu ihrer Zufriedenheit verlaufen, der von der Klinik vermittelte Fotograf habe es nicht gut gemacht. Jetzt hätten sie schon so viel Zeit verloren, weil sich das Kind so schnell entwickle. Was ist mit Eltern los, die sich nicht mehr vorbehaltlos an ihrem Baby freuen können, weil die ersten Bilder nicht perfekt genug sind?

Nein, es sind nicht nur die Ökonomisierung oder der demografische Wandel, die den Familien zu schaffen machen. Es ist auch der Druck, sich ständig aller Welt zeigen zu müssen. Dieser Druck scheint mit 24-Stunden-Kitas, Ganztagsbetreuung für Grundschüler oder der Ausweitung der Vätermonate aber nicht weniger zu werden, teilweise ist das Gegenteil der Fall. Wenn Paare, Eltern, Kindergärten und Schulen erkennen, dass sie vieles nur tun, weil sie sich (unbewusst) an der Medienlogik orientieren, ist es vielleicht möglich, etwas Druck herauszunehmen. Die Hochzeit im Wirtshaus um die Ecke zu feiern, im Urlaub an die Adria zu fahren, am Wandertag in den heimischen Forst zu gehen, auf für die Presse gemachte Projekttage zu verzichten. Damit wäre ein großer Beitrag zur Widerstandskraft der Familie geleistet. Vielleicht ist das die eine wichtige Lehre aus der Coronakrise: Letztlich bietet oftmals nur die Familie einen geschützten Rückzugsraum. Dort dürfen wir uns fallen lassen, unserem Frust freien Lauf lassen, dort hält man zusammen, selbst wenn man sich auf die Nerven geht. Wer nur im Außen lebt, immer darauf achtet, was der Nachbar vermeintlich besser macht, und das zu übertrumpfen sucht, lebt ständig am Limit, verbraucht wertvolle Lebenskraft. Erhalten wir uns das Private als letztes Bollwerk gegen den sozialen Überbietungswettbewerb. Jedes Gerät hat einen Knopf zum Ausschalten.

Es gibt keine unschuldigen Bilder

Bilder bleiben nie wirkungslos – aber wir bemerken oft nicht, was sie mit uns machen. Sie haben eine Botschaft, stehen für eine bestimmte Lebenseinstellung, eine Haltung, von der allseits kolportierten Selbstoptimierung bis zum Umweltaktivismus. Wenn Sylvie Meis (die ehemalige Frau van der Vaart) morgens um acht ein Foto postet, um – sorry, Sylvie – damit anzugeben, dass sie gerade eine Stunde Mörder-Work-out hinter sich hat, finden das Tausende Follower gut. Und hadern mit sich, weil sie seit Wochen keinen Sport gemacht haben und nie so knackig aussehen werden wie die blonde Ex-Spieler-Frau.

Ein anderes Beispiel: In einer Reportage der Zeitschrift *Schöner Wohnen* wird die dänische Designerin Tine Kjeldsen vorgestellt. Natürlich bekommt man mannigfaltige Einblicke in ihr stilvolles Heim. Das Farbklima ist durchgehend stimmig, hier passt alles zusammen. Das gilt nicht nur für Möbel und Dekoration, sondern auch für Mensch und Tier. So zeigt ein Foto die 17-jährige Tochter, die in einem zartlila Pullover und hellgrauer Jogginghose auf den hellen Eichendielen sitzt und einen sehr großen Hund krault. Wir lernen: »Till teilt die Vorliebe ihrer Mutter für leichte, pudrige Wohnfarben, die das Haus hell und zeitgemäß wirken lassen. Und auch der Familienhund passt ins Bild.«

So muss das sein in medialisierten Zeiten, ein durchgestyltes Gesamtkunstwerk. Wir können davon ausgehen, dass die Fotos bei Frau Kjeldsen zu Hause in aller Unschuld entstanden sind. Die Dame ist Geschäftsfrau, sie will ihren Bekanntheitsgrad erhöhen, um ihre Produkte verkaufen zu können. Das ist völlig legitim. Die Zeitschriftenredakteure ihrerseits machen ihren Job und wollen eine hohe Auflage erzielen. Auch das ist in Ordnung. Die Komposition beeinflusst aber unsere Idee von Familie. Also schnell die Wohnung umstylen und einen Hund kaufen, damit wir die vollkommene Familie sind – und damit alles in eine Instagram-Story passt.

Nochmal zurück zu den Küchen. Die mögen viele für das banalste Beispiel halten. Aber sie sind ein Symptom für vieles, was falsch läuft. Das meint auch Sternekoch Stefan Marquard. In einem Zeitschriftenartikel erklärt er: »Die Küche ist bei uns zu einem wichtigen Statussymbol geworden. Die Leute arbeiten viel, um viel Geld für eine Küche auszugeben, die aber bitte nicht dreckig werden darf. Zum Kochen fehlt ihnen dann die Zeit, klagen sie.«[1] Marquard hat festgestellt, dass viele Kinder keinen Bezug zu Ernährung und Essen haben, »eine ganze Generation hat nicht kochen gelernt«. An den Kindern liegt das nicht, sondern am Lifestyle der Eltern. Marquard engagiert sich an Schulen, trainiert zum Beispiel Mensaköche.

Er hat in zwei Jahren über 50 Schulen besucht und kein Kind getroffen, das keine Lust zum Kochen hatte. Aber zu Hause wird diese Lust nicht bemerkt, geschweige denn gefördert. Vielleicht sollten wir uns wieder mehr Zeit für unsere Kinder, unser Essen, das Kochen nehmen. Dazu braucht es keine Inselesse, keinen Dampfgarer und keinen Thermomix, sondern eine Alltagsstruktur, die Raum für das Wesentliche lässt.

Freude am Kochen wäre natürlich auch hilfreich. Die gesellschaftliche Abwertung hauswirtschaftlicher Arbeit steht dem allerdings entgegen. Wer will schon Heimchen am Herd sein? Dann lieber ein bisschen Eventcooking am Wochenende. Dass wir das für so erstrebenswert halten, hat wieder viel mit den Bildern zu tun, die wir täglich im Fernsehen, auf *Netflix*, in Zeitschriften, Katalogen und online sehen. Unzählige Fotostrecken mit schönen, gut gelaunten, erfolgreichen Menschen, die mit einem Glas Wein in der Hand um die Kochinsel herumstehen. Das sollten wir uns bewusst machen.

Warum tun wir, was wir tun?

Wenn wir etwas ändern wollen, müssen wir zunächst einmal reflektieren, warum wir die Dinge tun, die wir tun. Anschließend können wir abwägen: Ist mir zum Beispiel der Meerjungfrauengeburtstagskuchen den ganzen Stress wert, oder gibt es einfach einen Gugelhupf? Den muss ich nicht fotografieren, nicht posten, aber er schmeckt trotzdem. In der gewonnenen Zeit setze ich mich in den Garten und beobachte Vögel oder spiele mit meinen Kindern die Langversion von Monopoly.

Einen meiner eigenen Aha-Effekte hatte ich während eines Osterurlaubs. Ja, auch ich fahre mit meiner Familie weg. In der Regel zweimal im Jahr, einmal zum Wandern nach Südtirol und einmal an die Adria. Es geschieht aber gelegentlich, dass mich der Wegfahr-Wahn erfasst. Dass ich glaube, die Kinder müssten doch was sehen von der Welt. Und zu Hause hat man die viele Arbeit, die man eigentlich tun müsste, schließlich immerfort vor Augen.

Also brachen wir im Frühjahr 2019 zu einem dreitägigen Kurztrip an den Bodensee auf. Natürlich hetzten wir von einer Sehenswürdigkeit zur anderen (die Kinder sollen ja was lernen, und überhaupt muss sich das Ganze lohnen) und gaben spektakulär viel Geld dafür aus. Die Dankbarkeit unseres Nachwuchses hielt sich freilich in Grenzen. »Wann fahren wir zurück ins Hotel?«, hieß es laufend. Uns war das ein Rätsel, schließlich war doch so viel geboten.

»Was wollt ihr denn immer im Hotel?«, fragte ich schließlich entnervt. Meine Älteste hatte eine völlig unmedialisierte Antwort parat: »Kartenspielen. Das ist doch das Schönste am Urlaub, dass wir mit euch spielen können, ohne dass ihr ständig was anderes zu tun habt.«

Da stellte sich die unangenehme Frage, warum wir zum Kartenspielen an den Bodensee fahren müssen. Warum wir das nicht zu Hause machen. Warum ich es nicht schaffe, mir bewusst diese Zeit für meine Kinder zu nehmen. Warum alles andere immer wichtiger ist. Ehrliche Einsicht: Weil ich ein Opfer gesellschaftlicher, medial transportierter Leitbilder bin. Aber ich bin lernfähig und arbeite an mir.

Die heutige Elterngeneration ist die »Fernsehgeneration«. Sie ist groß geworden mit einem wachsenden Angebot an neuen Unterhaltungsformaten und einem steigenden Quotendruck. Medieninhalte sind heutzutage exklusiver, abwechslungsreicher, origineller, visualisierter und narrativer als früher, weil es gilt, im Kampf um Aufmerksamkeit immer neue Superlative hervorzubringen. Analog dazu sind Heiratsanträge, Babyschwimmkurse, der Familienurlaub und der Schulanfang besonders, ereignisreich und öffentlichkeitswirksam »gescriptet«. Wir haben uns an diese Form der Gestaltung gewöhnt, weil wir täglich mehr als zehn Stunden mit medialen Inhalten konfrontiert sind und weil wir – und hier meine ich vor allem die Mütter – einen gewaltigen Druck spüren.

Wir sollen alles gleichzeitig sein – sexhungrige Partnerin, Familienmanagerin, liebevolle Trösterin, erfolgreiche Karrierefrau, Nachhilfelehrerin –, bekommen dafür aber kaum Wertschätzung. Also betreiben wir Raubbau an uns selbst, hetzen von Termin zu Termin, schließen tagtäglich Kompromisse, statt uns je nach Lebensphase für unseren ganz eigenen Weg zu entscheiden.

Gesellschaft, Politik, Wirtschaft und Medien sind uns keine Hilfe, da gilt nur höher, schneller, weiter. Früher zurück in den Beruf, schneller die Karriereleiter nach oben, weiter an die Grenzen gehen. Natürlich wissen wir, dass Familie nur eine mögliche Option der Lebensgestaltung ist, das erhöht den Druck aber noch, erscheinen Singles oder kinderlose Paare doch so viel schöner, unabhängiger, aktiver. Und dann sind da noch die Promimütter, die alles mit links meistern. Wir wollen mithalten und rennen mit Anlauf in die Stressfalle.

Wie Familie zu leben ist, muss stetig neu interpretiert werden. Der Anspruch, gleichberechtigte »Vereinbarungskarrieren« zu planen und gleichzeitig ein erfüllendes Liebes- und Familienleben zu reproduzieren, kostet Mütter und Väter Kraft. Zumal es häufig an Vorbildern fehlt, die Orientierung geben könnten. Die eigene Elterngeneration hat vieles so gemacht, wie man es selbst nicht haben möchte. Es entsteht ein Sinnvakuum. Der Boom der Ratgeberliteratur ist ein Hinweis darauf, wie groß die Sehnsucht nach Einordnung ist.

Plötzlich tun Familien Dinge, die ihnen vor 40 Jahren nicht eingefallen wären. Sie geben viel Geld aus, um am ersten Schultag eine Hüpfburg im eigenen Garten aufzustellen, dabei hätte das Kind vielleicht mehr davon, wenn es den Eltern nachmittags die neuen Eindrücke in Ruhe schildern könnte. Die Hüpfburg ist aber ein wesentlich sichtbareres Zeichen gelebter Liebe und engagierter Elternschaft.

Vielleicht hilft es uns, unsere Handlungen zu reflektieren, wenn wir sie immer wieder in Frage stellen. Warum tun wir, was wir tun? Was haben wir davon? Gäbe es Alternativen? Wenn ja, warum ziehen wir sie nicht in Erwägung? Ich habe einige Fragen zusammengestellt, die ein Leitfaden für die Selbstbefragung sein können:

Checkliste: Hat mich der Medialisierungs-Wahn im Griff?

- Wenn ich gedanklich meinen Tagesablauf durchgehe – was stresst mich am meisten?
- Was würde ich sofort ändern, wenn ich könnte? Warum glaube ich, es nicht zu können?
- Was macht mir am meisten Spaß, was am wenigsten? Warum?
- Was tue ich, weil die anderen es von mir erwarten?
- Was tue ich nicht, weil die anderen das nicht gut finden würden?
- Hat mein Tag eine Struktur?

- Wie viel Zeit verwende ich auf … (Job, Hausarbeit, Kinder-betreuung, Freunde, WhatsApp-Schreiben, YouTube-Videos, Hobbys wie Sport, Handarbeiten, Lesen)?
- Wo liegt mein Smartphone? Habe ich es immer bei mir? Habe ich es in der Hand, während ich mit meinen Kindern rede? Kann ich das Haus ohne Smartphone verlassen? Brau-che ich es im Restaurant, an der Bushaltestelle? Wie gehen mein Partner und meine Kinder damit um?
- Nutze ich Wartezeiten, zum Beispiel beim Arzt, um mit mei-nen Kindern zu reden/ihnen etwas vorzulesen, oder hole ich mein Smartphone raus?
- Wie lange am Tag nutze ich Medien? Wie viele Minuten pro Tag bin ich online? Auf welches Medium könnte ich nicht ver-zichten, warum? Ist es genau dieses Medium (zum Beispie WhatsApp), das besonders viel Zeit frisst? Welche Medien machen mich spürbar unglücklich?
- Überlege ich mir regelmäßig, was ich posten könnte?
- Werde ich nervös, wenn ich eine gewisse Zeit (zum Beispiel eine Woche) nichts gepostet habe?
- Warte ich nach einem Post auf Reaktionen meiner Freunde? Bin ich enttäuscht, wenn keine kommen?
- Vergleiche ich die Anzahl/Art der Aktivitäten meiner Freunde mit meinen eigenen?
- Warum ändere ich mein Profilbild, warum habe ich über-haupt eines?
- Wem schicke ich Bilder und warum?
- Denke ich an die Persönlichkeitsrechte meiner Kinder? Würde ich wollen, dass Kinderfotos von mir im Netz zirkulieren?
- Denke ich bei der Planung einer Feier zuerst an das Motto, den roten Faden, oder an die Freude, die ich daran haben könnte?

- Wann habe ich mit meinen Kindern das letzte Mal ohne Zeitdruck geredet, gespielt, gelacht? Hat mich diese Spielzeit er-
füllt, oder habe ich sie absolviert?
- Schlage ich meinen Kindern ständig neue Aktivitäten vor
(Sport, Musik etc.)?
- Haben meine Kinder genügend freie Zeit? Sind sie gestresst?
Wenn ja, können sie in Worte fassen, woran das liegt?
- Wie nehme ich meine Kinder wahr? Können sie für sich sein,
ohne Smartphone oder Fernsehen? Können sie aus sich he-
raus Spielideen entwickeln? Weiß ich, welche Medieninhalte
sie konsumieren, mit wem sie sich Nachrichten schreiben?
- Wie stelle ich mir ein perfektes Wochenende vor? Warum?
Welche Erwartungen haben mein Partner und meine Kinder?
- Welcher Urlaub war der absolut erholsamste? Warum?
- Was hat mir in der Coronazeit am meisten gefehlt? Warum?
- Was hat mir in der Coronazeit gutgetan? Warum?
- Was hat mir in der Coronazeit überhaupt nicht gefehlt? Wie
kann ich sicherstellen, dass ich nicht in alte Muster zurück-
falle?
- Welche neuen Praktiken habe ich in der Coronazeit begon-
nen (eventuell mehr Mediennutzung, Handarbeit, Kochen)?
Was davon möchte ich beibehalten? Was nicht?
- Wie verhalte ich mich gegenüber anderen Eltern, Erziehern,
Lehrern? Zeige ich Wertschätzung für ihre Erziehungsleis-
tung? Fordere ich Abwechslung, viele Feste etc. ein?
- Bin ich meinen Kindern ein Vorbild?

Wie wir aufhören können zu tun, was wir tun – Mediennutzung

Nein, es folgt kein Zehn-Punkte-Entmedialisierungsprogramm. Denn so einfach ist es natürlich nicht. Das betrifft sowohl die Mediennutzung als auch die familiären Praktiken, die wir uns angewöhnt haben. Wir leben in einer Mediengesellschaft. Wer informiert sein will, im Beruf erfolgreich sein will, eine durchdachte Wahlentscheidung treffen will, mitreden will oder abends auf der Couch entspannen will, während Bruce Willis Terroristen jagt oder Kate Beckinsale Werwölfe (ich gestehe, das trifft auf mich zu), der muss Medien konsumieren.

Medien befriedigen Bedürfnisse nach Überblickswissen und Unterhaltung, sie geben uns eine Tagesstruktur und liefern Gesprächsstoff.[2] Über Dieter Bohlen kann man eigentlich mit jedem reden, ebenso wie über das Wetter. Zudem ist etwa die *FAZ* ein Statussymbol. Last but not least: Wer aus irgendeinem Grund die Öffentlichkeit sucht – weil er Unterschriften für ein Jugendzentrum sammelt, für den Stadtrat kandidiert oder ein Buch verkaufen will –, braucht mediale Aufmerksamkeit. Das weiß ich als Kommunikationswissenschaftlerin und Autorin natürlich nur zu gut. Bei den familiären Praktiken verhält es sich ähnlich. Natürlich ist es schön, mit dem Partner ein Wochenende ohne Kinder zu verbringen oder einen Familienausflug ins Museum zu unternehmen. Wir müssen nicht alles auf null herunterfahren. Aber abrüsten täte uns gut.

Beginnen wir bei der Mediennutzung. Ich plädiere nicht dafür, allen Medien zu entsagen, sondern (1) sich auf wenige Medieninhalte zu konzentrieren und (2) die Nutzungszeit streng zu begrenzen. Das wird sehr schnell die Alltagsfrequenz herabsetzen und freie Zeit schaffen.

Das sehe ich an mir selbst. Bis vor fünf Jahren las ich beim Frühstücken jeden Morgen Zeitung. Dann kam das Tablet ins Haus, plötzlich las ich *Spiegel*, *Zeit*, *Süddeutsche* und *NZZ*. Aber nur die Überschriften, praktisch nie einen Artikel ganz. Ich klickte mich durch, kam vom Hundertsten ins Tausendste, ging die Leserkommentare durch und saß oft viel zu lange am iPad. Dabei waren die Botschaften eigentlich austauschbar, dazu die immer gleichen Erregungswellen, die immer gleichen Experten. Vor zwei Jahren habe ich damit aufgehört. Ich gebe mir 15 Minuten am Tablet, maximal drei Seiten dürfen aufgerufen werden, ich lese einen Artikel ganz. Ich boykottiere Facebook, Instagram, Twitter und TikTok (außer für Forschungszwecke). YouTube-Videos sind erlaubt, aber hier gilt pro Tag eine Zeitbegrenzung von 30 Minuten (plus/minus 10, ich bin nicht päpstlicher als der Papst).

Wenn man Probleme damit hat, die eigene Mediennutzungszeit einzuschätzen, helfen Apps, die die Bildschirmzeit erfassen und melden. Da erlebt so mancher sein heilsames, blaues Wunder. Diese Krücke schadet auch Ehemann und Kindern nicht.

Mein Smartphone steht immer auf lautlos. Wenn ich zu Hause bin, liegt es in der Küche auf dem Fensterbrett, in unserem Schlafzimmer hat es nichts zu suchen (das von meinem Mann natürlich auch nicht). Ich stecke es nie in die Hosentasche (aus der Handtasche holt man es nicht so schnell raus) und tippe nie darauf herum, wenn ich mit anderen Menschen an einem Tisch sitze. Ich bestelle regelmäßig Bücher, für die U-Bahn und fürs Klo.

Nachrichten gibt es nur einmal am Tag, das schont meine Nerven ungemein. Analoges Fernsehen haben wir abgeschafft, in den Mediatheken und auf *Netflix* gibt es alles, was wir brauchen – ohne Werbung (und damit ohne die nervig dünne Lena Gercke, die sich lächelnd die tiefbraunen Beine epiliert und dann ein Selfie macht). Frauenzeitschriften halte ich für eine Ausgeburt der Hölle, die haben Hausverbot (außer für Forschungszwecke). Allein schon diese wiederkehrenden Zehn-Minuten-Empfehlungen. Zehn Minuten täglich für den flachen Bauch, zehn Minuten täglich für das perfekte Make-up, zehn Minuten täglich für mehr Gelassenheit. Wenn man die ganzen Zehn-Minuten-Programme zusammenrechnet, bleibt kaum noch Zeit zum Schlafen. Stressfalle, richtig. Sämtliche Elternratgeber habe ich zum Wertstoffhof gebracht, verschont wurden nur ein kleines Büchlein über Kinderkrankheiten und *Warum unsere Kinder Tyrannen werden*.

Lange habe ich versucht, ohne WhatsApp zu leben. Das ging so lange gut, bis meine kleine Tochter die Einzige aus ihrer Klasse war, die in voller Montur und mit Schlittschuhen bewaffnet an der Eisbahn stand. Dass der Schulausflug abgesagt worden war, hatte ich nicht mitbekommen, die Meldung der Lehrerin war über WhatsApp gekommen. Dieses traumatische Erlebnis – sie hat hemmungslos geschluchzt und war extrem sauer auf mich – hat mich einknicken lassen. Aber ich habe kein Profilbild, kann es also auch nicht ändern.

Ich bin in keinem Klassenchat und kann jedem empfehlen, das tunlichst bleiben zu lassen. Dazu ein Beispiel, das an *Der Gott des Gemetzels* (wer Theaterstück oder Film[3] noch nicht gesehen hat: unbedingt nachholen) erinnert: Die Mutter eines Erstklässlers verschickte ein Foto, das den lädierten Ellenbogen ihres Sohnes zeigte. Sie bezichtigte einen Mitschüler ihres Filius, für diese Verletzung verantwortlich zu sein. Dessen Mutter antwortete prompt, wies jede Beschuldigung entschieden zurück. Ein Wort gab das andere, unter Beobachtung sämtlicher anderer WhatsApp-Mütter. So kamen rund 100 Mitteilungen zustande. Mal abgesehen davon, dass die Persönlichkeitsrechte beider Kinder massiv verletzt wurden und die keifenden Mütter sich selbst beschädigt haben, hat der ganze Aufstand nur zu strapazierten Nerven, verschwendeter Lebenszeit und moralischem Verfall geführt.

Es gibt eigentlich keinen Klassenchat, der nicht mehr schadet, als er nützt, egal, ob er die kollektive Entrüstung über eine vermeintlich ungerecht benotete Schulaufgabe bündelt oder abfragt, was für ein Geschenk die Lehrerin zum Jahresabschluss bekommen soll. Ich bin seit vielen Jahren Klassenelternsprecherin. Entweder ich gebe meinen Kindern Zettel mit oder schreibe eine Mail, die bereits einen fertigen Vorschlag enthält. Das hat immer gut geklappt. Da wir schon bei dem Thema sind: Elternstammtische sind ebenso wenig zielführend. Wieder ein Termin, wieder ein Klagebündnis. Das braucht kein Mensch, erst recht nicht die Kinder, die kommen sehr gut alleine klar. Natürlich sind das alles ganz persönliche Beobachtungen und Vorschläge, wie man sich den Alltag etwas erleichtern kann. Jeder muss für sich selbst entscheiden, was für ihn wichtig und richtig ist. Deshalb sind meine Praxistipps als Anregungen zu verstehen, die jederzeit um eigene Ideen ergänzt werden können. Es muss zur eigenen Lebenssituation und zu den jeweiligen Umständen passen. Patentrezept gibt es keins, wichtig ist nur, dass man mit sich selbst im Reinen ist.

Damit zur Mediennutzung der Kinder. Die nimmt mittlerweile erschreckende Ausmaße an, Corona hat alles noch schlimmer gemacht. Wenn ich sehe, wie schon Grundschüler ununterbrochen daddeln, dreht sich mir der Magen um. Wer glaubt, das habe keine Auswirkungen auf die kognitiven Fähigkeiten kommender Generationen, dem sei gesagt, dass derzeit der durchschnittliche Intelligenzquotient in den Industrieländern zum ersten Mal seit Einführung der Messung zurückgeht.[4] Leseempfehlung an dieser Stelle: Manfred Spitzers *Digitale Demenz*. Grundschüler brauchen kein Smartphone und kein Tablet. Dass die Schulen bereits hier auf Digitalisierung setzen, halte ich für eine Fehlentwicklung.

Eine befreundete Erzieherin erzählt mir von Dreijährigen, die versuchen, die Seiten eines Bilderbuchs »weiterzuwischen«, sie wissen nicht, dass man umblättern muss. Die Lese- und Rechtschreibkompetenz vieler Kinder ist miserabel, in den ersten Jahren sollten deshalb Grundfertigkeiten trainiert werden, die in den weiterführenden Schulen gerne auch mit digitalen Hilfsmitteln fortentwickelt werden können. Auch hier gilt der Grundsatz: Erst Wurzeln geben, dann Flügel. Der ehemalige Präsident des Deutschen Lehrerverbandes Josef Kraus hat dazu in *Wie man eine Bildungsnation an die Wand fährt* eigentlich alles gesagt.

Meine Kinder bekamen in der fünften Klasse ein Handy. Wir entschieden uns für einen gedeckelten Tarif, sie konnten lediglich telefonieren und im heimischen WLAN surfen – aber nur im Erdgeschoss, ins Zimmer durften sie das Gerät erst zwei Jahre später mitnehmen. Wenn das Guthaben vor Ende des Monats aufgebraucht war, mussten sie bis zum nächsten Monat warten. Der Klassenchat war bis zur siebten Klasse tabu, meine Große bekam in der neunten Klasse ein definiertes Datenvolumen zum Surfen außer Haus. Sämtliche Apps müssen von uns freigeschalten werden. Ich spreche mit meinen Kindern über die Gefahren von Medien, sie selbst können die nicht sehen, die vielen Bilder und Videos sind viel zu attraktiv. Meine Große zeigt mir hin und wieder TikToks, über die sie sich regelrecht wegwirft vor Lachen. Ein Schmunzeln kommt mir gelegentlich auch über die Lippen, zugegeben. Wichtig ist, dass sie mich teilhaben lassen an dem, was sie tun. Aber ich konnte sie auch schon schocken, mit der *Netflix*-Doku *Das Dilemma mit den sozialen Medien*. Die sollte jeder Schüler gesehen haben. Und die Eltern auch.

Wenn wir zum Essen gehen, lassen meine Kinder ihr Smartphone zu Hause. Noch nie habe ich geduldet, dass am Tisch Filme gesehen werden. Es erschreckt mich, wie viele Eltern das Tablet aufstellen, sobald sie sich gesetzt haben, oder ihren Kindern beim ersten Quengeln das Handy in die Hand drücken. Im Urlaub bleiben die Smartphones im Hotelzimmer, zum Strand nehmen wir Bücher und Kartenspiele mit.

Generell ist bei der Medienerziehung der Kinder das Vorbild der Eltern entscheidend – wie eigentlich bei jeder Art der Erziehung. Kita-Mitarbeiter berichten mir, dass die Mütter beim morgendlichen Bringen auf dem Smartphone tippen, während die Kinder sich die Hausschuhe anziehen. Nachmittags ist es dasselbe, dabei wollen die Kinder erzählen, was sie erlebt haben.

Dazu wieder ein Beispiel: Wie die meisten vermutlich wissen, gehört es heute dazu, die Zähne des Nachwuchses so früh und umfassend wie nur möglich in die richtige Form bringen zu lassen. Deshalb verbringe ich viel Zeit beim Kieferorthopäden (der irgendwann vermutlich mein bester Freund sein wird). Wenn wir das Wartezimmer betreten, reagiert oftmals keine der anwesenden Mütter (sorry, Väter sind oft keine da) auf mein Grüßen. Die Frauen schauen angestrengt aufs Handydisplay, die älteren Kinder ebenfalls. Die kleineren beschäftigen sich mit dem vorhandenen Spielzeug. Keine Mutter liest den Kindern vor, wie das früher durchaus üblich war. Keine unterhält sich mit den Kindern. Dabei beklagen wir uns immer alle lautstark, wir hätten zu wenig Zeit für unsere Kinder. Aber wenn wir dann mal Zeit hätten, verbringen wir sie mit dem Smartphone. Ich achte mittlerweile darauf, was Menschen – respektive Mütter und Väter – im Wartezimmer tun. Meine Beobachtung: Es sind nur wenige Eltern, die die Wartezeit nutzen, um sich mit ihren Kindern zu beschäftigen. Um Vorurteilen zu begegnen: Es ist beileibe nicht so, dass die gut situierten Mütter weniger am Smartphone hängen. Ganz im Gegenteil.

Dabei leiden gerade auch die Akademiker unter der Entwicklung. Die jungen besonders. Ein Student der Sporthochschule Köln – 25 Jahre jung, durchtrainiert, eloquent, locker im Ton, bestimmt in der Sache – erzählte mir, dass er sich von Instagram losgesagt habe. Er habe sich über Kommilitonen geärgert, die ständig damit beschäftigt gewesen seien, Instagram-Storys zu posten, ganz auf Selbstinszenierung, Visualisierung, Narration getrimmt. Die einstmals klassische Frage »Was hast du denn im Urlaub gemacht?« habe gar nicht mehr beantwortet werden müssen, denn: »Das hast du doch schon alles auf Instagram gesehen«. Dieser Student ist ausgestiegen. Er will andere ermuntern, sich der Logik der (sozialen) Medien zu erwehren. Hat er doch am eigenen Leib erfahren, wie unfrei das macht.

Seine Geschichte bleibt mir in Erinnerung. Weil hier keiner von der alten Garde spricht, der den Teufel an die Wand malt und nicht verstehen will, dass die Jungen doch so souverän (das behauptet unter anderem der Sozialforscher Klaus Hurrelmann) mit dem Smartphone umgehen. Ein sehr reflektierter junger Mann hat für sich erkannt, wie die Medienlogik unsere Erwartungs- und Denkstrukturen und sogar gängige Identitätskonzepte überformen kann. Da verstummt sogar der hartgesottene Digitalisierungsfetischist für einen kurzen Augenblick. Gut so.

Wie wir aufhören können zu tun, was wir tun – familiäre Praktiken

Kommen wir zu den familiären Praktiken. Einige meiner Empfehlungen sind ja bereits angeklungen. Die Meta-Botschaft lautet: Alles weg, was Zeit frisst, uns stresst, unsere Mitschwestern (und Mitbrüder) unter Druck setzt, keinen Mehrwert für das Familienglück besitzt und nur für die Tribüne gemacht ist. Der Oma kann man gerne ein Bild von der Geige spielenden Enkelin schicken, auf Instagram bringt es der Familie gar nichts. Es spielt keine Rolle, ob der Kindergeburtstag in der BMW Welt oder zu Hause stattfindet.

Topfschlagen und Würstelschnappen können sehr lustig sein, beim Schokoladeschneiden hat sich meine Große fast mal in die Hose gemacht vor Lachen. Kinder sind keine verzogenen Snobs, wenn wir sie nicht dazu machen. Ich war nie in einem Science Lab, das Deutsche Museum habe ich mit zwölf zum ersten Mal gesehen. Mein Opa war Maurer, meine Eltern haben Hauptschulabschluss, aber ich habe ein sehr gutes Abitur aus dem Jahr 1995 (da war die Eins vor dem Komma schon noch was wert) und promoviert. Ich bin viele Jahre lang zum Judo gegangen und habe Akkordeon gespielt. Als Partys und Jungs interessant wurden, habe ich damit aufgehört. Eine ganz normale Kindheit. Nix Besonderes. So what?

Mutterschaft lässt sich nicht dadurch aufwerten, dass man das Kind von einer frühkindlichen Bildungsmaßnahme zur anderen schleppt. Was bringen Babyschwimmen und PEKiP wirklich? Wenn es einem keinen Spaß macht, sondern man sich nur verpflichtet fühlt, alles richtig zu machen, sollte man es lassen. Man kann jederzeit alleine mit dem Baby ins Wasser. Ohne Terminplan, ganz entspannt zu der Tageszeit, zu der das eigene Kind am vitalsten ist. Wenn man soziale Kontakte vermisst, nimmt man eine Freundin oder die Schwägerin mit. Kinder entwickeln auf ganz natürliche Weise Neugierde. Wir sollten erst abwarten, was für Talente in ihnen stecken, bevor wir sie von Kurs zu Kurs schleppen.

Eine Binsenweisheit: Jedes Kind ist anders. Meine Große ist ein Beziehungsmensch, sie konnte immer schon schlecht alleine spielen. Meine Kleine amüsiert sich stundenlang mit Lego und Playmobil, da braucht sie niemanden. Die Große liebt Memory und besiegt mich mittlerweile regelmäßig. Die Kleine hasst Memory, dafür konnte sie mit vier Jahren schwimmen. Das war nicht mein Verdienst. Als sie im Sommerurlaub einfach in den Pool gesprungen ist, während ich noch die Schwimmflügel aufblies, habe ich sie zum Schwimmunterricht angemeldet. Ein paar Wochen später hatte sie das Seepferdchen. Die Moral von der Geschichte: Kinder geben Zeichen. Sie sagen uns, wann der richtige Zeitpunkt ist und was wirklich zu ihnen passt. Aber wir müssen zuhören. Dafür braucht es Achtsamkeit, und die haben wir verlernt.

Umgekehrt müssen wir den lieben Kleinen nicht alles durchgehen lassen, zu ihrem eigenen Besten. Forscher sprechen mit Blick auf die kindzentrierte Lusterziehung mittlerweile von Wohlstandsverwahrlosung. Wir schenken ihnen Berge von Spielzeug, lesen ihnen jeden Wunsch von den Augen ab, setzen keine Grenzen mehr und wundern uns dann, wenn wir egomanische Narzissten zu Hause haben. Kinder können ab dem Kindergartenalter helfen, den Geschirrspüler auszuräumen und Betten abzuziehen. Ich bin immer noch sprachlos, dass Mitschüler meiner Großen im Skilager (achte Klasse) keine Ahnung hatten, wie man einen Kissenbezug in die Hand nimmt.

Auch Grundschüler können alleine zur Schule gehen. Derzeit wird jedes fünfte Kind (20 Prozent!)[5] mit dem Elterntaxi gebracht. Dabei gefährden die SUVs auf dem Schulparkplatz sämtliche Schüler. Ich habe mit meinen Töchtern den Schulweg geübt, dann konnten sie ihn bewältigen. Zum Sport fahren sie mit dem Rad, außer es ist im Winter schon dunkel oder schüttet wie aus Kübeln. Wir leben auf einer Anhöhe, das Hochfahren ist anstrengend, aber Übergewicht haben meine Mädchen nicht.

Kinder müssen lernen, dass nicht alles im Leben von Anfang an Spaß macht. Vokabeln zu lernen ist anstrengend. Aber man wird später belohnt, wenn man sich mit Menschen aus anderen Ländern unterhalten kann. Nicht jeder Lehrer ist ein Sonnenschein. Okay. Aber man wird immer Leuten begegnen, die man nicht mag und die einen nicht mögen. Trotzdem können wir nicht immer zu Mama laufen und uns ausweinen. Die Kinder müssen ihre Konflikte selbst austragen, solange es möglich ist. Jede Note in Frage zu stellen und immer dem Lehrer die Schuld zu geben, weil er die Kinder nicht motivieren konnte, ist viel zu billig. Sich durchzubeißen, nicht sofort alles hinzuschmeißen, wenn man Gegenwind erfährt, ist eine Grundtugend, von der alle profitieren. Jeder von uns muss jeden Tag Entscheidungen treffen. Das muss man üben. Wenn nur fünf Kinder zum Geburtstag eingeladen werden dürfen, ist das so. Dann gibt es kein zweites oder drittes Fest. Basta.

Ich habe viele Beispiele familiärer Praktiken genannt, die wir alle nicht brauchen, um glücklich zu sein. Zur Erinnerung: Instagram-Liebeserklärungen, Heiratsanträge, die ein Drehbuch haben und auf YouTube hochgeladen werden, Motto-Leuchtturm-Hochzeiten mit einem Farbcode, Drohne und 24-Stunden-Fotostrecken, Hypnobirthing- und Aquafitnesskurse für Schwangere, die Statementshirts tragen, Wellnesskreißsäle mit WLAN, Fotos von Babys in Waschschüsseln, Kanga-Training mit Baby, Schulstunden, die alle zehn Minuten einen neuen Gag liefern,

Kunstworkshops für Dreijährige, Storytelling in Babyschwimm-kursen, Kinderbetreuung in Restaurants, Kindergeburtstage mit Laufsteg und Bodyguard, Geburtstagstorten auf Facebook, Gast-geschenke nach Kindergeburtstagen oder selbst gebastelte Ste-ckenpferde, die zu Hause mit Nichtbeachtung gestraft und dann weggeworfen werden, einen Wochenendausflug zur Meerjung-frauenschwimmschule, Babyentertainer in Kinderhotels, Save-the-Date-Karten für den ersten Schultag, einen Eventkalender im Kindergarten, Give-aways nach dem Familiengottesdienst, Küchen, die nicht dreckig werden dürfen. Und: Profilbilder auf WhatsApp sowie Instagram-Storys.

Was wir dagegen dringend brauchen: Smartphone-freie Zonen, Gespräche am Esstisch, spontane Spielverabredungen, Gammel-Wochenenden. Kurz gesagt: Zeit, um einfach zu sein.

Was wir anfangen könnten, neu zu tun

Ich habe versucht zu zeigen, dass es die Mütter sind, die es in der Hand haben. Das mag zunächst irritieren. Schließlich sind es auch die Mütter, die von allen Seiten bombardiert werden. Und doch glaube ich, dass es tatsächlich die Hand an der Wiege ist, die die Welt regiert. Vor nichts haben Entscheider in Politik und Wirtschaft – zumindest in den Industrienationen – mehr Angst als vor Frauen. Was, wenn wir keine Kinder mehr bekämen? Die Sozialkassen würden kollabieren. Was, wenn wir nicht mehr er-ziehen, pflegen oder lehren würden? Kindergärten, Altenheime und Schulen müssten zusperren. Was, wenn wir unsere wirkliche Macht gemeinschaftlich auf die Straße tragen würden, wenn wir für gerechte Löhne und mehr Wertschätzung streiken würden? Wir würden gewinnen.

Die Tragödie der modernen Mutter ist, dass sie diese Macht nicht fühlt. Nicht fühlen kann, weil sämtliche gesellschaftlichen Kräfte dieselben neoliberalen Botschaften platzieren (noch eine Leseempfehlung: Sahra Wagenknechts *Die Selbstgerechten*). Ergo glauben wir, dass wir nur emanzipiert sein können, wenn wir möglichst viel arbeiten und unsere Kinder früh in staatliche Obhut geben. Frauen und Männer der gut ausgebildeten Mittelschicht wünschen sich eine gleichberechtigte Beziehung. Wenn das erste gemeinsame Kind geboren wird, übernimmt aber auch heute noch die Frau einen Großteil der Fürsorgeaufgaben – obwohl von ihr erwartet wird, schnell wieder an den Arbeitsplatz zurückzukehren und Karriere zu machen. War eine Mutter vor 40 Jahren oft noch Hausfrau, ist sie heute teilzeit- und morgen vermutlich vollzeitberufstätig. Mehr Wertschätzung bekommt sie dafür allerdings nicht, das zeigt der Mütterdiskurs deutlich.

Mutterschaft ist weder mit Status, hohem Einkommen noch einer der Erwerbsarbeit gleichgestellten Rente verbunden, obwohl die Erziehung von Kindern eine gleichsam anstrengende wie die Gesellschaft konstituierende Aufgabe ist. Wenn Mütter sich »nur« um ihre Kinder kümmern wollen, hält man sie für dumm und faul und warnt sie vor Altersarmut. Wer stundenweise arbeiten geht, landet in der »Teilzeitfalle«.

Umgekehrt müssen sich erfolgreiche Mütter Vorwürfe gefallen lassen, wenn sie keine Zeit haben, einen Kuchen für das Kindergartenfest zu backen. Die Beförderung bekommt aber doch der männliche Kollege, weil der eine Frau zu Hause hat, die ihm den Rücken freihält und nicht einspringen muss, wenn das Kind krank ist.

Ich habe lange gebraucht, um zu merken, wie Frauen gegeneinander ausgespielt werden. Für mich ganz persönlich habe ich entschieden, dass ich meine Kinder aufwachsen sehen will. Dass ich in den ersten Lebensjahren die wichtigste Bezugsperson sein will. Dass ich sehen möchte, wie sie den ersten Schritt tun. Der Staat hatte kein Interesse daran, mir das zu ermöglichen. Das neue Unterhaltsrecht hat die Versorgungsehe beendet und die Frauen im Regen stehen lassen.

Also haben mein Mann und ich einen Ehevertrag geschlossen, der besagte, dass ich zumindest bis zum zwölften Geburtstag unserer jüngeren Tochter einer Teilzeitbeschäftigung nachgehen kann. Egal, ob wir dann noch verheiratet sind oder nicht. Wenn der Gesetzgeber uns Rechte nimmt, müssen wir sie uns privatrechtlich zurückholen. Viel zu wenige Frauen ziehen diese Möglichkeit in Erwägung. Dabei wäre das ein großes Zeichen von Wertschätzung des Partners – und man hätte es nicht mehr so arg nötig, sich die Wertschätzung von außen zu holen.

Ganz wichtig: Wir brauchen eine Struktur im Alltag. Arbeitszeiten, Betreuungszeiten, Partnerzeit, Haushalt und Freizeit müssen geplant und in der Familie abgestimmt werden. Das kostet wiederum Zeit. Es ist ganz normal, dass man als Managerin mindestens einen ganzen Tag in der Woche für die Organisation des Familienunternehmens braucht. Den sollten wir uns selbstbewusst nehmen und uns nicht hinter den Öffnungszeiten der Kita verstecken. Wir haben im Schnitt acht Jahrzehnte Lebenszeit zur Verfügung, ich sehe keine Notwendigkeit für eine »Rush-Hour«. Ich habe »spät« studiert, »spät« promoviert, aber jetzt liegen – sofern der liebe Gott mich so lange bleiben lässt – weitere 40 Jahre vor mir. Zeit für Arbeit, Enkelkinder, Ehrenamt. Meine Freunde, meine Eltern. Und meinen Mann.

Wir sollten auch unbedingt aufhören, Klagebündnisse zu bilden. Keine Lästerei über andere Mütter, kein Geschimpfe über die Lehrer, vor allem nicht vor den Kindern. Wir sollten endlich eine Solidargemeinschaft bilden und uns unserer Macht bewusst werden. Wir müssen für das kämpfen, was uns wirklich wichtig ist, und sollten uns kein Lebensmodell einreden lassen, das nicht zu uns passt.

Wir leben so lange und so gesund wie keine Generation vor uns, also sollten wir diese Zeit so nutzen, wie wir das für richtig halten. Keine Überbietungsschlachten in den sozialen Medien. Wer seinen Mitschwestern einen Gefallen tun will, postet gar nichts mehr. Facebook, Instagram und Co. bringen Mütter (die Väter sind ein bisschen entspannter) nicht einander näher, sondern trennen sie voneinander. Wer sind wir denn, uns über andere – möglicherweise weniger erfolgreiche, weniger schöne, weniger reiche, weniger intelligente – Menschen zu erheben? Wenn wir aufhören würden, Likes zu vergeben, würde der Anreiz wegfallen, ständig Neues zu posten. Wem es Spaß macht, darf es natürlich machen, aber er sollte sich dessen bewusst sein: Es gibt keine unschuldigen Bilder.

Der Weg zum Glück?

Wir alle suchen nach Orientierung. Die Geschwindigkeit der Moderne überfordert uns. Religion, Politik und Familie haben jedoch ihre bindende Kraft verloren. In der Konsequenz lechzen wir nach Sinn in unserem Leben. Die Massenmedien liefern uns Sinnangebote. Indem wir unsere Liebe für Facebook oder YouTube visualisieren, versuchen wir, uns ihrer zu versichern. Als wenn sie nur real wäre, wenn sie an der Fotowand hängt oder per Postkarte verschickt wird. Dass wir glauben, Liebe veröffentlichen zu müssen, zeigt letztlich, für wie wenig wahrscheinlich wir sie halten. Zumindest in der lebenslangen Form. Also vergegenständlichen wir sie. In der Küche, im Kamin, dem modernen Lagerfeuer für die Sippe, im Familien-Van.

Gleichzeitig basteln wir uns Geschichten um diese Statussymbole. Geschichten von Liebe, Freundschaft und Glück. Natürlich wurden Motive von Leben und Tod schon immer in Erzählungen verpackt und von Generation zu Generation weitergegeben. Aber dass das Storytelling heute ein Prinzip jedes modernen Marketings ist, lässt sich nur unter den Bedingungen der Medialisierung erklären. Wir denken nur noch in Plots, in Geschichten mit Anfang, Mittelteil und Schluss, weil wir jeden Tag stundenlang mit diesen narrativen Mustern konfrontiert sind. Eine Küche kann deshalb nicht mehr nur zum Kochen da sein. Sie muss für etwas stehen. Also muss sie als Mittelpunkt der Familie herhalten. Solange wir gemeinsam um die Kochinsel rumstehen, sind wir noch vereint.

Der Wettlauf um Aufmerksamkeit schaukelt sich hoch, als ob ein unsichtbarer Regisseur Regieanweisungen gäbe. Eine Generation lernt von der nächsten und induziert einen Steigerungszusammenhang. Das Paradoxe daran: Die einzelnen Akteure halten die neuen Praktiken oft für völligen Unsinn. Lehrer können keinen Sinn in ständigem Methodenwechsel und öffentlichkeitswirksamen Projekttagen erkennen. Verkäufer verstehen nicht, warum sie Backöfen wie Oberklasseautos präsentieren sollen. Und Mütter wissen eigentlich nicht so genau, warum Kindergeburtstage zu regelrechten Events ausarten. Es machen halt alle so.

Im Zuge meiner Recherchen hat mich eine bestimmte Langzeitstudie ganz besonders beeindruckt. In den USA erforscht eine Gruppe von Wissenschaftlern seit fast 80 Jahren, was Menschen wirklich glücklich macht.[6] Dabei wurden 268 Harvard-Absolventen – alles Männer – vom Studium bis zum Ruhestand begleitet. In einem Interview hat der Studienleiter, der Psychiater George E. Vaillant, versucht, Glück in einem Satz zu definieren: »Glück ist, nicht immer alles gleich und sofort zu wollen, sondern sogar weniger zu wollen. Das heißt, seine Triebe zu kontrollieren und seinen Trieben nicht gleich nachzugeben. Die wahre Glückseligkeit liegt dann in der echten und tiefen Bindung mit anderen Menschen.«

Die glücklichsten Männer der Studie waren nicht die erfolgreichsten oder wohlhabendsten (wobei es sich natürlich um eine relativ elitäre Probanden-Gruppe handelt). Sondern zwei Lehrer mit glücklichen Familien und Ehen, die 60 Jahre lang gehalten hatten. »Es hat sich gezeigt, dass Zufriedenheit im hohen Alter nicht von Status oder Einkommen abhängt, sondern von der menschlichen Wärme, die man als Kind erfahren hat.«

Ich glaube nicht, dass es dafür Barbie-Torten und eine Hüpfburg zum ersten Schultag braucht. In diesem Sinne mögen mir alle Mütter (und Väter) verzeihen, dass ich den Finger manchmal etwas tief in die Wunde gelegt habe. Ich will niemanden verletzen, sondern vor allem zur Reflexion anregen. Denn die Leistung der Familie ist viel zu wertvoll, um sie dem Aufmerksamkeitsregime zu opfern.

Zum Abschluss ein letztes Beispiel. Zum 70. Geburtstag meines Großvaters wollten wir ihm eine ganz besondere Freude machen. Meine Eltern, mein Bruder, mein Mann und ich (damals hatten wir noch keine Kinder) fuhren mit meinen Großeltern an den Tegernsee. Dort hatten wir ein exklusives Lokal mit Panorama-Terrasse ausgesucht und ein Drei-Gänge-Menü bestellt. Nach dem Essen kehrten wir in einem bekannten Café ein, das meine Großeltern schon öfter in Fernsehsendungen gesehen hatten. Wir hielten das Programm für perfekt. Auf der Rückfahrt sah mich mein Großvater enttäuscht an und meinte: »Warum seid ihr nicht wie immer zum Kaffeetrinken gekommen? Dann hätten wir uns viel besser unterhalten können. Und das Eier hätte mir auch geschmeckt.« Mein Großvater war ein weiser Mann.

Er wollte einfach mit seinen Lieben zusammen sein. Nicht mehr. Aber auch nicht weniger. Unser ausgeklügelter (und natürlich medialisierter) Plan war weniger, als er wollte.

Anmerkungen

Vorwort

1 Bianca Kellner-Zotz: *Das Aufmerksamkeitsregime – Wenn Liebe Zuschauer braucht. Eine qualitative Untersuchung zur Medialisierung des Systems Familie.* Leipzig: Vistas 2018
2 Nicholas A. Christakis: *Apollo's Arrow: The Profound and Enduring Impact of Coronvirus on the Way We Live.* New York: Little Brown 2020
3 *Süddeutsche Zeitung:* »Der Traum von neuen Goldenen Zwanzigern – Der Psychologe Simon Hahnzog macht sich Gedanken über die Zeit nach der Pandemie.« https://www.sueddeutsche.de/leben/gesellschaft-der-traum-von-neuen-goldenen-zwanzigern-dpa.urn-newsml-dpa-com-20090101-210113-99-04163 [zuletzt abgerufen am 02.11.2021]

Wir sitzen fest – in der Stressfalle

1 Peter Gross: *Die Multioptionsgesellschaft.* Frankfurt am Main: Suhrkamp 1994
2 gala.de: «Victoria's Secret: In Rekordzeit zum After-Baby-Body.« https://www.gala.de/beauty-fashion/beauty/victoria-s-secret-in-rekordzeit-zum-after-baby-body_21480680-21480572.html [zuletzt abgerufen am 15.04.2021]
3 Michael Meyen: *Das Erbe sind wir. Warum die DDR-Journalistik zu früh beerdigt wurde. Meine Geschichte.* Köln: Herbert von Halem 2020
4 Uli Bachmeier: »Wie sich Schüler auf dem Land und in der Stadt unterscheiden.« https://www.augsburger-allgemeine.de/wissenschaft/Studie-Wie-sich-Schueler-auf-dem-Land-und-in-der-Stadt-unterscheiden-id54375011.html [zuletzt abgerufen am 29.10.2021]
5 Pamela Druckerman: *Warum französische Kinder keine Nervensägen sind. Erziehungsgeheimnisse aus Paris.* München: Goldmann 2013
6 Thomas Huber, Andreas Steinle, Harry Gatterer: *Familien-Märkte. Wie der Wandel der Familien neue Chancen eröffnet.* Frankfurt am Main: Zukunftsinstitut 2012

7   Carsten Knop: »Erst iPad bedienen, dann Schwimmen lernen.«
    https://www.faz.net/aktuell/wirtschaft/kinder-und-technik-erst-ipad-
    bedienen-dann-schwimmen-lernen-12783372.html [zuletzt abgerufen
    am 29.10.2021]

8   Leonie Küthmann: »Experten warnen: Warum Eltern keine Kinderbil-
    der posten sollten.« https://www.augsburger-allgemeine.de/panorama/
    Soziale-Netzwerke-Experten-warnen-Warum-Eltern-keine-Kinder
    bilder-posten-sollten-id53849861.html[zuletzt abgerufen am 29.10.
    2021]

9   Oliver Zöllner: »Kinderbilder in Social Media aus Sicht der Digitalen
    Ethik.« https://www.pingdigital.de/ce/kinderbilder-in-social-me-
    dia-aus-sicht-der-digitalen-ethik/detail.html [zuletzt abgerufen am
    29.10.2021]

10 »Schamlose Gorillas: Oral-Sex im Affenhaus.« https://www.bild.de/
    video/clip/news-ausland/oral-sex-in-affenhaus-schamlose-gorillas-
    schocken-zoo-besucher-77781152.bild.html [zuletzt abgerufen am
    06.10.2021]

11 Georg Franck: *Ökonomie der Aufmerksamkeit. Ein Entwurf.* München:
    Hanser 1998, S. 11

Familie braucht keine Zuschauer?
Von wegen!

1   Michael Meyen: *Breaking News: Die Welt im Ausnahmezustand. Wie
    uns die Medien regieren.* Frankfurt am Main: Westend 2018

2   Tony Silber: »Report: The role of communications pros expands
    dramatically amid relentless global crises.« https://www.prdaily.com/
    report-the-role-of-communications-pros-expands-dramatically-
    amid-relentless-global-crises/ [zuletzt abgerufen am 29.10.2021]

3   Sophie Burfeind: »Ein Anruf bei Heinz Nettebrock, Sarg-Experte.«
    Süddeutsche Zeitung, Nr. 215, 16. September 2016, S. 8

4   Uwe Schimank: »Handeln in Konstellationen: Die reflexive Konstitu-
    tion von handelndem Zusammenwirken und sozialen Strukturen.«
    In: K.-D. Altmeppen, T. Hanitzsch, C. Schlüter (Hrsg.). *Journalismus-
    theorie: Next Generation. Soziologische Grundlegung und theoretische
    Innovation.* Wiesbaden: Springer VS 2007, S. 120-137; Michael
    Meyen: »Aufmerksamkeit, Aufmerksamkeit, Aufmerksamkeit. Eine
    qualitative Inhaltsanalyse zur Handlungslogik der Massenmedien.«
    Publizistik, 60, 2015, S. 21-39

5   Kristina Nolte: *Der Kampf um Aufmerksamkeit. Wie Medien, Wirt-
    schaft und Politik um eine knappe Ressource ringen.* Frankfurt am
    Main: Campus 2005

6 Volker Gehrau, Judith Väth, Gianna Haake (Hrsg.): *Dynamiken der öffentlichen Problemwahrnehmung. Umwelt, Terrorismus, Rechtsextremismus und Konsumklima in der deutschen Öffentlichkeit.* Wiesbaden: Springer VS 2014

7 *Business Punk*: »Influencer*innen geben unglamourösen Blick hinter die Kulissen ihrer Bilder.« https://www.business-punk.com/2020/09/influencerinnen-geben-umglamouroesen-blick-hinter-die-kulissen-ihrer-bilder/ [zuletzt abgerufen am 29.10.2021]

8 Bundeszentrale für politische Bildung: »Die soziale Situation in Deutschland. Bevölkerung nach Lebensformen.« 2012.

9 Bundeszentrale für politische Bildung: »Familienhaushalte nach Zahl der Kinder.« https://www.bpb.de/nachschlagen/zahlen-und-fakten/soziale-situation-in-deutschland/61597/haushalte-nach-zahl-der-kinder [zuletzt abgerufen am 29.10.2021]

10 Bundeszentrale für politische Bildung: »Entwicklung der Haushaltstypen.« https://www.bpb.de/nachschlagen/zahlen-und-fakten/soziale-situation-in-deutschland/61590/entwicklung-der-haushaltstypen [zuletzt abgerufen am 29.10.2021]

11 Anna Hoben: »Jeder dritte Münchner wohnt allein.« https://www.sueddeutsche.de/muenchen/ein-personen-haushalte-maximale-privatsphaere-1.3170979 [zuletzt abgerufen am 29.04.2021]

12 Bernhard Nauck: »Der Wert von Kindern für ihre Eltern. ›Value of Children‹ als spezielle Handlungstheorie des generativen Verhaltens und von Generationenbeziehungen im interkulturellen Vergleich.« *Kölner Zeitschrift für Soziologie und Sozialpsychologie,* 53(3), 2001, S. 407-435

13 Martin Bujard, Detlev Lück, Jasmin Passet-Wittig, Linda Lux: *Drei Kinder und mehr – Familien aus der Mitte der Gesellschaft.* Konrad-Adenauer-Stiftung 2019, S. 38

14 Verliebt, verlobt, Vergangenheit? *Bild am Sonntag* Familienstudie 2011

15 Norbert F. Schneider, Sabine Diabaté, Detlef Lück, Christine Henry-Huthmacher: *Familienleitbilder in Deutschland. Ihre Wirkung auf Familiengründung und Familienentwicklung.* 2014; Norbert F. Schneider, Sabine Diabaté: »Familienleitbilder.« In: J. Ecarius, A. Schierbaum (Hrsg.). *Handbuch Familie.* Wiesbaden: Springer VS 2020

16 Arlie Russell Hochschild: *The Outsourced Self. What Happens When We Pay Others to Live Our Lives for Us.* New York: Picador 2012

17 Interview mit Uwe Pagels, Bayern2-radioWelt, 26.01.2017

18 Vera Schroeder, Elvira Holl: »Entspannt euch ist kein guter Rat.« *Süddeutsche Zeitung,* Nr. 234, 11./12. Oktober 2014, S. 5 V2

19 Pia Ratzesberger: »Ich will alles gleichzeitig.« *Süddeutsche Zeitung,* Nr. 275, 28. November 2013, S. 22

20   Lisa Rüffer: »Drei gewinnt.« *Süddeutsche Zeitung*, Nr. 151, 2./3. Juli 2016, S. 54

21   Sabine Gründler et al.: *Familienleitbilder. Vorstellungen. Meinungen. Erwartungen.* Bundesinstitut für Bevölkerungsforschung: Wiesbaden 2013

22   Institut für Demoskopie Allensbach: *Weichenstellungen für die Aufgabenteilung in Familie und Beruf.* Untersuchungsbericht zu einer repräsentativen Befragung von Elternpaaren im Auftrag des Bundesministeriums für Familie, Senioren, Frauen und Jugend 2015

23   Till Raether: »Papa ante Adipositas.« *Süddeutsche Zeitung Magazin*, Nr. 31, 31. Juli 2015, S. 20-23

24   Andreas Lange: »Familienzeiten als Ressource: Vorstellungen und Realitäten.« In: K. Jurczyk, A. Lange, B. Thiessen (Hrsg.). *Doing Family. Warum Familienleben heute nicht mehr selbstverständlich ist.* Deutsches Jugendinstitut. Weinheim, Basel: Beltz Juventa. S. 128-143

25   Thomas Meyer: »Moderne Elternschaft – neue Erwartungen, neue Ansprüche.« *Aus Politik und Zeitgeschichte*, 22-23, 2002, S. 1-8

26   Nicole Biedinger: »›Was für mich selbst gut ist, kann meinen Kindern nicht schaden.‹ Der Einfluss der elterlichen Freizeitaktivitäten auf die Eltern-Kind-Aktivitäten.« *Zeitschrift für Familienforschung*, 25(3), 2013, S. 347-364

27   Klaus Hurrelmann: »Kindheit in der Leistungsgesellschaft.« In: Deutsches Kinderhilfswerk e.V. (Hrsg.). *Kinderreport Deutschland. Daten, Fakten, Hintergründe.* München: Kopaed 2002, S. 43-62

28   Ronald Hitzler: *Eventisierung. Drei Fallstudien zum marketingstrategischen Massenspaß.* Wiesbaden: Springer VS 2011

Immer auf die Mütter:
Warum sie nach Aufmerksamkeit gieren

1   Statistisches Bundesamt: »Drei von vier Müttern in Deutschland waren 2019 erwerbstätig.« https://www.destatis.de/DE/Presse/Pressemitteilungen/2021/03/PD21_N017_13.html [zuletzt abgerufen am 29.10.2021]

2   Ralf Wiegand: »Nach ganz oben, bitte.« *Süddeutsche Zeitung*, Nr. 251, 31. Oktober/1./2. November 2014, S. 13-15

3   Arlie Russell Hochschild: *The Outsourced Self. What Happens When We Pay Others to Live Our Lives for Us.* New York: Picador 2012

4   Wolfgang Streeck: *Flexible Employment, Flexible Families, and the Socialization of Reproduction.* MPIfG Working Papier 09/13. Max-Planck-Institut für Gesellschaftsforschung, Köln 2009

5   Susanne Klingner, im Gespräch mit Wednesday Martin: »Familienkasse«. *Süddeutsche Zeitung*, Nr. 60, 12./13. März 2016, S. 54

6 Brigitte Mom: »So viel würdest du verdienen, wenn ›Mutter‹ ein
   anerkannter Beruf wäre.« https://www.brigitte.de/familie/schlau-
   werden/mutter-als-beruf-so-hoch-waere-der-lohn-11244903.html
   [zuletzt abgerufen am 29.10.2021]

7 Ebd.

8 Alexandra Borchert: »Die Krippen-Lüge.« *Süddeutsche Zeitung,*
   Nr. 28, 2./3. Februar 2013, S. V2/3

9 Tobias Haberl: »Sonst noch was?« *Süddeutsche Zeitung Magazin,*
   Nr. 265, 16./17. November 2013, S. 23

10 Ulrich Beck/Elisabeth Beck-Gernsheim: *Das ganz normale Chaos
   der Liebe.* Frankfurt am Main: Suhrkamp 1990

11 Alexandra Borchardt: »Anne-Marie Slaughter über Planbarkeit.«
   Süddeutsche Zeitung, Nr. 54, 5./6. März 2016, S. 54

12 Claudia Voigt: »Die große Erschöpfung.« *Der Spiegel*, 48, S. 156-157

13 Julia Emmrich: »Doppelbelastung: Zahl der ausgebrannten Mütter
   steigt weiter.« *https://www.morgenpost.de/vermischtes/article
   207690623/Doppelbelastung-Zahl-der-ausgebrannten-Muetter-steigt-
   weiter.html [zuletzt abgerufen am 29.10.2021]*

14 Müttergenesungswerk: »Müttergenesungswerk veröffentlicht Daten-
   report 2020.« https://www.kag-muettergenesung.de/kagmuetterge
   nesung/presse/muettergenesungswerk-veroeffentlicht-dat [zuletzt
   abgerufen am 29.20.2021]

15 Spiegel: »Mütter, die keine sein wollen« https://www.spiegel.de/
   panorama/gesellschaft/regrettingmotherhood-muetter-die-keine-
   sein-wollen-a-1028310.html [zuletzt abgerufen am 29.10.2021]

16 Carina Starklauf: »›Regretting Motherhood‹: Wenn Mütter das
   Kinderkriegen bereuen.« https://ze.tt/regretting-motherhood-
   wenn-muetter-das-kinderkriegen-bereuen/ [zuletzt abgerufen am
   29.10.2021]; https://www.youtube.com/watch?v=uhsSsaRg4hY
   [zuletzt abgerufen am 29.20.2021]

17 Violetta Simon: »Wir brauchen Mütter, die ihre Grenzen kennen.«
   https://www.sueddeutsche.de/leben/regretting-motherhood-wir-
   brauchen-muetter-die-ihre-grenzen-kennen-1.2439821 [zuletzt
   abgerufen am 29.10.2021]

18 Tina Hammesfahr: »Manchmal packt mich das Bedauern.«
   https://www.deutschlandfunkkultur.de/lebensentwuerfe-ohne-kind-
   manchmal-packt-mich-das-bedauern.1024.de.html?dram:article_
   id=494925 [zuletzt abgerufen am 29.10.2021]

19 Antonia Baum: »Man muss wahnsinnig sein, heute ein Kind zu
   kriegen.« https://www.faz.net/aktuell/feuilleton/debatten/beruf-
   und-familie-man-muss-wahnsinnig-sein-heute-ein-kind-zu-
   kriegen-12737513.html [zuletzt abgerufen am 29.10.2021]

20 MediaMarkt Werbung Herbst 2016 https://www.youtube.com/watch?v=-RQcuYtqijY [zuletzt abgerufen am 29.10.2021]

21 Statista: »Beim Job stecken nach wie vor die Mütter zurück. Anteil der Voll- und Teilzeit arbeitenden Eltern in Deutschland 2018« https://de.statista.com/infografik/20957/anteil-der-in-teilzeit-arbeitenden-muetter-und-vaeter-in-deutschland/ [zuletzt abgerufen am 29.10.2021]

22 Nicol Ljubic: »Väter 2014. Zwischen Wunsch und Wirklichkeit«. *Eltern*, 2, S. 19-26

23 David L. Altheide: »Media Logic, Social Control, and Fear«. *Communication Theory*, 23(3), S. 293-296

24 Eva Corina: *Das Nacheinander-Prinzip. Vom gelasseneren Umgang mit Familie und Beruf.* Berlin: Suhrkamp 2018

25 Eva Corino im Gespräch mit Frank Meyer: »Wider den Gleichzeitigkeitswahn!« https://www.deutschlandfunkkultur.de/eva-corino-das-nacheinander-prinzip-wider-den.1270.de.html?dram:article_id=421552 [zuletzt abgerufen am 29.10.2021]; Tanja Dückers: »Was wollen die neuen Feministinnen?« https://www.tagesspiegel.de/kultur/ueber-muetter-was-wollen-die-neuen-feministinnen/22800656.html [zuletzt abgerufen am 29.10.2021]

Verliebt, verlobt, verheiratet: Echte Liebe muss man sehen

1 https://www.sueddeutsche.de/leben/studie-zur-partnerschaft-mehrheit-der-deutschen-glaubt-an-die-grosse-liebe-1.1295391

2 Eva Illouz: *Der Konsum der Romantik.* Frankfurt am Main: Suhrkamp 2014, S. 195; S. 203

3 Marion Küstenmacher, Werner Tiki Küstenmacher: *Simplify Your Love. Gemeinsam einfacher und glücklicher leben.* Frankfurt/New York: Campus 2006

4 Richard David Precht: *Liebe. Ein unordentliches Gefühl.* München: Wilhelm Goldmann Verlag 2009

5 Eva-Maria Zurhorst: *Liebe dich selbst und es ist egal, wen du heiratest.* München: Wilhelm Goldmann Verlag 2009

6 Paula Lambert: *Finde dich gut, sonst findet dich keiner. Wie du lernst, dich selbst zu lieben, und dabei unwiderstehlich wirst.* München: Wilhelm Heyne Verlag 2016

7 Hermann Müller-Platow: *Die gesunde Frau.* München: Südwest-Verlag 1967

8 Paula Lambert: *Finde dich gut, sonst findet dich keiner. Wie du lernst, dich selbst zu lieben, und dabei unwiderstehlich wirst.* München: Wilhelm Heyne Verlag 2016

9 Christian Andrae: »Gemeinsam glücklich.« *Apotheken Umschau*, 15. Juli 2016, S. 12-18

10 ElitePartner: Männerstudie 2012 https://www.mynewsdesk.com/de/ elitepartner/documents/elitepartner-studie-januar-2012-maenner studie-52645 [zuletzt abgerufen am 29.10.2021]

11 Ebd.

12 Claudia Kirsch, Jutta Allmendinger: »Die jungen Frauen stehen gewaltig unter Druck.« Frauen auf dem Sprung. Das Update 2013. *Brigitte*, 20, S. 129-138; Annette Ramelsberger: »Schlau ist das neue Sexy.« *Süddeutsche Zeitung*, Nr. 210, 11. September 2013, S. 10

13 Bärbel Schubert, Horst Heidbrink: »Partnerwahl und Wertewandel – Die Veränderung von Präferenzen der Partnerwahl im Wertewandel von Materialismus zum Postmaterialismus.« *Gruppe, Interaktion, Organisation. Zeitschrift für Angewandte Organisationspsychologie* (GIO), 3/82), S. 173-184.

14 Alexander Hagelüken: »Ungleichheit durch Heirat.« *Süddeutsche Zeitung*, Nr. 24, 30. Januar 2014, S. 29

15 Statistisches Bundesamt: *Familienland Deutschland*, Wiesbaden 2008, S. 5

16 Julia Rietzsch: »Singles in Deutschland« https://www.elitepartner.de/ma gazin/finden/singles-in-deutschland/ [zuletzt abgerufen am 29.10.2021]

17 absatzwirtschaft.de: »Top-Studie: Jeder dritte Deutsche sucht die Liebe im Internet.« https://www.absatzwirtschaft.de/top-studie-jeder-dritte- deutsche-sucht-die-Lebe-im-internet-151912/ [zuletzt abgerufen am 29.10.2021]

18 Statista: «Das Online-Geschäft mit einsamen Herzen boomt.« https://de.statista.com/infografik/6973/online-dating-in-deutschland/ [zuletzt abgerufen am 29.10.2021]

19 Statista: »Prognose der Umsätze für Online-Singlebörsen in Deutsch- land für die Jahre 2017 bis 2024« https://de.statista.com/prognosen/ 654898/online-singleboersen-umsatz-in-deutschland [zuletzt abgeru- fen am 29.10.2021]

20 Friederike Zoe Grasshoff: »Natürlich perfekt.« Interview mit der Dating-Fotografin Saskia Nelson. https://www.sueddeutsche de/ panorama/partnersuche-natuerlich-perfekt-1.3206387?reduced= true [zuletzt abgerufen am 29.10.2021]

21 Niklas Luhmann: *Liebe als Passion. Zur Codierung von Intimität.* Frankfurt am Main: Suhrkamp 2015

22 Eva Illouz: *Der Konsum der Romantik.* Frankfurt am Main: Suhrkamp 2014, S. 195; S. 203

23 Statista: «Die beliebtesten Möglichkeiten, um für Abwechslung im Be- ziehungsalltag zu sorgen und dem Partner/der Partnerin seine Liebe zu zeigen« https://de.statista.com/statistik/daten/studie/527055/

umfrage/beliebteste-moeglichkeiten-um-fuer-abwechslung-im-beziehungsalltag-zu-sorgen-nach-geschlecht/ [zuletzt abgerufen am 29.10.2021]

24 Vice.com: »Im Namen der Kunst schweißt dieser Fotograf Pärchen in Plastikfolie ein.« https://www.vice.com/de/article/bnbd44/im-namen-der-kunst-schweisst-dieser-fotograf-paerchen-in-plastikfolie-ein-881 [zuletzt abgerufen am 29.10.2021]

25 Die Kartenmacherei: »So heiratet Deutschland. Die Hochzeitsstudie 2021« https://www.kartenmacherei.de/hochzeitsstudie/ [zuletzt abgerufen am 29.10.2021]

26 Statista: »Über welchen Heiratsantrag würden Sie sich am meisten freuen?« https://de.statista.com/statistik/daten/studie/981703/um frage/umfrage-in-deutschland-zum-perfekten-heiratsantrag-nach-geschlecht/ [zuletzt abgerufen am 29.10.2021]

27 Vanessa Mangione: »Der öffentlich inszenierte Heiratsantrag: Utopisches Glücksversprechen oder emotionale Manipulation?« *Gender – Zeitschrift für Geschlecht, Kultur und Gesellschaft*, 6(2), S. 39-53

28 Moritz Geiger: »Auf die Knie!« *Süddeutsche Zeitung*, Nr. 291, 16. Dezember 2016, S. 8

29 Nathalie Iványi: *Die Wirklichkeit der gesellschaftlichen Konstruktion. Ein institutionalisierungstheoretischer Medienwirkungsansatz.* Konstanz: UVK 2003

30 Weddix.de: »Die 35 schönsten Ideen für einen Heiratsantrag inkl. Anleitungen.« https://www.weddix.de/ratgeber-heiratsantrag-originelle-heiratsantraege.html [zuletzt abgerufen am 29.10.2021]

31 Weddix.de: »Unvergessliche Heiratsanträge« https://www.weddix.de/ratgeber-heiratsantrag-unvergessliche-heiratsantraege.html [zuletzt abgerufen am 29.10.2021]

32 Christina Möllenbeck: »Dein perfekter Heiratsantrag« https://www.heiratsantrag-wie-im-film.de [zuletzt abgerufen am 29.10.2021]

33 Die Hochzeitsdamen: Zertifizierte Hochzeitsplanung https://www.instagram.com/diehochzeitsdamen/ [zuletzt abgerufen am 29.10.2021]

34 Merkur.de: »Wie viel lassen sich Brautpaare in anderen Ländern die Hochzeit kosten?« https://www.merkur.de/leben/geld/hochzeit-zahlen-viel-wird-anderen-laendern-rauschende-fest-ausgegeben-zr-12442877.html [zuletzt abgerufen am 29.10.2021]

35 Michael Kerler: »Ringe, Torte, Location: Wie teuer ist eine Hochzeit?« https://www.augsburger-allgemeine.de/geld-leben/Hochzeit-2017-Ringe-Torte-Location-Wie-teuer-ist-eine-Hochzeit-id41438316.html [zuletzt abgerufen am 29.10.2021]

36 weddyplace.com: »Die große Hochzeitsstudie 2021« https://www.weddyplace.com/de/hochzeitsstudie/ [zuletzt abgerufen am 02.11.2021]

37 Credit Plus Bank: »Bevölkerungsbefragung: Hochzeit 2016« https://
www.creditplus.de/fileadmin/03_Ueber_Creditplus/Das_Unterneh-
men/Studien_und_Umfragen/Hochzeit_Studie_2016.pdf [zuletzt
abgerufen am 29.10.2021]

38 Die Kartenmacherei: »So heiratet Deutschland. Die Hochzeitsstudie
2021« https://www.kartenmacherei.de/hochzeitsstudie/ [zuletzt abgerufen am 29.10.2021]

39 Judith Ruppel: »Das organisierte Erbrechen« https://www.faz.net/
aktuell/wirtschaft/unternehmen/das-geschaeft-mit-den-junggesellen
abschieden-15784622.html [zuletzt abgerufen am 29.10.2021]

40 Arlie Russell Hochschild: *The Outsourced Self. What Happens When
We Pay Others to Live Our Lives for Us.* New York: Picador 2012

41 Lindner, Nico: *Eine ewig währende Liebeserklärung. Nah dran!
Tipps für außergewöhnliche Fotoabenteuer.* Oldenburg: Cewe Stiftung
2016

42 Weddyplace.com: »Warum auf Eurer Hochzeitsfeier die Fotobox nicht
fehlen sollte!« Weddyplace.com https://www.weddyplace.com/maga
zin/fotobox-hochzeit/ [zuletzt abgerufen am 29.10.2021]

43 Birgit Adam: *Hochzeitsbräuche. Traditionelle Formen und neue Varian-
ten.* München: Wilhelm Heyne Verlag 2006

44 Lena Jakat: »Wenn Bräute zu Monstern werden.« https://www.
sueddeutsche.de/leben/heiraten-wenn-braeute-zu-monstern-wer-
den-1.2463729 [zuletzt abgerufen am 29.10.2021]

45 Zukunftsinstitut: »My Big Fat Wedding: Hochzeit als Event.« https://
www.zukunftsinstitut.de/artikel/handel/my-big-fat-wedding-hochzeit-
als-event/ [zuletzt abgerufen am 29.10.2021]

46 Sophie Burfeind, Lea Hampel: »Lieb und teuer.« *Süddeutsche Zeitung*,
Nr. 99, 29./30. April/1. Mai 2017, S. 26.

Einzigartig, unvergesslich, öffentlich:
Das Projekt Mutterschaft

1 *Ärzteblatt*: »Mehr Zwillinge und Drillinge geboren« https://www.aerz
teblatt.de/nachrichten/118420/Mehr-Zwillinge-und-Drillinge-geboren
[zuletzt abgerufen am 29.10.2021]

2 Oliver Klasen: »Die Gesellschaft sagt: Wenn du das willst, dann zahl es
gefälligst selbst.« https://www.sueddeutsche.de/leben/reproduktions
medizin-die-gesellschaft-sagt-wenn-du-das-willst-dann-zahl-es-ge
faelligst-selbst-1.3439679 [zuletzt abgerufen am 29.10.2021]

3 Edition F: »Malte Weldings Plädoyer für Kinder, trotz allem« https://
editionf.com/interview-malte-welding-seid-fruchtbar-und-beschwert-
euch/ [zuletzt abgerufen am 29.10.2021]

4　Zeit Online: »Facebook und Apple zahlen Einfrieren von Eizellen«
https://www.zeit.de/gesellschaft/2014-10/apple-facebook-einfrieren-
eier-frauen [zuletzt abgerufen am 29.10.2021]; Larissa Schwedes:
»Warum Social Freezing nicht die Zukunft des Kinderkriegens sein
kann.« https://www.welt.de/gesundheit/article195576839/Warum-
Social-Freezing-nicht-die-Zukunft-des-Kinderkriegens-sein-kann.
html [zuletzt abgerufen am 29.10.2021]

5　Ursula Klamroth, Wibke Bruhns: *Ich bekomme ein Kind.* Wiesbaden:
Falken-Verlag Erick Sicker 1969

6　Ärztlicher Ratgeber: *Mode für werdende Mütter zum Selbstschneidern.*
1985

7　Pross, Helge: *Die Männer.* Reinbek: Rowohlt 1978

8　Yvonne di Lauro: »Schwangerschaft, Geburt, Hypno Birthing.«
https://www.instagram.com/yvonnedilauro/ [zuletzt abgerufen am
02.11.2021]

9　Lara Fritzsche: »Unguter Hoffnung« *Süddeutsche Zeitung Magazin,*
5, 31. Januar 2014, S. 8-13; Kathrin Burger: »Kalorien zählen in
der Schwangerschaft«, https://www.spektrum.de/news/essstoerungen-
in-der-schwangerschaft/1588154 [zuletzt abgerufen am 02.11.
2021]

10　VIP.de: »Scarlett Garmann: Marco Reus' Freundin ist alle Baby-Pfun-
de wieder los.« https://www.vip.de/cms/scarlett-gartmann-marco-
reus-freundin-ist-alle-baby-pfunde-wieder-los-4351704.html [zuletzt
abgerufen am 02.11.2021]

11　Pamela Druckerman: *Warum französische Kinder keine Nervensägen
sind. Erziehungsgeheimnisse aus Paris.* München: Goldmann 2013

12　Berit Uhlmann: »›Baby-Fernsehen‹ beim Frauenarzt« https://www.
sueddeutsche.de/gesundheit/schwangerschaft-ultraschall-frauen-
arzt-1.3074596 [zuletzt abgerufen am 02.11.2021]

13　Aerzteblatt.de: »Ultraschall als ›Babyfernsehen‹ wird ab 2021 verboten.« https://www.aerzteblatt.de/nachrichten/119505/Ultraschall-
als-Babyfernsehen-wird-ab-2021-verboten [zuletzt abgerufen am
02.11.2021]

14　YouTube: »Jennyandmarco, Wir bekommen ein Baby, Unser Baby
kommt… Unsere traumhafte Hausgeburt« https://www.youtube.com/
results?search_query=jennyandmarco+schwanger [zuletzt abgerufen
am 02.11.2021]

15　*Deutsche Hebammen Zeitschrift*: »Erhöhte Kaiserschnittrate im Jahr
2020 – vor allem im Lockdown« https://www.dhz-online.de/news/
detail/artikel/erhoehte-kaiserschnittrate-im-jahr-2020-vor-allem-im-
lockdown/ [zuletzt abgerufen am 02.11.2021]

16　Patrick Bauer: »Stets zu Diensten.« *Süddeutsche Zeitung Magazin,*
Nr. 30, 29. Juli 2016, S. 8-11

17 Valenka Maria Dorsch: *Geburtserfahrung und postnatale Befindlichkeit von Vätern*. Doktorarbeit. Rheinische Friedrich-Wilhelms-Universität Bonn 2013

18 Matthias David, Heribert Kentenich: »Subjektive Erwartungen von Schwangeren an die heutige Geburtsbegleitung.« *Der Gynäkologe*, 41(1), S. 21-27

19 Valenka Maria Dorsch: *Geburtserfahrung und postnatale Befindlichkeit von Vätern*. Doktorarbeit. Rheinische Friedrich-Wilhelms-Universität Bonn 2013

20 Matthias David, Heribert Kentenich: »Subjektive Erwartungen von Schwangeren an die heutige Geburtsbegleitung.« *Der Gynäkologe*, 41(1), S. 21-271

21 Hannah Beitzer: »›Ein Kind kann genauso ein Schmuckstück sein wie ein Auto.‹« https://baertel-wardetzki.de/wp-content/uploads/2019/03/Interview_SZ.pdf [zuletzt abgerufen am 02.11.2021]

22 Verena Töpper: »Schweizer erfindet Baby-Namen für 28.000 Franken.« https://www.spiegel.de/karriere/vornamen-fuer-babys-schweizer-kreiert-namen-fuer-28-000-franken-a-1090821.html [zuletzt abgerufen am 02.11.2021]

23 Kei M. Nomaguchi, Susan L. Brown: «Parental Strains and Rewards Among Mothers: The Role of Education.« *Journal of Marriage and Family*, 73, S. 621-636

24 Cornelia Koppetsch, Sarah Speck: *Wenn der Mann kein Ernährer mehr ist. Geschlechterkonflikt in Krisenzeiten*. Frankfurt am Main: Suhrkamp 2015

25 Meike Winnemuth: »Ziemlich beste Freundinnen?« https://sz-magazin.sueddeutsche.de/frauen/ziemlich-beste-freundinnen-79560 [zuletzt abgerufen am 02.11.2021]; Luise Eichenbaum, Susie Orbach: *Understanding Women: A Feminist Psychoanalytic Approach* New York: Basic Books 1983

Kleine Stars in der Manege: Erziehung braucht eine Bühne

1 Gerald Hüther/Uli Hauser: *Jedes Kind ist hoch begabt*. München: Knaus 2012

2 Marija Latkovic: »Einfach nur spielen.« *Süddeutsche Zeitung*, Nr. 246, 25./26. Oktober 2014, S. 54

3 Julian Nida-Rümelin: *Der Akademisierungswahn. Zur Krise beruflicher und akademischer Bildung*. Hamburg: Körber-Stiftung 2014

4 Annette Kuhn: »Umfrage: Wie Eltern die Schule ihrer Kinder sehen.« https://deutsches-schulportal.de/schulkultur/schulbarometer-elternbefragung/ [zuletzt abgerufen am 02.11.2021]

5   Sabine Walper: »Eltern auf der Suche nach Orientierung.« In: Vodafone Stiftung Deutschland (Hrsg.). *Was Eltern wollen. Informations- und Unterstützungswünsche zu Bildung und Erziehung. Eine Befragung des Instituts für Demoskopie Allensbach im Auftrag der Vodafone Stiftung Deutschland.* Düsseldorf 2015, S. 17-24

6   Werner Süßlin: »Unterstützungsbedarf von Eltern bei der Erziehung und Förderung ihrer Kinder.« In: Vodafone Stiftung Deutschland (Hrsg.). *Was Eltern wollen. Informations- und Unterstützungswünsche zu Bildung und Erziehung. Eine Befragung des Instituts für Demoskopie Allensbach im Auftrag der Vodafone Stiftung Deutschland.* Düsseldorf 2015, S. 7-16

7   Meredith F. Small: *Our Babies, Ourselves. How Biology and Culture Shape the Way We Parent.* New York: Anchor Books 1999

8   Christopher Schrader: »Vorschulkinder brauchen mehr Bildung.« *Süddeutsche Zeitung*, Nr. 151, 4. Juli 2014, S. 1

9   Christine Henry-Huthmacher: »Eltern unter Druck. Zusamme nfassung der wichtigsten Ergebnisse der Studie.« https://www.kas.de/c/document_library/get_file?uuid=3a88605f-ba73-57f7-7cf0-2b61b37a2759&groupId=252038 [zuletzt abgerufen am 02.11.2021]

10 Ute Glaser: *Die Eltern-Trickkiste. So bekommen Sie Zahnputzverächter, Gemüseverweigerer und alle anderen Widerständler spielend in den Griff.* München: Gräfe und Unzer 2011

11 Pamela Druckerman: *Warum französische Kinder keine Nervensägen sind. Erziehungsgeheimnisse aus Paris.* München: Goldmann 2013

12 Sylka Scholz, Karl Lenz: »›Bis dass der Tod Euch scheidet?‹ Diskursive Deutungsangebote und kulturelle Leitideen für Familien in aktuellen Ratgebern.« *sozialersinn*, 14(2), 2013, S. 277-307

13 David McCullough: *Ihr seid nichts Besonderes. Was im Leben junger Menschen wirklich zählt.* München: Wilhelm Goldmann Verlag 2014

14 Arlie Russell Hochschild: *The Time Bind. When Work Becomes Home and Home Becomes Work.* New York: Holt Paperbacks 2001

15 Holger Kreitling, Thomas Vitzthum: »Die traurige Wahrheit über das Abitur«. https://www.welt.de/vermischtes/article142471730/Die-traurige-Wahrheit-ueber-das-Abitur.html [zuletzt abgerufen am 29.10.2021]

16 Franziska Pudelko: »Experimentierfreudig und kindgerecht.« *Süddeutsche Zeitung*, Nr. 162, 17. Juli 2014, S. R5

17 https://www.fruehe-chancen.de/fileadmin/PDF/Fruehe_Chancen/Betreuungszahlen/Kindertagesbetreuung_Kompakt_2019_Ausbau stand_und_Bedarf_Ausgabe_5a_bf.pdf

18 https://www.tagesspiegel.de/politik/schlecker-frauen-erziehen-statt-kassieren/6742080.html

19 https://www.rnz.de/panorama/magazin_artikel,-hauptsache-hoch
    begabt-immer-mehr-eltern-lassen-iq-test-bei-ihren-kindern-
    machen-_arid,522186.html
20 Elly & Stoffl Privatkindergärten und -krippen: Philosophie, Kon-
    zept https://www.ellyundstoffl.de/index.php [zuletzt abgerufen am
    02.11.2021]
21 *Süddeutsche Zeitung*: »Hallbergmoos hat ein ›Sternentor‹.« Nr. 106,
    14./15. Juni 2014, S. 5
22 Bayerisches Staatsministerium für Arbeit und Sozialordnung, Familie
    und Frauen/Bayerisches Staatsministerium für Umwelt und Gesund-
    heit. *Umweltbildung und -erziehung in Kindertageseinrichtungen. Aus-
    gewählte Themen und Projekte*. München 2010
23 Hans Kratzer: »Rettet das Schuhbandl.« https://www.sueddeutsche.de/
    bayern/faehigkeiten-von-kindern-rettet-das-schuhbandl-1.1966488
    [zuletzt abgerufen am 02.11.2021]; Tanja Dückers: »Nachhilfe statt
    Versteckspiel« https://www.zeit.de/gesellschaft/familie/2014-04/
    kinder-bewegung-motorik [zuletzt abgerufen am 02.11.2021]
24 Carsten Knop: »Erst iPad bedienen, dann Schwimmen lernen.«
    https://www.faz.net/aktuell/wirtschaft/kinder-und-technik-erst-ipad-
    bedienen-dann-schwimmen-lernen-12783372.html [zuletzt abgerufen
    am 02.11.2021]
25 Inga Barthels, Christina Sticht: »In Deutschland wächst eine Gene-
    ration der Nichtschwimmer heran.« https://www.tagesspiegel.de/
    gesellschaft/panorama/viele-kinder-koennen-sich-nicht-ueber-wasser-
    halten-in-deutschland-waechst-eine-generation-der-nichtschwimmer-
    heran/26626292.html [zuletzt abgerufen am 02.11.2021]
26 Christine Henry-Huthmacher: »Eltern unter Druck. Zusammen-
    fassung der wichtigsten Ergebnisse der Studie.« https://www.kas.
    de/c/document_library/get_file?uuid=3a88605f-ba73-57f7-7cf0-
    2b61b37a2759&groupId=252038 [zuletzt abgerufen am 02.11.2021]
27 Rudolf Neumaier: »Auf dem letzten Loch.« *Süddeutsche Zeitung*, Nr.
    193, 23. August 2014, S. 1
28 Kathrin Schwarze-Reiter: »Unter Strom.« *Focus Schule*, Nr. 1, Feburar/
    März 2013, S. 50-53
29 News4Teachers: »Ein Drittel aller Schulanfänger mit Sprachpro-
    blemen: Logopäden kritisieren Kinderärzte und fordern frühere
    Therapien.« https://www.news4teachers.de/2017/09/ein-drittel-aller-
    schulanfaenger-mit-sprachproblemen-logopaeden-kritisieren-kin-
    deraerzte-und-fordern-fruehere-therapien/ [zuletzt abgerufen am
    02.11.2021]
30 Medienpädagogischer Forschungsverbund Südwest: »KIM-Studie
    2020« https://www.mpfs.de/fileadmin/files/Studien/KIM/2020/KIM-
    Studie2020_WEB_final.pdf [zuletzt abgerufen am 02.11.2021]

31 Medienpädagogischer Forschungsverbund Südwest: »Hohe Stabilität im Mediennutzungsverhalten der Kinder« https://www.mpfs.de/file admin/files/Presse/2021/PM_KIM-2020_final.pdf [zuletzt abgerufen am 02.11.2021]

32 Zeit Online: »Ein Smartphone als größter Wunsch« https://www.zeit.de/ gesellschaft/zeitgeschehen/2018-08/kinder-medien-studie-digitalisie rung-smartphone-nutzung [zuletzt abgerufen am 02.11.2021]

33 Mpfs Medienpädagogischer Forschungsverbund Südwest. *KIM-Studie 2016. Kindheit, Internet, Medien. Basisuntersuchung zum Medienumgang 6- bis 13-Jähriger.* Stuttgart 2017

34 Medienpädagogischer Forschungsverbund Südwest: »KIM-Studie 2020« https://www.mpfs.de/fileadmin/files/Studien/KIM/2020/ KIM-Studie2020_WEB_final.pdf [zuletzt abgerufen am 02.11.2021]

35 mpfs Medienpädagogischer Forschungsverbund Südwest: *KIM-Studie 1999. Kinder und Medien – KIM ,99. Basisuntersuchung zum Medienumfang 6-bis 13-Jähriger in Deutschland.* Stuttgart 2000

36 Sabine Feierabend, Ulrike Karg, Thomas Rathgeb: »Kleinkinder und Medien. Ergebnisse der miniKIM-studie 2012.« *Media Perspektiven*, 11, S. 537-544

37 Medienpädagogischer Forschungsverbund Südwest: »JIM-Studie 2020« https://www.mpfs.de/fileadmin/files/Studien/JIM/2020/JIM-Studie-2020_Web_final.pdf [zuletzt abgerufen am 02.11.2021]

38 Ebd.

39 Klara Keutel, Jan Grossarth: »Der Kompetenz-Fetisch« https://www. faz.net/aktuell/karriere-hochschule/campus/der-kompetenz-fetisch-wissen-wird-in-schulen-immer-unwichtiger-13425660.html [zuletzt abgerufen am 02.11.2021]

40 Heinz Bude: *Bildungspanik. Was unsere Gesellschaft spaltet.* München: Hanser 2011

41 Nicole Hollenbach-Biele: »Eltern geben jährlich rund 900 Millionen Euro für Nachhilfe aus.« https://www.bertelsmann-stiftung.de/de/ themen/aktuelle-meldungen/2016/januar/eltern-geben-jaehrlich-rund-900-millionen-euro-fuer-nachhilfe-aus/ [zuletzt abgerufen am 02.11.2021]

42 Matthias Hassler: »Der Milliardenmarkt Nachhilfe« https://www.mit telbayerische.de/wirtschaft-nachrichten/der-milliardenmarkt-nach hilfe-21840-art1697344.html [zuletzt abgerufen am 02.11.2021]

43 Ingo Michler: »Das falsche Jammern über zu viel Stress in der Schule« https://www.welt.de/wirtschaft/article162832231/Das-falsche-Jam mern-ueber-zu-viel-Stress-in-der-Schule.html [zuletzt abgerufen am 02.11.2021]

44 Bundesministerium für Bildung und Forschung: »Absolventinnen/
Absolventen und Abgänger/-innen« https://www.datenportal.bmbf.de/
portal/de/K233.html [zuletzt abgerufen am 02.11.2021]

45 Wido Geis-Thöne: »Und was ist mit den Besten?: Immer mehr Einser-
Abiturienten« https://www.iwkoeln.de/studien/iw-kurzberichte/bei-
trag/wido-geis-thoene-immer-mehr-einser-abiturienten-420900.html
[zuletzt abgerufen am 02.11.2021]

46 Jan Grossarth: »Strickzeug statt Smartphone« https://www.faz.net/
aktuell/karriere-hochschule/buero-co/waldorfschulen-unter-die-lu-
pe-genommen-pro-und-contra-13075296.html [zuletzt abgerufen am
02.11.2021]

47 Simone Maier: »Zur Medialisierung des Managements in deutschen
Unternehmen« https://medialogic.hypotheses.org/142 [zuletzt abgerufen am 02.11.2021]

48 Statistisches Bundesamt: »Privatschulen in Deutschland – Fakten
und Hintergründe.« https://www.destatis.de/DE/Themen/Gesell
schaft-Umwelt/Bildung-Forschung-Kultur/Schulen/Publikationen/
Downloads-Schulen/privatschulen-deutschland-dossier-2020.pdf?__
blob=publicationFile [zuletzt abgerufen am 02.11.2021]

49 abendzeitung-muenchen.de: »Privatschulen liegen im Trend.« https://
www.abendzeitung-muenchen.de/politik/privatschulen-liegen-im-
trend-art-629193 [zuletzt abgerufen am 02.11.2021]

50 Ursula Nissen: »Raum und Zeit in der Nachmittagsgestaltung von
Kindern.« In: Deutsches Jugendinstitut (Hrsg.). *Was tun Kinder am
Nachmittag? Ergebnisse einer empirischen Studie zur mittleren Kindheit.*
München: Verlag Deutsches Jugendinstitut 1992. S. 127-170

51 Norbert F. Schneider, Sabine Diabaté, Detlef Lück, Christine Henry-Huthmacher: *Familienleitbilder in Deutschland. Ihre Wirkung auf
Familiengründung und Familienentwicklung.* 2014; Norbert F. Schneider, Sabine Diabaté: »Familienleitbilder.« In: J. Ecarius, A. Schierbaum
(Hrsg.). *Handbuch Familie.* Wiesbaden: Springer VS 2020

52 Norbert Schreiber: »Private Betreuungsarrangements für Kinder – Entwicklung eines Betreuungsindexes mit Daten des DJI-Kinderpanels
und Vorschlag eines Erhebungsinstruments für künftige Befragungen.«
https://www.uni-trier.de/fileadmin/fb1/prof/PAD/SP2/Arbeitspapiere/
Arbeitspapier17_schreiber.pdf [zuletzt abgerufen am 02.11.2021]

53 Wolfgang Donsbach, Katrin Büttner: »Boulevardisierungstrend in
deutschen Fernsehnachrichten. Darstellungsmerkmale der Politik-
berichterstattung vor den Bundestagswahlen 1983, 1990 und 1998.«
Publizistik, 2005, 50(1), S. 21-38; Jacob Leidenberger: *Boulevardi-
sierung von Fernsehnachrichten. Eine Inhaltsanalyse deutscher und
französischer Hauptnachrichtensendungen.* Wiesbaden: Springer VS

2015; Markus Mähler: »Bilderrauschen.« *Süddeutsche Zeitung*, Nr. 284, 9. Dezember 2013, S. 23

Du bist, was du erlebst:
Storytelling ist das halbe Leben

1   Laura Fröhlich: *Die Frau fürs Leben ist nicht das Mädchen für alles!* München: Kösel Verlag 2020; Laura Fröhlich: »Schluss mit dem Mental Load!« https://www.youtube.com/watch?v=TujsZTHPydk [zuletzt abgerufen am 02.11.2021]

2   Ulrich Reinhardt: »Freizeit-Monitor 2019« https://epub.sub.uni-ham burg.de/epub/volltexte/2019/96124/pdf/Stiftung_fuer_Zukunftsfra gen_Freizeit_Monitor_2019.pdf [zuletzt abgerufen am 02.11.2021]

3   Ulrich Reinhardt: »Freizeit-Monitor 2020« http://www.freizeitmo nitor.de/fileadmin/user_upload/freizeitmonitor/2020/Stiftung-fuer-Zukunftsfragen_Freizeit-Monitor-2020.pdf [zuletzt abgerufen am 02.11.2021]

4   Stiftung für Zukunftsfragen: »Freizeit-Monitor 2020: Die beliebtesten Freizeitbeschäftigungen der Deutschen« https://www.stiftungfuerzu kunftsfragen.de/newsletter-forschung-aktuell/288 [zuletzt abgerufen am 02.11.2021]

5   Stiftung für Zukunftsfragen: »Freizeit-Monitor 2016« https://www.stif tungfuerzukunftsfragen.de/newsletter-forschung-aktuell/269/ [zuletzt abgerufen am 02.11.2021]

6   Anais Kaluzza: »Ich, ganz groß« https://www.zeit.de/2015/31/ abenteuer-reise-selbstdarstellung-konsum?utm_refer rer=https%3A%2F%2Fwww.google.com [zuletzt abgerufen am 02.11.2021]

7   Ferdinand Oertel: *Der Familienratgeber*. Graz, Wien, Köln: Styria 1986

8   Ute Glaser: *Die Eltern-Trickkiste. So bekommen Sie Zahnputzverächter, Gemüseverweigerer und alle anderen Widerständler spielend in den Griff.* München: Gräfe und Unzer 2011

9   Patrick Bauer: »Kleinkapital.« *Süddeutsche Zeitung Magazin*, Nr. 30, 29. Juli 2016, S. 8-11

10 Wolfgang Maennig, Malte Steenbeck, Markus Wilhelm: »Rhythms and Cycles in Happiness.« *Hamburg Contemporary Economic Discussions*, 46, 2013 S. 1-10

11 Sarah Kanning: »Eine Bergfee hinter jedem Stein.« *Süddeutsche Zeitung*, Nr. 157, 11. Juli 2014, S. R2

12 Martin Zips: »Gefängnis? Zeitverschwendung!« https://www.sued deutsche.de/leben/kinderspiele-in-kurzversion-gefaengnis-zeitver schwendung-1.1731001 [zuletzt abgerufen am 02.11.2021]

13 Hannes Vollmuth: »Jeder will jetzt sein ganz eigenes Hotel.« https://
    www.sueddeutsche.de/reise/hotels-jeder-fuer-sich-1.2815833 [zuletzt
    abgerufen am 02.11.2021]

14 Anja Kirig: »Tourismus nach Corona: Alles auf Resonanz!« https://
    www.zukunftsinstitut.de/artikel/tourismus-nach-corona-alles-auf-
    resonanz/ [zuletzt abgerufen am 02.11.2021]

15 Forschungsgemeinschaft Urlaub und Reisen e.V.: »Reiseanalyse 2021.
    Erste ausgewählte Ergebnisse der 51. Reiseanalyse« https://reiseana
    lyse.de/erste-ergebnisse/ [zuletzt abgerufen am 02.11.2021]

16 Forschungsgemeinschaft Urlaub und Reisen e.V.: »Reiseanalyse
    Trendstudie 2030« https://reiseanalyse.de/trendstudie-2030/ [zuletzt
    abgerufen am 02.11.2021]

17 Stiftung für Zukunftsfragen: »Stiftung für Zukunftsfragen stellt 26.
    Deutsche Tourismusanalyse vor.« https://www.stiftungfuerzukunfts
    fragen.de/newsletter-forschung-aktuell/287/ [zuletzt abgerufen am
    02.11.2021]

18 Forschungsgemeinschaft Urlaub und Reisen e.V.: »Reiseanalyse
    Trendstudie 2030« https://reiseanalyse.de/trendstudie-2030/ [zuletzt
    abgerufen am 02.11.2021]

19 Jörn Mundt: *Tourismus*. München, Wien: Oldenbourg 2006

20 Katharina Riehl: »Von wegen Erholung.« https://www.sueddeutsche.
    de/reise/familienurlaub-1.4547865?reduced=true [zuletzt abgerufen
    am 02.11.2021]

21 Statista: »Durchschnittliche Dauer der Urlaube von deutschen Rei-
    senden von 1997 bis 2020 (in Tagen)« https://de.statista.com/statistik/
    daten/studie/246124/umfrage/durchschnittliche-reisedauer-deutscher-
    urlauber/ [zuletzt abgerufen am 02.11.2021]

22 Horst W. Opaschowski: *Tourismus-Forschung*. Opladen: Leske+Bu-
    drich 1989

23 Stephan Grünewald: *Deutschland auf der Couch. Eine Gesellschaft
    zwischen Stillstand und Leidenschaft*. München: Heyne 2007

Heute, Kinder, wird's was geben:
Ein Event muss her

1 Statista: »Anzahl der Veranstaltungen und Teilnehmer auf dem Veran-
   staltungsmarkt in Deutschland von 2006 bis 2020« https://de.statista.
   com/statistik/daten/studie/233136/umfrage/veranstaltungen-und-
   teilnehmer-auf-dem-veranstaltungsmarkt-in-deutschland/ [zuletzt
   abgerufen am 02.11.2021]

2 »300 Unternehmen inszenieren Erlebnisse.« https://www.tagesspiegel.
   de/berlin/berliner-wirtschaft/eventveranstalter-in-berlin-300-unter-

nehmen-inszenieren-erlebnisse/4310252.html [zuletzt abgerufen am
02.11.2021]

3 Europäisches Institut für TagungsWirtschaft GmbH (EITW): »Meeting- & EventBarometer Deutschland 2019/2020« https://www.evvc.
org/sites/default/files/2020-05/MEBa_ManagementInfo_2020.pdf
[zuletzt abgerufen am 02.11.2021]

4 VHS Allershausen/Eching/Neufahrn/Hallbergmoos. *Programm
Herbst/Winter 2015*, S. 76

5 Arlie Russell Hochschild: *The Outsourced Self. What happens when
we pay others to live our lives for us.* New York: Picador 2012

6 Andrea Lösch: »Naturhaus Freising« https://naturhaus-freising.de
[zuletzt abgerufen am 02.11.2021]

Home Sweet Home:
Wohnst du noch oder präsentierst
du schon?

1 Katharina Schneider: »Immobilienpreise: Prognosen, Nachrichten,
Studien zur Preisentwicklung bei Immobilien« https://wohnglueck.de/
artikel/immobilienpreise-54859 [zuletzt abgerufen am 02.11.2021]

2 Alexandra Jegers: »So wird das Immobilienjahr 2021.« https://www.
capital.de/immobilien/so-wird-das-immobilienjahr-2021 [zuletzt abgerufen am 02.11.2021]

3 Christian Mayer: »Das perfekte Nest.« *Süddeutsche Zeitung*, Nr. 257,
8./9. November 2014, S. 51.

4 Oliver Herwig: »Mit Schirm, ohne Charme.« *Süddeutsche Zeitung*,
Nr. 250, 28. Oktober 2016, S. 33

5 Falstaff: »Versteckspiele.« *Falstaff living*, 1, 2015, S. 44-47

6 Hartmut Häußermann, Walter Siebel: *Soziologie des Wohnens. Eine
Einführung in Wandel und Ausdifferenzierung des Wohnens.* Weinheim, München: Juventa 2000

7 Elisabeth Leicht-Eckardt: »Ausstattungsvarianten und Nutzungsformen von Küchen vom achtzehnten Jahrhundert bis heute.« In: E. Miklautz, H. Lachermayer, R. Eisendle (Hrsg.). *Die Küche. Zur Geschichte
eines architektonischen, sozialen und imaginativen Raums.* Wien, Köln,
Weimar: Böhlau 1999

8 Erna Meyer: »Die Wohnung als Arbeitsstätte der Hausfrau.« In:
F. Block (Hrsg.). *Probleme des Bauens. Der Wohnbau.* Potsdam:
Müller & Kiepenheuer 1928

9 Erna Meyer: *Der neue Haushalt: Wegweiser zu wirtschaftlicher Haushaltsführung.* Stuttgart: Franck 1928

10 Antonia Surmann: »Die Küche als Ausdruck von Gesellschaftsbildern« https://edoc.hu-berlin.de/handle/18452/8023 [zuletzt abgerufen am 02.11.2021]

11 Elisabeth Leicht-Eckardt: »Ausstattungsvarianten und Nutzungsformen von Küchen vom achtzehnten Jahrhundert bis heute.« In: E. Miklautz, H. Lachermayer, R. Eisendle (Hrsg.). *Die Küche. Zur Geschichte eines architektonischen, sozialen und imaginativen Raums.* Wien, Köln, Weimar: Böhlau 1999

12 Max Scharnigg: »Ihr Platz am Herd.« https://www.sueddeutsche.de/stil/design-ihr-platz-am-herd-1.3021824 [zuletzt abgerufen am 02.11.2021]

13 Statista: »Absatz von Tiefkühlpizza in Deutschland in den Jahren 2010 bis 2020.« https://de.statista.com/statistik/daten/studie/298095/umfrage/absatz-von-tiefkuenlpizza-in-deutschland/ [zuletzt abgerufen am 02.11.2021]

14 Handelsdaten.de: »Marktvolumen für Küchen und Küchenmöbel in Deutschland in den Jahren 2010 bis 2020 (in Milliarden Euro).« https://www.handelsdaten.de/moebelhandel/marktvolumen-fuer-kuechen-und-kuechenmoebel-deutschland-zeitreihe [zuletzt abgerufen am 02.11.2021]

15 Carsten Dierig: »So viel geben die Deutschen für eine neue Küche aus.« https://www.welt.de/wirtschaft/article155198585/So-viel-geben-die-Deutschen-fuer-eine-neue-Kueche-aus.html [zuletzt abgerufen am 02.11.2021]

16 Statista: »Durchschnittlicher Auftragswert für Küchen in Deutschland in den Jahren 2010 bis 2020 (in Euro).« https://de.statista.com/statistik/daten/studie/444765/umfrage/auftragswert-fuer-kuechen-in-deutschland/ [zuletzt abgerufen am 02.11.2021]

17 Gerd Kähler: »Küche heute. Und etwas gestern. Und natürlich morgen. Von Küchenkonzepten und Lebensstilen.« In: Klaus Spechtenhauser (Hrsg.). *Die Küche: Lebenswelt – Nutzung – Perspektiven.* Basel: Birkhäuser 2006

18 Marion von Osten: »Gespenstische Stille. Die arbeitslose Küche.« In: K. Spechtenhauser (Hrsg.). *Die Küche: Lebenswelt – Nutzung – Perspektiven.* Basel: Birkhäuser 2006

19 Statista: »Durchschnittlicher Auftragswert für Küchen in Deutschland in den Jahren 2010 bis 2020 (in Euro).« https://de.statista.com/statistik/daten/studie/444765/umfrage/auftragswert-fuer-kuechen-in-deutschland/ [zuletzt abgerufen am 02.11.2021]

20 Sabine Cronau: »Grundkochbücher sind die Corona-Stars.« https://www.boersenblatt.net/news/buchhandel-news/kochbuchmarkt-grundkochbuecher-sind-die-corona-stars-177581 [zuletzt abgerufen am 02.11.2021]

21 Lisa Hegemann: »Erfolgsrezept Kochbuch« https://www.handelsblatt.
    com/karriere/wirtschaft_erlesen/steigende-umsaetze-kochbuecher-
    sind-ein-lifestyle-produkt/10815048-2.html?ticket=ST-3157375-
    EMm0wlq0hL64lGnJaqyt-ap4 [zuletzt abgerufen am 02.11.2021]
22 Marten Rolff: »Ausgekocht.« *Süddeutsche Zeitung*, Nr. 31, 7./8. Februar
    2015, S. 49

Wider das Aufmerksamkeitsregime:
Es geht auch anders

1 »Gemüse ist geil!« Interview mit Starkoch Stefan Marquard. *Zukunft
   jetzt*, 2018, 3, S. 13
2 Michael Meyen: *Mediennutzung. Mediaforschung, Medienfunktionen,
   Nutzungsmuster*. Konstanz: UVK 2001
3 Constantin Film: »Der Gott des Gemetzels – Offizieller Trailer«
   https://www.youtube.com/watch?v=hG9y-lp9k5I [zuletzt abgerufen
   am 02.11.2021]
4 Till Hein: »Wir sind die Dummen: Warum der IQ in Europa wieder
   sinkt.« https://nzzas.nzz.ch/wissen/iq-warum-er-in-europa-wieder-
   sinkt-ld.1511880?reduced=true [zuletzt abgerufen am 02.11.2021];
   Deutschlandfunk Nova: »Intelligenz-Höhepunkt erreicht – wir werden
   wieder dümmer.« https://www.deutschlandfunknova.de/beitrag/
   flynn-effekt-iq-nimmt-ab-und-wir-werden-duemmer [zuletzt abgerufen am 02.11.2021]
5 Zeit Online: »Jedes fünfte Kind wird zur Schule gefahren.« https://
   www.zeit.de/gesellschaft/schule/2018-08/elterntaxi-grundschueler-
   schulweg-sicherheit-umfrage [zuletzt abgerufen am 02.11.2021]
6 Michael Saur: »Der weite Weg zum Glück« https://sz-magazin.sued
   deutsche.de/wissen/studie-glueck-gluecklich-81077 [zuletzt abgerufen
   am 02.11.2021]

Sachregister

Unsere Leseempfehlung

368 Seiten
Auch als E-Book
erhältlich

Warum werfen französische Kinder im Restaurant nicht mit Essen, sagen immer höflich Bonjour und lassen ihre Mütter in Ruhe telefonieren? Und warum schlafen französische Babys schon mit zwei oder drei Monaten durch? Als Pamela Druckerman der Liebe wegen nach Paris zieht und bald darauf ein Kind bekommt, entdeckt sie schnell, dass französische Eltern offensichtlich einiges anders machen – und zwar besser. In diesem unterhaltsamen Erfahrungsbericht lüftet sie die Geheimnisse der Erziehung à la française.